BERUFLICHES GYMNASIUM 2013

Abitur-Prüfungsaufgaben mit Lösungen

Deutsch

Baden-Württemberg

2009 – 2012

STARK

ISBN 978-3-8490-0180-3

9. neu bearbeitete und ergänzte Auflage
www.stark-verlag.de

Inhalt

Auswahl prüfungsrelevanter Abituraufgaben 2009–2012

Jeweils zu Beginn des neuen Schuljahres erscheinen
die neuen Ausgaben der Abiturprüfungsaufgaben mit Lösungen.

Autoren:

Übungsaufgaben:
Dieter Gall (1), Ralf Heringhaus (2), Dr. Stefan Metzger (3), Dr. Ulrich Vormbaum (4), Dr. Dorothea Hennig (5), Claudia Mutter (6), Dr. Birgit Schillinger (7), Ilse Haller (8, 9)

Abiturprüfungsaufgaben 2009:
Claudia Mutter (III/1), Hanns Frericks (III/2, IV, V)

Abiturprüfungsaufgaben 2010:
Claudia Mutter (III/1), Hanns Frericks (III/2, IV, V)

Abiturprüfungsaufgaben 2011:
Claudia Mutter (III/1), Hanns Frericks (III/2, IV, V)

Abiturprüfungsaufgaben 2012:
Dr. Eva-Maria Knittel (III/1), Dieter Gall (III/2, IV), Ralf Heringhaus (V)

Vorwort

Liebe Abiturientinnen und Abiturienten,

Sie werden 2013 das Abitur im Fach Deutsch ablegen. Der vorliegende Band hilft Ihnen dabei, sich optimal auf die Prüfung vorzubereiten. Das einführende Kapitel „**Hinweise und Tipps**“ informiert Sie über die offiziellen Rahmenvorgaben, macht Sie mit den Arbeitsanweisungen (Operatoren) vertraut und erläutert die verschiedenen Schwierigkeitsstufen (Anforderungsbereiche) innerhalb jeder einzelnen Aufgabe. Es schließen sich konkrete Tipps an, was Sie bei der Bearbeitung der unterschiedlichen Aufgabenarten beachten müssen. Hinweise zur mündlichen Prüfung im Fach Deutsch runden diesen Teil ab.

Ein Block mit zahlreichen **Übungsaufgaben** konzentriert sich auf die aktuellen Pflichtlektüren. Daran schließt sich eine Auswahl der **offiziellen Abiturprüfungsaufgaben** von **2009** bis **2012** an, die thematisch für die Prüfungsvorbereitung relevant sind. Zu jedem Klausurbeispiel finden Sie einen ausführlichen **Lösungsvorschlag**, mit dem Sie Ihren eigenen Aufsatz vergleichen können. Den Lösungsvorschlägen vorangestellt sind ✎ **Hinweise und Tipps**, die Ihnen bei der Erschließung der einzelnen Arbeitsanweisungen helfen. Wesentliche **Fachbegriffe** in den Lösungsvorschlägen sind durch Fettdruck hervorgehoben; **Strukturierungshinweise am Rand** sollen helfen, den Gedankengang nachzuvollziehen.

Vergegenwärtigen Sie sich bei Ihrer Vorbereitung immer wieder die genaue Fragestellung und die verwendeten Operatoren und lesen Sie die Erklärung der unterschiedlichen Aufgabenarten in den Hinweisen nach. Auf diese Weise wiederholen Sie auch die im Unterricht gelernten Inhalte und Methoden.
Ein **Stichwortverzeichnis** ermöglicht die schnelle Orientierung in dem Band.

Sollten nach Erscheinen dieses Bandes noch wichtige Änderungen in der Abiturprüfung 2013 vom Kultusministerium bekannt gegeben werden, finden Sie aktuelle Informationen dazu im Internet unter: www.stark-verlag.de/info.asp?zentrale-pruefung-aktuell

Wir wünschen Ihnen eine effektive Abiturvorbereitung und eine erfolgreiche Abiturprüfung!

Die Autoren und der Verlag

Stichwortverzeichnis

Personenregister

Werkregister

Hinweise und Tipps zur schriftlichen Abiturprüfung

1 Grundlagen

1.1 Vorgaben für das Zentralabitur Deutsch 2013

Die schriftlichen Prüfungsaufgaben richten sich in Aufbau und Inhalt nach:
- den gültigen Richtlinien und Lehrplänen Deutsch Sekundarstufe II – Gymnasium,
- den bundesweit verbindlichen Einheitlichen Prüfungsanforderungen in der Abiturprüfung (EPA), im Internet zu finden unter: http://www.kmk.org/doc/beschl/epa_deutsch.pdf.

1.2 Zeitrahmen und Hilfsmittel

In der Abiturprüfung im Fach Deutsch werden Ihnen fünf unterschiedliche Aufgaben vorgelegt, von denen Sie eine auswählen müssen. Zur Bearbeitung stehen Ihnen 5 Stunden (300 Minuten) zur Verfügung. 30 Minuten sind zusätzlich als Lese- und Auswahlzeit vorgesehen. Als Hilfsmittel sind ein Wörterbuch der deutschen Rechtschreibung sowie unkommentierte Ausgaben der Pflichtlektüre zugelassen.

2 Prüfungsstoff

Die **Prüfungsthemen** konzentrieren sich auf **drei literarische Werke** der Gattungen Drama und Roman sowie das vorgegebene **lyrische Themenfeld bzw. Motiv**. Neben der Lyrikaufgabe sind in der schriftlichen Abiturprüfung in der Regel alle drei Pflichtlektüren in Form unterschiedlicher Aufsatztypen (Interpretation eines Textauszugs, Werkvergleich) vertreten.

Bei den Pflichtlektüren handelt es sich um **Georg Büchners** (1813–1837) Drama **Dantons Tod** (1835), **Max Frischs** (1911–1991) Roman **Homo faber** (1957) und **Peter Stamms** (* 1963) Roman **Agnes** (1998).

Das **Thema Liebeslyrik vom Barock bis zur Gegenwart** gibt einen relativ breiten zeitlichen Rahmen vor. Doch gerade die Überzeitlichkeit dieses vielleicht wichtigsten lyrischen Motivs ermöglicht es, für einzelne Epochen und Autoren typische Liebesauffassungen, aber auch charakteristische Merkmale der Sprache und Gedichtform zu erarbeiten. Die in Gedichten zum Ausdruck kommende Erfahrung von Liebe ist oft mehrdeutig, auch widersprüchlich, und stellt eine Herausforderung für den Leser und Interpreten dar.

3 Aufgabenarten

3.1 Interpretationsaufsatz mit übergreifender Teilaufgabe zu anderen Pflichtlektüren (Werk im Kontext)

Als Textgrundlage wird Ihnen ein Auszug aus einer der drei Pflichtlektüren vorgelegt. In einer **ersten Teilaufgabe** sollen Sie diese Passage sowohl im **Kontext** der Handlung verorten als auch **interpretieren**. Wichtig ist es, sich nicht in weitschweifigen Nacherzählungen des gesamten Werks zu verlieren, sondern zielgerichtet alle wesentlichen Aspekte zusammenzufassen, die für das Verständnis der vorliegenden Textstelle von Bedeutung sind. Erst dann sollten Sie den Auszug unter Berücksichtigung der sprachlich-erzähltechnischen Gestaltung deuten.
Die **zweite Teilaufgabe** stellt die Verbindung zu den weiteren Pflichtlektüren her, indem sie einen **Aspekt** vorgibt, unter dem das soeben interpretierte Werk **mit einer oder zwei weiteren Lektüren vergleichen** sollen. Ein gelungener Werkvergleich muss dabei mehr leisten als eine Reproduktion von Inhalten; eine bloße Bilanzierung von Gemeinsamkeiten und Unterschieden (z. B. in den Motiven und Verhaltensweisen von Figuren) wird der Aufgabe nicht gerecht. Vielmehr kommt es darauf an, die Lektürekenntnisse in eine stringente Argumentation einzubinden und z.B. der Frage nachzugehen, welche Voraussetzungen im persönlichen, aber auch im gesellschaftlichen und eventuell politischen Umfeld auf die Weltanschauung und das Verhalten der Protagonisten einwirken. Sie müssen Ihr literarisches Wissen im Hinblick auf den vorgegebenen Vergleichsaspekt eigenständig organisieren, Schwerpunkte setzen und eine Gliederung entwickeln, die Verlauf und Zielrichtung der Argumentation klar hervorhebt und für den Leser nachvollziehbar macht. Die wichtigste Voraussetzung zur Bearbeitung der Aufgabe ist eine sichere Textkenntnis der Pflichtlektüren.

3.2 Interpretationsaufsatz zu einem Gedicht oder Gedichtvergleich

Bei Gedichten ist die Textbasis schmaler, an das Verständnis werden jedoch aufgrund der – in besonderem Maße – poetischen Sprache und Formgestaltung höhere Anforderungen gestellt. Daher ist eine ausgeprägte Sensibilität für Lyrik die wichtigste Voraussetzung für eine erfolgreiche Gedichtinterpretation. Außerdem ist es notwendig, das Instrumentarium der Form- und Sprachanalyse zu beherrschen, d. h. die gängigen Fachbegriffe (z. B. metrische Formen, rhetorische Figuren) präzise und trennscharf verwenden zu können. Denn für die Interpretation von Gedichten ist eine genaue Analyse der *sprachlichen und formalen Gestaltung* unabdingbare Voraussetzung. Oft erschließt sich der mögliche Sinn eines Gedichts erst aus der Form sowie besonderen sprachlichen Eigenschaften.
Neben der *Interpretation eines Gedichts* kommt ein *Gedichtvergleich* infrage. Letzterer stellt nicht unbedingt höhere Anforderungen an den Interpreten, sondern kann auch eine gewisse Arbeitserleichterung bedeuten: Denn eine Gegenüberstellung zweier lyrischer Texte kann den Blick für Besonderheiten der einzelnen Gedichte schärfen. Auch das *methodische Vorgehen beim Gedichtvergleich* muss genau überlegt und konzipiert werden. So ist es möglich, die Texte zunächst *unabhängig voneinander und nacheinander* zu deuten und dann zu einem Vergleich überzugehen oder das zweite Gedicht *vor dem Hintergrund einer ausführlichen Interpretation des ersten* zu behandeln.

Das vorgegebene Themenfeld **Liebeslyrik** vermittelt Ihnen eine gewisse Orientierung, was die zu erwartenden Autoren, Gedichte und Vergleichsaspekte betrifft. Bei einem Vergleich können die Gedichte aus einer oder zwei historischen bzw. literarischen Epochen stammen sowie von demselben oder zwei unterschiedlichen Schriftstellern verfasst sein – wobei die letztere Variante die übliche ist. Liegen zwei lyrische Texte vor, sollte man beide möglichst gleichgewichtig interpretieren.

3.3 Interpretationsaufsatz zu einer epischen Kleinform

Bei dieser Aufgabenart müssen Sie die vorgegebenen kurzen Prosatexte interpretieren, indem sie in einer prägnanten Darstellung der Thematik, der Textsorte, des Inhalts und der Textabsicht zeigen, dass Sie den Text verstanden haben. In der folgenden Interpretation werden Aussagen zur Deutung des Textes verbunden mit Beobachtungen zur erzähltechnischen und sprachlichen Gestaltung, sodass Sie am Schluss der Arbeit eine literarische Bewertung vornehmen können. Ratsam ist hierbei eine sichere Kenntnis der Charakteristika der epischen Kleinformen (Kurzgeschichte, Erzählung, Novelle, Märchen, Parabel etc.). Nicht zuletzt sollten Sie den jeweiligen Text in seinem literaturhistorischen Kontext einordnen, indem Sie besondere Kennzeichen einer Epoche bzw. einer Strömung nachweisen.

3.4 Analyse und Erörterung eines nicht fiktionalen Textes

Vorgegeben wird ein nicht fiktionaler Text bzw. ein Textauszug aus einem größeren (essayistischen, philosophischen, wissenschaftlichen) Werk. Die – weit häufiger vorkommenden – eigenständigen Textvorlagen, die unter Umständen gekürzt sein können, sind zumeist Zeitungen oder Zeitschriften entnommen.
Das breite Themenspektrum hat zur Folge, dass Sie sich auf der Inhaltsebene nicht gezielt vorbereiten, sondern allein die für die Aufsatzformen des Erörterns und Analysierens notwendigen Methoden einüben können. Überblickt man die Aufgaben der letzten Jahre, so lässt sich allerdings eine gewisse inhaltliche Eingrenzung vornehmen. In der Regel behandeln die ausgewählten Texte aktuelle gesellschaftliche Probleme, die in übergreifende (historische, kulturelle, philosophische) Perspektiven gerückt werden.
Es wird explizit in der Themenstellung angegeben, ob der **Schwerpunkt** der Aufgabe auf der **Analyse oder** auf der **Erörterung** liegt. Dies wird durch die mehrschrittige Arbeitsanweisung präzisiert.

Schwerpunkt Analyse: Die ersten beiden Arbeitsaufträge beziehen sich auf den vorliegenden Text und verlangen von Ihnen in der Regel eine Zusammenfassung des Inhalts sowie eine Untersuchung von Argumentationsstrategie und/oder sprachlich-formaler Gestaltung. Der dritte Arbeitsauftrag fordert Sie schließlich zu einer eigenen Stellungnahme und **Auseinandersetzung mit den Aussagen des Textes** bzw. der Position des Autors auf. Hier sollten Sie auch auf eigene Erfahrungen und Kenntnisse zurückgreifen, um schließlich zu einem begründeten und differenzierten Urteil zu gelangen.

Schwerpunkt Erörterung: Auch hier müssen Sie sich zunächst in den ersten beiden Teilaufgaben mit dem Inhalt und der argumentativen bzw. sprachlich-rhetorischen Gestaltung der Textvorlage beschäftigen. Wichtig ist es dabei, einige auffällige sprachliche Mittel herauszugreifen und diese in ihrer Wirkungsweise und Bedeutung für die Intention des Autors zu erläutern. Die dritte Teilaufgabe nennt dann, an den Text anknüpfend, eine **Problemstellung, die Sie erörtern sollen**. Sie müssen über die im Text genannten Aspekte hinaus eigene Argumente vorbringen und durch Beispiele abstützen, um dann zuletzt ein schlüssiges Fazit zu ziehen.

3.5 Essay (zu einem vorgegebenen Dossier)

Sie erhalten eine Zusammenstellung unterschiedlicher Informationen zu einem übergreifenden Thema. Im Allgemeinen umfasst dieses **Dossier** nicht mehr als vier Textseiten. Im Dossier sind neben üblichen Texten, wie z. B. Berichten, Interviews, Reden, Kommentaren usw., auch sogenannte nicht-kontinuierliche Texte enthalten, z. B. Grafiken, Karikaturen, Statistiken. Das Dossier kann auch literarische Texte enthalten, mit denen kulturelle und geschichtliche Akzente gesetzt werden können.

Die Aufgabenstellung verlangt im ersten Schritt von Ihnen, von diesen Texten **Abstracts** anzufertigen. Hierbei handelt es sich um Kurzzusammenfassungen, die möglichst präzise und objektiv einen Überblick über ein Dokument geben. Das Thema, die Fragestellung oder Perspektive, unter der es im Text betrachtet wird, und das Ergebnis der jeweiligen Untersuchung oder Darstellung müssen darin festgehalten werden.
Aufgrund der Informationen, die aus den Texten gewonnen und in den Abstracts zusammengetragen wurden, und aufgrund Ihrer eigenen Erkenntnisse und Erfahrungen sollen Sie in einem Essay Ihre Position zu einem Thema darlegen. Es bleibt Ihnen freigestellt, wie sie die Verknüpfung zwischen Abstract und Essay herstellen, z. B. über Zitate, Paraphrasen, Anspielungen, Wertungen eines Gedankens oder ganz allgemein über einen Teilaspekt eines Themas.

Der **Essay** als assoziativer Gedankenspaziergang unterscheidet sich in Aufbau und Form von herkömmlichen Erörterungen, denn er erlaubt Gedankensprünge und Widersprüche, lässt einseitige, persönliche Wertungen oder Kritik zu, vermischt Ebenen der Argumentation (These, Beleg, Folgerung usw.) und verlangt keine endgültige ausgewogene Stellungnahme am Schluss. Vielmehr will der Essay als subjektiver Diskussionsbeitrag provozieren und zum Weiterdenken und -schreiben anregen. Diesem kommunikativen Ziel muss auch die **sprachliche Gestaltung** dienen. Essays sollen unterhalten, d. h. anschaulich, bildhaft und interessant sein. Sie sollen aber in jedem Fall kritisch ein Problem betrachten, um an den Verstand des Lesers zu appellieren und ihn zu einer Stellungnahme herauszufordern.
Die **Bewertung** dieser Abituraufgabe besteht aus zwei Teilen: Die Abstracts sind bis zu einem Drittel, der Essay mit mindestens zwei Dritteln zu gewichten.

Tipps zur Arbeit mit Texten

Jeder gelungene Aufsatz entsteht aus einem Zusammenspiel von genauem Eingehen auf die Aufgabenstellung und individuellem Zugang, also der Fähigkeit, den Text „zum Sprechen“ zu bringen. Für die Prüfungssituation ist es wichtig, über ein **Repertoire an Fragen** zu verfügen, mit denen man an literarische Texte herangeht.

Interpretation einer dramatischen Szene

- Wie sieht die Kommunikationssituation aus und wie sind die Redeanteile verteilt?
- Welche Spannung liegt in der Szene? Wie spitzt sich die Auseinandersetzung zu?
- Gibt es einen Höhe- und Wendepunkt? Wo liegt er?
- Welche Rolle spielt der Schauplatz und eventuell ein Requisit oder eine Geste?
- Tragen die Regieanmerkungen zum Verständnis bei?
- Was bleibt hinter dem gesprochenen Wort unausgesprochen und ist mitzudenken und lässt uns ahnen, wie es in der Figur wirklich aussieht und was sie vielleicht plant?
- Welchen Platz hat die Szene im Handlungszusammenhang? Welche Funktion kommt ihr zu (was wäre, wenn sie gestrichen wäre?)?

Gedichtinterpretation

- Bei Gedichten sollten Sie nicht mechanisch das Metrum bestimmen, wenn Sie nicht wissen, was es ausdrückt und bewirkt.
- Aus welcher Perspektive wird im Gedicht gesprochen?
- Was entwickelt sich vom ersten bis zum letzten Vers? Denn auch in Gedichten passiert etwas.
- Ergibt sich eher fließend ein Erlebniszusammenhang mit einer spürbaren Atmosphäre? Oder ist es ein eher spröder, intellektuell gedachter und gebauter Text, durchsetzt von Konjunktionen, Einsprüchen und Antithesen?
- Welche Versgruppen gehören zusammen?

- Wie ist ein Motiv durchgeführt und inwieweit wandelt es sich?
- Was ist mit dem Ich, das implizit oder explizit sich und seine Sicht der Welt zum Ausdruck bringt? Wie spricht es? Welche Sprache wählt es?
- Wie unterstützt die formale Gestaltung die Aussage?

Sie sollten hinhören und überlegen, wie das Gedicht wirkt, und untersuchen, wodurch diese Wirkung zustande kommt. In der ersten halben Stunde einer Gedichtinterpretation sollten Sie den Text auf sich wirken lassen, Fragen sammeln und noch nicht losschreiben. Und noch etwas: Wie das eine oder andere letztlich zu verstehen ist, ist nicht immer eindeutig zu entscheiden: Gedichte haben einen offenen Deutungsraum. Die Interpretation muss daher nach Plausibilität streben, indem sie sich nahe am Gedicht bewegt und die Thesen durch konkrete Textbelege stützt.

Interpretation von epischen Texten

- Bei erzählender Literatur sollten Sie sich vor der Gefahr hüten, in der Fülle des Stoffes zu ertrinken und zuviel Inhaltliches zu rekonstruieren.
- Sie müssen meistens den Romanausschnitt erst einmal im Romanganzen (im Kontext) verankern (situieren) und eine Zusammenfassung geben, bevor Sie zur Untersuchung übergehen. Die Konzentration auf Wesentliches, auf den thematisierten Erzählstrang oder Aspekt und die Strukturierung der eigenen Darstellung sind hier besonders nötig.
- Entscheidend für das Verständnis ist es sehr oft, die Erzählperspektive und Haltung des Erzählers zu erkennen und zu deuten. Weiß er nicht mehr, als die einzelne Person wissen kann, erzählt er gleichsam aus ihr heraus personal? Oder überschaut er eine Welt? Oder verschwindet er ganz hinter einem erzählenden Ich? Hegt der Erzähler Sympathie für seine Helden oder bleibt er ironisch distanziert?
- Wird linear-chronologisch erzählt oder gebrochen in Zeitsplittern, Facetten, Vorwegnahmen und Rückblicken?
- Entsteht ein Abbild unserer Wirklichkeit, oder erscheint sie ins Artifizielle, Groteske, Absurde verfremdet?
- Welches Bild von der erzählten Zeit wird entworfen, mit welchen Fragen setzt sich der Autor in seinem Text auseinander?

Analyse von Sachtexten

- Bei Sachtexten ist es wichtig, Textsorte, Adressatenbezug und Kommunikationszusammenhang zu klären, denn oft reagieren Autoren auf ganz bestimmte Situationen, greifen mit ihrem Beitrag in eine öffentliche Debatte ein oder lösen eine öffentliche Debatte aus. Bei der Wahl solcher Themen sollten Sie also etwas Hintergrundinformation haben.
- Entscheidend ist es, das zentrale Problem zu erfassen, die Intention des Autors aus der Fülle der Aussagen herauszuschälen und die wichtigsten Argumente zu finden, die die vorgetragene Intention stützen.
- Bei Reden wäre zu fragen, ob überzeugend argumentiert oder ob eher überredet, manipuliert, verschleiert und mit Emotionalität und Suggestion Stimmung erzeugt wird. Aufschlussreich bei der Untersuchung von Reden ist es, nach Merkmalen zu suchen, die vielleicht eine Wir-Gruppe von einer Feind-Gruppe abgrenzen.
- Der Übergang zu literarischen Texten ist dann fließend, wenn die Autoren Dichter sind und in der Form des Essays schreiben.
- Bei Glossen und Polemiken kommt es sehr darauf an, Mittel der Ironie, der ironischen Übertreibung und Zuspitzung nicht zu überlesen.

Einen guten Eindruck macht es immer, wenn Sie korrekt **zitieren** können. Sie sollten nicht zu umfangreich zitieren oder dem Leser das Zitat kommentarlos präsentieren. Zitate, oft nur ein Satzfetzchen oder ein besonderes Wort, werden gewählt, weil sie aufschlussreich und vielsagend sind: Man muss also damit arbeiten, sie erläutern und kom-

mentieren. Überhaupt ist es das A und O aller Interpretation, das Vorgefundene in die eigene Sprache zu überführen. Wer nur wiederholt, was der Autor sagt, bleibt erkenntnisblind. Die Anstrengung dagegen, Fremdes selbstständig in der eigenen Sprache wiederzugeben, wirft unwillkürlich Fragen auf und bedeutet damit den ersten Schritt zum Verständnis eines Textes.
Sehr ratsam ist es, über zentrale **Fachbegriffe** so zu verfügen, dass über Erzähltes und Dargestelltes präzise gesprochen werden kann. Sie sollten etwa schreiben können: „Die Peripetie erkenne ich in dem Moment, in dem ..." Oder: „Hier wird der Beziehungsaspekt wichtiger als der Inhalt." Oder: „In diesen Ellipsen, diesen Kurzsätzen ohne Prädikat, drückt sich aus, wie ...". – Sehen Sie zu, dass Sie Wortarten, Satzteile und Nebensatztypen korrekt bezeichnen können. Üben Sie, die wichtigsten rhetorischen Figuren zu erkennen, die gestalteter Sprache ihre Wirkung verleihen.
(Eine wertvolle Hilfe bei der Prüfungsvorbereitung stellt der Band: Werner Winkler, *Prüfungswissen Oberstufe,* Freising: Stark Verlag 2000, Titel-Nummer: 94400, dar; dort findet sich auch eine gute Übersicht über rhetorische Figuren, siehe S. 17–22.)

4 Anforderungsbereiche und Operatoren

4.1 Anforderungsbereiche (AFB)

In der EPA werden **drei Anforderungsbereiche** definiert, die sich in jeder Aufgabe – in jeweils leicht variierenden Anteilen – wiederfinden. Die einzelnen Bereiche bauen aufeinander auf und verlangen von Ihnen einen zunehmenden Grad an Abstraktionsfähigkeit und Problemlösungsvermögen. In jedem Bereich gilt es, eine Verstehensleistung, eine Argumentationsleistung und eine Darstellungsleistung zu erbringen.

- **Anforderungsbereich I** betrifft die **Reproduktion**: die Wiedergabe von gelernten Sachverhalten sowie die wiederholende Zusammenfassung, die sehr oft in Teilaufgabe 1 der Abiturprüfung verlangt ist. Der im Unterricht erarbeitete Hintergrund an Lektüre- und Faktenwissen, fachspezifische Arbeitstechniken, Methoden der Texterschließung sowie Darstellungstechniken sollen zum Einsatz gebracht werden.
- **Anforderungsbereich II** zielt auf die Anwendung erworbener Arbeitsweisen, auf **Reorganisation von Bekanntem und Transferleistungen**. Meistens sind in der zweiten Teilaufgabe Anforderungen gestellt, die ein selbstständiges Auswählen, Ordnen, Erläutern, Interpretieren oder Vergleichen verlangen. Erwartet wird von Ihnen eine eigenständige, argumentativ begründete Interpretation bzw. Erörterung, die zeigt, dass Sie in der Lage sind, Gelerntes auch auf unbekannte Zusammenhänge anzuwenden. Auf dem AFB II liegt in der Abiturprüfung das Hauptgewicht, die Teilaufgabe wird auch entsprechend stark bewertet.
- **Anforderungsbereich III** betrifft die gedankliche Selbstständigkeit der Leistung, die oft besonders in der letzten Teilaufgabe nötig wird: Hier müssen Sachverhalte und Zusammenhänge eigenständig ausgewertet, durchdacht und begründet beurteilt werden. Sie sollen zu einer differenzierten und kritischen Wertung von Texten und Sachverhalten gelangen und Ihre Fähigkeit zur **Reflexion und Problemlösung** beweisen.

Nicht alle Aufgabenstellungen müssen dreiteilig aufgebaut sein; oftmals wird nur ein umfassender Operator (Arbeitsanweisung) wie „erörtern", „interpretieren" oder „analysieren" eingesetzt, der Leistungen in allen drei Anforderungsbereichen erfordert. Wird die Aufgabe nicht weiter differenziert, entfällt damit auch eine erste Strukturierungshilfe, die die einzelnen Teilaufträge bieten würden. Folglich haben Sie weniger Orientierungspunkte, aber auch mehr Freiraum beim Gliedern Ihres Aufsatzes.

4.2 Operatoren

Operatoren sind Arbeitsanweisungen. Sie machen deutlich, welche Art von Aufgabenstellung gemeint ist, lassen sich den einzelnen Anforderungsbereichen zuordnen und geben einen Hinweis auf das Niveau der entsprechenden Aufgabe. Durch ihre konkreten Vorgaben dienen Operatoren sowohl dazu, Arbeitsaufträge eindeutig zu formulieren und voneinander abzugrenzen, als auch einheitliche Bewertungs- und Korrekturmaßstäbe zu setzen. Die folgende Operatorenliste basiert auf den Vorgaben der EPA und bietet ein breites Spektrum an Arbeitsaufträgen, die Ihnen in einer Abiturprüfung begegnen können.

(be)nennen	Hier sollen Sie zielgerichtet Informationen zusammentragen, ohne diese zu kommentieren.	*Nennen Sie die wesentlichen Merkmale* eines Sonetts.
beschreiben	Textaussagen oder Sachverhalte müssen in eigenen Worten strukturiert und fachsprachlich richtig dargestellt werden.	*Beschreiben Sie die äußere Form* des Gedichtes.
zusammenfassen	Es wird von Ihnen erwartet, dass Sie Inhalte, Aussagen, Zusammenhänge komprimiert wiedergeben.	*Fassen Sie die* unterschiedlichen *Meinungen* zum Thema X *zusammen.*
darstellen	Sie haben die Aufgabe, einen Sachverhalt, Zusammenhang, eine methodische Entscheidung zu formulieren.	*Stellen Sie die Wirkungsabsicht dar*, die der Autor mit seinem Text verfolgt.
erschließen	Sie sollen etwas Neues oder nicht explizit Formuliertes durch Schlussfolgerungen aus etwas Bekanntem herleiten.	*Erschließen Sie* aus der Szene den für das Stück zentralen Generationenkonflikt.
vergleichen	Sie sollen Texte, Problemstellungen, Sachverhalte unter vorgegebenen oder selbst gewählten Aspekten gegenüberstellen, in Beziehung setzen und Gemeinsamkeiten bzw. Unterschiede feststellen.	*Vergleichen Sie die Figurenkonstellation* mit derjenigen im Drama X. *Vergleichen Sie Art der Metaphorik* in beiden Gedichten.
erläutern	Wie erklären, aber Sie sollen Ihre Ergebnisse durch zusätzliche Informationen und Beispiele veranschaulichen.	*Erläutern Sie* Schillers Theaterverständnis *unter Einbeziehung* seines Dramas X.
in Beziehung setzen	Sie haben die Aufgabe, Analyseergebnisse, Textaussagen, Sachverhalte, Problemstellungen mit vorgegebenen oder selbst gewählten Aspekten in Verbindung zu bringen.	*Setzen Sie Ihr Analyseergebnis in Beziehung* zur aktuellen Medienkritik am Privatfernsehen.
beurteilen	Sie müssen zu einem Text, der ästhetischen Qualität eines Textes, einem Sachverhalt zu einem selbstständigen, begründeten Urteil gelangen, und zwar gestützt auf fachliches Wissen.	*Beurteilen Sie den Versuch des Autors*, die Ereignisse und Folgen des 11. Septembers 2001 in lyrischer Form darzustellen.
bewerten	Es wird von Ihnen erwartet, dass Sie zu einem Sachverhalt, Text oder Problem selbstständig Stellung nehmen und ihn unter Bezug auf eine Wertordnung angemessen beurteilen.	*Bewerten Sie* Jandls lyrische „Sprachspiele" *vor dem Hintergrund von* Ihrem eigenen Verständnis von der Aufgabe der Lyrik in der Gegenwart.

(kritisch) Stellung nehmen	Hier geht es darum, die Einschätzung einer Problemstellung, eines Sachverhaltes, einer Wertung auf der Grundlage fachlicher Kenntnis und Einsicht nach kritischer Prüfung und Abwägung zu formulieren.	*Nehmen Sie zu den Aussagen* des Autors kritisch *Stellung*, indem Sie Erkenntnisse der Sprachsoziologie berücksichtigen.
begründen	Es ist wichtig, dass Sie ein Analyseergebnis, Urteil, eine Einschätzung, eine Wertung fachlich und sachlich absichern (durch einen Beleg, Beispiele, eine Argumentation).	*Begründen Sie* das von Ihnen gefällte Urteil.
sich auseinandersetzen mit	Sie sollen zu einer (fachlichen) Problemstellung oder These eine Argumentation entwickeln, die zu einem begründeten und nachvollziehbaren Ergebnis führt.	*Setzen Sie sich mit der Position* des Schriftstellers vor dem Hintergrund Ihrer Kenntnisse des Vormärz *auseinander.*
prüfen, überprüfen	Hier müssen Sie eine Textaussage, These, einen Sachverhalt auf der Grundlage eigener Kenntnisse, Einsichten oder Textkenntnis auf ihre/seine Angemessenheit hin untersuchen.	*Überprüfen Sie die Stimmigkeit* der Aussage anhand der Gliederung und der rhetorischen Mittel.
gestalten	Erarbeiten Sie hier in Verbindung mit einer Textvorlage, auf der Grundlage einer konkreten Arbeitsanweisung einen eigenen Text nach ausgewiesenen Kriterien.	*Gestalten Sie ein Flugblatt* textlich und grafisch, das die Intention der analysierten Rede widerspiegelt.
analysieren, interpretieren	**Literarische Texte:** Texterfassung, Textbeschreibung, Textdeutung (unter Berücksichtigung des Wechselbezuges von Textstrukturen, Funktionen und Intentionen, Erfassen zentraler strukturbildender, genretypischer, syntaktischer, semantischer und rhetorischer Elemente und ihrer Funktionen für das Textganze), kritische Reflexion und ggf. Wertung. **Sachtexte:** Texterfassung, Textbeschreibung, Textuntersuchung (Zusammenhang Textstruktur und Textintention, strukturbildende semantische, syntaktische Elemente unter Berücksichtigung der sprachlichen Funktion); Erfassen der pragmatischen Struktur des Textes unter besonderer Berücksichtigung der Argumentationsweise; Erkennen und ggf. Beurteilen des Zusammenspiels von Struktur, Intention und Wirkung im Rahmen des historischen und aktuellen Verstehenshorizontes.	*Interpretieren Sie* das vorliegende Gedicht. *Analysieren Sie* beide Gedichte vergleichend. *Interpretieren Sie* den vorliegenden Text im Zusammenhang mit den Ihnen bekannten Dramentheorien. *Analysieren Sie* die Rede unter Berücksichtigung der Anmerkungen. *Analysieren Sie* den vorliegenden Text *im Hinblick auf die Argumentationsstruktur.*
erörtern	Es wird von Ihnen erwartet, dass Sie eine These oder Problemstellung, eine Argumentation durch Für- und- Wider- bzw. Sowohl-als-Auch-Argumente auf ihre Stichhaltigkeit hin prüfen und auf dieser Grundlage eine Schlussfolgerung bzw. eigene Stellungnahme dazu entwickeln.	*Erörtern Sie die Notwendigkeit* von Sprachförderkonzepten im Zusammenhang mit den Aussagen der beiden vorliegenden Texte.

5 Tipps

5.1 Praktische Tipps

Die **Wahl der Aufgabe** sollte sorgfältig getroffen werden, denn von der „richtigen“ Aufgabe hängt ganz wesentlich der Erfolg der Arbeit ab. Deshalb sollten Sie nicht nur die Textvorlage, sondern auch die Aufgabenstellung genau lesen und für sich selbst folgende Fragen beantworten:

- Was genau wird verlangt: Reproduktion, Erarbeitung, Beurteilung, Stellungnahme, Vergleich, Eigengestaltung?
- Welches ist die Schwerpunktaufgabe? Liegt sie mir?
- Welche Aufgabe fordert mich heraus? Wo kann ich meine Stärken einbringen?
- Ausschlaggebend sollte nicht die vermeintliche Leichtigkeit einer Aufgabe sein, sondern die Möglichkeit, sie auf ergiebige Weise zu lösen. Auch die Gelegenheit, Kenntnisse aus dem Unterricht einzubringen, ist ein Aspekt bei der Entscheidungsfindung.

Grundsätzlich werden Leistungen in zwei Aufgabenbereichen gefordert: bei der **Reproduktion** und der **Erarbeitung**.

- Zum ersten Typus gehört alles, was Sie „im Kopf“ haben sollten, wenn Sie den Prüfungsraum betreten: Wissen um Gattungen, Epochen, Autoren, Stoffe, Werke – das Hintergrundwissen, das für jede Bearbeitung und Einordnung nötig ist. Sie sollten es parat haben und nur noch entscheiden, was davon im jeweiligen Zusammenhang relevant ist.
- Bei dem Erarbeitungsteil liegt das Wissen noch nicht bereit, es ist mithilfe geeigneter Methoden erst noch zu erschließen. Das ist natürlich arbeits- und zeitaufwendiger als das Reproduzieren. Erarbeitungsaufgaben sind daher immer Schwerpunktaufgaben.

Ist die Entscheidung gefallen, sollten Sie möglichst nicht mehr wechseln, denn das wäre verschenkte Zeit. Eine grobe **Zeitplanung** ist immer hilfreich. Die 330 Minuten Bearbeitungszeit entsprechen einem knapp sechsstündigen Unterrichtsvormittag. Es liegt also nahe, eine Grobplanung im 45-Minuten-Takt vorzunehmen. Bei Analyseaufgaben könnten Sie zum Beispiel zwei Unterrichtsstunden für die Konzeptphase ansetzen – Textmarkierungen, Skizzen, Aufsatzgliederung, Disposition, Ausformulierung von Kern- und Gelenkstellen –, etwa zwei Stunden für die Reinschrift und eine Stunde für die Durchsicht und Feinkorrektur. Damit wären etwa fünf Stunden verplant, sodass abzüglich der Pausen noch ein Puffer von einer knappen Stunde bleibt. Pausen sollten Sie erst nach Beendigung eines Arbeitsganges einlegen, im Idealfall erst vor der Reinschrift.

5.2 Hinweise zu den Bewertungskriterien

Bei der Bepunktung werden folgende Bewertungskategorien berücksichtigt:
- inhaltliche Leistung,
- methodische Leistung,
- sprachliche Leistung/Darstellungsleistung.

Besonders viel Gewicht wird in der Bewertung darauf gelegt, dass Ihre Ausfertigung
- sachlich richtig ist,
- Ihre Aussagen folgerichtig und begründet sind,
- Ihre Arbeit einen bestimmten Grad an Selbstständigkeit, z. B. in der Entwicklung von Gedankengängen, aufweist,
- über einen klaren Aufbau und eine klare Sprache verfügt,
- eine Sicherheit im Umgang mit der Fachsprache und den Methoden aufzeigt und
- sprachlich richtig und in ihrer äußerlichen Form angemessen ist.

Hinweise und Tipps zur mündlichen Abiturprüfung im Fach Deutsch

1 Allgemeines

Eine mündliche Abiturprüfung gibt es in jedem Fall im fünften Abiturfach. Daneben sind weitere mündliche Prüfungen im ersten bis vierten Abiturfach möglich, wenn die Leistung in den Abiturklausuren mit weniger Punkten als die Leistungen in den Halbjahreskursen bewertet worden ist oder ein Prüfling sich für eine freiwillige mündliche Prüfung meldet, z. B. um seinen Abiturdurchschnitt zu verbessern. Für mündliche Prüfungen im ersten bis vierten Fach gilt, dass sie nicht dem Stoffgebiet der Abiturklausur entsprechen dürfen. Bei dieser Prüfung müssen Sie ein 20-minütiges Prüfungsgespräch zu einem Thema absolvieren, auf das Sie sich 20 Minuten zuvor in einem Vorbereitungsraum einstellen können.

Die mündliche **Präsentationsprüfung** (also das fünfte Prüfungsfach) enthält in der Regel zwei gleichwertige Elemente, durch die einerseits die Fähigkeit zum **Vortrag**, andererseits die Fähigkeit zur Beteiligung am **Prüfungsgespräch** überprüft wird. Es gelten ansonsten grundsätzlich dieselben Kriterien für die Bewertung wie bei den schriftlichen Anforderungen, wobei es besonders darauf ankommt, dass man auch in mündlicher Rede gewandt und präzise argumentiert, ohne den Faden zu verlieren.
Zunächst erhalten Sie eine Aufgabenstellung, die aus einer oder mehreren Teilaufgaben bestehen kann. Für die Bearbeitung dieser Aufgabe stehen Ihnen im Vorbereitungsraum 20 Minuten zur Verfügung. Innerhalb dieser Zeit sollen Sie einen 10-minütigen Vortrag vorbereiten, der in sich geschlossen und logisch untergliedert ist. Während des Vortrages können Sie sich auf die Texte sowie auf Ihre stichwortartigen Aufzeichnungen stützen.
Die Kürze der Vorbereitungszeit schließt aus, dass Sie Ihren Vortrag schriftlich ausformulieren; vielmehr ist es, ähnlich wie bei der Sichtungsphase in der Klausur, notwendig, den Vortrag durch sinnvolles Markieren und knappe Anmerkungen vorzubereiten.
Der zweite Prüfungsteil besteht aus einem Prüfungsgespräch, in dem Ihr Hintergrundwissen und Ihre Fähigkeit, größere fachliche und sachliche Zusammenhänge zu erschließen, überprüft werden.

2 Prüfungsteil I: eigenständiger Vortrag

Die größten Schwierigkeiten bei der mündlichen Abiturprüfung liegen erfahrungsgemäß im ersten Teil, also in dem mindestens 10-minütigen zusammenhängenden, gegliederten Vortrag. Da es für solch lange Vorträge kaum echte Übungsmöglichkeiten im Unterricht gibt, zumindest nicht für jeden Einzelnen, fehlt es weitgehend an konkreten Vorerfahrungen; daher im Folgenden einige Tipps, wie Sie sich auf diese Prüfungssituation vorbereiten und Ihren Vortrag ansprechend gestalten können.

Tipps für die 20-minütige Vorbereitung

- Themenstellung: Was ist die Zielrichtung der geforderten Bearbeitung?
- Operatoren: Welche konkreten Anforderungen werden gestellt? Bei Mehrteiligkeit: Welche Gliederungshilfe bieten die Teilaufgaben? Welcher Aufgabe kommt das größte Gewicht zu?
- Einstieg: Mit welcher Einführung führt man den Vortrag schnell und stringent zum Kern der Aufgabenstellung?
- Texte: Fachbegriffe an den Rand schreiben, Quellen-Anmerkungen ergänzen, Stichworte für den Vortrag festlegen; wichtige Zitatstellen markieren.
- Gliederung: Nummerieren Sie Ihre Markierungen, damit Sie Ihren Vortrag anhand dieser Reihenfolge gestalten können.
- Beenden Sie Ihren Vortrag mit einem klaren Fazit.
- Grobstruktur: Nennung der Aufgabenstellung – Einleitung – Bearbeitung der Teilaufgaben – Schlussteil.

Tipps für den Vortrag

- Zeitmanagement: Legen Sie eine Armbanduhr neben Ihr Konzept, schreiben Sie, bevor Sie zu sprechen anfangen, den konkreten Zeitraum für Ihren Vortrag auf Ihr Konzept – so haben Sie klare zeitliche Anhaltspunkte.
- Nutzen Sie die Anmerkungen, die Sie während der Vorbereitungszeit angefertigt haben, als Leitfaden Ihres Vortrages.
- Sprechen Sie möglichst frei, klammern Sie sich nicht an Ihr Konzept.
- Sprechen Sie klar, deutlich und hinreichend laut.
- Achten Sie auf ein angemessenes Sprechtempo. Versuchen Sie, nicht zu schnell zu sprechen.
- Vermeiden Sie sowohl „Endlossätze“ als auch Aneinanderreihungen und monotone Satzanfänge („Und … und … und …“).
- Verwenden Sie die Fachsprache, die Sie gelernt haben, um zu verdeutlichen, dass Sie Ihr Metier beherrschen.
- Zitate/Textbelege: Verdeutlichen Sie während des Vortrages, woher Sie Ihre Aussagen beziehen, indem Sie Kernstellen mit Zeilenhinweisen anführen.
- Ein gelegentlicher Blickkontakt zu Ihrem Prüfer oder den übrigen Beisitzern zeugt von einem souveränen Umgang mit der Situation und den Kommunikationsregeln.
- Bewegen Sie sich bei Ihrem Vortrag auf einer einheitlichen Sprachebene und vergegenwärtigen Sie sich, dass die Adressaten Ihres Vortrags Deutschlehrerinnen und Deutschlehrer, also Fachleute sind.

Sie können diesen ersten Teil der mündlichen Prüfung üben, indem Sie Arbeitsaufträge aus diesem Band zugrunde legen, die Vorbereitungszeit exakt einhalten und zwei Kursmitglieder als fiktive Prüfungskommission hinzuziehen. Lassen Sie sich anschließend von Ihrer „Prüfungskommission“ begründet darlegen, ob Ihr Vortrag sprachlich und inhaltlich verstanden wurde.
Ebenso können Sie natürlich in der Familie oder im Freundeskreis das Referieren üben oder zu diesem Zweck Ihren Vortrag selbst aufnehmen und überprüfen.

Die zeitliche Dauer des zweiten Prüfungsteils entspricht derjenigen des ersten Teils: 15 bis 20 Minuten je nach Verlauf. Das Thema des Prüfungsgesprächs muss einem anderen Kurshalbjahr entnommen sein als der für den vorangegangenen Vortrag vorgegebene Gegenstand. Meistens stellt der Prüfer durch eine kurze Überleitung einen Zusammenhang zwischen Ihrem Vortrag und dem Gegenstand des zweiten Teils der Prüfung her; das gibt auch Ihnen die Gelegenheit, an Ihren Vortrag anzuknüpfen. Sie sollten sich dabei aber nicht wiederholen oder gar den Eindruck erwecken, dass Sie dem Thema des Prüfungsgespräch ausweichen wollen.
Im weiteren Verlauf sollen Sie Ihre Kommunikationskompetenzen im Rahmen eines Fachgespräches unter Beweis stellen: Zeigen Sie sich also als gewandter Gesprächspartner, der adressatengerecht und sachkundig die Fragen und Impulse aufgreift und möglichst selbstständig und ergiebig damit umgeht.

Tipps für das Prüfungsgespräch

- *Sprechanteil:* Je eigenständiger und umfassender Sie als Prüfling mit den Fragen und Impulsen umgehen, desto besser! Begnügen Sie sich nicht mit Kurzantworten, führen Sie länger aus.
- *Erfassen der Frageintention:* Achten Sie auf die Operatoren und auf fachliche Kernbegriffe! Führen Sie sinnvolle Beispiele oder Vergleiche aus dem Unterricht an, zeigen Sie Ihr Hintergrund- und Allgemeinwissen. Aber schweifen Sie nicht ab, bleiben Sie beim Thema.
- *Gesprächsaufbau durch den Prüfer:* In der Regel gestaltet der Prüfer ein solches Gespräch nach dem Prinzip „Vom Einfachen zum Schwierigen, vom Einzelfallbeispiel zum Allgemeinen/Modellhaften".
  Wenn Sie einen Bezug zu einer Ihnen passend erscheinenden Theorie oder zu einem aus dem Unterricht bekannten Beispiel selber herstellen können: Tun Sie dies!
- *Unterrichtsbezüge:* Hintergrund aller Fragen und Impulse ist das aus dem Unterricht Bekannte. Stellen Sie also dort nach Möglichkeit über das gerade angesprochene Einzelbeispiel hinaus Vergleiche zu dem im Unterricht Behandelten an, weisen Sie auf Gemeinsamkeiten oder auch auf Unterschiede hin. Machen Sie somit deutlich, dass Sie den Gesprächsgegenstand aus dem Prüfungsgespräch in größere Zusammenhänge einordnen können.
- *Verständnisproblem:* Sollten Sie mit einer einzelnen Frage einmal nichts anfangen können: verlieren Sie keine Zeit, bitten Sie an einer solchen Stelle um eine kurze ergänzende Erläuterung.
- *Unterbrechungen:* Lassen Sie sich nicht irritieren. Der Prüfer möchte Ihnen entweder zurück auf den Haupt(frage)weg helfen oder den Themenschwerpunkt wechseln, was vielleicht nur daran liegt, dass die Prüfungszeit allmählich knapp wird: Werten Sie solche Unterbrechungen in jedem Fall als für Sie günstig und hilfreich.
- *Mimik und Gestik:* Lassen Sie sich nicht durch Äußerlichkeiten irritieren: Die Prüfer werden sich bemühen, eine neutrale Atmosphäre herzustellen. Wenn das Prüfungsgespräch beispielsweise weniger persönlich verläuft als eine normale Unterrichtsstunde, ist das kein beunruhigendes Zeichen.

Schriftliche Abiturprüfung Deutsch (Baden-Württemberg): Übungsaufgabe 1
Interpretationsaufsatz zu literarischen Werken im Kontext

Aufgabenstellung

- Interpretieren Sie den Textausschnitt im Kontext der vorausgegangenen Handlung.
- Peter Stamm: *Agnes*, Max Frisch: *Homo faber* und Georg Büchner: *Dantons Tod*: Untersuchen Sie in einer vergleichenden Betrachtung, wie die Protagonisten mit ihren jeweiligen Partnerinnen umgehen.

Pflichtlektüren:
Peter Stamm (*1963): *Agnes*. Fischer Taschenbuch Verlag, Frankfurt am Main 2009
Max Frisch (1911–1991): *Homo faber*. Suhrkamp Taschenbuch, Frankfurt am Main 2011
Georg Büchner (1813–1837): *Dantons Tod*. Reclam 6060, Stuttgart 2008

Textauszug aus: Peter Stamm, *Agnes*

Wir gingen durch das Viertel. Es hatte aufgehört zu regnen, aber die Straßen waren noch naß. Agnes zeigte mir, wo sie ihre Lebensmittel einkaufte, wo sie ihre Wäsche wusch, das Restaurant, wo sie oft zu Abend aß. Ich versuchte, mir vorzustellen, wie es war, in diesen Straßen zu Hause zu sein, aber es gelang mir nicht.

Agnes sagte, sie wohne gern hier, sie fühle sich wohl in diesem Viertel, auch wenn es nicht besonders schön sei und obwohl sie niemanden kenne. Als wir in ihre Wohnung zurückkehrten, holte sie aus einem Schrank einen Stapel kleiner trüber Glasplatten.

„Das ist meine Arbeit", sagte sie.

Auf den ersten Blick schienen die Platten gleichmäßig trübe zu sein, aber als ich genauer hinschaute, sah ich im grauen Nebel winzige Punkte in regelmäßigen Abständen. Auf jeder Platte bildeten die Punkte andere Muster.

„Das sind Röntgenbilder von Kristallgittern", sagte Agnes. „Die wirklichen Anordnungen der Atome. Ganz tief in fast allem ist Symmetrie."

Ich gab ihr die Platten zurück. Sie trat ans Fenster und hielt sie einzeln gegen das Licht.

„Das Geheimnisvolle ist die Leere in der Mitte", sagte sie, „das, was man nicht sieht, die Symmetrieachsen."

„Aber was hat das mit uns zu tun?" fragte ich. „Mit dem Leben, mit dir und mir? Wir sind asymmetrisch."

„Asymmetrien haben immer einen Grund", sagte Agnes. „Es ist die Asymmetrie, die das Leben überhaupt erst möglich macht. Der Unterschied zwischen den Geschlechtern. Daß die Zeit nur in eine Richtung läuft. Asymmetrien haben immer einen Grund und eine Wirkung."

Ich hatte Agnes noch nie mit so viel Begeisterung reden gehört. Ich umarmte sie. Sie hielt die Diapositive schützend in die Höhe und sagte: „Paß auf, sie sind zerbrechlich."

Trotz ihrer Warnung nahm ich Agnes auf die Arme und trug sie zur Matratze. Sie stand noch einmal auf, um die Bilder in Sicherheit zu bringen, aber dann kam sie zurück, zog sich aus und legte sich neben mich. Wir liebten uns, und dann war es draußen dunkel geworden. Ich blieb die Nacht über bei ihr.

Gegen Morgen weckten mich Klopfgeräusche in den Heizungsrohren. Ich richtete mich auf und sah, daß auch Agnes wach war.

„Da gibt jemand Klopfsignale", sagte ich.

„Das ist eine Dampfheizung, keine Klimaanlage wie bei dir. Die Rohre dehnen sich durch die Hitze aus und machen diese Geräusche."

„Stört dich das nicht? Bei dem Lärm kann man ja nicht schlafen."

„Nein, im Gegenteil“, sagte Agnes, „Es gibt mir das Gefühl, nicht allein zu sein, wenn ich nachts aufwache.“
„Du bist nicht allein.“
„Nein“, sagte Agnes, „jetzt nicht.“

Aus: Peter Stamm, Agnes. Zürich: Die Arche 1998

Hinweise und Tipps

Teilaufgabe 1
Die erste Teilaufgabe fordert von Ihnen zunächst eine kurze inhaltliche Hinführung zu dem Textausschnitt, der in Kapitel 8 von Peter Stamms Roman *Agnes* steht. Dabei genügt es, die Anfänge der Liebesbeziehung zwischen dem Erzähler und Agnes zu skizzieren und die ersten Schwierigkeiten in diesem Verhältnis anzudeuten. Anschließend sollten Sie den Textauszug gründlich interpretieren, wobei Sie sowohl die einzelnen Elemente der Handlung (Beschreibungsebene) aufzeigen als auch die zahlreichen Metaphern und Anspielungen (Deutungsebene) im Hinblick auf den Romanschluss erläutern müssen. Ein besonderes Augenmerk sollte dem von Agnes erklärten Kristallgitter mit seinen Symmetrien und Asymmetrien gelten, weil dieses Modell auf die problematische Entwicklung des Liebespaars vorausdeutet.

Teilaufgabe 2
Die zweite Teilaufgabe zielt auf eine vergleichende Betrachtung der Mann-Frau-Beziehung in den drei Pflichtlektüren von Peter Stamm *(Agnes)*, Max Frisch *(Homo faber)* und Georg Büchner *(Dantons Tod)*. Während die Protagonisten durch die drei Männer Erzähler, Walter Faber und Georg Danton vertreten sind, erweitert sich der Kreis bei den Frauenfiguren, weil neben den jeweiligen Partnerinnen der Protagonisten auch deren Rivalinnen eine wesentliche Rolle spielen. In diesem Zusammenhang kann insbesondere der Treuebegriff erörtert werden.
Im Mittelpunkt der Betrachtung steht auch das Frauenbild des jeweiligen Protagonisten, das sich durch sein Verhalten gegenüber den Frauen ergibt. Die Umgangsformen der Männer sind jedoch nicht nur auf ihre Taten beschränkt, sondern beziehen auch ihre Gespräche und nicht zuletzt ihre Denkweise ein. Von besonderem Interesse ist dabei die Frage, welchen Einblick die Männer ihren Partnerinnen in ihre berufliche Tätigkeit gewähren.
Alle drei Protagonisten erleben sowohl positive als auch negative Momente in ihren Liebesbeziehungen. Sie sollten in dem Textvergleich deshalb die Gemeinsamkeiten und Unterschiede in den Verhaltensweisen der Protagonisten gegenüber ihren Partnerinnen herausstellen, sodass die jeweiligen Charaktere (aus verschiedenen Epochen, vom 18. bis zum 20. Jahrhundert) deutlich zum Vorschein kommen.

Lösungsvorschlag in Grundzügen

Einleitung

„Gegensätze ziehen sich an.“ Mit dieser These wird oft versucht, das Geheimnis einer Liebesbeziehung zwischen Mann und Frau zu erklären. Doch wenn die Unterschiede überhandnehmen, kann bald die anfängliche Faszination verloren gehen, sodass es unausweichlich zu einer Trennung kommt.
In der Literatur spielt die geheimnisvolle Liebe seit jeher eine große Rolle. Verschiedene Facetten der gegenseitigen Anziehungskraft, aber auch zahlreiche Varianten des Scheiterns wurden von Autoren aus unterschiedlichen Epochen und Kulturkreisen in ihren Werken thematisiert. Ein Liebesverhältnis mit tragischem Ende wird sowohl in den modernen Romanen

Agnes und *Homo faber* der Schweizer Schriftsteller Peter Stamm und Max Frisch als auch in dem Schauspiel *Dantons Tod* des Dramatikers Georg Büchner dargestellt.

Teilaufgabe 1
Kontext

In Peter Stamms 1998 erschienenem Debütroman *Agnes* lernt ein namenlos bleibender Ich-Erzähler eine um einige Jahre jüngere Studentin in der Chicago Public Library kennen. Bei gemeinsamen Raucherpausen kommen sich die beiden Bibliotheksbesucher, die an einem Sachbuch bzw. an einer Dissertation arbeiten, näher.
Nach mehreren Tagen trifft sich das Paar in der Wohnung des Erzählers, die sich in einem Wolkenkratzer mitten in Chicago befindet. Das Verhältnis wird intimer, aber es zeichnen sich auch erste Differenzen ab.

In Kapitel 8, dem der Textausschnitt entnommen ist, besucht der Erzähler zum ersten Mal seine neue Freundin in deren Wohnung, die im Vergleich zu seiner eigenen viel bescheidener aussieht und in einem Außenbezirk der Millionenstadt Chicago liegt. Einige Tage später beginnt der Erzähler auf Agnes' Bitte, eine Geschichte über sie beide zu schreiben: Realität und Fiktion vermischen sich darin zu einer eigentümlichen Wechselwirkung. Die sich fortlaufend entwickelnde Geschichte reflektiert das Verhältnis zwischen dem Erzähler und Agnes, bis sie schließlich in zwei Schluss-Varianten ihre Beziehung beendet.

Inhaltswiedergabe und Bedeutung von Kapitel 8

Kapitel 8 beschreibt die sensible, zurückhaltende Titelfigur Agnes in ihrer vertrauten Umgebung, die sowohl ihre Lebensgewohnheiten als auch ihre Denk- und Arbeitsweise verdeutlicht. Der Leser erlebt in der vorgegebenen Textstelle eine aufgeschlossene, lebhafte Studentin, die dem Erzähler voller Enthusiasmus von ihrer Doktorarbeit über die Struktur von Kristallgittern berichtet und sich ihm anschließend ohne Scheu hingibt. Das intime Zusammensein verläuft völlig harmonisch und führt das Liebespaar zu einer größeren Vertrautheit und Offenheit. Der Erzähler verbringt die ganze Nacht bei Agnes. Am nächsten Morgen werden die beiden dann von Klopfgeräuschen geweckt, die von der Heizung verursacht werden.

Interpretation

Die leichte und unbeschwerte Atmosphäre in diesem Textausschnitt offenbart bei näherer Betrachtung erste Probleme und Brüche. So zeigen sich an vielen Stellen Widersprüche zwischen einer gegenseitig zunehmenden Vertraulichkeit und einer wachsenden Distanz des Erzählers zu seiner jungen Freundin.

Agnes' Lebensumfeld

- Das Stadtviertel, in dem Agnes wohnt, erweist sich als ein **anonymes Großstadtmilieu**, das den Erzähler abschreckt. Selbst Agnes gibt zu, dass die Umgebung „nicht besonders schön sei" (Z. 6). Allerdings betont sie, dass sie gern in diesem Wohnbezirk, der alles Lebensnotwendige bietet, zu Hause sei, obwohl sie niemanden kenne. Die **Wettermetaphorik** vermittelt eine düstere Stimmung: Es regnet, und bald wird „es draußen dunkel" (Z. 27). Auch Agnes' Wohnung wirkt alles andere als gemütlich. Am frühen Morgen wird der Erzähler durch Klopfgeräusche der Heizung geweckt. Während sich der Erzähler von diesem „Lärm" (Z. 34) sehr gestört fühlt, empfindet Agnes jedoch das Klopfen als angenehm.

Fremdheit von Agnes' Welt für den Erzähler

- Bei seinem Besuch versucht der Erzähler sich sowohl in die Wohnsituation als auch in den Charakter seiner Partnerin hineinzuversetzen, was ihm jedoch nicht gelingt (vgl. Z. 3f.). Er kann sich nicht vorstellen, dass man sich in dieser hässlichen und lauten Umgebung wohlfühlen kann. Trotz dieser **Irritationen** steigert sich die **Verliebtheit** des Erzählers, was vor allem auf Agnes' Redseligkeit zurückzuführen ist. Er umarmt Agnes und verbringt mit ihr eine Liebesnacht, aus der er jedoch unsanft erwacht.

- Ohne Vorbehalte erzählt Agnes ihrem Freund – gleich nach dem Spaziergang durch das trübe Stadtviertel – ausführlich von ihrer Tätigkeit an der Universität. Anhand von Röntgenbildern erklärt sie **Symmetrien und Asymmetrien** bei Strukturbildern von Kristallen. Durch die häufige Verwendung von direkter Rede wirkt das Gespräch sehr lebendig. Die Erläuterungen an diesen konkreten Beispielen führen zu **allgemeinen Aussagen über das Leben** an sich: Laut Agnes bestimmt die Asymmetrie das Dasein, und die Zeit läuft nur „in eine Richtung" (Z. 21). Es ist der Erzähler, der Agnes fragt, was die Kristalle mit ihrer Liebesbeziehung zu tun haben. So wird deutlich, dass die „trübe[n]" (Z. 9) und „zerbrechlich[en]" (Z. 24) Glasplatten eine metaphorische Bedeutung für das von Gegensätzen und Unwägbarkeiten bestimmte Verhältnis zwischen dem Erzähler und Agnes haben.

metaphorische Ebene von Agnes' Forschungen

- Auf dem Weg zu Agnes' Wohnung hat sich der Erzähler verfahren, obwohl ihm seine Freundin „genaue Anweisungen" gegeben hatte. Auch ihrem Vortrag über Kristallformen hört er zunächst nur oberflächlich zu, bis er schließlich „genauer" (Z. 9) hinschaut und **Zusammenhänge** erkennt. Allerdings sieht er noch nicht die Asymmetrien in seiner Beziehung zu Agnes, obwohl seine Partnerin auf den „Unterschied zwischen den Geschlechtern" (Z. 20) hinweist und im Hinblick auf die zerbrechlichen Platten (brüchiges Liebesverhältnis!) eine „Warnung" ausspricht. Zudem stellt er selbst die Behauptung auf: „Wir sind asymmetrisch." (Z. 17 f.) Auch die „Klopfsignale" (Z. 31) können in diesem Kontext als erstes Warnzeichen und damit als eine Ermahnung an das Liebespaar gesehen werden. So zeigt sich selbst in dieser harmonischen Liebesszene die **Gefährdung** der Beziehung. Mit Metaphern und Anspielungen wird auf das Ende der Geschichte hingewiesen. Vor dem Liebesakt steht Agnes noch einmal auf, um die Glasplatten „in Sicherheit" (Z. 26) zu bringen – ihr gesamtes Leben wird allerdings von Unsicherheit und Ungewissheit beherrscht, zumal die Gegensätze zu dem Erzähler ab diesem Moment stetig zunehmen.

Erzähler ignoriert Symptome einer Beziehungskrise

Teilaufgabe 2

Sowohl in den Romanen *Agnes* und *Homo faber* als auch in dem Drama *Dantons Tod* werden **intime Glücksmomente** zwischen zwei Liebenden beschrieben, die jedoch nicht von Dauer sind und schließlich in ein **tragisches Ende** münden.

Umgang des *Agnes*-Erzählers mit Frauen

Für den Erzähler in **Peter Stamms „Agnes"** liegt die Ursache für das Scheitern der Liebesbeziehung in seiner eigenen Unbeständigkeit und Bindungsunfähigkeit.

kaum soziale Bindungen

- Offen bekennt der Schweizer Sachbuchautor, dass er bereits „einige gescheiterte Beziehungen" (S. 15) hinter sich habe. Obwohl er schon längere Zeit in Chicago lebt, kennt er in dieser Stadt niemanden. Deshalb hat er sich mit seinem „Alleinsein abgefunden" (S. 15). Doch neben Agnes lernt er auch bald Louise kennen.

- Agnes ist für den Erzähler in erster Linie eine **Sexualpartnerin**. Die Liebesakte bilden deshalb auch die wenigen Momente eines erfüllten Glücks. Agnes' ständige Präsenz wird ihm immer wichtiger, sodass er bei sich schließlich „eine fast körperliche Abhängigkeit" (S. 61) feststellt. Kurze Zeit später fällt ihm auf, „wie wenig [er] sie kannte" (S. 61). Bei der Gestaltung der fiktionalen Geschichte über ihre Beziehung dominieren das Aussehen und das Körperliche. Bezeichnenderweise beginnt die Story mit einer Beschreibung ihres Äußeren. Ihre Charaktereigenschaften und ihre Mentalität spielen nur eine untergeordnete Rolle.

Reduktion von Agnes aufs Körperliche

- Immerhin empfindet der Erzähler mehrmals, dass er sich in Agnes verliebt hat. Dieses Gefühl treibt ihn auch beim Schreiben ihrer Geschichte an. Er wartet dann beim Vorlesen gespannt auf Agnes' Reaktion und korrigiert sogar gelegentlich eine Formulierung, wenn Agnes etwas missfällt. Doch ein Traum offenbart ihm die **zunehmende Entfremdung** zwischen ihm und seiner Partnerin, da sie ihm darin gesteht, Angst vor ihm zu haben. In der Wirklichkeit entwickelt sich zwischen dem Erzähler und Agnes eine schnell wachsende **Sprachlosigkeit**. Die beiden haben sich immer weniger zu sagen. Schließlich merkt der Erzähler, dass die von ihm in seiner Geschichte beschriebene Familienidylle mit Eheglück und zwei Kindern nicht zu ihrem Leben passt. Deshalb tritt am Ende der auf dem Computer gespeicherte „Schluß2" in den Vordergrund, in dem Agnes in eine eisige Winterlandschaft hinausgeht.

Entfremdung von Agnes

- Der **Bruch der Liebesbeziehung** beginnt mit Agnes' Geständnis, dass sie schwanger ist. Sofort erklärt der Erzähler, dass er kein Kind haben möchte, woraufhin Agnes bei ihm auszieht. Die **unterschiedlichen Vorstellungen über eine gemeinsame Zukunft** werden nur in der idyllischen „Familiensaga" angeglichen. Darin kann sich der Erzähler eine Rolle als Familienvater vorstellen, aber er ahnt gleichzeitig, dass nach dem ersten großen Konflikt mit Agnes ein glückliches Familienleben nicht mehr möglich sein wird. Weder der egozentrische Erzähler noch die introvertierte Agnes bringen die Voraussetzung für eine aufrichtige Partnerschaft mit. Gegenseitige **Untreue** und Eifersucht zerstören das Vertrauen vollends. Während Agnes dem Erzähler vorhält, dass Herbert sie mehr liebe als er, obwohl sie mit ihm nie intim war, betrügt dieser seine Partnerin in der Silvesternacht mit Louise. Aber auch diese Frau enttäuscht er, weil er ihre Beziehung nur als Affäre ansieht und zu Agnes zurückkehrt. So zeichnet sich aufgrund der großen charakterlichen Unterschiede und einer negativen Entwicklung ihrer Beziehung schon früh das **Scheitern** des Liebesverhältnisses mit Agnes ab.

weitere Gründe für das Scheitern der Beziehung

In **Max Frischs Roman „Homo faber"** sind die Frauenbeziehungen des Protagonisten von Missverständnissen und schwerwiegenden Irrtümern geprägt. Mit drei Frauen hat es der 50-jährige Schweizer Walter Faber fast gleichzeitig zu tun, was eine „Super-Constellation" (Name des Flugzeugs, mit dem Faber eine Bruchlandung in der Wüste erlebt!) darstellt. Aus dieser heiklen, komplexen Lage mit all ihren schicksalhaften Verkettungen geht der begeisterte Techniker äußerst ramponiert hervor.

Umgang Walter Fabers mit seinen Partnerinnen

- Mit dem 26-jährigen Mannequin **Ivy** (Bedeutung: Efeu – eine Frau, die wie eine Klette an Faber hängt) verbringt der viel reisende Walter Faber meist die Wochenenden in seiner 2-Zimmer-Wohnung in New York. Obwohl die verheiratete Frau für den Schweizer „ein herzensguter Kerl" (S. 65) ist, hat er häufig **Streit** mit ihr. Da er sich immer öfter mit der

Trennung von anhänglicher Ivy

modebewussten Dame langweilt, beschließt er, sich von ihr zu trennen. Aber Ivy ignoriert seinen Abschiedsbrief und versucht mit allen Mitteln, Faber an sich zu binden. Bei einer heftigen Auseinandersetzung fällt sie über ihren um einiges älteren Liebhaber ein vernichtendes Urteil. Sie wirft ihm vor, er sei „ein Egoist, ein Rohling, ein Barbar in bezug auf Geschmack, ein Unmensch in bezug auf die Frau“ (S. 31).

- Ein noch größerer Altersunterschied besteht zwischen Faber und seiner erst 20 Jahre alten Tochter **Sabeth** (Elisabeth), der er zufällig auf einem Schiff begegnet und mit der er, ohne zu wissen, dass er ihr Vater ist, eine **inzestuöse Verbindung** eingeht. Dabei findet er „das Mädchen mit dem blonden Roßschwanz“ (S. 69) und den schwarzen Cowboyhosen zunächst nicht attraktiv, vielmehr zieht ihn ihre Jugendlichkeit an, und ein wenig erinnert sie ihn an seine einstige Geliebte Hanna.

  Liebesverhältnis mit seiner Tochter Sabeth

  An seinem 50. Geburtstag macht Faber Sabeth einen Heiratsantrag, obwohl er die junge Frau noch kaum kennt und er immer wieder betont, dass er am liebsten allein lebe. In väterlicher Fürsorge begleitet er die Studentin auf ihrer weiteren Reise durch Frankreich und Italien. Dabei kommt sich das ungleiche Paar näher. Gleichzeitig ahnt der 50-Jährige immer deutlicher, dass Sabeth seine Tochter sein könnte, wobei er diese Gedanken mithilfe von selbsttäuschenden Rechenspielen sogleich wieder verwirft. Trotz ihrer zunehmenden Verliebtheit merken die beiden, dass sie sehr **unterschiedliche Lebensauffassungen** haben. Während sich Sabeth für Kultur und Archäologie interessiert, kann sich Faber nur für technische Errungenschaften begeistern. Der Ingenieur schätzt an seiner Tochter, dass sie eine rasche Auffassungsgabe, vor allem auch im technischen Bereich, besitzt, doch sie wirft ihm immer wieder vor, dass er sie nicht ernst nehme. Schließlich führt Walter Faber ungewollt den Tod seiner Tochter herbei, die nach einem Schlangenbiss schwer stürzt und sich dabei einen Schädelbasisbruch zuzieht. Mit der Frage nach seiner eigenen Schuld quält sich der Ingenieur bis zu seinem Ende.

  Attraktivität von Sabeths Jugend

- Äußerst schwierig verläuft Fabers Beziehung mit der Halbjüdin **Hanna Landsberg**, die er als 30-Jähriger hatte heiraten wollen. Die damals schwangere Hanna beendete das Verhältnis jedoch überraschend auf dem Standesamt, weil sie Faber unterstellte, dass er kein gemeinsames Kind haben und sie nur aus Mitleid – die deutsche Halbjüdin war in ihrer Heimat während des Dritten Reiches gefährdet – heiraten wollte. Erstaunlicherweise kümmert sich Faber 20 Jahre lang nicht um seine Tochter, weil er vermutet, dass Hanna wohl nach ihrer Trennung eine Abtreibung vorgenommen hat. Allerdings behauptet Faber, dass er Hanna damals geliebt habe, obwohl es, ähnlich wie mit Ivy, ständig **Konflikte** gab und die **Gegensätze** – Hanna studierte Kunstgeschichte – schon damals deutlich hervortraten.

  spannungsreiches Verhältnis mit Hanna

  Zwei Jahrzehnte nach ihrer letzten Begegnung treffen die beiden wieder zusammen, und Faber findet die ergraute Mutter seiner Tochter immer noch „attraktiv“ (S. 140). Mehr als ihre äußere Schönheit bewundert er aber ihre **Selbstständigkeit** und ihr **starkes Selbstbewusstsein**. Zu einer offenen Aussprache gelangen die beiden jedoch nicht: Den Fragen nach Fabers Vaterschaft und dem Schicksal von Hannas einstigem Ehemann Joachim Hencke (Tod durch Suizid) weichen sie aus und verschweigen einander lange die Wahrheit, ja sie belügen sich sogar. Erst nach Sabeths Tod werden die Gespräche aufrichtiger geführt. Durch viele Erzählungen wird die Vergangenheit wechselseitig aufgearbeitet.

  Hanna als emanzipierte Frau

Faber nimmt sich dann sogar vor, Hanna zu heiraten, obwohl er immer deutlicher erkennt, dass er ihr Verhalten nicht versteht. Allerdings leistet ihm Hanna Beistand bei seiner anstehenden Magenoperation.

Sehr spät hat sich für Walter Faber und Hanna aufgrund ihres gemeinsamen Schicksals ein **Vertrauensverhältnis** entwickelt, das aus der anfänglichen Liebesverwirrung herausführt, denn Hanna war für Faber zunächst „die Mutter meiner Geliebten, die selbst meine Geliebte ist" (S. 141). Am Ende bezeichnet er sie als seinen „Freund" (S. 198), der ihm das Alleinsein erträglicher macht. In seinem **Reifeprozess** erkennt Faber, dass innere Werte wichtiger sind als Äußerlichkeiten, die er vor allem bei Ivy und teilweise auch bei Sabeth geschätzt hat.

Hanna als Freund

Der Protagonist in **Georg Büchners Drama „Dantons Tod"** ist ein äußerst zwiespältiger Charakter, der einerseits seine Ehefrau Julie innig liebt, sich andererseits jedoch auch mit anderen Frauen vergnügt.

Umgang Dantons mit Frauen

- Der **Frauenheld** Danton führt ein lasterhaftes Luxusleben. Gleich die ersten Szenen in Büchners Schauspiel zeigen den Genussmenschen beim Zusammensein mit leichten Mädchen, deren „Schönheit" und „geschmeidige Hüften" er mit geübtem Kennerblick begutachtet. Das Gegenbild zu diesem ausschweifenden Lebemann stellt der tugendhafte Robespierre dar, der von den Bürgern für seine Aufrichtigkeit und Geradlinigkeit bewundert wird. Der Vergleich dieser beiden Revolutionäre fällt denn auch für das Volk eindeutig aus, zumal sich Danton mit seiner Lebensweise eher aristokratisch gibt. So stellt ein Bürger missbilligend fest: „Danton hat schöne Kleider, Danton hat ein schönes Haus, Danton hat eine schöne Frau" (S. 70), und er fährt voller Empörung gegenüber seinen Zuhörern fort: Er „schläft bei euern Weibern und Töchtern, wenn er betrunken ist" (S. 70). Doch inzwischen hat Danton viel von seiner Lebensfreude und Triebhaftigkeit eingebüßt. Die Grisette Marion kommt zum Ergebnis, dass der Frauenliebhaber Danton in diesen politisch aufgewühlten Zeiten seine Verführungskunst verloren hat: „Deine Lippen sind kalt geworden, deine Worte haben deine Küsse erstickt." (S. 24)

Dantons Hedonismus und Liebschaften

- Als **Privatmann** schätzt der resignierte Revolutionär Danton zunehmend die sorglosen Momente mit seiner **Frau Julie**. Der untreue Ehemann genießt die Ruhepausen, die ihn Abstand von den politischen Auseinandersetzungen, aber auch von seinen Ausschweifungen gewinnen lassen. Julie beruhigt ihren von Albträumen geplagten Mann und gibt ihm dadurch die Geborgenheit, die ihm in dem aufgewühlten Politikgetriebe fehlt. Politische Fragen sind jedoch kein Gesprächsthema zwischen den beiden Eheleuten. Frauen dienen Danton und seinen Anhängern nur zur Entspannung und zum Vergnügen. Politik und Revolution sind in Büchners Drama reine Männersache.

Geborgenheit in der Ehe mit Julie, …

- Der müde **Politiker** Danton ist sich seiner vergangenen Verdienste bewusst und kann sich deshalb sicher sein, dass er als ruhmreicher Mann in die Geschichtsbücher eingehen wird. Aber der Atheist sieht auch die Begrenztheit des Lebens („Da ist keine Hoffnung im Tod", S. 67), weshalb er mit seiner Vergnügungssucht den Gedanken an sein baldiges Ende zu verdrängen versucht. Außerdem erkennt Danton, dass jeder Mensch ein einsames Wesen ist, das sich nur bedingt auf andere verlassen kann. Selbst ein langjähriges Zusammenleben mit einer Partnerin kann das stetige **Gefühl der Entfremdung** nicht aufheben. Deshalb sagt

… aber auch Entfremdung der Partner

Danton zu Julie: „Wir wissen wenig voneinander.“ (S. 5) Trotz aller Seitensprünge hält Danton in seiner eigenen Art von Treue zu seiner Lebensgefährtin, die für ihn einen Ruhepol inmitten der spannungsgeladenen Politik darstellt.

- Im Augenblick des **Todes** erfährt Danton von seiner Partnerin die **größte Solidarität**. Julie lässt ihrem Ehemann kurz vor dessen Hinrichtung eine Locke von sich ins Gefängnis bringen, und Danton weiß, dass seine Ehe ein festes Fundament hat. So denkt er kurz vor seinem Ende an seine Frau und ist sich dabei sicher, dass er auf seinem letzten Gang Unterstützung findet: „Ich werde nicht allein gehen, ich danke dir Julie.“ (S. 74) Tatsächlich wird diese Ahnung wenig später bestätigt, denn Julie vergiftet sich und geht so mit ihrem Ehemann gemeinsam in den Tod. Dieses letzte Treuebekenntnis steht in starkem Gegensatz zu Dantons permanentem Ehebruch, aber es zeigt auch, dass in dieser revolutionären Umbruchsituation noch etwas Beständiges, Unerschütterliches, nämlich die **Liebe**, existiert.

gemeinsamer Tod des Ehepaares

In **allen drei Werken** sind die Partnerschaften zwischen Mann und Frau ständig gefährdet und werden schließlich durch den Tod beendet. Bereits vorher wurden die Beziehungen durch Untreue, Gleichgültigkeit oder Interessensgegensätze schwer erschüttert. Alle drei **Männer** beweisen einen großen **Egoismus**, indem sie sich ihren Partnerinnen gegenüber unsensibel oder gleichgültig verhalten. Besonders der Erzähler aus *Agnes* und Walter Faber stoßen ihre schwangeren Freundinnen vor den Kopf, als sie davor zurückschrecken, die Vaterrolle einzunehmen. Für Hanna und Agnes bedeutet diese verantwortungslose Haltung eine starke Kränkung, die die Beziehung nachhaltig beschädigt. Während Hanna sehr selbstbestimmt handelt, bleibt Agnes stets die Unterlegene. In seiner Geschichte verurteilt der Erzähler sie sogar zum Tod durch Erfrieren.

Fazit
Gemeinsamkeiten im Umgang der drei männlichen Figuren mit ihren Partnerinnen

Die Partner öffnen sich einander nie völlig, sodass stets ein Rest von **Fremdheit** bleibt. Sowohl der Erzähler bei Peter Stamm als auch Faber und Danton interessieren sich mehr für die **körperlichen Reize** der Frauen als für deren Wesen. Dennoch zeigen alle drei, dass ihnen das Verhältnis mit ihrer jeweiligen Gefährtin viel bedeutet hat, was sie entweder mit literarischen Versuchen oder mit Reflexionen bekunden. Bezeichnenderweise sind es stets die **Frauen**, die **Empathie und Opferbereitschaft** zeigen, indem sie den Männern beistehen, wie Hanna dem todkranken Faber, oder gar mit ihnen sterben, wie Julie mit Danton.

Schriftliche Abiturprüfung Deutsch (Baden-Württemberg): Übungsaufgabe 2
Interpretationsaufsatz mit werksübergreifender Teilaufgabe zu einer Pflichtlektüre (Werk im Kontext)

Aufgabenstellung

- Interpretieren Sie die Textstelle im Kontext der vorangegangenen Handlung.
- Untersuchen Sie in einer vergleichenden Betrachtung das Verhältnis zwischen den Erlebnissen der Ich-Erzähler und ihrer Darstellung des Erlebten in den Romanen *Agnes* und *Homo faber*.

Pflichtlektüren:
Max Frisch (1911–1991): *Homo faber*. Suhrkamp Taschenbuch, Frankfurt am Main 2011
Peter Stamm (*1963): *Agnes*. Fischer Taschenbuch Verlag, Frankfurt am Main 2009

Textauszug aus: Peter Stamm, *Agnes* (27. Kapitel)

[...] Ich ging ins Schlafzimmer. Vor dem Fenster schwebte eine Gondel, in der zwei Männer standen und die Fenster putzten. Sie waren eben fertig, winkten und schwebten lachend in die Höhe. Ich hatte einen Zettel von der Hausverwaltung bekommen, der die Reinigung der Fenster angekündigt hatte, aber ich hatte vergessen, es Agnes zu sagen. Ich ließ die Rolläden herunter und ging zurück in den Flur. Im Badezimmer hörte ich Agnes leise wimmern. Ich klopfte. Schließlich öffnete sie die Tür.

„Sie haben mich angeschaut", sagte sie, wischte sich mit Toilettenpapier die Tränen ab und putzte sich die Nase.

„Jetzt sind sie weg. Ich habe die Läden geschlossen." „Sie schauen uns an. Alle schauen uns an, wenn wir Kindersachen kaufen. Alle wissen es. Es ist eine Lüge." „Es ist doch nur eine Geschichte. Du wolltest ..."

„Ich habe nicht gewusst ...", unterbrach mich Agnes, aber sie sprach nicht weiter.

„Du wolltest, daß ich sie so schreibe", sagte ich, „wir haben sie zusammen geschrieben."

„Ich habe nicht gewußt, wie wirklich es wird. Und doch ist es eine Lüge. Es ist krank."

„Ich habe gehofft, es würde dir helfen. Es hat mir geholfen, als du nicht da warst."

„Es stimmt nicht. Du mußt schreiben, wie es wirklich war und wie es ist. Es muss stimmen."

„Ja", sagte ich.

„Schreib, wie es weitergeht", sagte Agnes. „Wir müssen wissen, was geschieht."

„Gut. Ich werde schreiben, was wir machen, wohin wir gehen, welche Kleider du trägst. Wie vorher. Du wirst das dunkelblaue Kleid wieder tragen. Wenn es wärmer ist."

„Ich ziehe es heute abend an."

Noch an diesem Abend warf Agnes alle neu gekauften Sachen in den Müllschlucker im Flur. Ich wollte sie verschenken, aber Agnes bestand darauf, alles wegzuwerfen. Als der Teddybär nicht in das enge Loch paßte, riß sie ihm die Arme ab. Auch was wir am Nachmittag auf dem Computer geschrieben hatten, löschten wir. Dann zog Agnes das blaue Kleid an.

„Als Kind waren die Figuren der Bücher, die ich las, meine besten Freunde", sagte sie, „meine einzigen Freunde eigentlich. Auch später noch. Nachdem ich *Siddhartha* gelesen hatte, stellte ich mich eine Stunde lang barfuß in den Garten, um meine Gefühle abzutöten. Das einzige Gefühl, das ich abtötete, war das in meinen Füßen. Es lag Schnee."

Agnes lachte zögernd. Ich hatte eine Tiefkühlpizza in den Ofen geschoben und öffnete eine Flasche Wein.

„Ich bin immer traurig, wenn ich ein Buch zu Ende gelesen habe“, sagte Agnes. „Es ist, als sei ich zu einer Person des Buches geworden. Und mit der Geschichte endet auch das Leben dieser Person. Aber manchmal bin ich auch froh. Dann ist das Ende wie die Befreiung aus einem bösen Traum, und ich fühle mich ganz leicht und frei, wie neugeboren. Ich frage mich manchmal, ob die Schriftsteller wissen, was sie tun, was sie mit uns anstellen.“

Ich küßte Agnes.

„Da bin ich mit dir zusammen und weiß gar nicht, daß in deinem Kopf das ganze Personal der Weltliteratur steckt.“

„Ich lese nicht mehr viel“, sagte Agnes, „vielleicht deshalb. Weil ich nicht mehr wollte, daß Bücher Gewalt über mich haben. Es ist wie ein Gift. Ich habe mir eingebildet, ich sei jetzt immun. Aber man wird nicht immun. Im Gegenteil.“

Dann aßen wir, und später nahm Agnes das Beruhigungsmittel, das der Arzt ihr nach der Operation verschrieben hatte. Ich setzte mich auf den Rand des Bettes, um zu warten, bis sie eingeschlafen war.

„Jetzt sind wir wieder zusammen“, sagte sie noch, bevor sie einschlief, „nur wir zwei.“

Aus: Peter Stamm: Agnes. Zürich: Die Arche 1998

Erläuterung:

Z. 29: *Siddhartha:* Ein Roman von Hermann Hesse, entstanden 1919–1922, in dem ein Mensch (Siddhartha) gezeigt wird, der sich aus familiären und gesellschaftlichen Konventionen befreit und auf seiner beschwerlichen Suche nach der absoluten Weisheit zu sich selbst findet.

Hinweise und Tipps

Teilaufgabe 1

In einem ersten Schritt geht es darum, die sowohl für das Verständnis der Textstelle als auch für den gesamten Roman notwendigen Informationen zu vermitteln.

Aus diesem Grund müssen Sie zunächst die **Textstelle in den Romanverlauf einordnen**. Achten Sie darauf, den Roman nicht nachzuerzählen, sondern inhaltliche Schwerpunkte zu setzen. So dürfen nur die Bestandteile der vorangegangenen Handlung angesprochen werden, die einen thematischen Bezug zur Textstelle haben. Dadurch wird sie näher beleuchtet und fassbarer.

Im Anschluss an die Einordnung in den Gesamtkontext müssen Sie den **Inhalt der Textstelle** in eigenen Worten kurz zusammenfassen. Dabei ist es wichtig, auf die Handlung, den **Aufbau** der Textstelle, die beteiligten **Figuren** sowie auf den **Ort** und die **Zeit** des Geschehens einzugehen. Zudem muss die **thematische Ausrichtung der Textstelle** deutlich werden. Da die thematischen Schwerpunkte „Realität und Fiktion“ und „der Einfluss von Literatur auf die Protagonistin“ eng miteinander zusammenhängen, ergeben sich innerhalb der Interpretation Querverbindungen.

In einem zweiten Schritt wird die Textstelle unter Berücksichtigung **inhaltlicher** (Figurencharakterisierung, Figurenkonstellation, Dialoganalyse, (Leit-)Motive, Absichten und Interessen der Figuren), **sprachlicher** (verbale und non-verbale Kommunikation, Wortwahl, Satzbau, rhetorische Mittel) und **formaler** (Erzähltechnik) **Aspekte** interpretiert und analysiert. Dies kann **in Form eines linearen** (chronologisch, am Text entlang) **oder aspektorientierten** (themenbezogenen) **Interpretationsverfahrens** geschehen. Der folgende Lösungsvorschlag orientiert sich am themenbezogenen Verfahren.

Wie man der Aufgabenstellung entnehmen kann, wird eine **kontextbezogene Interpretation** verlangt. Sie sollten also während des Interpretierens auch immer über die Textstelle hinausgehen und andere Textpassagen mit einbeziehen, die für die Deutung und das tiefere Verständnis des Auszugs von Belang sind. Grundlage für die erfolgreiche Bearbeitung dieser Aufgabe ist die **genaue Kenntnis des Textes**. Bei der vorliegenden Aufgabe bezieht sich der Vergleichsaspekt der zweiten Teilaufgabe auf die zu bearbeitende Textstelle. Deshalb wird dieser Vergleichsaspekt bereits im Rahmen der Interpretation berücksichtigt.
Idealerweise werden die Aspekte „**Inhalt**", „**Sprache**" und „**Form**" nicht getrennt voneinander betrachtet, sondern bei der Deutung miteinander verbunden und die Ergebnisse zusammenhängend dargestellt. Die Beobachtungen zu Sprache und Form sind nur dann zielführend, wenn deutlich wird, welche Funktion und Wirkung von der sprachlichen und erzähltechnischen Gestaltung im Hinblick auf die Inhaltsebene ausgeht. Am Ende der Interpretation sollten Sie auf die **Bedeutung** (hier: Krise und Konfliktlösung) und **Funktion der Textstelle** eingehen. Ein kurzer **Ausblick auf die weitere Romanhandlung** rundet Ihre Interpretation ab.
Aussagen müssen genau am Text belegt werden; achten Sie dabei auf die **richtige Zitierweise**, was selbstverständlich die Angabe von Seiten bzw. Zeilen mit einschließt. Zitate müssen in die Sätze integriert sein und dürfen nicht in Klammern angegeben werden, damit der Lesefluss nicht beeinträchtigt wird. Was den Schreibstil anbelangt, so sollten **unpersönliche Formulierungen** verwendet werden, was einer wissenschaftlichen Schreibweise entspricht.

Teilaufgabe 2
Die Aufgabe verlangt einen **Vergleich** von Peter Stamms Roman *Agnes* mit Max Frischs Roman *Homo faber* unter dem in der Aufgabenstellung formulierten Aspekt „Verhältnis zwischen den Erlebnissen der Protagonisten und ihrer Darstellung des Erlebten". Der Vergleich der zwei literarischen Werke bleibt auf diesen Aspekt beschränkt und sollte eine **gleichmäßige Gewichtung** der beiden Romane erkennen lassen.
Die Ergebnisse der ersten Teilaufgabe in Bezug auf den Vergleichsaspekt können als Überleitung zur zweiten Teilaufgabe bzw. als Anknüpfungspunkt für die Untersuchung des Vergleichsaspekts dienen.
Um der Aufgabenstellung gerecht zu werden, legen Sie Ihrer Untersuchung sinnvollerweise die Begriffe „Fiktion" und „Wirklichkeit" zugrunde, die Sie zunächst erläutern und voneinander abgrenzen müssen. Bevor Sie die jeweiligen Werke genauer untersuchen, sollten Sie einen knappen **inhaltlichen Überblick unter Berücksichtigung des Vergleichsaspekts** geben. Eine reine Inhaltsangabe zu *Homo faber* oder zu *Agnes* ist nicht erwünscht. Im weiteren Verlauf müssen anhand von geeigneten Textstellen **Bezüge zwischen den beiden Werken und dem Vergleichsaspekt** hergestellt werden. Zunächst müssen die angeführten Textstellen kurz erläutert werden, bevor sie unter Berücksichtigung des Vergleichsaspekts gedeutet werden können. Dabei sollten Figuren, die in den Textstellen erwähnt werden, kurz eingeführt werden.
Bei einem Vergleich sind **zwei Vorgehensweisen** möglich: 1. Die Werke werden nacheinander untersucht. Wichtig dabei ist, dass die jeweiligen Unterschiede bzw. Gemeinsamkeiten in Bezug auf den Vergleichsaspekt im Schlussteil dargelegt und erläutert werden. 2. Die Werke werden zusammenhängend betrachtet. Dabei werden Bezüge zwischen den einzelnen Texten hinsichtlich des Vergleichsaspekts hergestellt. Für den Lösungsvorschlag wurde wegen des komplexen und abstrakten Vergleichsthemas die erste Vorgehensweise gewählt. Querverbindungen zwischen den einzelnen Werken ergeben sich dabei jedoch zwangsläufig.
Aussagen müssen auch hier am Text belegt werden; jedoch reicht der **Verweis auf Kapitel** aus. **Direkte Zitate** aus den Werken wären bei dem Vergleich wünschenswert, können aber nicht vorausgesetzt werden. Dennoch ist die **genaue Textkenntnis** der beiden Werke für die Bearbeitung dieser Aufgabe unverzichtbar.

Die Primärtexte werden zitiert nach: Max Frisch: *Homo faber*. Frankfurt a. M.: Suhrkamp 1977; Peter Stamm: *Agnes*. Frankfurt a. M.: Fischer Taschenbuch Verlag 2009.

Lösungsvorschlag in Grundzügen

„Wir denken, wir leben in einer einzigen Welt. Dabei bewegt sich jeder in seinem eigenen Stollensystem […]“ (*Agnes*, S. 127) – die hier angesprochenen Themen wie **mangelnde Wahrnehmung**, **Vereinzelung**, **Vereinsamung und fehlende Kommunikation** ziehen sich wie ein roter Faden durch den Roman *Agnes* des Schweizer Schriftstellers Peter Stamm. In seinem erfolgreichen Debütroman, der im Jahre 1998 erschienen ist, behandelt Stamm das **Scheitern der Liebesbeziehung** zwischen Agnes und einem namenlosen Ich-Erzähler, für die das Schreiben und Lesen von Texten eine wichtige Rolle spielt, wie in der vorliegenden Textstelle aus dem 27. Kapitel deutlich wird.

Teilaufgabe 1

Themen des Romans

Basissatz

Übergang zur Textstelle

Zunächst wird der Handlungszusammenhang genauer betrachtet, um den Textauszug besser verstehen zu können. **Agnes**, eine junge amerikanische Physikstudentin, die an ihrer Dissertation schreibt, trifft in der Public Library in Chicago, einem Ort der Bücher, des Wissens und der Anonymität, auf den deutlich älteren **Ich-Erzähler**, einen Schweizer Sachbuchautor, der ein Buch über amerikanische Luxuseisenbahnen verfasst. Zwischen beiden entwickelt sich schnell eine **Liebesbeziehung**, die jedoch zum Scheitern verurteilt ist, da beide kaum in der Lage sind, über ihre Befindlichkeiten und Probleme offen miteinander zu sprechen. Aus dem Interesse an Literatur, aus dem Wunsch, Spuren im Leben zu hinterlassen, und aus dem Bedürfnis nach Vergewisserung der eigenen Identität bittet Agnes den Ich-Erzähler, **eine Geschichte** über sie zu schreiben. Er stimmt dem Anliegen, das für ihn eine Herausforderung darstellt und ihm zugleich die Möglichkeit der Selbstverwirklichung bietet, aus Neugierde zu. Im Verlauf der Geschichte verschwimmen teils die **Grenzen zwischen Realität und Fiktion**, teils klaffen beide jedoch auch auseinander. An anderen Stellen greift die Fiktion in die Realität ein und bestimmt diese sogar. Nach ihrer Fehlgeburt flüchtet sich Agnes in die fiktive Geschichte, in der sie das Kind zur Welt gebracht hat. **Agnes' Verdrängung der schmerzlichen Realität** geht so weit, dass sie mit dem Ich-Erzähler während der Weihnachtseinkäufe Spielsachen und Kleidung für die fiktive Tochter namens Margaret kauft. Dass die **Illusion eines glücklichen Familienlebens** keine wirkliche Lösung darstellt, muss Agnes schon bald erkennen. An dieser Stelle beginnt der vorliegende Textauszug.

Einordnung in den Handlungsverlauf

Agnes bringt in einem **emotionalen Gespräch** mit dem Ich-Erzähler zum Ausdruck, dass sie an der fiktiven Geschichte, die von ihnen beiden und vom Verlauf ihrer Liebesbeziehung handelt, zweifle bzw. verzweifle. In der Wohnung des Ich-Erzählers, in die Agnes nach einer kurzen Trennung von ihm wieder eingezogen ist, begegnet sie zwei Fensterputzern, von denen sie durchschaut zu werden glaubt. Dieses Erlebnis ist der Auslöser für das Gespräch, bei dem Agnes und der Erzähler sich am Ende darauf verständigen, die **Geschichte** unter der Prämisse weiterzuführen, dass nur noch die **Wirklichkeit abgebildet** werden soll.

Zusammenfassung der Textstelle

erstes Gespräch

In einem zweiten Gespräch der beiden, das am gleichen Tag in der Wohnung des Ich-Erzählers stattfindet, beschreibt Agnes ihr **Verhältnis zu Büchern**. Sie spricht von ihrer einstigen Freude am Lesen und beschreibt ihre starke emotionale Beziehung zu Figuren aus Büchern, die sie gelesen hat. Da sie erkannt habe, dass Bücher einen zu großen Einfluss auf sie ausüben, lese sie mittlerweile viel weniger. Gleichzeitig gesteht sie sich ein, immer noch von Büchern angezogen zu werden.

zweites Gespräch

Bei der nun folgenden Interpretation wird zunächst der Aspekt „**Fiktion und Wirklichkeit**“ und im Anschluss daran der Aspekt „**Wirkung und Einfluss von Literatur**“ untersucht, der sich durch den gesamten Roman zieht.

Interpretation
Hinweis zum Vorgehen

Die Textstelle ist **inhaltlich zweigeteilt:** Im ersten Teil (Z. 1–27) thematisiert Agnes in einem Zwiegespräch ihre Haltung und Einstellung zur fiktiven Geschichte; im zweiten Teil (Z. 28 bis Ende) hält sie fast eine Art Monolog, in dem sie – beeinflusst durch das vorherige Gespräch – ihr widersprüchliches Verhältnis zur Literatur im Allgemeinen schildert.

Aufbau der Textstelle

In der Eingangsszene sticht der **Gegensatz** zwischen der **Fröhlichkeit der Fensterputzer** (vgl. Z. 2) und **Agnes' Niedergeschlagenheit** ins Auge. Aus Verzweiflung verschanzt Agnes sich im Bad. Das Verriegeln der Tür ist hier und an anderen Stellen im Roman (vgl. 28. Kapitel, S. 122) ein Symbol für **Agnes' Wunsch nach Schutz**, Sicherheit und Intimität, den sie mit den Erfahrungen aus ihrer Kindheit begründet (vgl. S. 29). Im Gegensatz zur Eingangsszene ist das **Ende** der Textstelle **versöhnlich:** Der Ich-Erzähler wacht an Agnes' Bett, bis sie eingeschlafen ist (vgl. Z. 47 f.), was Ausdruck von Nähe, Vertrautheit und Mitleid ist. Möglicherweise zeugt es aber auch von einem schlechten Gewissen Agnes gegenüber, weil er sich seiner Mitschuld an ihrer anfänglichen Verzweiflung bewusst ist. Agnes' Feststellung, dass beide wieder zusammen seien, auf die der Ich-Erzähler bezeichnenderweise nicht reagiert (vgl. Z. 49), mag für sie im Augenblick zwar tröstlich sein, stellt sich aber im weiteren Verlauf des Romans als Trugschluss heraus.

Eingangsszene

Kontext

Schluss der Textstelle

Der **Grund für Agnes' emotionalen Zusammenbruch** wird durch ihre Aussage, die **fiktive Geschichte** sei „eine Lüge“ (Z. 10), offensichtlich. Ihre Trauer und Wut spiegeln sich zum einen in ihrem nonverbalen Verhalten, dem Weinen, und zum anderen in den kurzen, parataktischen Sätzen (vgl. Z. 9 f.) wider. Diese sind so eindrücklich, dass der Leser/die Leserin Agnes' Schreien förmlich hören kann. Im Gegensatz dazu ist die Sprache des Erzählers sachlich-distanziert.

erstes Gespräch

Sprache

Agnes muss sich eingestehen, dass der verzweifelte **Versuch, den Schmerz über den Verlust ihres ungeborenen Kindes zu betäuben**, indem sie nach der fiktiven Handlung der Geschichte lebt, **gescheitert** ist. Während sie kurz nach ihrer Fehlgeburt die Fortführung der Geschichte, in der sie das Baby zur Welt gebracht hat, ausdrücklich begrüßt und den Ich-Erzähler dazu auffordert, die „Familiensaga“ (S. 116) weiterzuschreiben, bezeichnet Agnes diesen Plan nun als „krank“ (Z. 14). Sie ist zwar in der Lage, die fiktive Geschichte rational zu beurteilen, hat aber offenkundig den **Bezug zur Realität** ein Stück weit **verloren**, wenn sie annimmt, dass alle den Ich-Erzähler und sie an- und durchschauten (vgl. Z. 9 ff.). Geht man von der Annahme aus, dass die Protagonistin sich am Ende – beeinflusst und getrieben durch den zweiten Schluss der Geschichte – das Leben nimmt (vgl. Kapitel 1 und 35), so wird die **Gefahr** offenkundig, die die **extreme Identifikation mit der Fiktion** bedeutet. Agnes' unvollständiger Satz „Ich habe nicht gewusst …“ (Z. 12) führt vor Augen, dass sie sich ihres naiven Verhaltens und der damit verbundenen Gefahr bewusst wird. Dieser **Erkenntnisgewinn** ist für die Protagonistin so erschreckend und desillusionierend zugleich, dass sie kurz verstummt. Sie bezieht sich später indirekt erneut auf diese Bedrohung, die sich aus der **Abhängigkeit von**

Kontext

der Fiktion und ihrer Sogwirkung ergibt, wenn sie sagt: „Es ist, als sei ich zu einer Person des Buches geworden.“ (Z. 34 f.)

Dialoganalyse

Während sich **Agnes** immer mehr **in Rage** redet, fällt sie dem Ich-Erzähler mehrfach ins Wort. Sie äußert dabei den Satz: „Ich habe nicht gewußt, wie wirklich es wird.“ (Z. 14) Indirekt macht sie ihm hier den Vorwurf, dass er als Verfasser die Tragweite der fiktiven Geschichte nicht erkannt und sie in ihrem Eifer, die Handlung kopieren zu wollen, nicht gebremst habe. Deshalb gerät **er** anfangs **in die Defensive**; er versucht sich zu rechtfertigen und Agnes zu beruhigen, indem er die Bedeutung der Geschichte herunterspielt. Dass es sich dabei um eine gewöhnliche Geschichte handelt (vgl. Z. 10f.), stimmt natürlich nicht, denn beide schlüpfen **wie Schauspieler in ihre zugewiesenen Rollen** und handeln nach dem Drehbuch. Im vorliegenden Gespräch geht der **Ich-Erzähler in die Offensive**, wenn er Agnes zu bedenken gibt, dass es ihr Wunsch war, die Episode mit Margaret in die Geschichte zu integrieren, und dass die Geschichte als Ganzes ihr gemeinsames Projekt sei (vgl. Z. 13). Hier ist aber kritisch anzumerken, dass der Ich-Erzähler, der sich als Schöpfer und Agnes als sein Geschöpf ansieht – vergleichbar mit Zeus und Athene (vgl. S. 55) –, den weiteren Verlauf der Geschichte immer stärker selbst vorgibt. Für beide ist es zu Beginn ein faszinierendes **Spiel mit Fiktion und Realität**, das sie emotional zusammenbringt und somit eine entscheidende Rolle in ihrer Beziehung spielt (vgl. S. 56). Doch schon früh wird das in der Geschichte enthaltene **Konfliktpotenzial** sichtbar. Aussagen des Ich-Erzählers wie „[Er sei] erstaunt, wie vieles Agnes und [er] anders erlebt oder anders in Erinnerung hatten“ oder „Manches, was [er] ausführlich beschrieb, empfand sie als belanglos“ (S. 56) belegen dies. Der Konflikt bricht in der Textstelle dann in aller Schärfe aus, weil Agnes nicht ertragen kann, dass die Geschichte nicht „stimmt“ (Z. 16), also nicht der Wirklichkeit entspricht. Der Ich-Erzähler verteidigt die Geschichte, indem er in einer für ihn ungewöhnlichen Offenheit sagt: „Ich habe gehofft, es würde dir [bei der Verarbeitung der Fehlgeburt] helfen. Es hat mir geholfen, als du nicht da warst.“ (Z. 15) Diese Aussagen bringen die **emotionale Verbundenheit des Ich-Erzählers mit Agnes** zum Vorschein. Darüber hinaus wird hier indirekt auf eine **Funktion von Literatur** angespielt. Neben der Möglichkeit, in andere Welten entfliehen und damit Halt erfahren zu können, die Agnes im zweiten Teil der Textstelle anspricht, erlaubt es das Verfassen von Literatur, Erlebnisse und Erfahrungen zu verarbeiten.

Kontext

Sprache

Auf **Agnes' entschiedene Forderung, Realität und Fiktion wieder in Einklang zu bringen**, antwortet der Ich-Erzähler mit einem lakonischen „Ja“ (Z. 18). Es entsteht der Eindruck, als wolle er damit die Diskussion schnell beenden, ohne vielleicht von dem Vorhaben voll und ganz überzeugt zu sein. Mit der dreifachen Verwendung des Modalverbs „müssen“ (Z. 16 ff.) und der imperativischen Formulierung „Schreib, wie es weitergeht“ (Z. 19) verleiht Agnes ihrer Forderung Nachdruck. Die Verantwortung für den weiteren Verlauf der Geschichte und deren Gestaltung legt die Protagonistin in die Hände des Ich-Erzählers. Während der Leser bis hierher den Eindruck hatte, als wolle Agnes ihre Haltung zur Geschichte ändern, zeigt sich, dass sie in bekannte problematische Verhaltensmuster zurückfällt: **Gefangen in ihrer Hilflosigkeit und der Abhängigkeit vom Ich-Erzähler** führt sie das aus, was er für sie in ihrer Rolle vorgesehen hat (vgl. Z. 20ff. und 26f.). Die Protagonistin zieht einen **vermeintlichen**

Schlussstrich, indem sie mit dem Ich-Erzähler die Episode mit Margaret löscht und sie die für Margaret gekauften Sachen entsorgt, in der Hoffnung, ihre Sorgen und Probleme gleich mit zu entsorgen. Die Brutalität, mit der sie dabei vorgeht, lässt sowohl auf **Wut und Enttäuschung** über sich als auch auf Trauer über ihre Fehlgeburt schließen.

Gleich zu Beginn des zweiten Teils, der unmittelbar einsetzt, macht Agnes deutlich, welch großen Stellenwert **Bücher** in ihrem Leben einnahmen. Sie bezeichnet die Figuren aus Büchern ihrer Kindheit als ihre „besten Freunde" (Z. 28). Der hier verwendete Superlativ stellt die fiktiven Freunde auf eine höhere Stufe als ihre realen. Die Emphase „meine einzigen Freunde eigentlich" (Z. 29) macht deutlich, dass Agnes bereits seit Kindertagen ein Mensch ist, der kaum Kontakte zu anderen Menschen besitzt. Sie sagt von sich selbst, dass sie kein sehr sozialer Mensch sei (vgl. S. 20). In ihrem Leben, das von **Isolation, Einsamkeit und Unsicherheit** geprägt ist, hat sie sich mithilfe von Büchern eingerichtet. Diese sind auf der einen Seite Ersatz für soziale Kontakte und auf der anderen ihre ständigen Wegbegleiter auf der Suche nach Glück und Zufriedenheit. **Agnes' Verhältnis zur Literatur ist ambivalent:** Einerseits empfindet sie Traurigkeit, wenn sie ein Buch zu Ende gelesen hat (vgl. Z. 34), weil sie die heimelige Scheinwelt verlassen und in die ernüchternd und bedrohlich erscheinende Realität zurückkehren muss; andererseits sieht sie das Ende eines Buches als „Befreiung aus einem bösen Traum" – mit der Folge, sich „leicht", „frei" und „wie neugeboren" zu fühlen (Z. 36 f.). Bücher sind darüber hinaus für Agnes eine „Art verschlüsseltes Gedächtnis" (S. 31), eine Brücke zwischen Vergangenheit und Gegenwart, weil Agnes durch sie an bestimmte Situationen in ihrem Leben erinnert wird.

zweites Gespräch

Sprache

Charakterisierung der Figur Agnes

Kontext

Nach der Lektüre des Romans ***Siddhartha*** von Hermann Hesse, in dem der Protagonist ähnlich wie Agnes von dem Wunsch nach **Selbstfindung** geleitet wird, stellt sie sich barfuß in den Schnee, um ihre Gefühle abzutöten. Ihr Ziel, ähnlich wie Siddhartha psychische und physische **Grenzerfahrungen** zu sammeln, um ihr wahres Ich zu erkennen, war nicht von Erfolg gekrönt, wie sie selbstironisch anmerkt (vgl. Z. 31). Anstatt frei von jeglichem inneren Gefühl, frei von jeglichem Ballast zu sein und sich in einem Zustand der inneren Ruhe zu befinden, war das einzige Gefühl, das sie „abtötete", das in ihren Füßen (ebd.). Agnes identifiziert sich hier mit einer fiktiven Figur und imitiert deren Verhalten, so wie sie ihre Rolle im Drehbuch des Ich-Erzählers ausfüllt. Das beschriebene Verhalten im Schnee hat **etwas Selbstzerstörerisches** an sich, was die Vermutung nahelegt, dass Agnes sich am Ende umbringt. Ein weiterer Beleg für diese These ist der Satz „Und mit der Geschichte endet auch das Leben dieser Person" (Z. 35 f.). Mit dem Ende der fiktiven Geschichte des Ich-Erzählers endet also auch das Leben der fiktiven Figur Agnes. Die intelligente, selbstreflektierende Protagonistin erkennt die zerstörerische Kraft der Literatur und die Gefahr extremer Identifikation mit fiktiven Figuren selbst, indem sie sagt: „Ich lese nicht mehr viel […]. Weil ich nicht mehr wollte, daß Bücher Gewalt über mich haben. Es ist wie ein Gift." (Z. 43 f.) Die **Personifikation der Bücher** in Verbindung mit dem Vergleich „wie ein Gift" betont die tiefgreifenden Erfahrungen, die Agnes sammelte. Die Unfähigkeit, der Bedrohung zu entkommen, hängt zum einen mit Agnes' Charakter und zum anderen mit der Sogwirkung der Fiktion zusammen. Die Antithese „Ich habe mir eingebildet, ich sei jetzt immun. Aber man

intertextueller Bezug

Sprache

wird nicht immun", verstärkt durch die Ellipse „Im Gegenteil", (Z. 44 f.) verdeutlicht die aussichtslose Lage, in der sich Agnes befindet.

Den Satz „Ich frage mich manchmal, ob die Schriftsteller wissen, was sie tun, was sie mit uns anstellen" (Z. 38 f.) kann man als **indirekte Kritik am Ich-Erzähler** verstehen, der sich wie ein Künstler die fiktive Agnes nach seinen Vorstellungen modelliert. Wie bereits im ersten Gespräch appelliert Agnes hier an das **Verantwortungsbewusstsein des Ich-Erzählers**. Die Tatsache, dass er darauf nicht eingeht, sondern Agnes plötzlich küsst, zeigt, dass er den Vorwurf überspielen will. Seine **nonverbale Geste** ist auch insofern überraschend, als dass der Austausch von Zärtlichkeiten für ihn nicht selbstverständlich ist. Er ist jemand, der seine **Freiheit und Eigenständigkeit** nicht verlieren will und daher vor allzu großer Nähe zurückschreckt. Der Romanverlauf vermittelt das **Bild eines egoistischen Menschen**, der nur mit sich selbst beschäftigt ist und in seiner Ichbezogenheit nicht wirklich auf Menschen eingehen kann. Nach Agnes' Fehlgeburt, in einer Phase, in der seine Partnerin ihn als seelische Stütze brauchen würde, zögert er lange, bis er sie besucht. Seine **Schwierigkeit, sich auf Menschen einzulassen**, zeigt sich auch in dem vorliegenden Textauszug. Während Agnes tiefgründige, sehr persönliche Aussagen zum Thema „Wirkung und Einfluss von Literatur" macht, schweigt er nahezu die ganze Zeit und führt banale Handlungen aus (vgl. Z. 32 f.). Das Einzige, was er äußert, ist der ironisch gefärbte Kommentar: „Da bin ich mit dir zusammen und weiß gar nicht, daß in deinem Kopf das ganze Personal der Weltliteratur steckt." (Z. 41 f.) All dies könnte **Ausdruck von Desinteresse** sein oder als Zeichen von **Unsicherheit** und **Irritation** gedeutet werden, denn Agnes zeigt in der vorliegenden Textstelle ihre emotionale Seite, die sonst kaum zum Vorschein kommt.

Charakterisierung des Ich-Erzählers

Das **Auftreten des Ich-Erzählers** in der Szene entspricht zum Teil dem Bild, das man von ihm hat: kommunikationsscheu, verschlossen und unsensibel. Gleichzeitig nimmt der Leser ihn aber auch als jemanden wahr, der im ersten Teil auf Agnes' Befindlichkeit eingeht und Rücksicht nimmt.

Fazit

Es zeigt sich, dass dem Textauszug eine **besondere Bedeutung** innerhalb des Romans zukommt: Die **Protagonistin hinterfragt** hier zum ersten Mal die **Geschichte**. Zudem lässt Agnes im Gegensatz zu anderen Passagen im Roman ihren **Gefühlen freien Lauf**, kehrt ihr Inneres nach außen und redet offen über ihre Gedanken. Dies mündet im ersten Teil der Textstelle in einen emotionalen Wutausbruch, der in gewisser Weise ein Ventil für die Spannungen innerhalb der Beziehung ist. Die scheinbare Lösung, die Geschichte unter anderen Vorzeichen fortzuführen, stellt sich als Trugschluss heraus, da die Protagonistin am Ende des Romans verschwunden und das Ende der Beziehung damit besiegelt ist. Offen bleibt, ob sie, wie im zweiten Schluss der fiktiven Geschichte angedeutet, Selbstmord im Schnee begeht oder aber sich endgültig vom Ich-Erzähler getrennt hat.

Bedeutung der Textstelle

Ausblick

Die Wendung zum Besseren, wie der Schluss der Textstelle es nahelegt, tritt im weiteren Verlauf nicht ein: Agnes entfernt sich immer mehr vom Ich-Erzähler und verfällt in einen bis dahin nicht gekannten Aktionismus. Sie treibt viel Sport, geht wieder regelmäßig zu den Proben des Streichquartetts und arbeitet an ihrer Doktorarbeit (vgl. S. 122). Die **Kommunikationsprobleme** zwischen beiden, die in der Textstelle exemplarisch vor Augen geführt werden, verschärfen sich. Der Ich-Erzähler steht dem hilflos gegenüber. Es zeigt sich schlussendlich, dass die **Fiktion die Beziehung der beiden und möglicherweise auch Agnes als Person zerstört** hat. Im weiteren Verlauf wird auf das Verhältnis zwischen den Erlebnissen der Protagonisten und ihrer Darstellung des Erlebten in den Romanen *Agnes* und *Homo faber* näher eingegangen.

Übergang zur zweiten Teilaufgabe

Teilaufgabe 2

Werkvergleich

Die beiden bereits angesprochenen Begriffe „**Fiktion**" und „**Wirklichkeit**", die häufig als Gegensatzpaar angesehen werden, spielen bei dem Vergleichsaspekt eine zentrale Rolle. Aus diesem Grund werden sie zunächst erläutert und voneinander abgegrenzt.

Begriffserklärung

Unter „**Fiktion**" versteht man etwas, das der menschlichen Fantasie entspringt, das somit erfunden und erdichtet ist. Es wird durch die Kunst eine eigene, fiktive Welt erschaffen, die der realen Welt mit ihren (physikalischen) Gesetzen nachempfunden ist oder in der diese keine Gültigkeit mehr haben. Mit dem Begriff „**Wirklichkeit**" wird all das beschrieben, was wahr und real ist.

Innerhalb der Lebenswirklichkeit ist es zum Teil **schwierig, zwischen Fiktion und Wirklichkeit zu unterscheiden** – man denke nur an „Scripted Reality" – Sendungen, die Fiktives im Stil einer Dokumentation präsentieren. Was man hier als ‚Wirklichkeit' erlebt, ist eine medial geschaffene Pseudowirklichkeit, die nicht mehr als Fiktion zu erkennen ist, sondern eine Simulation der Welt darstellt.

Postmoderne

Ein weiterer Begriff, der in diesen Gesamtkontext gehört, ist „**Metafiktion**". Sie ist häufig in postmoderner Literatur anzutreffen, in der der fiktionale Charakter eines Textes bewusst thematisiert wird. Die beiden Romane *Ruhm* von Daniel Kehlmann und der bereits thematisierte Roman *Agnes* sind gute Beispiele für diese Form der Literatur.

Rückbezug auf *Agnes*

Agnes zeichnet sich durch die **Geschichte in der Geschichte**, durch Fiktion in der Fiktion aus. Die **Erzählebene** (das tatsächliche Geschehen in Chicago) und die **Metaebene** (die fiktive Geschichte) **verschmelzen** im Laufe des Romans immer mehr miteinander. Die Fiktion schiebt sich bei diesem Prozess immer weiter vor die Realität. Der Ich-Erzähler begründet dies im 14. Kapitel wie folgt: „[...] unser gleichmäßiges Leben eignete sich nicht dazu, beschrieben zu werden." (S. 68) Die Protagonistin teilt die Auffassung des Ich-Erzählers, wenn sie erwidert: „Es muß etwas passieren, damit die Geschichte interessanter wird." (ebd.) Aus diesem Grund fügen sie Ideen in die Geschichte ein, nach denen sie beide handeln können. Nachdem der Ich-Erzähler geschrieben hat, dass seine fiktiven Figuren einen Ausflug ins Museum machen, gehen beide ins Art Institute of Chicago. Die **fiktive Geschichte beeinflusst das Denken** der beiden und wird gleichzeitig zu ihrer Lebensgrundlage, bis der Text seine zerstörerische Wirkung entfaltet. Sie beeinflusst nicht nur **Agnes' Wahrnehmung**, wie man in der vorgegebenen Textstelle erkennen kann, sondern auch die des Ich-Erzählers. Augenfällig wird dies im 19. Kapitel, in dem Agnes dem Ich-Erzähler eröffnet, dass sie ein Kind von ihm erwarte. Seine Antwort „Agnes wird nicht schwanger" (S. 89) zeigt, dass er ihre Äußerung nicht wahrhaben will und darüber verblüfft ist, dass die Realität sich nicht so verhält, wie er sie in seiner Geschichte entworfen hat. Deutlich wird, dass er sie auf das Bild, das er von ihr hat, reduziert: Er glaubt, dass

Rückbezug auf die Textstelle

sie ihn nicht wirklich liebe (vgl. S. 89), und ist so sehr von der Fiktion verblendet, dass er sich anmaßt, Agnes besser zu kennen als sie sich selbst.

Mittlerweile lebt er in und mit der Fiktion, sodass er die **Realität** teilweise **als Bedrohung** empfindet. Seine anfängliche Befürchtung, die Kontrolle über den Schreibprozess zu verlieren (vgl. S. 50), scheint sich zu bewahrheiten.

Die **Geschichte stiftet** durch die Versatzstücke aus ihrer gemeinsam erlebten Vergangenheit eine **gedankliche Einheit** zwischen Agnes und dem Ich-Erzähler, ohne die die Beziehung möglicherweise ihr rasches Ende gefunden hätte. Denkbar ist aber auch, dass die Protagonisten ohne die Geschichte stärker dazu gezwungen worden wären, wirklich aufeinander zuzugehen und miteinander zu kommunizieren. Denn das Verfassen der Geschichte stellt nichts anderes dar als eine **Ersatzhandlung für ein echtes, wahrhaftes Miteinander**.

Homo faber

Überblick über den Roman

In Max Frischs Roman *Homo faber*, der 1957 veröffentlicht wurde, spielt das Verhältnis von Fiktion und Wirklichkeit ebenfalls eine wichtige Rolle. Der Protagonist des Romans mit dem Untertitel „Ein Bericht“ ist **Walter Faber**, ein 50-jähriger Ingenieur, dessen Lebenseinstellung geprägt ist von Technik, Rationalität und wissenschaftlichen Überlegungen. In seiner schwarz-weiß gefärbten Welt ist kein Platz für Gefühle, Mystik und Kunst. Fabers Welt- und Selbstbild wird durch die Begegnung mit einer jungen Frau namens **Sabeth** ins Wanken gebracht. Er verliebt sich in sie, muss aber dann erkennen, dass es sich bei ihr um seine eigene Tochter handelt, die später an den Folgen eines Unfalls stirbt.

Wenn Faber im Hinblick auf die Notlandung während des Fluges nach Caracas sagt „Ich glaube nicht an Fügung und Schicksal, als Techniker bin ich gewohnt mit den Formeln der Wahrscheinlichkeit zu rechnen.“ (S. 22), will er **seine scheinbar objektiv-rationale Sicht der Dinge** zum Ausdruck bringen. Er nimmt Erlebnisse und Eindrücke durch seine „Wissenschaftsbrille“ wahr und ordnet sie seinen Vorstellungen von Wirklichkeit zu. Er filtert, verzerrt und **konstruiert Realität**, um sie sich so zu gestalten, wie sie für ihn in Ordnung ist. Dahinter steckt der vergebliche Versuch, **Gefühle zu verdrängen** und sich vor allem Unangenehmen zu schützen. Dies trifft auch auf den Ich-Erzähler in *Agnes* zu, der seine Eifersucht auf Herbert, einen Freund von Agnes, zu verbergen versucht, indem er ihn in der fiktiven Geschichte mit keinem Wort erwähnt (vgl. *Agnes*, S. 57). **Faber** versucht, seine **Angst vor dem Tod** zu verdrängen, indem er bei seiner Einlieferung ins Athener Krankenhaus eine Statistik bemüht (vgl. S. 164). Dass er auf der anderen Seite die Augen vor den Fakten und somit vor der Realität verschließt, verdeutlicht seine Aussage „Ich rechnete im stillen […] pausenlos, bis die Rechnung aufging, wie ich sie wollte: Sie [Sabeth] konnte nur das Kind von Joachim [Fabers totem Freund] sein! Wie ich's rechnete, weiß ich nicht; ich legte mir die Daten zurecht, bis die Rechnung wirklich stimmte“ (S. 121). Er benutzt hier die **Mathematik, um die Wirklichkeit zu manipulieren**. Wohlwissend, dass Sabeth seine Tochter ist, setzt er den Inzest fort und lädt damit **Schuld** auf sich.

Rückbezug auf Agnes

In Form eines ‚**Berichts**' versucht Faber, Verfasser und Protagonist in einer Person, seine verhängnisvollen Erlebnisse zu schildern. Sein Text besteht aus **zwei Teilen:** Der erste Teil umfasst die Zeit von seinem Abflug aus New York bis zu Sabeths Tod. Dieser beinhaltet sowohl Rückblicke auf diese Zeit als auch auf die weiter zurückliegende Vergangenheit der Jahre 1934 bis 1936, in die seine Beziehung zu Hanna, Sabeths Mutter, fällt. Neben Rückblenden enthält dieser Teil **Fabers Reflexionen** über verschiedene Bereiche des Lebens wie Technik und Kultur. Der zweite Teil, der aus **tagebuchähnlichen Aufzeichnungen** besteht, schildert die Zeit nach Sabeths Tod bis kurz vor seiner Operation, bei der er stirbt. In beiden Teilen werden die Ereignisse aus Fabers subjektiver und somit eingeschränkter Wahrnehmung dargestellt.

formale Besonderheiten

Beide Teile stehen in einem **inneren Widerspruch** zueinander: Die Berichtsform des ersten Teils suggeriert Fabers Objektivität und Distanz als Ich-Erzähler zu den beschriebenen Geschehnissen. Der zweite Teil, geprägt durch die subjektive Schreibform eines Tagebuchs, entspricht in keinster Weise den Vorgaben eines Berichts. Dass auch der erste Teil nicht die Kriterien dieser Textsorte erfüllt, zeigt sich beispielsweise daran, dass er die **Ereignisse nicht chronologisch** wiedergibt. So berichtet Faber über die Rückfahrt von der Plantage erst nach dem Abschied bzw. der Trennung von Ivy, seiner jungen Freundin, und vor dem Bericht von der ersten Begegnung mit Sabeth (vgl. S. 68 f.). Hinzu kommen Fabers persönliche Wertungen und Urteile.

Dass **Fabers Text nicht sachlich-objektiv** sein kann, verwundert eigentlich nicht, denn es geht ihm darum, sich im Hinblick auf Sabeths Tod vor Hanna, aber auch **vor sich selbst zu rechtfertigen** und eine Schuld von sich zu weisen.

Intention von Fabers Bericht

Schon im Untertitel des Romans wird der Widerspruch zwischen Fiktion und Wirklichkeit deutlich: Ein fiktiver Text trägt die Bezeichnung „Bericht", um den Eindruck von Authentizität zu erwecken. Die **Grenzen zwischen Fiktion und Wirklichkeit verschwimmen** aber, wenn Erlebtes wiedergegeben und gleichzeitig reflektiert wird. Faber verfasst anstatt eines Berichts eine „Geschichte", die er zunächst als sein Leben auffasst. Am Ende gesteht Faber sich die **Fiktionalisierung der Realität** ein, indem er sagt: „alle Zeugnisse von mir wie Berichte, Briefe, Ringheftchen, sollen vernichtet werden, es stimmt nichts." (S. 199)

Zusammenfassend lässt sich sagen, dass die Beziehung von **Fiktion und Wirklichkeit** bei Stamm und Frisch eine **zentrale Rolle** spielt, und zwar auf zwei Ebenen: Zum einen sind beide Aspekte für das Selbstverständnis der Protagonisten und ihre Sicht der Welt von Bedeutung; zum anderen bestimmen sie die Gestaltung und den Aufbau des jeweiligen Werkes. Beide Ich-Erzähler wollen durch ihre Texte Fakten beschönigen, eigenes Versagen rechtfertigen oder die Wirklichkeit verdrängen, doch scheitern sie. Ihre eigenen Niederschriften erweisen sich als verräterisch und offenbaren zwischen den Zeilen, dass die Verfasser die Realität in ihrem Sinne dargestellt und somit verfremdet haben.

Fazit

Schriftliche Abiturprüfung Deutsch (Baden-Württemberg): Übungsaufgabe 3
Interpretationsaufsatz zu literarischen Werken im Kontext

Aufgabenstellung

- Interpretieren Sie die Szene im Kontext der Handlung. Beziehen Sie die sprachliche und szenische Gestaltung ein.
- Büchners *Dantons Tod,* Frischs *Homo faber* und Stamms *Agnes:* Untersuchen Sie in einer vergleichenden Betrachtung, inwieweit Georg Danton, Walter Faber und der Erzähler in *Agnes* als autonome Individuen handeln.

Pflichtlektüren:
Georg Büchner (1813–1837): *Dantons Tod.* Reclam 6060, Stuttgart 2008
Max Frisch (1911–1991): *Homo faber.* Suhrkamp Taschenbuch, Frankfurt am Main 2011
Peter Stamm (*1963): *Agnes.* Fischer Taschenbuch Verlag, Frankfurt am Main 2009

Textauszug aus: Georg Büchner: *Dantons Tod,* 1. Akt, 5. Szene

LACROIX. Höre, Danton, ich komme von den Jakobinern.

DANTON. Nichts weiter?

LACROIX. Die Lyoner verlasen eine Proklamation, sie meinten, es bliebe ihnen nichts übrig, als sich in die Toga zu wickeln. Jeder macht ein Gesicht, als wollte er zu seinem Nachbar sagen: Paetus, es schmerzt nicht! – Legendre rief, man wolle Chaliers und Marats Büsten zerschlagen. Ich glaube, er will sich das Gesicht wieder rot machen, er ist ganz aus der Terreur herausgekommen, die Kinder zupfen ihn auf der Gasse am Rock.

DANTON. Und Robespierre?

LACROIX. Fingerte auf der Tribüne und sagte: die Tugend muss durch den Schrecken herrschen. Die Phrase machte mir Halsweh.

DANTON. Sie hobelt Bretter für die Guillotine.

LACROIX. Und Collot schrie wie besessen, man müsse die Masken abreißen.

DANTON. Da werden die Gesichter mitgehen.

PARIS, *tritt ein.*

LACROIX. Was gibt's, Fabricius?

PARIS. Von den Jakobinern weg ging ich zu Robespierre; ich verlangte eine Erklärung. Er suchte eine Miene zu machen, wie Brutus, der seine Söhne opfert. Er sprach im Allgemeinen von den Pflichten, sagte der Freiheit gegenüber kenne er keine Rücksicht, er würde alles opfern, sich, seinen Bruder, seine Freunde.

DANTON. Das war deutlich, man braucht nur die Skala herumzukehren, so steht er unten und hält seinen Freunden die Leiter. Wir sind Legendre Dank schuldig, er hat sie sprechen gemacht.

LACROIX. Die Hébertisten sind noch nicht tot, das Volk ist materiell elend, das ist ein furchtbarer Hebel. Die Schale des Blutes darf nicht steigen, wenn sie dem Wohlfahrtsausschuss nicht zur Laterne werden soll, er hat Ballast nötig, er braucht einen schweren Kopf.

DANTON. Ich weiß wohl, – die Revolution ist wie Saturn, sie frisst ihre eignen Kinder. *(Nach einigem Besinnen.)* Doch, sie werden's nicht wagen.

LACROIX. Danton, du bist ein toter Heiliger, aber die Revolution kennt keine Reliquien, sie hat die Gebeine aller Könige auf die Gasse und alle Bildsäulen von den Kirchen geworfen. Glaubst du, man würde dich als Monument stehen lassen?

DANTON. Mein Name! das Volk!

LACROIX. Dein Name! Du bist ein Gemäßigter, ich bin einer, Camille, Philippeau, Hérault. Für das Volk sind Schwäche und Mäßigung eins. Es schlägt die Nachzügler tot. Die Schneider von der Sektion der roten Mütze werden die ganze römische Geschichte in ihrer Nadel fühlen, wenn der Mann des September ihnen gegenüber ein Gemäßigter war.

DANTON. Sehr wahr, und außerdem – das Volk ist wie ein Kind, es muss alles zerbrechen, um zu sehen, was darin steckt.

LACROIX. Und außerdem Danton, sind wir lasterhaft, wie Robespierre sagt d. h. wir genießen, und das Volk ist tugendhaft d. h. es genießt nicht, weil ihm die Arbeit die Genussorgane stumpf macht, es besäuft sich nicht, weil es kein Geld hat und es geht nicht ins Bordell, weil es nach Käs und Hering aus dem Hals stinkt und die Mädel davor einen Ekel haben.

DANTON. Es hasst die Genießenden, wie ein Eunuch die Männer.

LACROIX. Man nennt uns Spitzbuben, und *(sich zu den Ohren Dantons neigend)* es ist, unter uns gesagt, so halbwegs was Wahres dran. Robespierre und das Volk werden tugendhaft sein, St. Just wird einen Roman schreiben, und Barère wird eine Carmagnole schneidern und dem Konvent das Blutmäntelchen umhängen und – ich sehe alles …

DANTON. Du träumst. Sie hatten nie Mut ohne mich, sie werden keinen gegen mich haben; die Revolution ist noch nicht fertig, sie könnten mich noch nötig haben, sie werden mich im Arsenal aufheben.

LACROIX. Wir müssen handeln.

DANTON. Das wird sich finden.

LACROIX. Es wird sich finden, wenn wir verloren sind.

MARION *(zu Danton).* Deine Lippen sind kalt geworden, deine Worte haben deine Küsse erstickt.

DANTON *(zu Marion).* So viel Zeit zu verlieren! Das war der Mühe wert! – *(Zu Lacroix.)* Morgen geh ich zu Robespierre, ich werde ihn ärgern, da kann er nicht schweigen. Morgen also! Gute Nacht meine Freunde, gute Nacht, ich danke euch.

LACROIX. Packt euch, meine guten Freunde, packt euch! Gute Nacht Danton, die Schenkel der Demoiselle guillotinieren dich, der Mons Veneris wird dein Tarpejischer Fels. *(Ab.)*

Aus: Georg Büchner, Dantons Tod, 1. Akt, 5. Szene (Schluss; Reclam S. 22–24)

Worterläuterungen:

Z. 5: *Paetus, es schmerzt nicht:* römischer Verschwörer, dem in aussichtsloser Lage seine Frau den Dolch, nachdem sie ihn sich selbst in die Brust gestoßen hatte, mit diesen Worten reichte.

Z. 18: *Brutus:* römischer Konsul, der zwei seiner Söhne, die an einer Verschwörung beteiligt waren, in seiner Anwesenheit hinrichten ließ.

Z. 50: *Carmagnole:* populäres Revolutionslied der Sansculotten.

Z. 64: *Mons Veneris:* Oberhalb der weiblichen Scham liegende Erhöhung

Z. 64: *Trapejischer Fels:* Fels, von dem vor allem hochrangige Verurteilte in Rom zu Tode gestürzt wurden.

Hinweise und Tipps

Am Anfang der Bearbeitung steht immer genaues **Lesen der Aufgabenstellung**, was hier natürlich insbesondere heißt: eine genaue (mehrfache, bleistiftgestützte) Lektüre der Textstelle. Gerade bei Dramentexten ist es wichtig, sich auch ein mögliches Geschehen auf der Bühne vorzustellen (Wer ist auf der Bühne? Wie könnten die Personen angeordnet sein? Was tun sie, auch wenn sie nicht sprechen? Wie sieht das Bühnenbild aus? …). Darüber gibt der Nebentext teilweise, aber nie erschöpfend Auskunft. An die Lektüre schließt sich die **Textplanung** an, also Stoffsammlung und Erstellen einer vorläufigen Gliederung.
Verlangt ist stets ein Aufsatz, also ein zusammenhängender Text mit Einleitung, Überleitungen zwischen den Teilen und einem Fazit. Die **Einleitung** sollte thematisch sein (also *nicht* einfach mit einem ersten Satz beginnen, der nur Titel, Autor, Textsorte und Thema des Textes nennt). Ihre Funktion ist es, Interesse zu wecken und ins Thema des Aufsatzes einzuführen. Wichtig für die Führung des Lesers sind immer auch **Überleitungen**, die zusammenfassen, den neuen Abschnitt einführen und dessen Problemperspektive klären, etwa indem eine Leitfrage formuliert wird. Der Aufsatz sollte abgerundet werden durch ein **Fazit**. Eine allzu persönliche Stellungnahme, eine aktuelle Anbindung oder ein Appell bieten sich nur selten an, häufig wirken sie aufgesetzt und drohen hinter das erreichte Reflexionsniveau zurückzufallen. Formulieren Sie besser eine konzentrierte Zusammenfassung Ihrer wesentlichen Ergebnisse. Schön (aber nicht immer zwingend) ist es, wenn das Fazit einen Gedanken der Einleitung wieder aufgreift. Hier ist die Textplanung äußerst wichtig: Erst wenn klar ist, worauf der Aufsatz inhaltlich hinauslaufen wird, kann man eine gute und passende Einleitung schreiben, die stimmig ins Thema führt.

Die **erste Teilaufgabe** verlangt eine knappe **Einordnung der Stelle in den Handlungszusammenhang**, die wesentliche Verstehensvoraussetzungen für Leser und Interpret – also Sie – klärt. Diese Einordnung sollte straff gehalten werden, ein deutlicher Schwerpunkt muss auf der Interpretation der Stelle liegen. Daher kann man sich hier auf das Nötigste beschränken: Dantons Stellung in der Revolution (Septembermorde, Wohlfahrtsausschuss), seine prekär gewordene Stellung gegenüber Robespierre und der Terreur, sein Zögern in Verkennung der Lage und die daraus resultierende Verhaftung, Verurteilung und Hinrichtung.
Interpretation heißt, den Text in seiner Bedeutung zu erschließen, indem Inhalte und Form aufeinander bezogen werden. Wichtig sind bei einer Dramenszene die **Funktion** der Szene für den Handlungsverlauf (hier die Zuspitzung der Bedrohung der Dantonisten durch Dantons Zögern), der **Dialogverlauf** (der begrifflich benannt und keinesfalls langatmig nacherzählt werden sollte!), die wesentlichen **Absichten**, **Sprechakte** und **Kommunikationsstrategien** der Figuren (also das sprachliche Handeln und nicht nur ein Wiedergeben der Aussagen!), die **Befindlichkeit** der Personen, die Berücksichtigung **sprachlicher Besonderheiten** und vor allem auch der **szenischen Mittel** (von der Personenkonstellation über den Ort der Handlung bis hin zum nonverbalen Handeln). Wichtig ist – und auch dazu ist eine gründliche Textplanung nötig –, dass die Interpretation schon die zweite Teilaufgabe im Blick hat, die ja einen allgemeinen Interpretationsaspekt beinhaltet; dieser gibt eine Orientierung für die Interpretation vor, denn die Teile des Aufsatzes sollen aufeinander bezogen sein.

Die **zweite Teilaufgabe** weitet die Perspektive, und zwar in doppelter Hinsicht: Zum einen wird mit dem Thema **Autonomie** ein allgemeiner Leitaspekt für eine Interpretation des ganzen Dramas genannt, der natürlich auch in der vorgelegten Stelle zum Tragen kommt; zum anderen soll ein Vergleich zwischen drei Texten angestellt werden. Inhaltliche Wiedergaben sind in diesem Teil nur in so weit nötig, als sie das Verständnis stützen; längere Inhaltsangaben der behandelten Texte sind nicht nur unnötig, sie verstoßen auch gegen die Textlogik Ihres Aufsatzes, weil sie von der erreichten Reflexionsebene der Interpretation auf die Inhaltsebene zurückfallen.
Eine vergleichende Interpretation ist anspruchsvoll. Sie soll nicht einfach die Texte nebeneinander stellen, sondern aufeinander beziehen. Dies kann diachron geschehen, d. h., die Tex-

te werden nacheinander abgehandelt, oder synchron, d. h., der Vergleich wird nach Aspekten gegliedert. Beim ersten Ansatz besteht die Gefahr, dass der Vergleich zu wenig intensiv gezogen wird; besser ist es, die Texte **aspektorientiert** zu **vergleichen**.

Woher die Vergleichsaspekte nehmen? Das ist in diesem Fall nicht ganz einfach. Hier wird eine genaue **Analyse des Leitbegriffs „Autonomie"** wichtig. Wird er geklärt und in angemessener Tiefe erfasst, ergeben sich daraus Vergleichsaspekte.

- Autonomie (gr. auto = selbst, nomos = Gesetz) bedeutet „selbstbestimmtes Handeln". Selbstbestimmung war zunächst ein politischer Begriff, der die **Unabhängigkeit** der Entscheidungen in einem Gemeinwesen umriss. Dementsprechend kann man Selbstbestimmung zunächst als **Freiheit von Fremdbestimmung** (negative Freiheit, Hindernisfreiheit) verstehen.
- Zu dieser äußeren Freiheit kommt die **innere Freiheit**, also die Unabhängigkeit von inneren Zwängen, verinnerlichten Vorgaben, das Sich-lösen-Können von fixierten Vorstellungen und Bildern usw.
- Selbstbestimmung zeigt sich im eigenständigen **Setzen von Zielen** und im **aktiven Handeln** zu deren Verfolgung, nicht im bloßen Reagieren.
- Schließlich impliziert Selbstbestimmung eine rationale Distanz zu äußeren Zwängen und inneren Begierden. Dabei geht es nicht nur um Urteilsfähigkeit, das Vermögen, Situationen einzuschätzen, sondern auch um **Reflektiertheit** gegenüber den eigenen Zielen und dem eigenen Wesen, um **Verantwortung**. Die Aufgabenstellung zielt hier nicht so sehr auf die Frage faktischer Schuld, sondern auf die Frage der moralischen Reflektiertheit der Personen.

Eine solche Analyse des Leitbegriffs gibt einen Leitfaden für den Vergleich. Interessant ist es sicherlich, die Fragestellung noch auf einer etwas abstrakteren Ebene zu betrachten, in der die Figuren als Modellfälle betrachtet und die Ergebnisse des Personenvergleichs damit einerseits an die Texte zurückgebunden und andererseits auf eine allgemeinere Deutungsebene gebracht werden.

Auf der anderen Seite lässt sich jeder der genannten Aspekte zu einer eigenständigen Untersuchung ausbauen.

Lösungsvorschlag in Grundzügen

Einleitung

„Was weiß ich?", fragt Michel de Montaigne auf dem Titelkupfer zu seinen *Essais*. Montaigne führt vor, wie sich ein modernes Subjekt in der Fülle der Gegenstände spiegelt und dabei vor allem eines im Sinn hat: sich selbst als denjenigen zu zeigen, der die Dinge bestimmt und der sich handelnd zu seiner Welt verhält.

Teilaufgabe 1
kurze inhaltliche Einordnung

Die kritische Selbstreflexion, die Montaigne in seinen kontemplativen Versuchen vergönnt ist, ist keine Selbstverständlichkeit, und oft zwingen die Umstände zu direktem und unmittelbarem Eingreifen. Diese Erfahrung reflektiert Georg Büchner in seinem Drama *Dantons Tod* von 1835. **Danton** wird **als Zauderer** gezeigt, der seine Position nicht aktiv verfolgt. Er, der am 2. September 1792 mit der Ermordung von 1 400 Royalisten und Priestern die Revolution radikalisiert hatte, der selbst 1793 im fast allmächtigen Wohlfahrtsausschuss gesessen hatte, droht im Frühjahr 1794 selbst ein Opfer der Terreur zu werden. Er glaubt sich sicher, würde am liebsten gar nichts tun, lässt sich aber zu einem Gespräch mit seinem Widersacher Robespierre überreden. Dieses Gespräch (I, 6) zeigt den strikten Gegensatz von Robespierres Moralismus und Dantons kritischem Hedonismus. Danton wird mit seinen Gefolgsleuten verhaftet, aufgrund einer konstruierten Anklage in Abwesenheit verurteilt und schließlich hingerichtet. Das Drama blendet dabei zwischen dem öffentlichen Tribunal, den Gesprächen der Dantonisten und seiner Frau hin und her.

Inhalt der Szene I, 5

Der tiefere **Grund für Dantons Zögerlichkeit** lässt sich beispielsweise anhand der Szene I, 5 zeigen. Zu Beginn berichtet die Prostituierte Marion zu Füßen Dantons, wie für sie der sexuelle Genuss zum Weg aus den Normen der bürgerlichen Welt geworden ist. Fortgesetzt wird dieses Thema in obszönen Gesprächen zwischen Danton und Lacroix, der in Begleitung zweier Prostituierter hinzukommt. Nachdem dieser die beiden Damen wieder weggeschickt hat, berichtet er vom Konvent der Jakobiner (vgl. I, 3). Danton sieht sehr wohl die Gefahr, die ihm droht: Robespierres „Phrase", „die Tugend muss durch den Schrecken herrschen" hobele „Bretter für die Guillotine" (Z. 10 ff.). Sein Freund Paris, der von einem Gespräch mit Robespierre kommt, bestätigt diese Einschätzung – Danton aber ist sicher: „**Doch, sie werden's nicht wagen**" (Z. 29), ihn zu verhaften. Die historisch verbürgte Formulierung erscheint als wohlbedachter und durch die Pause hervorgehobener Satz, den Danton „[n]ach einigem Besinnen" äußert (vgl. Z. 29). Lacroix appelliert an ihn, etwas zu tun, doch Danton zerredet dies, wie schon zu Beginn des Stücks (vgl. I, 1, S. 5 und 8).

Dialoganalyse: Lacroix' Überzeugungsstrategie

Lacroix verfolgt dabei die **Strategie**, den **Appell** hinter Argumenten **auf der Sachebene zu verbergen**. Er führt das Fortbestehen des materiellen Elends an (vgl. Z. 24 ff.), erinnert daran, dass die Revolution vor keiner Autorität Halt mache (vgl. Z. 30 ff.), verweist auf die Eitelkeit der Sansculotten (vgl. Z. 34 ff.). Robespierres Aussage über die Tugend sucht er als Bemäntelung sozialer Not zu entlarven. Dahinter steckt eine grundlegende Gegenposition, die Danton im unmittelbar folgenden Gespräch mit Robespierre entfalten wird; Danton nennt Robespierre dort „empörend rechtschaffen" (S. 25, Z. 22), weil er durch den Terror gerade verhindere, dass die „soziale Revolution […] vollendet" (S. 25, Z. 10 f.) und das Elend des Volkes beseitig wird. Diese Anschuldigung Dantons gegenüber Robespierre fußt auf dem materialistischen Sensualismus der Dantonisten, die das Glück in Lustempfinden und Genuss begründet sehen.

Analyse der Sprache

Die sensualistische Position schlägt sich auch in der **Sprache** nieder, die im Drama insgesamt wie in dieser Stelle sehr bildmächtig, metaphernreich und plastisch ist. So zeichnet Lacroix am Ende seiner Ausführungen ein anschauliches Bild der möglicherweise folgenden Ereignisse (Z. 47 ff.). Auch entfaltet er ein Netz von Anspielungen auf die Antike, die Danton wohl versteht, wie sein treffendes Bild des kinderfressenden Saturn für die Revolution zeigt (vgl. Z. 28).

vertiefende Kommunikationsanalyse, Scheitern von Lacroix' Strategie

Implizit zeigt sich darin auch, wie sehr Lacroix sich dessen bedient, was Schulz von Thun in seinem Kommunikationsmodell die **Beziehungsebene** nennt. Lacroix weiß genau, mit wem er spricht, und kann daher mit wenigen Andeutungen auskommen. Gegen Ende rückt er die Beziehungsargumentation noch etwas mehr in den Vordergrund, wenn er sich Danton nähert, um „unter uns gesagt" mit dem Vorwurf der Spitzbüberei zu kokettieren (Z. 47 f.). Danton bleibt – entsprechend seiner zögerlichen Passivität – lakonisch kurz und erwidert zunächst nur auf der Sachebene: Neben dem schon zitierten „sie werden's nicht wagen" finden sich die selbstbewusste Erinnerung an seinen „Name[n]" (Z. 33), die Geringschätzung des Volkes (vgl. Z. 39 f.) und – indirekt über die Zuschreibung an das Volk – die Bestätigung von Robespierres Sinnfeindlichkeit (vgl. Z. 46).

Auf Lacroix' Beziehungskommunikation reagiert er jedoch nicht. Als dieser, abgemildert durch den Plural, Danton direkt zum Handeln auffordert, **verweigert sich Danton**; Lacroix reagiert emotional und drückt, Dantons Formulierung aufgreifend, seinen Ärger aus (Z. 55 ff.). Darauf geht Danton nicht ein, bricht das Gespräch ab und **wendet sich Marion zu**, die als stumme Zeugin die ganze Szene über zu Dantons Füßen verharrt. Diese Wendung ist in mehrfacher Hinsicht charakteristisch für Danton. Zum einen verweigert er nicht zum ersten Mal die Kommunikation, wenn es darum geht, dass er handeln soll (vgl. Schluss von Szene I, 1). Dieses Verhalten ist stimmig, insofern Danton hier seine politische Passivität passiv durchsetzt. Zum Zweiten erhält die Szene einen thematischen Rahmen, nämlich die sinnlich-erotische Lust; Danton wendet sich von der Politik, die in Form von Botenberichten zu ihm dringt, wieder ganz ins Private. Dies verweist – zum Dritten – auf die tiefere Begründung von Dantons Passivität. Indem er den körperlichen Genuss der politischen Aktivität vorzieht, zeigt sich die Lust als Kehrseite von Dantons Überzeugung, dass politisch handelnde Individuen nur „Puppen sind [...] von unbekannten Gewalten am Draht gezogen" (S. 43, Z. 5 f.). Diese Überzeugung nimmt Dantons Selbststilisierung die Glaubwürdigkeit, mit der er sich vor dem Tribunal als treibendes Energiezentrum der Revolution hinstellt (vgl. III, 4). Lacroix bleibt am Ende der vorliegenden Szene nur, in einer virtuosen Zusammenführung von erotischem, antikem und politischem Diskurs resigniert ein schlimmes Ende zu prophezeien.

Dantons Verweigerung, nonverbales Handeln im Nebentext

Anders gesagt: **Danton bestimmt** in dieser Szene letztlich die **Kommunikation**, auch wenn er über weite Strecken nur reagiert. Er behält in seinem Widerstand gegen den Appell Lacroix' seine Selbstbestimmung – allerdings nimmt er damit eine Position ein, die ihr eigenes Wirksamwerden paradox unterläuft, weil Danton aus seinem Geschichtsfatalismus den Schluss zieht, nicht selbstbestimmt zu handeln, sondern **autonom zu unterlassen**.

Zusammenfassung mit Blick auf die zweite Teilaufgabe

Dantons Tod zeigt, wie prekär Autonomie unter einem Gewaltregime wird. Um Dantons Autonomie mehr Kontur zu geben, soll diese jetzt mit zwei literarischen Figuren aus dem 20. Jahrhundert verglichen werden, deren Ausgangslage auf den ersten Blick sehr viel mehr Autonomie zuzulassen scheint, nämlich Walter Faber aus Max Frischs *Homo faber* und der Erzähler im Roman *Agnes* von Peter Stamm.

Überleitung zur **Teilaufgabe 2**

Autonomie lässt sich zunächst verstehen als Unabhängigkeit, d. h. als Abwesenheit von Fremdbestimmung. Dies kann zum einen in einem äußeren Sinne gemeint sein, zum anderen aber auch im Sinne von innerer Freiheit, also die Unabhängigkeit von inneren Zwängen. Drittens impliziert Autonomie das eigenständige Setzen von Zielen und deren aktives Verfolgen. Und schließlich beruht Autonomie auf einer reflektierten Distanz zu äußeren Zwängen und inneren Begierden. Aus dieser Reflektiertheit erwächst Urteilsfähigkeit, aber auch Verantwortung für die eigenen Zielsetzungen.

begriffliche Vorklärung als Leitfaden des Vergleichs

Was die **äußere Unabhängigkeit** angeht, so steht es damit für Danton nicht zum Besten: Die Logik der **Terreur** und die Machtpolitik Robespierres bedrohen ihn und seine ganze Fraktion, er müsste handeln – doch wie gesehen, verweigert er sich und macht sich dadurch zum Spielball.

äußere Freiheit

Walter Faber hingegen ist mit seiner modernen **Ungebundenheit** geradezu als Gegenmodell angelegt. Er kann um die ganze Welt reisen, verfügt über technische und offenbar auch materielle Ressourcen, ist abgesehen von losen Liaisons wie der mit Ivy ungebunden. Auch wird er von seiner Arbeit nicht so in Anspruch genommen, dass er nicht Abstecher in den südamerikanischen Urwald oder nach Südeuropa machen könnte. Er betont schließlich immer wieder seine Gesundheit, die ihn ebenfalls von Hilfe unabhängig macht. Ja, umgekehrt ist er derjenige, der im Vollgefühl seiner selbst für die Unesco „technische Hilfe für unterentwickelte Völker" (S. 10) leistet. Faber weiß um diese Unabhängigkeit und legt großen Wert auf sie. Seine fortschreitende Krankheit und das Wiedersehen mit seiner ehemaligen Partnerin Hanna nach dem Tod seiner Tochter Sabeth schränken ihn allerdings mehr und mehr ein.

Der Ich-Erzähler in *Agnes* ist ähnlich unabhängig wie Faber. Wie dieser kann er als Schriftsteller seinen Wohnort frei wählen, wie dieser ist er zunächst ungebunden und frei für die Beziehung zu Agnes und kann sich offensichtlich auch die Zeit nehmen, sein aktuelles Projekt ruhen zu lassen und sich dem „Buch *Agnes*" (S. 138) zu widmen. Seine Gesundheit betont er indirekt, indem er Agnes' Kränklichkeit immer wieder herausstellt.

innere Freiheit

So sehr Faber und der Agnes-Erzähler ihre Unabhängigkeit hervorheben, so deutlich zeigt sich auf der anderen Seite ihre **innere Unfreiheit**. Dabei muss man allerdings differenzieren: Über die innere Verfassung gibt der Erzähler in *Agnes* nicht viel Auskunft. Er reagiert – im Gegensatz zu Faber, aber auch zu Danton – wenig emotional. Auch von äußerem Ruhm macht er seine Schriftstellerexistenz unabhängig, er „möchte keine Spuren hinterlassen" (S. 28) und befasst sich mit eher randständigen Themen wie „Zigarren, d[er] Geschichte des Fahrrads oder der Luxuseisenbahnwagen" (S. 20). Er bedient zwar den Gemeinplatz, dass der Autor ab einem gewissen Punkt „keine Kontrolle" (S. 50, vgl. auch S. 63) mehr über das Schreiben habe, sieht Agnes aber sehr wohl als „mein Geschöpf" (S. 62).

Fabers innere Unfreiheit ist deutlicher. Sie zeigt sich zunächst in unscheinbaren Motiven wie dem Rasieren, oder indem „er sein Gesicht in die öffentliche Schüssel" taucht – Metaphern dafür, dass Faber als Typus angelegt ist, dem es vorrangig darum zu tun ist, so zu sein, wie es erwartet wird. Das unterscheidet ihn von Danton, der sich genau dem verweigert, aber auch vom Erzähler von *Agnes*, der in diesem Punkt indifferent bleibt. Zu diesem Typus gehört neben dem Überlegenheitsgestus vor allem auch der Kontrollzwang, der bis hin zur Gewalt geht (vgl. S. 120, 149 f.) und sich, wie gesehen, auch in *Agnes* zeigt; Danton ist dieser Zug fremd. Faber leugnet die Existenz höherer Mächte, glaubt nicht „an Fügung und Schicksal" (S. 22), er ist wie Danton und der Erzähler von *Agnes* Agnostiker.

Danton kann **innerlich** als **freier** gelten, auch wenn er von Schuldgefühlen verfolgt wird; er bewahrt sich eine intellektuelle Unabhängigkeit, die ihn über sein Schicksal tröstet. Gleichwohl sieht er sich, wie gezeigt, als Marionette höherer Mächte – eine Erfahrung, die Faber insofern nicht fremd ist, als er immer wieder von seinen eigenen Entscheidungen überrascht wird, z. B. wenn er an Ivy schreibt (S. 30) oder sich am Telefon einen Schiffsplatz buchen hört (S. 59 f.).

Setzen von Zielen und deren aktives Verfolgen

Der Tatmensch Faber ist es gewohnt, **aktiv seine Ziele zu verfolgen**. Allerdings bezieht sich die Selbstbestimmung Fabers zunächst vor allem auf die Umsetzung von Zielen, die eigentlich **nicht er selbst steckt:** Die

Führung seines Lebens im Kleinen und die Realisierung technischer Projekte, zu denen er von seinem Chef Williams geschickt wird. Dies entspricht dem Typus des Technikers. Erst in dem Moment, als er anfängt, spontan von diesen beruflichen Zielen abzuweichen, beginnt er selbst Ziele zu setzen – die Reisemetapher macht dies ja explizit deutlich als Um- und Abweg: in den Urwald auf die Plantage zu Joachim, die Schiffsreise nach Europa, die Südeuropatour mit Sabeth, Kuba. Allerdings folgt er auch hier meist einem Impuls von außen bzw. flieht im Falle der Schiffsreise vor Ivy. Und selbst als ihn die Vergangenheit eingeholt und er sich zu ändern beschlossen hat, bleibt – wie sich auf Kuba zeigt – sein Weltbild von klischeehaften Oppositionen geprägt, jetzt eben nur mit anderen Vorzeichen.

Umgekehrt hat **Danton** ein – paradoxerweise auch von Robespierre formuliertes (vgl. S. 25) – **Ziel**, nämlich die Revolution sozial zu vollenden, und begründet es weltanschaulich mit der Vorstellung, den Menschen das Glück der Lust zu bereiten. Aber genau diese Begründung führt, wie oben gezeigt, konsequent zu **Handlungsverweigerung**. Danton wird im ersten Teil des Dramas vor allem dann kommunikativ aktiv, wenn er seine Passivität retten will; auch das ist in der analysierten Stelle exemplarisch deutlich geworden. Als er auf der politischen Bühne aktiv wird und sich vor dem Tribunal verteidigt (III, 4 und 9), ist es zu spät.

Der **Erzähler** von *Agnes* nimmt in der Frage der Aktivität eine **Mittelposition** ein. Seine vorrangige Tat als Schriftsteller ist – darin Danton verwandt – das Wort. Der Impuls zum „Buch *Agnes*" (S. 138) geht – wie etwa auch der zum Ausflug in den „Hoosier National Forest" – zunächst nicht von ihm aus, wird aber dann aktiv verfolgt. Agnes ist für ihn ein Experiment, das Experiment der Konstruktion eines Menschen durch einen Text. Dies erklärt ein Stück weit seine bekundete Passivität als Autor wie auch seine egoistisch wirkende Kälte.

Reflektiertheit und Verantwortung

Um von wirklicher Autonomie sprechen zu können, sind nicht nur Unabhängigkeit und Aktivität nötig, sondern auch das **Wahrnehmen von Verantwortung**; dies macht den Begriff der Autonomie in der Neuzeit, namentlich auch bei Immanuel Kant aus. Er ist eng gebunden an die Reflexion über sich selbst und insbesondere über die Maximen des Handelns.

Danton darf als **reflektierter Charakter** gelten, der sich – an dieser Stelle gegen Kant – nicht über Pflicht definiert, sondern Glück sensualistisch und epikuräisch (vgl. S. 79, Z. 11 ff.) versteht. Die **Schuldfrage**, vor allem das von ihm veranlasste Septembermassaker, bereitet ihm Albträume und ist für ihn prägend. Camille weist verschiedentlich auf die Widersprüchlichkeit von Dantons Position hin (vgl. z. B. S. 6, Z. 23 oder S. 8, Z. 25 f.). Die Frage nach der Verantwortung für die politische Passivität, in die Danton aufgrund seiner Schuld verfällt, wird im Drama gestellt, etwa wenn Lacroix an Dantons Solidarität appelliert und ihm vorwirft: „[D]u reißest alle deine Freunde mit dir." (S. 31, Z. 21) Beantwortet wird diese Frage im Drama nicht, sie wird an die Zuschauer gestellt.

Schuld prägt auch Walter Faber, sein ganzer Bericht ist ein großes Rechtfertigungsbuch. Charakteristisch für Faber ist, dass diese Rechtfertigung ein Schreiben gegen sich selbst wird, im Prozess des Schreibens wird seine Schuld und **Verdrängung** dem Leser immer klarer – auch wenn er selbst in Momenten des Bekenntnisses vom Rechtfertigen nicht lassen kann (vgl. etwa S. 72 f.). Faber ist ein Mensch der technisch-praktischen Imperative, aber nicht des kategorischen Imperativs Kants. Sein Prozess der Reflexion eines verfehlten Lebens führt in der Kuba-Episode zu einem neuen, entgegengesetzten Lebensgefühl, verharrt aber in holzschnittartigem Denken, das sich von der Fixierung auf einfache Dualismen nicht zu lösen vermag. So zeigt der Roman den Prozess einer Selbstreflexion und eines Bewusstwerdens von Verantwortung, der nicht zum Abschluss kommt, sondern durch den Tod beendet wird.

Beim Erzähler von ***Agnes*** sind **Verantwortungsbewusstsein und Selbstreflexion am geringsten ausgeprägt**, ja eigentlich kaum vorhanden. Seinen Egoismus und Agnes' Verdinglichung stellt er als Ich-Erzähler dar, reflektiert aber nicht den unmoralischen Aspekt seines Verhaltens. Soweit er von „Freiheit" (S. 110) spricht, ist immer nur – man nehme die Rechtfertigung für seine Ablehnung des Kindes – von äußerer Handlungsfreiheit die Rede. Der Mangel an Reflexion passt zu seiner Unzuverlässigkeit, die anders als bei Faber nicht Ausdruck eines Interesses ist. Seine Selbstbestimmung ist vor allem die Fremdbestimmung seines Gegenstandes Agnes, die mehr und mehr dem schreibend entworfenen Bild unterworfen wird, auch dann, als sie das ablehnt (vgl. S. 137). Für den mutmaßlichen Tod von Agnes ist in seinem Text „eine Geschichte" verantwortlich, nicht ihr Autor.

Abstraktion: Danton, Faber und der Erzähler von *Agnes* als Modellfiguren

Aber vielleicht ist an dieser Stelle die Frage der Selbstbestimmung auch zu psychologisch angesetzt. Danton, Faber und der *Agnes*-Erzähler lassen sich abstrakter **als Modellfiguren** auffassen. Für *Agnes* ist dieser Aspekt vielleicht am einschlägigsten. Der Roman gilt als postmoderner Text, was sich konkretisieren lässt: Die Postmoderne setzt an die Stelle des Subjekts die Konstruktion von Identität durch Diskurse – und entzieht der Frage nach der Selbstbestimmung damit eigentlich von vornherein den Boden. Dementsprechend ist die Figur Agnes ein schriftstellerisches Experiment, da sie in einer Geschichte über sie verschwindet und nur diese zurücklässt. Dem entspricht die eigentümliche Entindividualisierung des Erzählers, der nicht nur wenig Gefühle, sondern vor allem keinen Namen hat. Demgegenüber zeigt *Homo faber* den Typus eines modernen Ichs, das seine Freiheitsvorstellung zum unhinterfragten Glauben an die Verfügbarkeit aller Lebensverhältnisse steigert. Dieser zerbricht an einer Liebe, die ihn überfällt und die gerade in ihrem Narzissmus – so ließe sich das Inzestmotiv deuten – unmöglich ist, und am Tod. Seine Individualität wird gerade durch seine Schuld hergestellt. Danton steht in dieser Hinsicht zwischen den beiden. Er zeigt ein Modell von Glück, dass ihn zur Passivität zwingt und sich in einer historischen Extremsituation nicht gegen einen unmoralischen, menschenverachtenden Tugendrigorismus zu behaupten vermag.

Fazit

So kann man insgesamt sagen, dass Danton und Walter Faber sich in der Frage der Autonomie in vielen Punkten gegensätzlich verhalten. Danton, äußerlich eingeschränkt, erringt sich eine innerliche Autonomie, indem er mit seinem Epikureertum und seinem geschichtsphilosophischen Fatalismus eine intellektuell eigenständige Position entfaltet, die zu einer kommunikativ aktiv verteidigten Handlungsverweigerung führt. Er ist darin reflektiert; inwiefern er verantwortlich handelt, lässt der Text offen. Walter Fabers innere Unfreiheit wird durch seine äußere Freiheit noch unterstrichen. Im Gegensatz zu Danton ist er der Mann der Tat, allerdings nur auf der Ebene der Umsetzung, weniger in der Setzung seiner Ziele. Selbstreflexion und Verantwortungsbewusstsein ergeben sich bei Faber aus einem Prozess des Schreibens gegen sich selbst. Prinzipiell anders gelagert ist der Fall des Erzählers von *Agnes*. Bei aller äußeren Freiheit ist es angesichts der wenig ausgearbeiteten Individualität zweifelhaft, ob die Frage autonomer Individualität bei diesem postmodernen Text überhaupt greift. Bejaht man diese Frage, dann hat man sie schon fast beantwortet: Dieser Erzähler ist, ungeachtet aller Macht der Fremdbestimmung und aller schriftstellerischer Aktivität, kein autonomes Individuum, sondern jemand, der – darin Montaigne ähnlich – ein Experiment mit einem erschriebenen Individuum anstellt, ohne sich – und darin läge dann der entscheidende Unterschied zu Montaigne wie zu Danton und Faber – darin spiegeln zu wollen.

Schriftliche Abiturprüfung Deutsch (Baden-Württemberg): Übungsaufgabe 4 Interpretationsaufsatz mit werksübergreifender Teilaufgabe zu einer Pflichtlektüre (Werk im Kontext)

Aufgabenstellung

- Interpretieren Sie die vorliegende Textstelle. Skizzieren Sie dabei auch, in welchem Zusammenhang sie steht, und beziehen Sie die sprachliche und argumentative Gestaltung mit ein.
- Untersuchen Sie in einer vergleichenden Betrachtung, welchen Stellenwert die männlichen Protagonisten in den Romanen *Homo faber* und *Agnes* einer Heirat und der Vaterschaft zumessen.

Pflichtlektüren:
Max Frisch (1911–1991): *Homo faber*. Suhrkamp Taschenbuch, Frankfurt am Main 2011
Peter Stamm (*1963): *Agnes*. Fischer Taschenbuch Verlag, Frankfurt am Main 2009

Textauszug aus: Max Frisch: *Homo faber*

[...] Hanna war immer sehr empfindlich und sprunghaft, ein unberechenbares Temperament; wie Joachim sagte: manisch-depressiv. Dabei hatte Joachim sie nur ein oder zwei Mal gesehen, denn Hanna wollte mit Deutschen nichts zu tun haben. Ich schwor ihr, daß Joachim, mein Freund, kein Nazi ist; aber vergeblich. Ich verstand ihr Mißtrauen, aber sie machte es mir nicht leicht, abgesehen davon, daß unsere Interessen sich nicht immer deckten. Ich nannte sie eine Schwärmerin und Kunstfee. Dafür nannte sie mich: Homo Faber. Manchmal hatten wir einen regelrechten Krach, wenn wir beispielsweise aus dem Schauspielhaus kamen, wohin sie mich immer wieder nötigte; Hanna hatte einerseits einen Hang zum Kommunistischen, was ich nicht vertrug, und andererseits zum Mystischen, um nicht zu sagen: zum Hysterischen. Ich bin nun einmal der Typ, der mit beiden Füßen auf der Erde steht. Nichtsdestoweniger waren wir sehr glücklich zusammen, scheint mir, und eigentlich weiß ich wirklich nicht, warum es damals nicht zur Heirat kam. Es kam einfach nicht dazu. Ich war, im Gegensatz zu meinem Vater, kein Antisemit, glaube ich; ich war nur zu jung wie die meisten Männer unter dreißig, zu unfertig, um Vater zu sein. Ich arbeitete noch an meiner Dissertation, wie gesagt, und wohnte bei meinen Eltern, was Hanna durchaus nicht begriff. Wir trafen uns immer in ihrer Bude. In jener Zeit kam das Angebot von Escher-Wyss, eine Chance sondergleichen für einen jungen Ingenieur, und was mir dabei Sorge machte, war nicht das Klima von Bagdad, sondern Hanna in Zürich. Sie erwartete damals ein Kind. Ihre Offenbarung hörte ich ausgerechnet an dem Tag, als ich von meiner ersten Besprechung mit Escher-Wyss kam, meinerseits entschlossen, die Stelle in Bagdad anzutreten sobald als möglich. Ihre Behauptung, ich sei zu Tode erschrocken, bestreite ich noch heute; ich fragte bloß: Bist du sicher? Immerhin eine sachliche und vernünftige Frage. Ich fühlte mich übertölpelt nur durch die Bestimmtheit ihrer Meldung; ich fragte: Bist du bei einem Arzt gewesen? Ebenfalls eine sachliche und erlaubte Frage. Sie war nicht beim Arzt gewesen. Sie wisse es! Ich sagte: Warten wir noch vierzehn Tage. Sie lachte, weil vollkommen sicher, und ich mußte annehmen, daß Hanna es schon lange gewußt, aber nicht gesagt hatte; nur insofern fühlte ich mich übertölpelt. Ich legte meine Hand auf ihre Hand, im Augenblick fiel mir nicht viel dazu ein, das ist wahr; ich trank Kaffee und rauchte. Ihre Enttäuschung! Ich tanzte nicht vor Vaterfreude, das ist wahr, dazu war die politische Situation zu ernst. Ich fragte: Hast du denn einen Arzt, wo du hingehen kannst? Natürlich meinte ich bloß: um sich einmal untersuchen zu lassen. Hanna nickte. Das sei keine Sache, sagte sie, das lasse sich schon machen! Ich fragte: Was meinst du? Später behauptete Hanna, ich sei erleichtert gewesen, daß sie das Kind nicht haben wollte, und geradezu entzückt, drum hätte ich meinen Arm um ihre Schultern gelegt, als sie weinte. Sie selber war es, die nicht mehr davon sprechen wollte, und dann berichtete ich von Escher-Wyss, von der Stelle in Bagdad, von den beruflichen Möglichkeiten eines Ingenieurs überhaupt. Das war keineswegs gegen ihr Kind gerichtet. Ich sagte sogar, wieviel ich in Bagdad verdienen würde. Und wörtlich: Wenn du dein Kind haben willst, dann müssen wir natürlich heiraten. Später ihr Vorwurf, daß ich von Müssen gesprochen habe! Ich fragte offen heraus: Willst du heiraten, ja oder nein? Sie schüttelte den Kopf, und ich wußte nicht, woran ich bin. Ich besprach mich viel mit Joachim, während wir unser Schach spielten; Joachim unterrichtete mich über das Medizinische, was bekanntlich kein Problem ist, dann über das Juristische, bekanntlich auch kein Problem, wenn man sich die erforderlichen Gutachten zu verschaffen weiß, und dann stopfte er seine Pfeife, Blick auf unser Schach, denn Joachim war grundsätzlich gegen Ratschläge. Seine Hilfe (er war Mediziner im Staatsexamen) hatte er zugesagt, falls wir, das Mädchen und ich, seine Hilfe verlangen. Ich war ihm sehr dankbar, etwas verlegen, aber froh, daß er keine große Geschichte draus machte; er sagte bloß: Du bist am Zug! Ich meldete Hanna, daß alles kein Problem ist. Es war Hanna, die plötzlich Schluß machen wollte; sie packte ihre Koffer, plötzlich ihre wahnsinnige Idee, nach München zurückzukehren. Ich stellte mich vor sie, um sie zur Vernunft zu bringen; ihr einziges Wort: Schluß! Ich hatte gesagt: Dein Kind, statt zu sagen: Unser Kind. Das war es, was mir Hanna nicht verzeihen konnte.

Aus: Max Frisch: Homo faber. Frankfurt a. M.: Suhrkamp Verlag 1995, S. 47f.

Hinweise und Tipps

Teilaufgabe 1

Zunächst sollten Sie in der ersten Teilaufgabe eine Einordnung der Textstelle vornehmen, die sich auf das Wesentliche beschränkt (siehe Operator „skizzieren"). Dennoch ist die Situierung vergleichsweise komplex. Das liegt an der Textstelle, die den chronologischen Berichtsverlauf unterbricht und Teil eines zusätzlich eingeschobenen Rückblicks ist. (Es empfiehlt sich, quasi als Vorentlastung, den Berichtcharakter des Romans und die darin enthaltenen Rückblenden bereits in der Einleitung des Aufsatzes kurz anzusprechen.)
Zudem kann der Begriff „Zusammenhang" aus der Aufgabenstellung weit gefasst werden, nämlich einmal im Sinne des Kontextes innerhalb des Berichts, zum anderen mit Bezug auf lebens- und zeitgeschichtliche Aspekte. Sie stehen also vor der nicht einfachen Aufgabe, die Textstelle in ihrem Charakter als Rückblende einzuordnen, zudem zwei weitere Rückblicke auf dieselbe Zeit einzubeziehen und schließlich diese vergangene Zeit hinsichtlich der gesellschaftlichen sowie der persönlichen Umstände des Protagonisten zu erläutern. Darüber hinaus wäre es wünschenswert, einen Grund für die eingestreuten Rückblenden zu nennen. Ausgelöst werden sie wahrscheinlich dadurch, dass die Brüder Herbert und Joachim Hencke, mit denen Walter Faber auf seiner Reise konfrontiert wird, die Erinnerung an Hanna und die damalige Zeit wachrufen.

Der knappe Berichtsstil der vorliegenden Textstelle könnte zu einer Inhaltsangabe ohne Analyse der sprachlichen und argumentativen Gestaltung verleiten. Aber auch das Aufzeigen sprachlicher Mittel wie Ellipsen, Wiederholungen etc. genügt nicht. Es ist eine Deutung gefordert („Interpretieren Sie …"), und das heißt, sprichwörtlich zwischen den Zeilen zu lesen, Hypothesen aufzustellen und an der sprachlichen Form Widersprüche zu erkennen sowie wahre Motive aufzudecken.
Entscheidend ist die grundlegende Erkenntnis, dass dieser rückblickende Bericht allein Fabers Perspektive enthält und wir über Hannas Sicht nur Mutmaßungen anstellen können. Insofern wäre es Faber für eigentlich leicht, sein damaliges Verhalten zu rechtfertigen. Eine Analyse

der Art und Weise, wie er in seinem Rückblick argumentiert und sich die Dinge zurechtbiegt, bringt jedoch eine tiefere Schicht ans Licht, die Fabers Selbstbezogenheit, seine fehlende Einsicht und mangelnde Empathie sowie sein egoistisches Karrieredenken offenlegt.
Für die Lösung der Teilaufgabe 1 wird von Ihnen eine detaillierte Textarbeit mit Belegen aus der vorliegenden Textstelle (Zeilenzahlen angeben!) erwartet.

Teilaufgabe 2
Es bietet sich an, bei der Bearbeitung der 2. Teilaufgabe zunächst in Peter Stamms Werk einzuführen. Dabei sollten Sie die Protagonisten kurz vorstellen und die Doppelbödigkeit des Romans – die Erzählung und die vom Ich-Erzähler verfasste Geschichte in der Erzählung – anführen. Es empfiehlt sich zur Kennzeichnung beider Ebenen der Gebrauch einer klaren Terminologie wie z. B. „erzählte Wirklichkeit" versus „fiktive Geschichte". Daraus könnte dann entwickelt werden, dass ein Heiratsantrag nur in der Fiktion ausgesprochen wird.
Kern der vergleichenden Betrachtung zum Thema „Heirat" und „Vaterschaft" sind sicherlich die Szenen, in denen den Protagonisten die Schwangerschaft mitgeteilt wird, und die verblüffend ähnlichen Reaktionen sowie die Folgen: Beide Male kommt es zur Trennung. Darüber hinaus sollten Sie vor allem die unterschiedlichen Umgangsweisen mit Heirat und Vaterschaft nach dieser Trennung beleuchten. Frischs Faber verdrängt beharrlich eine mögliche Vaterschaft und ist seiner Tochter gegenüber mit Blindheit geschlagen; Stamms Ich-Erzähler kompensiert seine Bindungsunfähigkeit mit einem in der Fiktion fabulierten Familienglück.
Der Umfang der Vergleichsaufgabe verlangt eine Konzentration auf wesentliche Aussagen zur Fragestellung. Zentrale Erkenntnisse können mit Quellenverweisen auf die Ganzschriften (Seitenzahl angeben!) abgesichert werden, eine detaillierte Textarbeit wird nicht erwartet.

Lösungsvorschlag in Grundzügen

Einleitung

Max Frischs Roman *Homo faber,* erstmals erschienen 1957, ist eigentlich ein über zwei Stationen verlaufender Bericht der fiktiven Figur Walter Faber über die verschiedenen Reisen, die den 50-jährigen Ingenieur durch Amerika und Europa führen, wobei gelegentlich auch Rückblicke auf seine Zeit als junger Erwachsener in Zürich eingestreut werden. In der Form einer Selbstrechtfertigung kreist der Reisebericht um die gescheiterte Liebesbeziehung zu Hanna und um das Verhältnis mit der 20-jährigen Reisebekanntschaft Elisabeth, in der Walter Faber die gemeinsame Tochter mit Hanna erkennen wird.

Teilaufgabe 1
Rückblick auf die Zeit mit Hanna in Zürich

Der vorliegende Textauszug ist in dem ersten Bericht (**Erste Station**) enthalten. Es handelt sich um einen Ausschnitt aus einem der Rückblicke auf die Lebensphase, als **Walter Faber, noch nicht dreißig Jahre alt, als Assistent an der Eidgenössischen Technischen Hochschule in Zürich** an seiner Dissertation arbeitet. Nicht nur der Ort, auch der zeitliche Kontext ist ziemlich genau feststellbar: Faber und seine damalige Freundin Hanna Landsberg, eine „halbjüdische" Studentin der Kunstgeschichte aus München, hören im Radio die Verkündung der Nürnberger Rassengesetze auf dem Reichsparteitag (vgl. S. 46), die einer Entrechtung der Juden gleichkommen – das war im September 1935. Diese Nachricht sowie der irrtümliche Entzug von Hannas Aufenthaltsgenehmigung in der Schweiz sind Anlass für Fabers Entschluss, seine Freundin zu heiraten und so vor den Nazis zu schützen. Gleichzeitig aber winkt ein für die berufliche Karriere verlockendes Angebot, in Bagdad als Ingenieur zu arbeiten. **1936** werden die Heiratsvorbereitungen getroffen, doch Hanna entzieht sich auf dem Standesamt im letzten Moment der Eheschließung, obwohl sie ein

Kind von Faber erwartet (vgl. S. 57). Es kommt zur Trennung, Faber reist nach Bagdad und lässt Hanna in der Obhut seines Freundes und Arztes Joachim zurück: „[E]s war ausgemacht, dass unser Kind nicht zur Welt kommen sollte.“ (S. 57)

Einordnung der Textstelle: Fabers Südamerika-Reise

Der Autor Frisch platziert den Rückblick, dem der vorliegende Textauszug entstammt, genau an der Stelle, als Walter Faber davon berichtet, wie er einen Landrover instand setzt und packt, um eben diesen **Joachim Hencke**, den er seit über 20 Jahren nicht mehr gesehen hat, **auf einer entlegenen Plantage in Guatemala zu besuchen**. Man kann die These aufstellen, dass die Vergangenheit desto öfter eingeblendet wird, je mehr Faber auf seinen Reisen mit seiner früheren gescheiterten Liebesbeziehung und deren personalem Umfeld konfrontiert wird. Nach einer Notlandung in einer Wüste in Mexiko ist er der Begegnung mit dem Mitreisenden Herbert Hencke ausgesetzt. Beim gemeinsamen Schachspiel erfährt er zunächst, dass dieser ein Bruder von Joachim ist, dann, dass Hanna und Joachim geheiratet und zusammen eine Tochter haben, und schließlich, dass sie längst geschieden sind, Hanna aber den Holocaust überlebt hat. An dieser Stelle erfolgt der erste kurze Rückblick auf die nicht zustande gekommene Heirat mit Hanna in widersprüchlicher Form, einerseits wird ihre Unmöglichkeit aus finanziellen Gründen, andererseits Fabers Bereitschaft zur Eheschließung angeführt (vgl. S. 33). Mit dieser Einblendung in die vergangene Situation findet **beim Protagonisten ein Gesinnungswandel** statt: Für seinen Charakter völlig ungewöhnlich, unterbricht er seine Dienstreise und begleitet Herbert auf seiner Fahrt zu Joachim. Die Reise zum Ausgangsort der Expedition (Palenque) enthält immer wieder Gespräche und Gedanken über Joachim oder Hanna (vgl. S. 35 f., 39, 44). Als der Landrover endlich bereit ist, folgt der zweite, längere Vergangenheitseinschub, in den auch die vorgegebene Textstelle integriert ist. Die weglose Fahrt durch den Dschungel ist durchsetzt von Bildern der Verwesung, **Höhepunkt ist das Auffinden von Joachims Leiche**, der sich erhängt hat. Der daran **anschließende dritte Rückblick** verweist auf die gescheiterte Eheschließung am Standesamt und die nachfolgende Trennung (vgl. S. 57). Danach wird die Dienstreise nach Venezuela fortgesetzt; da sich sein Arbeitsauftrag als Ingenieur verzögert, macht Faber einen Zwischenstopp in seinem Apartment in New York und trifft seine Freundin Ivy.

Interpretationshypothese: Fabers Ignoranz

Walter Fabers Haltung ist von mangelnder Einsicht und Ignoranz geprägt. Seine zentrale Aussage im vorliegenden Text lautet: „eigentlich weiß ich wirklich nicht, warum es damals nicht zur Heirat kam.“ (Z. 12 f.) Dabei bietet sein verknappter, von vielen Ellipsen durchsetzter Bericht über die damalige Situation bei genauerer Analyse jede Menge **Anhaltspunkte, warum die Beziehung zwischen ihm und Hanna auseinanderbricht** – und dies, obwohl wir als Leser Hannas eigene Perspektive gar nicht erfahren.

Gegensätzlichkeit von Hanna und Faber

So kommt Fabers These vom gemeinsamen Glück, von ihm selbst schnoddrig relativiert („scheint mir“, Z. 12), schon etwas überraschend, wird doch das Paar vor allem in seiner Gegensätzlichkeit beschrieben: hier die „**Schwärmerin und Kunstfee**“ (Z. 6), die musisch Interessierte, dort der „**Homo Faber**“ (Z. 6 f.), **der technisch tätige Mensch**. Nun können freilich Gegensätze fruchtbare Ergänzungen sein, es fällt jedoch auf, dass Faber Hanna in seiner Charakterisierung abwertet. Gleich zu Beginn schreibt er ihr Wesen fest („immer sehr empfindlich und sprunghaft“, Z. 1) und rückt es, mit Verweis auf den objektiven Befund des Arztes Joachim, ins Krankhafte („manisch-depressiv", Z. 2). Die vielen Theaterbesuche mit ihr sind für ihn keine Bereicherung, sondern eine Nötigung (vgl. Z. 8). Ihre politischen Interessen werden ohne weitere Begründung abgetan und ihren Hang zum Mystischen beurteilt er als Neigung zur Hysterie (vgl. Z. 9 f.), womit er sich traditioneller weiblicher Rollenklischees bedient. Er dagegen beschreibt sich geradezu selbstverständlich **als Mann mit Bodenhaftung** („Ich bin nun einmal der Typ, der mit beiden Füßen auf der Erde steht", Z. 10 f.), was die Sicherheit seines Standpunktes und der Urteile in Bezug auf Hanna vordergründig untermauern könnte, eigentlich aber seine **mangelnde Selbstreflexion bloßlegt**. Selbstzweifel scheint die Figur Faber in ihrem Repertoire nicht zu haben. Dabei ist die Frage nach der Anbindung an die Erde für einen Mann, der zwischen sich und die Erde beständig die Technik als Puffer schiebt, der in einem Wolkenkratzer in New York wohnt, andauernd in einem Flugzeug unterwegs ist und im Kontakt mit dem Dschungel Ekelgefühle bekommt, durchaus diskutabel.

Fabers mangelnde Anbindung an die Erde

So sind auch seine **Standpunkte**, die er **gegen eine Vaterschaft** vertritt, keineswegs fest und klar, sondern weisen Widersprüche auf und bleiben vordergründig. Einmal begründet er seinen fehlenden Wunsch, Vater zu werden, mit der **mangelnden Reife** eines jungen Mannes, der noch bei seinen Eltern wohnt (vgl. Z. 14 ff.), ein anderes Mal verweist er auf den **Ernst der politischen Situation** (vgl. Z. 30) – offenbar sind die spannungsgeladene Lage in Europa vor dem Zweiten Weltkrieg und die Verfolgung von Juden in Deutschland gemeint, die nicht dazu ermutigen, Kinder in die Welt zu setzen. Dabei scheint Faber gar nicht ein so „unfertig[er]" (Z. 14) Nesthocker zu sein, wie er sich im Rückblick darstellt, ist er doch fest „entschlossen, die Stelle [als Ingenieur] in Bagdad anzutreten sobald als möglich" (Z. 21). Diese **Karriereaussicht**, „eine Chance sondergleichen für einen jungen Ingenieur" (Z. 17 f.), ist wahrscheinlich der eigentliche Grund, der gegen eine Vaterschaft spricht, das Argument mit der politischen Krise dagegen nur ein Vorwand. Stützen lässt sich diese Hypothese durch die syntaktische Abfolge, die **das Stellenangebot und Hannas Schwangerschaft als Gegensätze** markiert: Zunächst berichtet Faber von dem „Angebot von Escher-Wyss" (Z. 17) und fügt hinzu, dass ihm „nicht das Klima von Bagdad, sondern Hanna in Zürich" (Z. 18 f.) Sorgen mache. Die saloppe Gleichstellung von „Klima" und „Hanna" nimmt der Sorge die Fürsorge und reduziert sie auf ein Problem. Welcher Art das Problem ist, signalisiert die folgende knappe Aussage: „Sie erwartete damals ein Kind." (Z. 19) In den folgenden Sätzen wird der Gegensatz von Schwangerschaft und Stellenangebot noch verschärft. Hanna teilt Faber die Schwangerschaft mit, „ausgerechnet" (Z. 20) als er von einer ersten Besprechung in der neuen Firma zurückkommt. Laut Hanna reagiert er darauf „zu Tode erschrocken" (Z. 22), was Faber bis heute bestreitet. Er erinnert sich, alle Emotionen unterlassen und zwecks Gewissheit nachgefragt zu haben. Zweimal fällt das Wort **„sachlich"** (Z. 23, 25) in ähnlich gebauten Sätzen, die in ihrer elliptischen Struktur auf jede Ausschmückung verzichten. Dem **Bemühen um Sachlichkeit** steht freilich im Inneren das Gefühl gegenüber, betrogen worden zu sein, was durch das zweimalige **„übertölpelt"** (Z. 23, 28) zum Ausdruck gebracht wird. Auch hier führt er für dieses Gefühl fadenscheinige Gründe an: einmal Hannas Bestimmtheit, zum anderen seine Vermutung, sie habe es schon länger gewusst. Viel wahrscheinlicher aber ist, dass er sich übertölpelt fühlt, weil die Schwangerschaft seinem Entschluss, nach Bagdad zu gehen, im Wege steht.

Standpunkte gegen eine Vaterschaft

berufliche Karriere oder Vaterschaft

verräterische Syntax

verräterische Wortwahl

Wie gehen beide nun vorerst mit dieser Situation um? Laut Fabers rückblickendem Bericht ist Hanna enttäuscht (vgl. Z. 29), vor allem wahrscheinlich aufgrund seiner nüchternen Reaktion. In dieser Stimmung versteht sie Fabers Frage nach einem geeigneten Arzt wohl als **Vorschlag, eine Abtreibung durchführen zu lassen** und signalisiert durch Kopfnicken ihre Zustimmung (vgl. Z. 31 ff.). Interessant ist nun, dass Faber in seinem Bericht zu verstehen gibt, dass er die Frage anders gemeint hätte („Natürlich meinte ich bloß: um sich einmal untersuchen zu lassen“, Z. 31 f.), es aber trotzdem bei diesem Missverständnis bewenden lässt. Diese **Kommunikationsstörung** ist typisch für Faber, der oft nicht richtig zuhört oder nicht offen sagt, was er denkt und worum es ihm geht (z. B. bei manchen Dialogen mit Herbert oder Sabeth). Im vorliegenden Fall profitiert er jedenfalls von seiner unbestimmten Redeweise, weil das Gespräch eine wahrscheinlich gewünschte Richtung nimmt, ohne dass er sich positionieren und von Abtreibung oder Schwangerschaftsabbruch sprechen muss. Dabei gilt diese Unbestimmtheit nicht nur für den Dialog mit Hanna, sondern auch sich selbst gegenüber. Denn auch wenn er rückblickend davon berichtet, dass er bei seinem Freund und Arzt Joachim Rat sucht, ist nie von einem Schwangerschaftsabbruch die Rede. Das ist für Faber viel zu direkt und konkret. Stattdessen werden **abstrakte Begriffe wie „das Medizinische“ und „das Juristische“** ins Feld geführt und jeweils mit dem Zusatz „bekanntlich kein Problem“ versehen (Z. 43 f.), sodass sich der Leser erst zusammenreimen muss, dass hier wohl kaum von einer Geburt, sondern von einer Abtreibung die Rede ist, die Probleme beseitigt, also den Weg zur Ingenieurskarriere freimacht, einer Abtreibung, die technisch bzw. rechtlich auf ihre Durchführbarkeit hin beleuchtet wird, **ohne dass psychische und emotionale Befindlichkeiten eine Rolle spielen**. Der mögliche Vollzug der Abtreibung – durch die Schachmetaphorik „Du bist am Zug!“ (Z. 49) verfremdet – wird Hanna dann in verharmlosender Verallgemeinerung gemeldet: **„alles kein Problem“** (Z. 49). Kein Wunder, dass Hanna, die sich in ihrer persönlichen Situation gar nicht wahrgenommen gefühlt haben muss, die Beziehung zu Faber beenden („ihr einziges Wort: Schluß!“, Z. 52) und trotz der für sie äußerst brisanten Situation nach München zurückkehren will.

Fabers unbestimmte Redeweise

Neigung zur Abstraktion und Verschleierung

Als **Fazit** lässt sich sagen, dass Walter Faber nicht klar Stellung zu Hanna bezieht und **keinen Anteil an der Schwangerschaft** nimmt. Er berichtet ihr nur von der neuen Firma, der Stelle in Bagdad und den beruflichen Möglichkeiten (vgl. Z. 36 f.), aber er bringt nicht zum Ausdruck, ob er Hanna liebt und sie heiraten will. Die Heirat wird von ihm als Notwendigkeit oder gar als Zwang angesehen („müssen wir natürlich heiraten“, Z. 39), ein fraglicher Vollzug, dem **das Persönliche fehlt** („Willst du heiraten, ja oder nein?“, Z. 40 f.).

Zwischenfazit: keine Anteilnahme an Schwangerschaft

Hätte er gefragt „Willst du <u>mich</u> heiraten?“, hätte er eine Beziehung zu Hanna hergestellt, so aber bleibt seine Teilhabe aus. Dies wird auch an dem **Gebrauch der Possessivpronomen** deutlich, die nicht anzeigen, dass das ungeborene Kind auch ein Teil von ihm ist. Er nennt es „ihr Kind“ (Z. 38) oder „dein Kind“ (Z. 39), eine Missachtung, die noch einmal Fabers **Beziehungslosigkeit** unterstreicht. Hanna schüttelt daher auf seine pragmatische Heiratsanfrage den Kopf (vgl. Z. 41), macht ihm den Vorwurf, „von Müssen gesprochen“ (Z. 40) zu haben, und packt ihre Koffer, weil sie keine Basis für eine Beziehung sieht.

Fabers Beziehungslosigkeit

Hannas Konsequenzen

Die vorliegende Textstelle schließt mit den Sätzen: „Ich hatte gesagt: Dein Kind, statt zu sagen: Unser Kind. Das war es, was mir Hanna nicht verzeihen konnte." (Z. 52 f.) Man könnte diese Aussage als **aufkeimende, vielleicht auch erst später vollzogene Einsicht Fabers** interpretieren, der den Fehler bei sich selbst zu suchen beginnt, anstatt immer andere Personen oder die äußeren Umstände verantwortlich zu machen. Angesichts seiner ignoranten Haltung, wirklich nicht zu wissen, warum die Heirat nicht zustande kam (vgl. Z. 12 f.), ist aber die Lesart wahrscheinlicher, dass er **Hannas Umgang mit Worten kleinlich findet** und es der am Anfang des Textauszuges konstatierten Empfindlichkeit (vgl. Z. 1) zuschreibt, dass sie ihm nicht verzeihen kann. Unterstützung findet diese Deutung in einer späteren Charakterisierung, als Faber Hanna in Athen trifft: „Hanna wie früher: sie weiß genau, was man meint. Ihre Lust an Worten! Als käme es auf die Worte an. Wenn man es noch so ernst meint, plötzlich verfängt sie sich in irgendeinem Wort." (S. 144)

aufkeimende Einsicht?

oder weiterhin Ignoranz?

In Peter Stamms Roman *Agnes* kommt es – entgegen Walter Fabers Ansicht – auf jedes Wort an, besonders auf das geschriebene. **Der Ich-Erzähler ist ein Schweizer Sachbuchautor**, der bei Recherchen zu seinem Buch über amerikanische Luxuseisenbahnwagen in der Chicago Public Library der 25-jährigen Physikstudentin Agnes begegnet. Als sie sich nähergekommen sind und eine Beziehung miteinander führen, obwohl er fast ihr Vater sein könnte (vgl. S. 26), greift Agnes einmal wieder das Thema „Schreiben" auf und bittet ihren Geliebten, eine Geschichte über sie zu verfassen. Der Ich-Erzähler lässt sich auf dieses Unternehmen ein, und während er **Agnes' Geschichte** aus der Vergangenheit über die Gegenwart bis in die Zukunft fortschreibt, wird seine Liebe zu ihr größer. Merkwürdigerweise stagniert der Schreibfluss in dem Augenblick, als er in der **fiktiven Geschichte** Agnes fragt: „Willst du mich heiraten?" (S. 80), und sie wie selbstverständlich zustimmt. In der **erzählten Realität** stellt er sich jedoch in Gedanken vor, dass Agnes ihn nicht heiraten will, und auch er selbst muss zugeben, dass er „in Wirklichkeit nie daran gedacht [hatte], Agnes zu fragen, ob sie [ihn] heiraten wolle" (S. 82).

Teilaufgabe 2
die Protagonisten in Stamms Roman

fiktive Geschichte und erzählte Realität

Zu dieser Grundhaltung nicht unpassend lernt er in der erzählten Wirklichkeit **Louise** kennen. Agnes macht ihn alsbald auf sein unstetes Leben aufmerksam („Was machst du eigentlich, wenn du dein Buch fertig geschrieben hast?", S. 88) und eröffnet ihm dann, dass sie schwanger sei (vgl. S. 89). Ähnlich wie Walter Faber **reagiert der Ich-Erzähler auf diese Mitteilung kühl und abweisend**. Ohne Kommentar geht er zunächst zum Kühlschrank, um sich ein Bier zu holen, und ohne Körperkontakt antwortet er mit einem verkrampften Witz und der fast zynischen Feststellung: „Nicht gerade, was ich mir vorgestellt habe. Warum? Hast du die Pille vergessen?" (S. 89). Dabei handelt der Schriftsteller, der mit den Ebenen von Fiktion und Wirklichkeit spielt („homo ludens"), in seiner Selbstbezogenheit noch radikaler als der Techniker („homo faber"). Dieser fragt nach der objektiven Diagnose („Bist du bei einem Arzt gewesen?", Z. 24), jener dagegen vermeint bereits hellsichtig die **Antwort** zu kennen, die er **aus der selbst fabulierten Geschichte** ableitet: „‚Agnes wird nicht schwanger', sagte ich. ‚Das war nicht … Du liebst mich nicht. Nicht wirklich.'" (S. 89) Kann Walter Faber sein Kind nicht annehmen, weil es sich nicht mit seiner technischen Weltsicht und den damit verbundenen Karrierevorstellungen verträgt, so negiert Stamms Ich-Erzähler die Vater-

Reaktion auf die mitgeteilte Schwangerschaft

Ablehnung der Vaterschaft bei Faber und bei Stamms Ich-Erzähler; Reaktionen der Frauen

schaft, weil sie nicht in sein fiktives Skript passt. Die Schlussfolgerung ist sehr ähnlich: **Beide männlichen Protagonisten drängen auf Abtreibung**, ohne das Wort auszusprechen (vgl. Z. 31 / S. 90) und entziehen sich der Problematik. Beide Männer handeln unsensibel und selbstbezogen und sind nicht in der Lage, Verantwortung zu übernehmen. **Walter Faber geht** nach Bagdad und damit **den Weg der Technik**, Hanna bleibt ihrer musischen Ausrichtung treu, kehrt 1936 nach Deutschland zurück und emigriert zwei Jahre später nach Paris. Der **Ich-Erzähler in Stamms Roman verlässt die gemeinsame Wohnung** und wandert lange am See entlang, bevor er ein Café aufsucht (vgl. S. 92). Agnes nimmt die Abwesenheit zum Anlass auszuziehen und beendet in einem nachfolgenden Telefonat die Beziehung: „,Du willst kein Kind', sagte sie, ,und du kriegst kein Kind.'" (S. 94)

unterschiedliche Verhaltensweisen nach der Trennung

So ähnlich Verhaltensweisen und Motive für die Trennung in beiden Romanen sind, so unterschiedlich gestalten sich nun die Handlungsweisen danach. Faber und Hanna hören in den nächsten 20 Jahren nichts voneinander. **Faber scheint Hanna und das Kind abgeschrieben zu haben.** Der **Ich-Erzähler** in Stamms Roman **sucht dagegen den Kontakt** zu seiner Geliebten, aber ohne Erfolg. Dann wendet er sich wieder der fiktiven Geschichte zu und revidiert seine Reaktion auf die mitgeteilte Schwangerschaft. Zwar ist er auch in der fiktiven Version skeptisch und wenig gefühlsbetont, aber willens, die Vaterschaft anzunehmen: „,Ja', sagte ich, ,wir werden es schon irgendwie schaffen.'" (S. 99) Es kommt zu einer widersprüchlichen Aufspaltung: In der **erzählten Wirklichkeit flirtet er mit Louise, in der Fiktion aber wird er Vater einer Tochter** namens Margaret und wandelt sich zum glücklichen Familienmenschen. In der Realität jedoch hat Agnes währenddessen eine Fehlgeburt. Innerlich zerrüttet zieht sie wieder zu ihrem Geliebten und gemeinsam schreiben sie weiter an ihrem fiktiven Familienglück, ziehen das erfundene Kind auf und kaufen sogar Spielzeug und Kleider, bis Agnes **diese Lebenslüge** nicht mehr aufrechterhalten will. Agnes braucht die Wahrhaftigkeit und kapselt sich ab. Insofern ist sie auch über das geschönte Ende enttäuscht, das der Ich-Erzähler für ihre Geschichte erfindet und das die enge Verbundenheit des Paares betont (vgl. S. 136). Doch der Erzähler hat noch **eine andere Version für Agnes** vorbereitet, „**Schluß 2**". Nachdem das Paar sich weiter auseinander gelebt hat und die Sylvesternacht getrennt verbringt – der Erzähler feiert bezeichnenderweise bei Louise und schläft offenbar mit ihr –, liest Agnes heimlich den Schluss ihrer Geschichte auf dem PC, der ihr „vorschreibt", in den Wald zu gehen, sich in den pulvrigen Schnee zu legen und in der Kälte zu verglühen. Die ersten zwei Sätze des Romans legen es nahe, dass Agnes dieses Ende wahr macht.

fiktive Vaterschaft, Fehlgeburt in der Realität

Agnes' Ende in der Fiktion

Fabers rationalistisches Weltbild

Während der Erzähler in Stamms Roman seine Beziehungsunfähigkeit durch die Flucht in die Fiktion kompensiert und auf dieser Ebene Vaterschaft und Familienglück fantasiert, geht Faber den Weg des Technikers und versteigt sich zu einem einseitigen **rationalistischen Denken**, in dem Gefühle keinen Wert haben und mit dem er seine Bindungsschwäche und die verhinderte Vaterschaft sachlich rechtfertigen kann. So begreift er sich als tätiger Mann, der für seine Arbeit lebt, und **im Alleinsein** den „einzigmögliche[n] Zustand für Männer" (S. 91) sieht. Seine Schlussfolgerung: Gefühle sind „Ermüdungserscheinungen" (S. 92), und die Tatsache, dass man sich nicht selbst „Gutnacht sagen" kann, sei noch kein Grund zum Heiraten (S. 93). Den **Schwangerschaftsabbruch hält er für eine kulturelle**

Errungenschaft. Dabei betrachtet er das Phänomen der Abtreibung grundsätzlich, sodass er von seiner Person und seiner potenziellen Vaterschaft ganz absehen kann. Seine Schlussfolgerung: „Wer die Schwangerschaftsunterbrechung grundsätzlich ablehnt, ist romantisch und unverantwortlich." (S. 106) Die fehlende Verantwortung, die er für Hanna und das gemeinsame Kind gezeigt hat, wird auf diese Weise ins Gegenteil verkehrt.

die Begegnung mit der Tochter Sabeth

Wie sehr Faber seine mögliche Vaterschaft verdrängt hat, wird durch die **Begegnung mit Sabeth und ihr sich anbahnendes Verhältnis** auf die Spitze getrieben. Es ist augenfällig und wird immer wieder betont, wie sehr ihn dieses 20-jährige Mädchen an Hanna erinnert. Dabei steht er unmittelbar vor seinem 50. Geburtstag und könnte also ihr Vater sein (eine interessante Parallele zu Agnes und dem Ich-Erzähler). Seine Rationalität und seine Vorliebe für Statistik hindern ihn daran, das zu denken, was der Leser längst argwöhnt, nämlich dass hier das Schicksal Vater und Tochter zusammengeführt hat. Die Vernunft ist ein sehr einseitiges Erkenntnisinstrument, wenn sie nicht die Macht der Gefühle mit bedenkt, und Faber hat sich, ohne es zu wissen, bereits in Sabeth verliebt. Der Leser gewinnt den Eindruck, dass Faber all das, **was er mit Hanna versäumt hat, nun mit Sabeth nachholen will**. So macht er ausgerechnet ihr, die er nicht heiraten kann, einen **Heiratsantrag** (vgl. S. 88, 95), obwohl er gleich zu Beginn seines Berichtes kategorisch erklärt hat, dass für ihn eine Eheschließung grundsätzlich nicht infrage kommt (vgl. S. 7). Sabeth geht zwar auf seine Werbung nicht ein, aber Faber erreicht es, dass sie gemeinsam nach Griechenland fahren. Auf der Reise wird ihre Beziehung intimer, es kommt zum **unwissentlichen Inzest**. Dabei verdichten sich für Faber die Anzeichen seiner Vaterschaft immer mehr, aber seine losgelöste Vernunft macht ihn blind, weil seine unverstandenen Gefühle es nicht wahrhaben wollen (vgl. S. 121). Es ist diese **Blindheit**, die ihn des Inzests an seiner Tochter schuldig macht und letztlich auch ihren Tod verantwortet. Denn als Sabeth auf Akrokorinth von einer Schlange gebissen wird und ihr Faber zu Hilfe eilen will, weicht sie vor ihm zurück, stürzt hinterrücks die Böschung herunter und stirbt später an den dabei zugezogenen Verletzungen. **Hat sie vielleicht in ihm ihren Vater erkannt?** Jedenfalls erfährt Faber genau in diesem textuellen Umfeld von Hanna, dass Sabeth sein Kind ist, und er gibt zu, es bereits gewusst zu haben (vgl. S. 158).

Sabeth als zweite Hanna

Nicht-Wahrhaben-Wollen der Vaterschaft

Sabeths Tod

Fazit
Bindungsunfähigkeit der männlichen Protagonisten und Tod der beiden jungen Geliebten

In beiden Romanen sterben die jungen Geliebten und **die männlichen Partner**, die ihre Väter sein könnten bzw. sind, **tragen eine Mitschuld daran**. Die Männer, die sich selbstbezogen in ihr rationalistisches Weltbild bzw. in ihre eigene literarische Fiktion verstrickt haben, bleiben **bindungsunfähig** zurück, unfähig auf die Befindlichkeit des geliebten Mitmenschen einzugehen, obwohl sie doch augenscheinlich eine Beziehung führen wollen und von Heirat sprechen. Walter Faber versucht zwar noch so etwas wie eine Zweckfamilie zu gründen – „nicht romantisch, nicht moralisch, sondern praktisch: gemeinsames Wohnen, gemeinsame Ökonomie, gemeinsames Alter" (S. 159) –, aber dafür hat Hanna nur ein Lachen übrig. Zwar wandelt sich Fabers Einstellung auf Kuba, er öffnet sich gegenüber seiner Umwelt, der Natur und begreift sich als Teil von ihr, anstatt sie über die Technik beherrschen zu wollen, doch stirbt dieses neu aufkeimende Lebensgefühl vermutlich mit dem Tod durch Magenkrebs, wie es das abrupte Ende des Berichts nahelegt. Der Erzähler in Stamms Roman könnte sich einem neuen Sachbuch zuwenden. Doch das ist eine andere Geschichte; genau genommen stirbt auch er mit dem Ende der Erzählung.

Schriftliche Abiturprüfung Deutsch (Baden-Württemberg): Übungsaufgabe 5 Interpretationsaufsatz mit werksübergreifender Teilaufgabe zu einer Pflichtlektüre (Werk im Kontext)

Aufgabenstellung

- Interpretieren Sie die Textstelle im Zusammenhang der Romanhandlung.
- Untersuchen Sie in einer vergleichenden Betrachtung Dantons und Walter Fabers Verhältnis zum Tod.

Pflichtlektüren:

Georg Büchner (1813–1837): *Dantons Tod.* Reclam 6060, Stuttgart 2008
Max Frisch (1911–1991): *Homo faber.* Suhrkamp Taschenbuch, Frankfurt am Main 2011

Textauszug aus: Max Frisch: *Homo faber*

Seit ich weiß, wie alles gekommen ist, vor allem angesichts der Tatsache, daß das junge Mädchen, das mich in die Pariser Opéra begleitete, dasselbe Kind gewesen ist, das wir beide (Hanna auch) mit Rücksicht auf unsere persönlichen Umstände, ganz abgesehen von der politischen Weltlage damals, nicht hatten haben wollen, habe ich mit mehreren und verschiedenartigen Leuten darüber gesprochen, wie sie sich zur Schwangerschaftsunterbrechung stellen, und dabei festgestellt, daß sie (wenn man es grundsätzlich betrachtet) meine Ansicht teilen. Schwangerschaftsunterbrechung ist heutzutage eine Selbstverständlichkeit. Grundsätzlich betrachtet: Wo kämen wir hin ohne Schwangerschaftsunterbrechungen? Fortschritt in Medizin und Technik nötigen gerade den verantwortungsbewußten Menschen zu neuen Maßnahmen. Verdreifachung der Menschheit in einem Jahrhundert. Früher keine Hygiene. Zeugen und gebären und im ersten Jahr sterben lassen, wie es der Natur gefällt, das ist primitiver, aber nicht ethischer. Kampf gegen das Kindbettfieber. Kaiserschnitt. Brutkasten für Frühgeburten. Wir nehmen das Leben ernster als früher. Johann Sebastian Bach hatte dreizehn Kinder (oder so etwas) in die Welt gestellt, und davon lebten nicht 50 %. Menschen sind keine Kaninchen, Konsequenz des Fortschritts: wir haben die Sache selbst zu regeln. Die drohende Überbevölkerung unserer Erde. Mein Oberarzt war in Nordafrika, er sagt wörtlich: Wenn die Araber eines Tages dazu kommen, ihre Notdurft nicht rings um ihr Haus zu verrichten, so ist mit einer Verdoppelung der arabischen Bevölkerung innerhalb von zwanzig Jahren zu rechnen. Wie die Natur es überall macht: Überproduktion, um die Erhaltung der Art sicherzustellen. Wir haben andere Mittel, um die Erhaltung der Art sicherzustellen. Heiligkeit des Lebens! Die natürliche Überproduktion (wenn wir drauflosgebären wie die Tiere) wird zur Katastrophe; nicht Erhaltung der Art, sondern Vernichtung der Art. Wieviel Menschen ernährt die Erde? Steigerung ist möglich, Aufgabe der Unesco: Industrialisierung der unterentwickelten Gebiete, aber die Steigerung ist nicht unbegrenzt. Politik vor ganz neuen Problemen. Ein Blick auf die Statistik: Rückgang der Tuberkulose beispielsweise, Erfolg der Prophylaxe, Rückgang von 30 % auf 8 %. Der liebe Gott! Er machte es mit Seuchen; wir haben ihm die Seuchen aus der Hand genommen. Folge davon: wir müssen ihm auch die Fortpflanzung aus der Hand nehmen. Kein Anlaß zu Gewissensbissen, im Gegenteil: Würde des Menschen, vernünftig zu handeln und selbst zu entscheiden. Wenn nicht, so ersetzen wir die Seuchen durch Krieg. Schluß mit Romantik. Wer die Schwangerschaftsunterbrechung grundsätzlich ablehnt, ist romantisch und unverantwortlich. Es sollte nicht aus Leichtsinn geschehen, das ist klar, aber grundsätzlich: wir müssen den Tatsachen ins Auge sehen, beispielsweise der Tatsache, daß die Existenz der Menschheit nicht zuletzt eine Rohstoff-Frage ist. Unfug der staatlichen Geburtenförderung in faschistischen Ländern, aber auch in Frankreich. Frage des Lebensraumes. Nicht zu vergessen die Automation: wir brauchen gar nicht mehr so viele Leute. Es wäre gescheiter, Lebensstandard zu heben. Alles andere führt zum Krieg und zur totalen Vernichtung. Unwissenheit, Unsachlichkeit noch immer sehr verbreitet. Es sind immer die Moralisten, die das meiste Unheil anrichten. Schwangerschaftsunterbrechung: eine Konsequenz der Kultur, nur der Dschungel gebärt und verwest, wie die Natur will. Der Mensch plant. Viel Unglück aus Romantik, die Unmenge katastrophaler Ehen, die aus bloßer Angst vor Schwangerschaftsunterbrechung geschlossen werden heute noch. Unterschied zwischen Verhütung und Eingriff? In jedem Fall ist es ein menschlicher Wille, kein Kind zu haben. Wieviele Kinder sind wirklich gewollt? Etwas anderes ist es, daß die Frau eher will, wenn es einmal da ist, Automatismus der Instinkte, sie vergißt, daß sie es hat vermeiden wollen, dazu das Gefühl der Macht gegenüber dem Mann, Mutterschaft als wirtschaftliches Kampfmittel der Frau. Was heißt Schicksal? Es ist lächerlich, Schicksal abzuleiten aus mechanisch-physiologischen Zufällen, es ist eines modernen Menschen nicht würdig. Kinder sind etwas, was wir wollen, beziehungsweise nicht wollen. Schädigung der Frau? Physiologisch jedenfalls nicht, wenn nicht Eingriff durch Pfuscher; psychisch nur insofern, als die betroffene Person von moralischen oder religiösen Vorstellungen beherrscht wird. Was wir ablehnen: Natur als Götze! Dann müßte man schon konsequent sein: dann auch kein Penicillin, keine Blitzableiter, keine Brille, kein DDT, kein Radar und so weiter. Wir leben technisch, der Mensch als Beherrscher der Natur, der Mensch als Ingenieur, und wer dagegen redet, der soll auch keine Brücke benutzen, die nicht die Natur gebaut hat. Dann müßte man schon konsequent sein und jeden Eingriff ablehnen, das heißt: sterben an jeder Blinddarmentzündung. Weil Schicksal! Dann auch keine Glühbirne, keinen Motor, keine Atom-Energie, keine Rechenmaschine, keine Narkose – dann los in den Dschungel!

Aus: Max Frisch: Homo faber. Frankfurt a. M.: Suhrkamp Verlag 1995, S. 106 f.

Hinweise und Tipps

Teilaufgabe 1

Bei der **Einordnung** der Textstelle in den gesamten Zusammenhang des Romans ist zu beachten, dass der Ich-Erzähler auf mehreren Zeitebenen schreibt und die Chronologie der Handlung immer wieder unterbricht. Die vorliegende Textstelle ist aus der Perspektive des Hotelaufenthalts in Caracas geschrieben. Auf dieser Ebene wird keine Handlung erzählt, sondern es werden Gedanken, Rückblenden und Vorausdeutungen mitgeteilt. Diese reflektierenden Passagen stehen an ganz bestimmten Schnittstellen innerhalb der Romanhandlung. Ihre Funktion und die **Interpretation** der Gedanken erschließen sich erst durch die **Beachtung des inhaltlichen Kontextes**, in dem sie stehen.
Die Methode der Textanalyse entspricht etwa der **Interpretation eines inneren Monologs**. Dialoge in wörtlicher Rede und andere erzählerische Handlungselemente kommen nicht vor. Sie müssen beachten, dass ein innerer Monolog vor allem charakteristische Wesenszüge des Erzählers preisgibt. Hier versucht der Techniker Faber, die Subjektivität seines Gedankenstroms immer wieder hinter der Fassade der wissenschaftlichen Sachlichkeit zu verbergen.
Voraussetzung für die Interpretation ist es, dass Sie sich über den **Inhalt der Gedanken** innerhalb des vorliegenden Textausschnittes genau im Klaren sind und ihn exakt benennen. Weiterhin sollten Sie abschnittweise **thematische Einheiten** bestimmen, die den absatzlosen Text **strukturieren**. Dafür gibt es verschiedene Möglichkeiten, für die hier ein Lösungsvorschlag gezeigt wird. Dabei müssen Sie die eigene Gliederung jeweils am Text begründen. Beobachtungen zum **Stil** lassen sich sowohl in die detaillierte Analyse einfügen als auch gesondert vornehmen. Vor dem Hintergrund der Ergebnisse sollten Sie am Ende der Interpretation in einer **Zusammenfassung** wieder den Bezug zum gesamten Roman herstellen.

Teilaufgabe 2
Der in der zweiten Teilaufgabe geforderte **Vergleich der beiden Werke** bildet den Schwerpunkt der Aufgabe und konzentriert sich auf den Aspekt, welches Verhältnis die Hauptfiguren zum Tod haben. In dem nachfolgenden Lösungsvorschlag werden dazu verschiedene Aspekte erläutert. Unter den zeitlich begrenzten Umständen des Abiturs werden Sie nicht immer für jede Einzelheit auch gleich die passende Belegstelle im Drama oder im Roman ausfindig machen können. Der Lösungsvorschlag gibt hier eine Orientierung, wie ein am Text entlang geführter Vergleich aussehen kann. Sie sollten aber durchaus darauf achten, die Gesichtspunkte eines Vergleichs am Text bzw. an der Handlung **im Einzelnen zu belegen**. Ein solcher Beleg kann auch in der Erwähnung von unbestrittenen Tatbeständen, wie etwa der Hinrichtung Dantons durch die Guillotine, bestehen. Hier bedarf es keiner besonderen Nennung einer bestimmten Textpassage aus dem Drama. Doch sollten Sie generell versuchen, Beobachtungen wie etwa zur allgemeinen Personencharakteristik oder zur Sprache durch Textstellen oder konkrete Hinweise auf das Geschehen zu stützen. Eine durch einen Aspekt geleitete Analyse entspricht einer **literarischen Erörterung**. Der literarische Text bildet hier die Argumentationsgrundlage. Verweise auf die Handlung, auf Romanabschnitte oder Dramenszenen und auf passende Belegstellen sind deshalb von herausragender Bedeutung für die Stichhaltigkeit der Interpretation.
Es empfiehlt sich, bei der Vergleichsfrage **von Max Frischs Roman auszugehen**, da das Thema des gegebenen Textausschnitts wie üblich eng mit dem Vergleichsaspekt zusammenhängt.
Auf der inhaltlichen Ebene sind Fabers in Antithesen aufgespaltenes Weltbild und seine sich daraus ergebende Verdrängung und Abwertung aller Bereiche, die sich der technischen Machbarkeit entziehen, grundlegend für sein Verhältnis zum Tod.
Da wir es aber mit einem literarischen Werk und nicht mit einer realen historischen Persönlichkeit zu tun haben, ist auch die **erzählerische Ebene** mit zu bedenken: Das Verhältnis Fabers zum Tod lässt sich ebenso aus dem von Frisch kalkuliert eingesetzten Stilmittel der leitmotivischen Wiederholung von Todessymbolen ablesen. Auch Fabers Wandel gibt Aufschluss über sein Verhältnis zum Tod.
In **Büchners Drama** wird der Tod als zentrales Thema bereits im Titel angekündigt. Die Bedeutung des Tötens und Sterbens im konkreten historischen Kontext, die sich so ganz anders als bei Frisch darstellt, sollte zunächst grundsätzlich erläutert werden. Das Verhältnis Dantons zum Tod erschließt sich dann notwendig auch aus seinem Verhältnis zur Politik und zum Leben. In einer abschließenden Gegenüberstellung lassen sich jeweils Unterschiede und Gemeinsamkeiten herausarbeiten. Sinnvoll ist es, die Aspekte hinsichtlich ihrer Bedeutung linear steigernd anzuordnen. In diesem letzten Abschnitt werden sich Textbelege und Zitate häufig erübrigen.

Lösungsvorschlag in Grundzügen

Teilaufgabe 1
Einleitung: Erzählebenen, Chronologie der Handlung

In dem 1957 erschienenen Roman *Homo faber* von Max Frisch gibt ein Ingenieur, der für die Unesco Entwicklungshilfe leistet, einen Rechenschaftsbericht über die Erlebnisse mit seiner kurz zuvor tödlich verunglückten Tochter Sabeth. Der fiktive Autor dieses Berichts, der Ich-Erzähler Walter Faber, schreibt, als er durch eine Krebserkrankung zur Ruhe genötigt ist, die Ereignisse der vergangenen Monate nieder. Der zweiteilige Bericht ist nicht chronologisch, er setzt mit einer Geschäftsreise nach Venezuela ein und endet in einem Athener Krankenhaus, wo Faber den zweiten Teil des Berichts verfasst. Die Chronologie der Ereignisse wird immer wieder durch Gedanken und Rückblicke auf die 20 Jahre zurückliegende Vergangenheit unterbrochen.

Auch in der vorliegenden Textstelle aus dem ersten Teil des Berichts sind **Reflexionen** in die Handlung eingebettet, die durch den situativen Kontext des schreibenden Ich-Erzählers bedingt werden: Das wird deutlich durch den Absatz, durch den diese und andere Textpassagen vom Erzählfluss der vorausgehenden Ereignisse abgegrenzt werden, und durch die einleitende Formulierung „Seit ich weiß, wie alles gekommen ist, [...]“ (Z. 1). In dem ersten Teil des Berichts greift der Erzähler immer wieder vor auf die Tatsache, dass das Mädchen, das er auf einer spontan unternommenen Schiffsreise nach Europa kennengelernt hat, seine Tochter ist, von deren Existenz er bisher keine Ahnung hatte.

Hinführung zur Textstelle: Gedanken Fabers

Dieses Mädchen entstammt Fabers **Liebesbeziehung** mit der „Halbjüdin“ **Hanna** Landsberg. Wie man aus den Rückblenden bis zu dieser Textstelle erfahren hat, hat Hanna damals nicht die geplante Abtreibung vorgenommen, Faber aber nie von der Geburt des gemeinsamen Kindes in Kenntnis gesetzt. Faber hatte eine Karriere fördernde Stelle in Bagdad angenommen. Seinen Heiratsantrag lehnte Hanna ab, da sie glaubte, er wolle sie nur heiraten, um sie vor der nationalsozialistischen Judenverfolgung zu schützen. Man trennte sich und Hanna zog das gemeinsame Kind allein auf.

Vorgeschichte

Reflektierende Textpassagen sind in Frischs Roman meistens zwischen zwei Abschnitte eingefügt; dies ist auch bei diesem Auszug der Fall: Den Reflexionen geht der Bericht über die **Schiffsreise von Amerika nach Europa** voraus, bei der Faber seine Tochter nichts ahnend kennenlernt. Sabeth erinnert ihn aber mit ihrem „Hanna-Mädchen-Gesicht“ durchaus an die Mutter, seine frühere Geliebte. Dieser Handlungsabschnitt wird abgeschlossen mit dem Vorhaben Fabers, die 20-jährige Studentin auf ihrer Heimreise durch Frankreich und Italien nach Griechenland zu begleiten. Der vorliegenden Textpassage folgt der Bericht von der **gemeinsamen Reise**, auf der Faber nicht nur mit seiner Tochter schlafen wird, ohne genau zu wissen, wer sie ist, sondern an deren Ende Sabeth auch an den Folgen eines Sturzes tragisch stirbt. Es ist die Schuld Fabers, dass das medizinische Fachpersonal nicht ausreichend über die Umstände des Unfalls aufgeklärt wird und Sabeths Tod daher nicht verhindern kann.

Einordnung der Textstelle

Diese Tatsachen sind erwähnenswert, weil es inhaltlich in dem gegebenen Textausschnitt um die gesellschaftliche **Notwendigkeit von Abtreibungen** geht, die Faber bejaht. Seine Überlegungen erscheinen vor dem Hintergrund der geschilderten Ereignisse als blanker **Zynismus**. Faber schreibt diesen Text im Bewusstsein seiner schuldhaften Verstrickung in die Tragik von Inzest und Tod. Er leitet seine Gedanken ein mit der Bemerkung, er habe **nach dem Tod Sabeths** über die Notwendigkeit von Abtreibungen gesprochen (vgl. Z. 4ff.). Da er sich nun, nachdem er das Leben seiner Tochter zerstört hat, noch „grundsätzlich“ (Z. 6) Gedanken über den gesellschaftlichen Nutzen von Schwangerschaftsunterbrechungen macht, scheint es, als wolle er damit nachträglich sein Verhalten **rechtfertigen** und die Schuld von sich abwälzen. Doch das Wichtige steht wie immer in Klammern: Faber schickt den Gedanken schon einmal voraus, dass er die Problematik „grundsätzlich betrachte[n]“ wolle (Z. 6). Die Wiederholung des Adverbs (vgl. Z. 8) soll den Abstand von seinem persönlichen Schicksal betonen. Der Techniker gibt sich damit auch den **Anschein von Sachlichkeit**. Tatsächlich entfernt sich Faber mit den anschließenden Gedanken sehr weit von seiner konkreten Geschichte.

inhaltlicher Zusammenhang der Gedanken Fabers

Faber redet in diesem Abschnitt dem technischen Fortschritt und der Abtreibung bedingungslos das Wort. Inhaltlich wirkt diese Passage wie ein Nachschlag zu dem Vortrag über Kybernetik, Roboter und Maschinen, den er Sabeth auf der Schiffsreise gehalten und in dem er gleichfalls die Allmacht der technischen Vernunft gepriesen hatte (vgl. S. 74 f.). Beide Passagen zeigen die inhaltliche Aktualität des Romans, denn in den angesprochenen Aspekten wie **Automatisierung** durch Rechenmaschinen (vgl. Z. 59), **Überbevölkerung** (vgl. Z. 16), Verteilungskämpfe um **Rohstoffe** (vgl. Z. 23 ff.) und nicht zuletzt Geburtenkontrolle zeigt sich ein höchst sensibler Blick des Autors Max Frisch auf die entscheidenden Probleme der globalisierten Welt, die heute mehr denn je Thema des Diskurses um die Zukunft der Menschheit sind.

Inhalt und Aktualität der von Faber angesprochenen Themen

Der Textausschnitt lässt sich in **drei thematische Abschnitte** gliedern, die jeweils durch eine rhetorische Frage eingeleitet werden. Im **ersten Abschnitt** („Wo kämen wir hin ohne Schwangerschaftsunterbrechungen?“, Z. 8 f.) legt Faber die Zustände vor 200 Jahren dar und stellt die Kindersterblichkeit als natürliche Auslese und Regelung des Bevölkerungsproblems hin.

Gliederung und Interpretation nach Abschnitten

Im **zweiten Abschnitt** („Wieviel Menschen ernährt die Erde?“, Z. 23 f.) weitet er die Fragen aus auf die politische und ethische Dimension des globalen Problems der Überbevölkerung, die er schon zuvor in dem Ausruf „Heiligkeit des Lebens!“ (Z. 21) anklingen lässt. Faber führt Faktoren wie die natürliche Begrenzung der Rohstoffe und die Automation als Argumente für den schwindenden Bedarf an menschlicher Arbeitskraft und die Notwendigkeit der Geburtenkontrolle an.

Im **dritten Abschnitt** konzentriert sich Faber wieder auf das Thema Abtreibung, eingeleitet durch die elliptische Frage nach dem „Unterschied von Verhütung und Eingriff?“ (Z. 43 f.), fortgeführt durch die Fragen „Was heißt Schicksal?“ (Z. 48) und „Schädigung der Frau?“ (Z. 50) Doch wird die Differenzierung von Verhütung und Abtreibung nicht weiter verfolgt, sondern die Irrationalität des weiblichen Kinderwunsches als „Automatismus der Instinkte“ (Z. 46) der Frau interpretiert. Indem Faber die vermeintliche Schädlichkeit einer Abtreibung für die Frau hinterfragt, wertet er die christlichen Moralvorstellungen ab. Die dreimaligen Nominalfügungen innerhalb der drei Abschnitte, die als kurze Zwischenrufe eingeworfen werden („Heiligkeit des Lebens!“, Z. 21; „Der liebe Gott!“, Z. 27 und „Natur als Götze!“, Z. 53) nennen die **christliche Ethik** in einem Atemzug mit **archaischen Kulturen und Götzenverehrung**. Dieser stellt Faber abschließend die hochentwickelte industrielle Kultur als vielfach überlegen gegenüber (vgl. Z. 53 ff.).

Im Druckbild hebt sich dieser Abschnitt von den zerklüfteten erzählenden Passagen ab. Der **Gedankenfluss** verläuft in der Art eines **inneren Monologs** ohne Absätze. Allerdings herrscht ein Nominalstil vor und die Sätze sind kurz und ohne verbindende Konjunktionen (asyndetisch), oftmals sogar elliptisch (vgl. Z. 12 f.). Der Ich-Erzähler versteckt sich wiederholt hinter einem generalisierenden und auf Understatement zielenden „Wir“ (Z. 8, 13, 16, 20 etc.). Stilistisch kommt die Meinungsäußerung scheinbar objektiv und abgekürzt daher wie in einem **Protokoll**; zugleich sind die Gedanken allerdings sprunghaft wie in einem **Tagebuch** (vgl. Z. 24 ff.). Durch das historische Beispiel Johann Sebastian Bach (vgl. Z. 14 f.), den

sprachliche Gestaltung (Syntax, Wortwahl)

Einsatz eines Autoritätsbeweises (Aussage des Oberarztes, vgl. Z. 17ff.) und Statistiken (vgl. Z. 27) will Faber seine Schlussfolgerungen wissenschaftlich unanfechtbar machen. Der Techniker Faber behandelt sein Thema mitunter **wie eine mathematische Gleichung**, wobei inhaltliche Zusammenhänge durch einen Doppelpunkt mitgeteilt werden. Ein Beispiel: „Der liebe Gott! Er machte es mit Seuchen; wir haben ihm die Seuchen aus der Hand genommen. Folge davon: wir müssen ihm auch die Fortpflanzung aus der Hand nehmen." (Z. 27ff.) Wie in einer Rechnung werden hier die einzelnen Größen gegeneinandergehalten und abschließend wird das Ergebnis als zwingender logischer Schluss präsentiert. Fabers Vorgehen provoziert später Hanna zu der Äußerung: „Du behandelst das Leben nicht als Gestalt, sondern als bloße Addition [...]" (S. 170).

Rückschlüsse auf Fabers Charakter

Dazu passt auch, dass Faber nicht argumentierend vorgeht, sondern seine Ansichten als widerspruchsfreie Feststellungen und **ewig gültige Wahrheiten im Nominalstil** vorbringt. So spricht er von der „Würde des Menschen, vernünftig zu handeln [...]. Wenn nicht, so ersetzen wir die Seuchen durch Krieg. Schluß mit Romantik. Wer Schwangerschaftsunterbrechung grundsätzlich ablehnt, ist romantisch und unverantwortlich." (Z. 29ff.) Wer also zu widersprechen wagt, der weiß nicht, was Vernunft ist. Erneut wird das „Grundsätzliche" betont, insofern eine mathematische Gleichung nur entweder richtig oder falsch sein kann.

Zusammenfassung

Der Textausschnitt, der den ersten in Amerika spielenden Abschnitt des Romans abschließt, kurz nachdem Faber und seine Tochter das europäische Festland betreten haben, stellt eine Art **ideologisierende Zusammenfassung von Fabers antithetischem Welt- und Charakterbild** dar. Seine Apologie der Abtreibung wird von den bereits bekannten Negativbegriffen und Abwertungen untermauert. Alles, was unberechenbar und unkalkulierbar ist, was nicht auf Rechnung und Vernunft beruht, das wertet Faber ab. In einem großen Topf der sogenannten „Romantik" (Z. 31) findet sich jeder wieder, der nicht plant oder berechnet, sondern seinen irrationalen Wünschen folgt, wer glaubt, Gewissensbisse hegt (vgl. Z. 29) oder moralischen und religiösen Vorstellungen anhängt (vgl. Z. 52). Der Personenkreis, der diese „romantisch[en]" und „unverantwortlich[en]" (Z. 32) Vorstellungen pflegt, ist bis hierhin auch schon hinreichend bekannt: Es sind in Fabers Augen die **Frauen** sowie die **Menschen aus den Entwicklungsländern**, die sich hinsichtlich ihrer Gebärfreudigkeit auf einer Stufe mit den Tieren befinden (vgl. Z. 22), und natürlich auch die Menschen, die im Dschungel leben, die also auf der untersten Stufe der technischen Zivilisation stehen. Der Schwangerschaftsabbruch ist dagegen für Faber Ausdruck einer hohen Entwicklungsstufe in der technischen Beherrschung, Berechenbarkeit und Unterwerfung der inneren und äußeren Natur des Menschen und seines „Schicksal[s]" (Z. 48). Doch hat er sich hier auch inhaltlich sehr weit von seinem rein persönlichen Ausgangspunkt entfernt, indem er das **Thema als globales Problem** zu behandeln versucht. Dennoch bleibt ein **Vorwurf** unterschwellig präsent: Hätte Hanna damals abgetrieben, was „heutzutage eine Selbstverständlichkeit" (Z. 7f.) sei, so wäre das alles nicht passiert. Der Text steht also im Kontext der allgemeinen Rechtfertigung des Geschehens gegenüber Hanna, die Faber zu dem Bericht veranlasst hat.

Intention Fabers

Bedenkt man, dass der Bericht 20 Jahre nach der Geburt Sabeths geschrieben wurde, so wäre zumindest eine zeitliche Differenzierung angebracht gewesen: In den 1930er-Jahren war eine Abtreibung in Europa noch weniger selbstverständlich als in den 1950er-Jahren; es drohte in den meisten Ländern – die Schweiz eingeschlossen – das Zuchthaus. Doch zeigt sich hier wieder das Zutreffende von Hannas Äußerung, Faber behandele das Leben nicht als Gestalt, sondern als Addition, er habe daher auch kein „Verhältnis zur Zeit, weil kein Verhältnis zum Tod" (S. 170).

Kritik an Fabers undifferenzierter Argumentation

Teilaufgabe 2
Werkvergleich
Fabers antithetisches Denken

Fabers Verhältnis zum Tod ist geprägt von seinem **dichotomen Weltbild**, das sich wie ein roter Faden als ein Denken in Antithesen durch den Roman zieht. In der gegebenen Textstelle ist das besonders zu bemerken an dem durchgängigen „Wir", das die Seite der vernünftigen und freien Welt gegenüber einer in ihrem Handeln determinierten und rückständigen Welt repräsentieren soll, der grundsätzlich die Frauen und die Menschen in den nicht industrialisierten Ländern zuzurechnen sind. Doch erweist sich **Faber** selbst in seinem Handeln in vielfacher Weise **determiniert und unfrei**. Er ist in seiner antithetischen Weltsicht gefangen und bleibt daher „**blind**" gegenüber den wesentlichen Tatsachen (vgl. S. 7, 110, 192). Das zeigt sich besonders in dem Teil des Berichts, der in den gegebenen Abschnitt (S. 105 f.) mündet. Wo immer Faber sich aufhält, bewertet er sich und die ihn umgebende Welt als positiv oder negativ nach verschiedenen jeweils vorherrschenden Gegensatzpaaren: In der Wüste ist es der Gegensatz von erlebter oder erklärbarer Welt oder von Mystik und Vernunft; im Dschungel tauchen mannigfache Gegensätze auf als Gegenüberstellung von Natur, Weiblichkeit, Schicksal, Religiosität und Tod als Gegensatz zu Technik und Wissenschaft und in New York sind es die Gegensätze von Mann und Frau, Verstand und Gefühl, die die vorherrschenden Oppositionen bilden. Bis zur Begegnung mit Sabeth liegt die Wertigkeit dieser Gegensätze dabei klar auf der Hand; Faber befindet sich seiner Meinung nach stets auf der richtigen Seite. Auch in der gegebenen Textstelle wird deutlich, dass Faber der Meinung ist, der technisch-industrielle Fortschritt führe zu einer weitgehenden **Beherrschung der natürlichen Gegebenheiten von Geburt und Tod** (vgl. Z. 28 ff.). Faber ist es dabei immer darum zu tun, die negative Seite so weit wie möglich aus seinem Leben zu tilgen.

Fabers Verhältnis zum Tod

Fabers Religion heißt Technik und Planung; daher geht er allem, was nicht kontrollierbar ist, aus dem Weg. Auch der **Tod** gehört zu den **unberechenbaren Negativkategorien**, die Faber am liebsten ganz aus seinem Leben streichen möchte. Das Hervorbringen von Leben, die Geburt, ist komplementär zum Tod. Daher lehnt Faber die ihre Kinder säugenden Indio-Mütter (vgl. S. 45) ab und propagiert vehement den Schwangerschaftsabbruch. Mitunter vermischen sich die Symbolik von Leben und Tod wie in dem Oxymoron von der „blühende[n] Verwesung" (S. 51) im Dschungel oder in der Gleichsetzung von Frau und Tod durch Marcel („Tu sais que la mort est femme!", S. 69). Faber **will** auch **von seiner eigenen tödlichen Erkrankung nichts wissen**, indem er jegliches Anzeichen dafür – beginnend von seinem Ohnmachtsanfall in Houston über die ständigen Magenschmerzen bis hin zu seinem Erschrecken über das eigene Spiegelbild im Athener Krankenhaus – konstant leugnet.

Dass Faber versucht, den Tod aus seinem Dasein zu verbannen, wird dem Leser auch durch die **Erzähltechnik** vermittelt. Neben den direkten Vorgriffen auf das Geschehen, auf Inzest und Tod, aus dem Rückblick des schreibenden Faber bedient sich der Autor einer **leitmotivischen Symbolik des Todes**, die dazu dient, dem Leser Fabers Verdrängungsmechanismus zu demonstrieren. Beispiele dafür finden sich in der Symbolik der Grabmale, so den an Grabsteine gemahnenden New Yorker Wolkenkratzern, dem Grab seiner ersten Geliebten oder dem Grabhügel, auf dem Faber sich mit seiner Tochter bezeichnenderweise niederlässt, als sie von ihrer Mutter erzählt; symbolische Vorboten des Todes sind auch die Zopilote im Dschungel oder die erzähltechnisch wohlplatzierten Begegnungen mit Professor O., „einem Totenschädel" (S. 193), der vermutlich Magenkrebs hat und dessen abgekürzter Name nichts als Tod bedeutet. Auch die vielfachen Anspielungen auf die **antike Mythologie** gehören in diesen Kontext.

Erzähltechnik und Leitmotiv des Todes

In dem Maße wie Faber sich durch die Begegnung mit seiner Tochter dem Leben öffnet, beginnt sein festgefügtes dichotomes Weltbild zu wanken und auch der **Tod** wird **nicht mehr nur ausgeblendet**. Dafür finden sich zahlreiche Anzeichen: Bei der Besichtigung des römischen Nationalmuseums entdeckt Faber den symbolträchtigen Kopf einer schlafenden Erynnie und stellt sich die Frage, was sie wohl „zusammenträumt" (S. 111); er belebt also in seiner Fantasie den zuvor als „steinerne Trümmer" (S. 110) abgewerteten Kunstgegenstand und wagt es, sich mit der Nachtseite des Lebens auseinanderzusetzen, dem Schlaf und Bruder des Todes.

Fabers veränderte Einstellung zum Tod

In **Kuba** stellt er kritische Überlegungen zur amerikanischen Werbung an, denn sie mache „Reklame für Optimismus als Neon-Tapete vor der Nacht und vor dem Tod" (S. 177). Er distanziert sich schließlich auch von seiner Manie, alles filmen zu wollen, da ihm bewusst geworden ist, dass die **Vergänglichkeit** auch durch die Kamera **nicht aufzuhalten** ist (vgl. S. 182).
Im Gespräch mit Hanna wird die „Weltlosigkeit des Technikers", der „kein Verhältnis zur Zeit und daher auch kein Verhältnis zum Tod" habe, explizit thematisiert (vgl. S. 169 f.), was ebenfalls auf einen inneren Wandel hindeutet.
Zuletzt findet Faber in der „Verfügung für Todesfall" kurz vor seiner Operation zu der Aussage, dass der **Augenblick in seiner Einmaligkeit nur im Bewusstsein des Todes** erfahren werden könne (vgl. S. 199).

Auch Georg Büchners Drama *Dantons Tod* liegt ein **Antagonismus der Weltanschauung** zugrunde, der von den beiden Kontrahenten der Französischen Revolution Robespierre und Danton repräsentiert wird. Vor dem Hintergrund der Errungenschaften der Revolution geht es um die Auseinandersetzung darüber, wie die Revolution fortzusetzen ist: Nach Robespierre und seinem Gefolge soll „die Tugend durch den Schrecken herrschen" (I, 1) oder wie Danton es beschreibt: „die Revolution frißt ihre eignen Kinder" (I, 1) und die „Fußstapfen der Freiheit" sind die „Gräber" der Menschen, die dem „Despotismus der Freiheit" (I, 3) geopfert werden. Danton und seine Anhänger fragen nach dem Sinn dieser Opfer und betrachten das Leiden oder den Genuss nach dem Ende der Monarchie als eine Sache des Einzelnen, die den Staat nichts angeht, sofern der Einzelne den anderen in seiner Freiheit nicht einschränkt (vgl. I, 6). Im Verlauf der Handlung werden diese Unterschiede zwischen Danton und Robespierre auch in den Gegensatzpaaren von Freiheit und Tugend, Natur und Gesetz, Gemä-

Vergleich mit *Dantons Tod*

ßigte und Radikale sowie Epikur und Marat widergespiegelt. Danton und seine Anhänger müssen sterben, weil sie die Verschärfung des staatlichen Terrors infrage stellen. Der **Tod** ist hier – ganz im Unterschied zu Max Frischs Roman – weniger ein individuelles Schicksal als eine **öffentliche Angelegenheit** und als solche ein **Mittel der Politik**. Romantik existiert hier als die „Guillotinenromantik" des Feierns und der öffentlichen Volksbelustigung, das öffentliche Sterben ist ein Bestandteil des revolutionären Lebens in Frankreich seit 1792. Auf den Tod Dantons – der im Titel des Dramas angekündigt wird – und seiner Anhänger läuft alles hinaus. Um die Themen „**Tod und Sterben**, **Töten und Getötetwerden**" in all ihren Schattierungen und Motivierungen kreisen die Gespräche und das Geschehen.

Dantons Verhältnis zum Leben und zum Tod

Zu dem historischen Zeitpunkt, an dem das Drama einsetzt, hat Danton eine innere **Distanz zur Revolution** gefunden; er begründet diese Haltung mit seinem „Naturell" (I, 1). Solange es noch darum ging, den Kampf gegen die Aristokratie zu führen, war Danton ein anderer gewesen, da er sich zur Abwendung der äußeren Bedrohung an dem Terror nach innen, den Septembermorden, beteiligt hatte. Doch sie lasten nun auf seinem Gewissen. Er möchte nunmehr „lieber guillotiniert werden, als guillotinieren lassen" (II, 1). Deshalb bricht er auch den Fluchtversuch ab; er befürchtet, von seinem Gedächtnis verfolgt zu werden, und **zieht** daher den **Tod der inneren Qual vor**, wenn er sagt: „mir gibt das Grab mehr Sicherheit, es schafft mir wenigstens Vergessen" (II, 4). Seine Absage an die Politik kommt damit einer **Absage an das Leben** gleich. Er könnte die Last der Schuld nur ertragen, wenn er der Logik des Terrors weiter folgen würde wie die Mitglieder des Konvents. Andernfalls bleibt ihm nur das Nichts als politisches „Asyl", denn das „Leben ist [ihm] zur Last" geworden (III, 4).

Seine **Lethargie** gegenüber der drohenden Guillotine hat noch weitere Gründe: Mit der politischen Untätigkeit haben sich die Langeweile und der **Lebensüberdruss** eingestellt (I, 1). Der 35-Jährige strebt nach der Ruhe des Grabes: Noch bevor er von seiner Bedrohung erfährt, vergleicht er seine Liebe zu Julie mit der **Sehnsucht nach dem Tod** (I, 1).

Gegenüberstellung von Faber und Danton

Auch **Faber** befindet sich seit der Notlandung des Flugzeugs in der Wüste in einem **Umbruch**. Langeweile und Lebensüberdruss sind für ihn keine Unbekannten. Sein Glaube an die Allmacht der Technik ist nicht mehr ungebrochen, in seinem Beruf arbeitet er im Verlauf der Romanhandlung teils freiwillig, teils krankheitsbedingt überhaupt nicht mehr, sondern er wendet sich dem Nichtstun und dem Reisen zu. Dabei empfindet er die Last des Daseins und in seiner **existenziellen Verunsicherung** klammert er sich an ein junges Mädchen, seine Tochter („Mein Leben lag in ihrer Hand", S. 95). Allerdings ist Fabers Langeweile eher Ausdruck einer inneren Beschränkung, man könnte auch sagen, dass es ihm gerade an dem Epikureismus, an der Genussfähigkeit Dantons mangelt.
Ähnlich wie bei Faber gelingt Danton nicht der Übergang vom (politischen) Beruf in ein Dasein ohne die bisherigen Aufgaben, und es holt ihn nicht nur die Last der Vergangenheit, sondern auch Weltschmerz und Lebensüberdruss ein (II, 1) – und schließlich auch die Übermacht des politischen Gegners.

So wie Faber den Tod als Bestandteil des Irrationalen kontinuierlich aus seinem Leben auszublenden versucht, verdrängt Danton die tödliche Gefahr, die vom Konvent für ihn ausgeht: „Sie werden's nicht wagen."

(I,5; II,1; II,4; III,1) Mit dieser Beschwörungsformel schwächt er die reale Gefahr allzu leichtfertig ab. Er will sie nicht wahrhaben.

Eine andere Art, den Tod zu verdrängen, besteht darin, ihn zu **bagatellisieren** und zu **relativieren:** „Ich kokettiere mit dem Tod", sagt Danton, als er die Flucht abgebrochen hat, „es ist ganz angenehm so aus der Entfernung ... mit ihm zu liebäugeln" (II, 4). Es sei eh einerlei, woran man sterbe", und es sei gut, „dass die Lebenszeit ein wenig reduziert wird" (II, 1). Solchen Äußerungen ist der **Zynismus** nicht fern, mit dem er noch im Gefängnis den Tod banalisiert, wenn er behauptet, er nehme die Erde lieber „zum Kissen, als zum Schemel" (II, 1).

Gemeinsamkeiten im Verhältnis zum Tod
– Rolle der Frauen

Faber und Danton gleichen sich auch darin, dass es ihnen wichtig ist, am Ende des Lebens **nicht allein** zu sein, und dass es die **Frauen** sind, die ihnen den fehlenden Trost der Metaphysik ersetzen. So versichert sich Faber ganz gegen sein altes Selbstverständnis in seinen letzten Notizen der Freundschaft Hannas und der Gewissheit, dank ihr „nicht allein" zu sein (S. 198).
Auch für Danton ist es schließlich von äußerster Bedeutung, dass (wie er dreimal sagt) er „nicht allein geh[t]" (III, 4), sondern dass Julie mit ihm den Freitod sterben wird. Den Tod, den er sich wünscht, stirbt am Ende sie stellvertretend für ihn. „Wie ein Stern fällt [...] und ein Lichtstrahl in klaren Fluten sich begräbt"(III, 4), so stellt er sich den schönen Tod vor und genau so sieht Julie, als sie das tödliche Gift genommen hat, das Licht der Erde „in der Flut des Äthers" verlöschen (III, 6).

– Lebenswunsch angesichts des Todes

Für beide Protagonisten **intensiviert sich das Dasein** kurz vor ihrem Tod. Als der Tod durch die Verhaftung und Verurteilung näher rückt, treten die Ambivalenzen des Todes für Danton deutlicher zutage. Seine Gelassenheit und sein Lebensüberdruss weichen der Todesangst und zuletzt der **Lebensbejahung**, sodass er zugibt: „Ich kann nicht sterben." (III, 7) Danton wünscht sich einen schöneren Tod und stellt sich die Möglichkeit eines höheren Wesens vor, wenn er die nächtlich betrachteten Sterne als „Tränen" eines Auges bezeichnet (vgl. IV, 3). Dennoch bleibt er Atheist bis zum Schluss; zweifelnd, ob der Tod ihm wirklich die ersehnte Ruhe bringt, erkennt er weder im Leben noch im Sterben einen Sinn.

– kein Halt in der Religion

Dantons Verhältnis zum Tod gleicht demjenigen von Faber, der seinem Lebensdrang erst kurz vor seiner Operation wirklich Ausdruck gibt, indem er notiert: „Ich hänge an diesem Leben wie noch nie." (S. 198) und der auch bis zu seinem Ende **ohne den Trost der Religion** auskommt. Fabers Sprache wird am Ende seiner Aufzeichnungen poetischer. Er beschreibt bei seinem letzten Flug über die Alpen den Wunsch, die Erde mit allen Sinnen zu erfassen (vgl. S. 197), und vertieft sich in das Paradox der Ewigkeit des Augenblicks (vgl. S. 199).

Schluss: historisch bedingte Unterschiede in der Figurenzeichnung

Mit Dantons historisch überlieferter letzter Äußerung, dass „die Köpfe" der guillotinierten Freunde „sich auf dem Boden des Korbes küssen" werden (IV, 7), leuchtet ein **transzendenter Gedanke** auf: Die **Freundschaft** kann den Tod überwinden. Danton hatte bis zuletzt den Kreis der gleichgesinnten und der mitleidenden Freunde um sich. Faber stirbt als das vereinzelte bürgerliche Individuum des 20. Jahrhunderts, das überall und nirgends zu Hause ist. Erst kurz vor dem Tod begreift er die Zeitlichkeit und Einmaligkeit des menschlichen Daseins und öffnet sich der Erfahrung von Transzendenz.

Deutsch (Baden-Württemberg): Übungsaufgabe 6
Interpretationsaufsatz zu einem Gedicht oder Gedichtvergleich

Aufgabenstellung
Interpretieren und vergleichen Sie die beiden Gedichte.

Thema:
Liebeslyrik vom Barock bis zur Gegenwart

Texte:
Gertrud Kolmar (1894–1943), *Das große Feuerwerk* (vor 1928)
Sarah Kirsch (*1935), *Bei den weißen Stiefmütterchen* (1967)

Das große Feuerwerk

Das große Feuerwerk ist nun verpufft.
Und, tausend losgespritzte Fünkchen, hängen
Noch kleine Sterne in des Dunkels Fängen.
Die Nacht ist lang.

Ich lehn am Baum und sinn am Himmel hin
Und sehe wieder dünnen Sprühgoldregen
Dem Teich enttanzen, sich vertropfend legen.
Die Nacht ist lang.

Weiß ist mein Hut, mein Kleid ist leicht, mich friert,
Bleich blühten Chrysanthemen ob den Wellen,
Zerrieselten in sieben rosige Quellen.
Die Nacht ist lang.

Ich such die Bank und warte, hart geduckt.
Es duckte sich die Schlange, pfiff im Sprunge
Und zischte rasend auf mit glüher Zunge.
Die Nacht ist lang.

Ich wärme meine starren Hände nicht.
Aus Schwarz und Schimmer stieg ein Palmenfächer,
Der zückte Silberspeere auf die Dächer.
Die Nacht ist lang.

Mein Auge schläfert, aber unterm Lid
Kreist noch das Sonnenrad mit leisem Singen,
Und grüne Ringe gehn aus roten Ringen.
Die Nacht ist lang.

Das große Feuerwerk ist längst verpufft.
Zwölf Schläge tut es irgendwo im Weiten –
Ich geh wohl heim, weil so die Füße schreiten.
Du kommst nicht mehr.

Aus: Gertrud Kolmar: Das lyrische Werk. Kösel-Verlag, München 1960, S. 289f.

Bei den weißen Stiefmütterchen

Bei den weißen Stiefmütterchen
Im Park wie er's mir auftrug
Stehe ich unter der Weide
Ungekämmte Alte blattlos
Siehst du sagt sie er kommt nicht

Ach sage ich er hat sich den Fuß gebrochen
Eine Gräte verschluckt, eine Straße
Wurde plötzlich verlegt oder
Er kann seiner Frau nicht entkommen
Viele Dinge hindern uns Menschen

Die Weide wiegt sich und knarrt
Kann auch sein er ist schon tot
Sah blaß aus als er dich untern Mantel küßte
Kann sein Weide kann sein
So wollen wir hoffen er liebt mich nicht mehr

Aus: Sarah Kirsch: Landaufenthalt. In: Dies., Werke in fünf Bänden, hrsg. v. F.-H. Hackel, 1. Band: Gedichte 1. Deutsche Verlagsanstalt, Stuttgart 1999

Hinweise und Tipps

Thema: Liebeslyrik
Die Liebe als existenzielle Grunderfahrung des Menschen ist in allen Zeiten und Kulturen ein zentrales Thema der Dichtung. Zuallererst stellt sich jedoch die übergeordnete Frage: Was heißt eigentlich „Liebe"? Das Spektrum möglicher Definitionen ist groß, endgültige Aussagen können aber kaum getroffen werden. Die „Liebe", so umschreiben es aktuelle wissenschaftliche Ansätze, ist ein mentales Konzept, ein Konstrukt, das einem stetigen gesellschaftlichen und historischen Wandel unterliegt. Liebesgedichte analysieren und interpretieren setzt deshalb voraus, dass über die Vorstellungen von Liebe im jeweiligen historischen Kontext nachgedacht wird.
Der erste Schritt, der jedem Interpretieren vorausgeht, ist das Bemühen des Lesers bzw. der Leserin, den Text zu verstehen, sich auf ihn einzulassen, mit ihm in einen Dialog einzutreten, ihn „zu Wort kommen" zu lassen. Versuchen Sie deshalb zunächst, die Gedichte genau und differenziert wahrzunehmen, achten Sie auf Einzelheiten und auf das Ganze, lesen Sie zwischen den Zeilen, sprechen Sie den Text laut, lernen Sie Verse auswendig, experimentieren Sie mit Umstellungen, Ersatzproben, Umformulierungen, um die Wirkung des Textes aufzuspüren. Dabei erschließt sich der Text nach und nach, gibt Ihnen Antworten auf Ihre Fragen, vermittelt Ihnen seine „Botschaft". Im Unterschied zum Abitur und zur Klausursituation können Sie bei einer Übungsaufgabe ohne Zeitdruck arbeiten. Nutzen Sie diese Chance und lesen Sie die beiden Gedichte von Gertrud Kolmar und Sarah Kirsch über einen längeren Zeitraum hinweg immer wieder. Sie werden dabei beobachten, wie Ihr Textverständnis sich verändert und verfeinert.
Als Vorbereitung und Ergänzung für das Durcharbeiten der Übungsaufgabe sollten Sie außerdem möglichst viele Liebesgedichte lesen. Nur wer die Vielfalt möglicher Ausdrucksformen kennt, kann das Besondere des einzelnen Textes erfassen.

Aufgabentyp Gedichtvergleich

Der Aufgabentyp „Gedichtvergleich" ist eine Variante des Interpretationsaufsatzes, die auf die Herausarbeitung von Gemeinsamkeiten und Unterschieden zweier Gedichte ausgerichtet ist. Im Pflichtthemenbereich „Liebeslyrik vom Barock bis zur Gegenwart" ist das Thema Liebe und seine spezifische Entfaltung im Gedicht erstes Vergleichskriterium. Darüber hinaus können auch Motive, Form und Gestaltung, Zugehörigkeit zu einer literarischen Epoche oder Strömung, Aussageabsicht, Biografie des Autors/der Autorin und andere Aspekte für einen Vergleich ergiebig sein. Wichtig ist, wie bei jeder Interpretation, dass man die Texte zunächst einmal für sich sprechen lässt, um sie in möglichst vielen Facetten zu erfassen und sie nicht zu früh auf bestimmte Deutungsaspekte zu verengen. Hintergrundwissen über Epochenmerkmale oder die Biografie eines Autors – hier z. B. die Herkunft Sarah Kirschs aus der DDR oder das jüdische Schicksal Gertrud Kolmars – können u. U. zur Deutung herangezogen werden, sollten aber in der Regel nicht Ausgangspunkt der Interpretation sein.

In der Aufgabenstellung werden üblicherweise keine Teilaufgaben vorgegeben. Der Operator „interpretieren" lässt Ihnen bewusst methodische Freiheiten, erfordert aber auch ein gezieltes Vorgehen, bei dem die Erstellung eines Schreibplans ein wichtiger Schritt ist. Dafür kann unter verschiedenen Vorgehensweisen ausgewählt werden:

1. Lineares Vorgehen
   a) Die beiden Gedichte werden einzeln nacheinander in einer selbst festgelegten Reihenfolge interpretiert. Danach werden beide Texte aspektorientiert verglichen.
   b) Nach der Interpretation des ersten Gedichts wird das zweite im Hinblick auf die Interpretationsergebnisse des ersten analysiert und interpretiert.

   Ein vergleichendes Fazit rundet den Aufsatz ab.
2. Vernetztes Vorgehen

   Beide Gedichte werden parallel unter bestimmten Vergleichsaspekten interpretiert. Dieses Vorgehen bietet sich vor allem dann an, wenn bereits in der Themenstellung oder durch das Rahmenthema – hier „Liebe" – Vergleichsaspekte vorgegeben sind. Damit liegt der Fokus des Interpretierens von Beginn an auf den Unterschieden und Gemeinsamkeiten der Texte, wichtige Einzelaspekte können jedoch leicht übersehen werden, der Überblick über die Texte als Ganzes kann verloren gehen.

Auch hier bildet eine zusammenfassende Darstellung der Ergebnisse den Abschluss.

Schreiben beginnt vor dem Schreiben

Bevor Sie mit dem Schreiben des Aufsatzes beginnen, sollten Sie in einem ersten Schritt die Texte in einer Art visualisierender Interpretation mit Bleistift, verschiedenfarbigen Textmarkern, Randbemerkungen, grafischen Symbolen wie z. B. Pfeilen, Kreisen usw. bearbeiten. Erst durch mehrmaliges, auch lautes (in der Klausursituation „stummes") Lesen erschließt sich der Textsinn.

Im nächsten Schritt erstellen Sie auf Konzeptpapier ein Raster für den Aufbau des Aufsatzes:

- Einleitung, Vorstellung der Texte und der Autoren
- Verstehenshorizont: Habe ich einen persönlichen Zugang zu den Gedichten? Welche Erwartungen habe ich an das Thema der Gedichte?
- Textbeschreibung, Ergebnisse der Textanalyse:
  - Aussagen zu Aufbau und Form der Gedichte (Strophengliederung, Reim, Versmaß, Mittel des lyrischen Sprechens)
  - gegliederte Wiedergabe des Inhalts der Gedichte in eigenen Worten
  - Anmerkungen zur Haltung des lyrischen Ichs bzw. des Sprechers im Gedicht
- Deutung
  - Hypothese 1
  - Hypothese 2
- Schluss, evtl. persönliche Stellungnahme.

Lösungsvorschlag in Grundzügen

Einleitung

Die beiden Gedichte von Gertrud Kolmar, *Das große Feuerwerk*, und Sarah Kirsch, *Bei den weißen Stiefmütterchen*, tragen Titel, die zunächst nicht unmittelbar an Liebeslyrik denken lassen: *Das große Feuerwerk* evoziert Bilder von nächtlichen Festen – Silvester, Sommernachtsfest –, bei denen sich feiernde Menschen in Hochstimmung von den Formen und Farben der Lichteffekte und dem Knallen und Pfeifen der Feuerwerkskörper für einen kurzen Moment faszinieren lassen.
Der Titel von Sarah Kirschs Gedicht, *Bei den weißen Stiefmütterchen*, öffnet einen eher alltagsgebundenen Assoziationsraum. Er lässt an Vorgärten im Frühling oder an Gräber auf dem Friedhof denken. Von Liebe also keine Spur.
Schon beim ersten Lesen der beiden Gedichte wird aber deutlich, dass die äußeren Szenarien die Spielfläche für das **Drama unerfüllter und unerwiderter Liebe** darstellen. Ob unter nächtlichem Himmel um Mitternacht oder im Park zu unbestimmter Tageszeit, in beiden Gedichten berichten die Sprecherinnen vom vergeblichen Warten auf den Geliebten und vom Ende einer Liebe.

Interpretation von Sarah Kirsch: Bei den weißen Stiefmütterchen

Sarah Kirschs Gedicht besteht aus drei fünfzeiligen Strophen, denen viele Formelemente fehlen, die Leser üblicherweise von Gedichten erwarten: Reim, festes Metrum, Satzzeichen, die dem Gedicht eine äußere Struktur geben würden, sind nicht vorhanden. Beim probeweisen Versuch, das Gedicht als Prosatext zu lesen, in syntaktische Einheiten und inhaltliche Sinnabschnitte einzuteilen, wird deutlich, dass die Zeilengrenzen bewusst Akzente setzen und die Einteilung in drei Strophen ein wichtiges Gestaltungsmittel des Gedichts ist. Strophen und Vers bestimmen den Leserhythmus, markieren Pausen und gliedern das Geschehen. Der **Verzicht auf Satzzeichen** zwingt zum genauen Lesen, will man die syntaktischen Bezüge erkennen, erzeugt aber zunächst auch Irritationen und hinterlässt den Eindruck von Unbestimmtheit und **Mehrdeutigkeit**.

Ausgangssituation des lyrischen Ichs

In der ersten Strophe wird die **Ausgangssituation des lyrischen Ichs** skizziert: In einem Park, bei den weißen Stiefmütterchen, unter einer alten Weide wartet eine Frau auf ihren Geliebten. Sie ahnt, dass das Warten vergeblich sein könnte, findet aber zunächst jede Menge plausible und weniger plausible Gründe, um sein Wegbleiben zu entschuldigen (Strophe 2). Dass er verheiratet ist, wird fast nebenher und indirekt erwähnt (V. 9, Hinweis auf „seine[r] Frau"). Als sie die Tatsache, dass er sie versetzt hat, endgültig akzeptieren muss, reagiert sie jedoch nicht mit Abwendung und Enttäuschung oder der Erwartung eines erneuten Treffens, sondern mit der Hoffnung, dass er sie *nicht* mehr liebe (3. Strophe). Das Liebesgedicht *Bei den weißen Stiefmütterchen* endet damit auf überraschende Weise und irritiert den Leser/die Leserin: Die Frau verzichtet auf die Erwiderung ihrer Liebe und lässt den Geliebten frei, obwohl – oder vielleicht weil – sie ihn liebt.

Schlusssituation: Verzicht auf Gegenliebe

Sarah Kirsch stellt dieses kleine Alltagsdrama der Liebe aus der **Perspektive eines weiblichen lyrischen Ichs** dar. Das Ich spricht im Präsens, schildert seine konkrete Situation, entwirft ein Bild seiner äußeren und inneren Lage: „Bei den weißen Stiefmütterchen/Im Park wie er's mir auftrug/Stehe ich unter der Weide" (V. 1–3). Das Park-Szenario, nicht ungewöhnlich für ein Rendezvous zwischen Liebenden, entspricht allerdings

Park-Szenario

nicht den Klischeevorstellungen, denn die beiden verabreden sich nicht etwa in einer Rosenlaube oder unter blühenden Fliederbüschen, sondern bei den weißen Stiefmütterchen und nahe einer Weide. Nicht das Hochgefühl der Liebe, sondern die Melancholie des Alltäglichen prägt die Stimmung, denn Stiefmütterchen sind unscheinbare Blumen, die in Vorgärten und auf Gräbern zu finden sind, weiß ist die Farbe des Todes und der Unschuld, und die Weide wird mit Trauer assoziiert. Die Rollenverteilung – der Mann ergreift die Initiative, gibt Ort und Zeit des Treffens vor, die Frau fügt sich seinen Anweisungen, „wie er's mir auftrug" (V. 2) – entspricht zumindest in den 1960er-Jahren durchaus den Erwartungen, ungewöhnlich ist jedoch der nun folgende **Dialog**, der sich zwischen dem Ich und der **Weide** im Park entwickelt. „Ungekämmte Alte blattlos" (V. 4) – so sieht das Ich die Weide, nimmt sie also als Frau, als Geschlechtsgenossin wahr, die über die Dinge des Lebens Bescheid weiß. Es ist die Weide, die das Gespräch eröffnet, und aus ihren Worten wird deutlich, dass sie das Liebespaar schon seit geraumer Zeit beobachtet und über das Verhältnis Bescheid weiß: „Siehst du sagt sie er kommt nicht" (V. 5), und der Leser ergänzt unwillkürlich: „wieder einmal", „ich hab's ja schon immer gesagt", „nimm doch endlich die Realität zur Kenntnis". Dem einsamen Ich, das vergeblich auf den Geliebten wartet, wird die Weide zur Gesprächspartnerin, die mit ihr eine gemeinsame Sprache spricht.

ungewöhnlicher Dialog zwischen Ich und Weide

Ein **Gespräch unter Frauen** also **über einen abwesenden, treulosen Mann**: Die eine, die Weide, ist ein Naturwesen, alt, blattlos, ungekämmt, vom Leben gezeichnet, fest verwurzelt im Erdboden und illusionslos realistisch, die andere eine junge Menschenfrau, unschuldig, naiv, wie das Farbadjektiv „weiß" vermuten lässt, vor allem aber verliebt und vermutlich schöngemacht für das Rendezvous, um dem Geliebten zu gefallen (s. V. 13 „als er dich untern Mantel küßte"). Die Frau reagiert auf den unterschwelligen Vorwurf in den zurechtweisenden Worten der Weide mit einem Seufzer. „Ach", so leitet sie ihre Antwort ein und nimmt dann den Geliebten gegen die Weide in Schutz. Eine ganze **Reihe von Gründen für sein Nicht-Kommen** bringt sie vor: „[E]r hat sich den Fuß gebrochen/Eine Gräte verschluckt, eine Straße/Wurde plötzlich verlegt" (V. 6–8), und man ahnt bereits in den durch die Versenden markierten Verzögerungen in ihren fantasievollen Begründungen, dass all diese Hindernisse verzweifelte Ausflüchte sind, die die triviale Wirklichkeit nicht verdrängen können: „Er kann seiner Frau nicht entkommen" (V. 9) ist die traurige Realität, die alle Beteiligten in Mitleidenschaft zieht. Die junge Frau allerdings klagt nicht, sondern geht über diese bittere Tatsache fast abgeklärt-philosophisch mit ironischem Unterton hinweg, indem sie ihr **Schicksal verallgemeinert** und relativiert: „Viele Dinge hindern uns Menschen" (V. 10), so fasst sie ihre Entschuldigungsgründe zusammen.

der Geliebte kommt nicht

Die Weide ist mit diesem Fazit nicht einverstanden, sie „wiegt sich und knarrt" (V. 11), spekuliert, er könne auch „schon tot" (V. 12) sein, „[s]ah blaß aus als er dich untern Mantel küßte" (V. 13), und rührt mit der Erinnerung an ihre letzte Begegnung mit dem Geliebten in der Wunde der Frau. „Kann sein Weide kann sein" (V. 14) entgegnet die Frau und beendet das Gespräch mit dem Ausdruck einer Hoffnung, in die sie die Weide einschließt: „So wollen wir hoffen er liebt mich nicht mehr" (V. 15). Diese letzte Äußerung mutet zunächst merkwürdig, ja widersinnig an: Wie kann eine Liebende das Gegenteil von dem erhoffen, was alle Liebe begehrt, nämlich Gegenliebe? Liebt sie ihn nicht mehr? Weist sie seine Liebe enttäuscht zurück? Hält sie die Spannung der verbotenen Beziehung nicht mehr aus? Es ist wohl eher so, dass sie seine Liebe nicht um jeden Preis will, dass sie ihn lieber frei gibt, als ihm zu wünschen, dass ihm Böses widerfahre. Bedeutet also Liebe für sie selbstlose Hingabe an den Mann, Zurücknahme eigener Ansprüche, weibliche Unterordnung, „wie er's mir auftrug"? Das Verhalten der Frau lässt sich auch anders deuten: Aus **Stärke** kann sie ihren Geliebten frei geben, traurig, mutig, ein bisschen trotzig setzt sie den realistischen Beobachtungen und Erklärungen der Weide ihre Hoffnung entgegen und **gewinnt** am Ende **ihre Handlungsfreiheit zurück**. „Man muss nach vorne leben und nicht nach rückwärts." (Sarah Kirsch in einem Interview)

keine Liebe um jeden Preis

Interpretation von Gertrud Kolmar: Das große Feuerwerk

Das Gedicht von Gertrud Kolmar, einer jüdischen Dichterin, die vermutlich 1943 im Vernichtungslager Auschwitz umkam, trägt den Titel *Das große Feuerwerk* und ist in den 20er-Jahren des vergangenen Jahrhunderts entstanden. Noch ganz unter dem Eindruck des gerade verglühenden Feuerwerks beschreibt ein weibliches lyrisches Ich diese Form der Kunst, die der Philosoph Theodor W. Adorno als „perfekteste" betrachtet, „da sich das Bild im Moment seiner höchsten Vollendung dem Betrachter wieder entzieht." Das lyrische Ich versucht diesen Moment der Vollendung festzuhalten, indem es, sich erinnernd, noch einmal „das große Feuerwerk" mit all seinen Effekten inszeniert. Erst im Schlussvers des Gedichts, der aus dem Muster des regelmäßig wiederkehrenden vierten Verses der ersten sechs Strophen – „Die Nacht ist lang" – ausbricht, wird deutlich, dass es sich auch hier um ein Liebesgedicht handelt. Es endet mit der Erkenntnis der Liebenden: „Du kommst nicht mehr." (V. 28) Die metaphorische Ebene des Textes erschließt sich beim nochmaligen Lesen: „Das große Feuerwerk" ist auch ein Sinnbild für die Liebe.

das Feuerwerk als Sinnbild für die Liebe

Im Unterschied zu Sarah Kirsch in ihrem sprachlich schlichten, der Prosa nahen Gedicht *Bei den weißen Stiefmütterchen* greift Gertrud Kolmar auf traditionelle Formen und Gestaltungsmittel der Lyrik zurück. Ihr Gedicht besteht aus sieben vierzeiligen Strophen, die sich nach dem Schema abbc, deec usw. regelmäßig reimen. Man könnte dieses Muster als eine Art unvollständiges umarmendes Reimschema auffassen, bei dem die männlichen ungereimten Kadenzen im ersten und vierten Vers die weiblichen Kadenzen im dritten und vierten Vers umfassen. Das Versmaß ist jambisch, die jeweils ersten drei Verse der Strophen besitzen fünf, der refrainartige letzte Vers je zwei Hebungen. Auch ihm „fehlt" also etwas. Während Sarah Kirsch sich der Alltagssprache bedient, schreibt Kolmar in einer gehobenen, **dichterischen, ja manchmal artifiziellen Sprache**. Die Kunst des Feuerwerks – im Französischen „le feu d'artifice" – setzt sich in der Sprache der Dichterin fort, die mit poetischem Wortmaterial (z. B. „enttanzen" V. 7, „sich vertropfend" V. 7, „schläfert" V. 21), Wortschöpfungen (z. B. „mit glüher Zunge" V. 15), Komposita (z. B. „Sprühgoldregen" V. 6, „Palmenfächer" V. 18, „Silberspeere" V. 19) und einem variationsreichen Satzbau (z. B. durch die Voranstellung des Prädikatsnomens bzw. des Adverbs: „Weiß ist mein Hut" V. 9, „Bleich blühten Chrysanthemen" V. 10) spielt. Auch auf der **Klangebene** lässt das Gedicht die Wirkung des Feuerwerks wieder aufleben: Alliterationen (z. B. Z. 7, 10, 14/15, 18, 22), Assonanzen (z. B. auf den Vokal „i" in Vers 5, auf den Diphthong „ei" in Vers 9) und lautmalerische Verben („verpufft" V. 1, „pfiff" V. 14, „zischte" V. 15) gestalten die akustischen Effekte der Feuerwerkskörper nach.

traditionelle Gestaltung des Gedichts

Das **lyrische Ich** tritt erst in der zweiten Strophe auf, gleichwohl bestimmt es von Beginn an die Perspektive der Wahrnehmung. „Das große Feuerwerk ist nun verpufft“ – mit dieser lapidaren Feststellung beginnt das Gedicht. Der Höhepunkt des Abends ist also bereits vorbei, man erwartet, dass das Fest zu Ende geht und die Zuschauermenge sich auflöst. Die Sprecherin, eine Frau in Hut und Mantel (vgl. V. 9), bleibt jedoch und lässt das Feuerwerk nachwirken, von dessen großen Effekten nur noch eine Vielzahl „losgespritzte[r] Fünkchen“ und „kleine[r] Sterne“ bleibt, die sich im Dunkel der Nacht verlieren (V. 2/3). Die Diminutivform („Fünkchen“) und das Attribut „klein“ unterstreichen dies. Es wäre also Zeit, nach Hause zu gehen. Doch die erste Strophe endet überraschend mit der Aussage „Die Nacht ist lang.“ (V. 4) Erst am Ende des Gedichts erfährt man, warum: Die Frau wartet – vergeblich – auf ihren Geliebten.

Wahrnehmungsperspektive des lyrischen Ichs

vergebliches Warten auf den Geliebten

Auch hier spricht also, wie bei Sarah Kirsch, eine **verlassene Frau**. Äußere Lage und innere Verfassung sind ähnlich, denn beide stellen sich am verabredeten Ort, in der Natur, in einem Park (s. V. 13 „die Bank“) ein und warten vergeblich auf den Geliebten. Während die Frau in Sarah Kirschs Gedicht jedoch mit der Natur in Kontakt steht und sich von der Weide, unter der ihr gewohnheitsmäßiger Treffpunkt ist, in ein Gespräch verwickeln lässt, bleibt die Frau in Kolmars Gedicht allein. „Ich lehn am Baum und sinn am Himmel hin/Und sehe wieder dünnen Sprühgoldregen/Dem Teich enttanzen, sich vertropfend legen.“ (V. 5–7) Allein mit ihren Gedanken richtet sie ihren Blick nach oben, in den Nachthimmel, und lässt vor ihrem inneren Auge den „Sprühgoldregen“ des Feuerwerks noch einmal aufleben. Was sie dabei wahrnimmt, ist zweifach trügerisch, denn die sich im Spiegel des Teiches verdoppelnden Lichteffekte des Feuerwerks sind längst zerstoben, der Tanz der Funken ist vorbei.

das lyrische Ich ist allein

Aber die Frau bleibt, auch wenn die Kälte der Nacht zunimmt und ihre Einsamkeit verstärkt. „Weiß ist mein Hut, mein Kleid ist leicht, mich friert,/Bleich blühten Chrysanthemen ob den Wellen,/Zerrieselten in sieben rosige Quellen.“ (V. 9–11) Das lyrische Ich gibt keine direkte Auskunft über seine Gefühle, der Hinweis auf den weißen Hut und das leichte Kleid lässt aber vermuten, dass sie sich für den Geliebten schön gemacht hat, ja vielleicht überhaupt zum ersten Mal eine Liebesbeziehung mit einem Mann hat, denn Weiß ist die Farbe der Unschuld. Auch die bleichen „Chrysanthemen ob den Wellen“ lassen sich in dieser Weise deuten. Besonders auffällig ist in dieser Strophe aber der Tempuswechsel („blühten“, „Zerrieselten“), durch den das Geschehen in zwei Ebenen gespalten wird: die äußere Situation der Frau, der sie sich fast bewusstlos fügt (vgl. die Verben, z. B. „ich lehn“ und „sinn“ V. 5, „mich friert“ V. 9, „ich wärme […] nicht“ V. 17), und die bewusst evozierte Erinnerung an das vergangene Feuerwerk. Das lyrische **Ich wendet sich nach innen** und lässt in poetischen Bildern die Feuerwerksphänomene noch einmal aufleben.

Erst in der vierten Strophe erfährt der Leser, dass die Frau wartet: „Ich such die Bank und warte, hart geduckt.“ (V. 13) Der zunächst irritierende Gebrauch des bestimmten Artikels – **„die Bank“**– wird beim zweiten Lesen des Gedichts verständlich: Es ist nicht irgendeine Bank, sondern die Bank im Park, auf der sich das Liebespaar wohl schon öfter getroffen hat, der locus amoenus ihrer Beziehung. Aber die Bilder des Feuerwerks, die die Frau erinnert, sind nicht lieblich, sondern verweisen auf Gefahr und Hinterlist, aber auch auf Verführung und die Vertreibung aus dem Paradies: „Es duckte sich die Schlange, pfiff im Sprunge/Und zischte rasend auf mit glüher Zunge.“ (V. 14/15)

Das lyrische Ich wartet immer noch – „Die Nacht ist lang" wird bereits zum vierten Mal refrainartig wiederholt – in der hereinbrechenden Kälte, doch scheint es unfähig, sich gegen die zunehmende Erstarrung zu wehren: „Ich wärme meine starren Hände nicht." (V. 17) Auch der Müdigkeit (Strophe 6) ist es ausgeliefert („Mein Auge schläfert", V. 21). Im Kontrast zu der zunehmenden Passivität der Frau stehen die lebendigen, ins Aggressive wechselnden Bilder der Feuerwerksfiguren und -phänomene, an die sie zurückdenkt: „Aus Schwarz und Schimmer stieg ein Palmenfächer,/Der zückte Silberspeere auf die Dächer." (V. 18/19) Die Reihe der Erinnerungen schließen kreisförmige Lichteffekte, die im „Sonnenrad mit leisem Singen" (V. 22) und in auseinander hervorgehenden grünen und roten Ringen Bilder einer vergangenen Harmonie evozieren.

zunehmende Erstarrung des lyrischen Ichs

Dann wird das Ich durch die Schläge einer Kirchturmuhr – „Zwölf Schläge tut es irgendwo im Weiten – " (V. 26) – aus seinen Gedanken gerissen. Die letzte Strophe des Gedichts nimmt den ersten Vers wieder auf, lediglich das Zeitadverb hat sich verändert: „Das Große Feuerwerk ist <u>längst</u> verpufft." (V. 25) Die Erkenntnis, die das lyrische Ich ebenso wie der Leser längst geahnt hat, wird im letzten Vers ausgesprochen: „Du kommst nicht mehr." (V. 28) Die **Zeit des Wartens war** also **umsonst** und der Frau bleibt nichts anderes als endlich allein nach Hause zu gehen. Ein freier Entschluss scheint dies allerdings nicht zu sein, denn sie geht heim „weil so die Füße schreiten" (V. 27), lässt sich also von den Gewohnheiten des Körpers leiten.

Erkenntnis, dass der Geliebte nicht mehr kommt

Vergleich der beiden Gedichte

Beide Gedichte schließen mit dem **Ende einer Beziehung** und geben **Auskunft über die Liebe**. Aber es sind verschiedene Spielarten der Liebe, von denen gesprochen wird. Das lyrische Ich im Gedicht von Gertrud Kolmar erlebt Liebe und Eros als großes Feuerwerk. Es ist eine gewaltige, ja gewaltsame Erfahrung, sie belebt, erleuchtet das Dunkel, ist aber auch aggressiv und verzehrend und kann nicht von Dauer sein. Zwischen himmelhochjauchzend und zu Tode betrübt ist nur ein schmaler Grat.

Die Frau in Gertrud Kolmars Gedicht steht noch ganz unter dem Eindruck des verpufften Feuerwerks, der erloschenen Liebe. Über sich und ihren Geliebten verrät sie wenig, fast nichts. Liebt sie ihn schon lange? Ist er ihre erste Liebe? Ist er jung oder alt, verheiratet oder ledig, liebt er sie ernsthaft oder begehrt er sie nur körperlich? Auch wie sie die Erkenntnis des Schlussverses, die sich nach der langen Nacht einstellt, verarbeiten wird, erfahren wir nicht mehr. Aber es fällt auf, dass sie zu sprechen beginnt und ihn, der ja gar nicht da ist, persönlich anredet: „Du kommst nicht mehr." (V. 28) Der Prozess der Ablösung beginnt erst.

Auch Sarah Kirschs Gedicht spricht von erotischer Liebe (vgl. V. 13). Der Reiz der Beziehung des lyrischen Ichs zu dem namenlosen Mann, über den immer nur im Personalpronomen der dritten Person, „er", gesprochen wird, besteht offensichtlich auch im Verbotenen dieser Liebe, denn der Mann ist verheiratet und betrügt seine Frau. Dem Gedicht geht es aber nicht um moralische Verurteilung, sondern um **existenzielle Fragen**: Kann man in der Liebe frei bleiben? Das lyrische Ich im Gedicht von Kirsch findet im Gespräch mit der bodenständigen, fest verwurzelten Weide darauf für sich eine Antwort: Liebe um den Preis seines Wohlergehens – was immer das sein mag – will die Frau nicht, sie gibt ihn frei und löst sich von ihm in der Hoffnung „er liebt mich nicht mehr" (V. 15). Der Schluss des Gedichts verweist auf die Zukunft, auf neue Liebe, neues Leben.

Deutsch (Baden-Württemberg): Übungsaufgabe 7
Interpretationsaufsatz zu einem Gedicht oder Gedichtvergleich

Aufgabenstellung
Interpretieren und vergleichen Sie die beiden Gedichte.

Thema:
Liebeslyrik

Texte:
Paul Fleming (1609–1640), *Wie Er wolle geküsset seyn* (vor 1640)
Eduard Mörike (1805–1875), *Nimmersatte Liebe* (1828)

Wie Er wolle geküsset seyn

Nirgends hin / als auff den Mund /
da sinckts in deß Hertzen grund.
Nicht zu frey / nicht zu gezwungen /
nicht mit gar zu fauler Zungen.

Nicht zu wenig nicht zu viel:
beydes wird sonst Kinder-spiel.
Nicht zu laut / und nicht zu leise /
Bey der Maß' ist rechte weise.

Nicht zu nahe / nicht zu weit:
Diß macht Kummer / jenes Leid.
Nicht zu trucken / nicht zu feuchte /
wie Adonis Venus reichte.

Nicht zu harte / nicht zu weich.
Bald zugleich / bald nicht zugleich.
Nicht zu langsam / nicht zu schnelle.
Nicht ohn Unterscheid der Stelle.

Halb gebissen / halb gehaucht.
Halb die Lippen eingetaucht.
Nicht ohn Unterscheid der Zeiten.
Mehr alleine / denn bey Leuten.

Küsse nun ein Iederman,
wie er weiß / will / soll und kan.
Ich nur / und die Liebste wissen /
wie wir uns recht sollen küssen.

Aus: Gedichte des Barock. Hrsg. von Ulrich Maché und Volker Meid. Stuttgart 1980, S. 62f. [Text nach der Ausgabe von 1646.]

Nimmersatte Liebe

So ist die Lieb! So ist die Lieb!
Mit Küssen nicht zu stillen:
Wer ist der Tor und will ein Sieb
Mit eitel Wasser füllen?
Und schöpfst du an die tausend Jahr
Und küssest ewig, ewig gar,
Du tust ihr nie zu Willen.

Die Lieb, die Lieb hat alle Stund
Neu wunderlich Gelüsten;
Wir bissen uns die Lippen wund,
Da wir uns heute küßten.
Das Mädchen hielt in guter Ruh,
Wie's Lämmlein unterm Messer;
Ihr Auge bat: nur immer zu,
Je weher, desto besser!

So ist die Lieb, und war auch so,
Wie lang es Liebe gibt,
Und anders war Herr Salomo,
Der Weise, nicht verliebt.

Aus: Eduard Mörike, Maler Nolten. Gedichte. Bindlach: Gondrom 1996, S. 456.

Hinweise und Tipps

Gedichtinterpretation und Vergleich
Bei der Aufgabenstellung „Gedichtvergleich" ist wie folgt vorzugehen: Zunächst sollten mögliche Vergleichskriterien gefunden werden. Dies können auffällige Gemeinsamkeiten oder Unterschiede sein. In dem vorliegenden Fall ist das Thema „Liebe" und das Motiv des Küssens offensichtliche Vergleichsgrundlage. Aber auch weitere inhaltliche Aspekte wie „Maß halten" oder „lustvoller Schmerz" sind hier zu vergleichen. Gemeinsam ist beiden Gedichten die schlichte Liedform. Unterschiedlich ist die literarische Epoche, in der das jeweilige Gedicht entstand.
Geben Sie in der Einleitung die Interpretationsrichtung vor, indem Sie zu jedem Gedicht eine Kernaussage formulieren.
Für den Hauptteil sind folgende Vorgehensweisen denkbar:
- Interpretation und Vergleich werden in einem Durchgang geleistet. Das würde bedeuten, dass man sich zunächst um die Gegenüberstellung der formalen Gestaltung der Gedichte kümmern kann. Es könnten dann die sprachlichen Mittel parallel untersucht werden. Auch die Motive werden analog untersucht. Im vorliegenden Fall wären beispielsweise „Kuss", „Lippen", „Maßlosigkeit" und „Zielstrebigkeit" vergleichbare Inhalte. Bei dieser Methode genügt zuletzt ein kurzer, zusammenfassender Abschluss des Vergleiches.
- Beide Gedichte werden zunächst einzeln untersucht. Schon bei der Einzelinterpretation wird der Schwerpunkt auf die Vergleichskriterien gelegt. Der angefügte Vergleich greift dann die wichtigen Ähnlichkeiten und Unterschiede auf.
- Eine Kombination der beiden Methoden ist möglich, wenn bei einer ersten Einzelinterpretation bereits ausführlich auf die Vergleichskriterien eingegangen wird. Dies bietet sich beispielsweise bei sehr ähnlichen Gedichten an. Um Wiederholungen zu vermeiden, wird dann bei der zweiten Interpretation nur noch auf die markanten Unterschiede eingegangen.

Lösungsvorschlag in Grundzügen

Einleitung

In dem Gedicht *Wie Er wolle geküsset seyn* von Paul Fleming geht es um das richtige Maß des Küssens. Der lyrische Text entstammt dem Barock. Etwa 200 Jahre später schrieb Eduard Mörike, der als Vertreter des Biedermeier gilt, das Gedicht *Nimmersatte Liebe*. Hier wird – im Kontrast zu Fleming – das maßlose Küssen als Zeichen der Liebe beschrieben.

Interpretation von Fleming: Wie Er wolle geküsset seyn
Form
Aufbau: Liedform

Das Gedicht besteht aus sechs Strophen zu je drei Versen. Das Reimschema besteht aus **Paarreimen**. Das erste Reimpaar pro Strophe ist männlich (einsilbig), das zweite jeweils weiblich (zweisilbig). Die Reime in Vers 11/12, 19/20 und 23/24 sind unrein. Durchgängiges Metrum ist ein **Trochäus mit vier Hebungen** pro Vers, wodurch das Gedicht sehr monoton, **gleichmäßig** und mechanisch wirkt. Dies passt zu der fast leierhaft heruntergebeteten Anleitung, wie das Küssen zu vollführen ist. Der monotone Klang erinnert an die Vorschrift eines Lehrers oder an eine **Predigt**. Dieser streng formale Eindruck täuscht jedoch, da sich der Küssende – siehe letzte Strophe – am Ende doch viel Freiheit herausnehmen kann. Der einfache Aufbau mit dem regelmäßigen Rhythmus ist auch ein Zeichen für den **Liedcharakter** des Gedichtes, was ein typisches Merkmal für die Barockdichtung von Paul Fleming ist: Fleming hielt sich an die formalen Vorgaben für Gedichte und verfasste viele Sonette oder Liedgedichte. Das Tempus ist **Präsens**, was zu dem beschreibenden Charakter des Texts passt.

Syntax und Wortwahl

Der Satzbau ist oft **unvollständig** (**Ellipsen**), den Sätzen fehlen Subjekt und Prädikat. Sie sind als verkürzte Antwort auf die indirekte Frage in der Überschrift zu verstehen.
Wie schon formal durch den Paarreim hörbar, gehören immer zwei Verse zusammen. Der erste Vers ist **antithetisch** aufgebaut, meist mit der Wiederholung der Worte „nicht zu". Dem Wort „zu" folgt jeweils ein Adverb, das das Küssen beschreibt. Die zwei einander zugeordneten Adverbien sind gegensätzlich: „frey" – „gezwungen" (V. 3), „wenig" – „viel" (V. 5) usw. Das Wort „zu" weist auf eine Übertreibung hin. Und die soll vermieden werden. Der Gegensatz kann auch zeitlich durch „bald" –„bald nicht" (V. 14) oder quantifizierend „halb" – „halb" (V. 17) eingeleitet werden. Durch die Aufteilung des Verses in zwei konträre Angaben erhält der Vers in der Mitte eine **Zäsur**, einen Einschnitt also, der die beiden Pole trennt. In den Strophen zwei und drei folgt diesem Kontrast im nächsten Vers jeweils eine Erklärung, warum das rechte Maß so wichtig ist. Diese Anleitung gibt vor, dass die jeweiligen Extreme (beispielsweise „zu laut" – „zu leise", V. 7) nicht zu empfehlen sind, sondern eine Mitte dazwischen gefunden werden sollte. Die Antithese als Stilmittel der **Rhetorik** wurde im Barock häufig in Gedichten eingesetzt.
Es häufen sich Verneinungen, teilweise wird sogar die Verneinung verneint: Diese **Litotes** „nicht ohn" (V. 16, 19) verstärkt auf scheinbar bescheidene Weise die vorgebrachte Forderung. Durch zahlreiche Anaphern und Parallelismen – ebenfalls typisch für Barocklyrik – wirkt der Aufbau sehr gleichmäßig. Wiederholungen gibt es nicht nur bei unmittelbar aufeinanderfolgenden Sätzen, sondern auch über die Strophen hinweg, z. B. „ohn Unterscheid" (V. 16, 19).
Die Wörter sind der **Alltagssprache** entnommen. Auf die griechische Mythologie spielt die Erwähnung von Adonis und Venus an (vgl. V. 12).

Diese Liebesgeschichte wird beispielsweise in Ovids *Metamorphosen* erzählt und ist ein Beispiel für eine sehr intensive Liebe, die sogar über den Tod hinaus andauert. Dem Leser des Barock dürfte der mythologische Stoff bekannt gewesen sein.
Die letzte Strophe passt von Reim und Metrum zu den vorangegangenen Strophen, weicht jedoch syntaktisch ab. Sie beginnt mit einem **Imperativ** (V. 21), dessen Appell allgemeingültig wirkt, da das Wort „Jedermann" alle Menschen einschließt. Dann folgt in Vers 22 ein Nebensatz, der durch eine Aufzählung, eine Häufung von Prädikaten, auffällt. Die vier Verben „wissen", „wollen", „sollen" und „können" (V. 22) sind Modalverben, die sich auf das „Küssen" (V. 21) beziehen. Sie umreißen das Spektrum der **Modalität** (vom Können zum Müssen und Wollen) und erlauben alle Spielarten. Die letzten beiden Verse bestehen nun wieder aus einem einfachen Hauptsatz und einem Nebensatz. Der letzte Vers nimmt die indirekte Frage der Überschrift wieder auf. Jedoch wird aus dem Passiv ein Aktiv, aus dem „er" ein „wir" und aus dem „wollen" ein „sollen".

Inhalt
Deutung einzelner Formulierungen

Das Thema des Gedichts ist das richtige Küssen. Die ersten Strophen bieten eine Anleitung, die Ort, Zeit, Qualität und Quantität betrifft.
In der ersten Strophe werden die Körperteile **Mund** und **Zunge** erwähnt. Gleich zu Beginn des Gedichtes gibt es eine „Ortsangabe": Der richtige Kuss gehört auf den Mund, weil er dann eine Verbindung zum Herzen schafft. Küsse auf den Mund sind also Beweise wahrer Liebe (und nicht nur Ausdruck körperlichen Verlangens). Die „faule[n] Zungen" (V. 4) bedeuten ebenfalls, dass die Liebe ehrlich sein muss (kein „fauler Kompromiss"). Es könnte aber auch heißen, dass eine gewisse Mundpflege im gegenseitigen Interesse sein sollte, immerhin führten die schlechten hygienischen Bedingungen im Barock zu Seuchen wie der Pest. Der jeweilige Liebespartner musste hoffen, dass der andere keine ansteckende Krankheit hat. Nach Strophe zwei könnte das Gedicht zu Ende sein. Denn eine **Regel** scheint die Anweisungen **zusammenzufassen**. Dass extreme Küsserei („zu wenig" oder „zu viel", V. 5) kindisch wirkt, kann sich der Leser vorstellen. Vers 8 nennt eine Maxime, die auf die ersten fünf Strophen passt: Es gilt, maßvoll zu agieren. Dies wird dann in den nächsten drei Strophen nochmals an vielen Aspekten ausgeführt.
Der letzte Vers in Strophe fünf deutet schon einen Umschwung – **Ausschluss der Öffentlichkeit** – an. Man soll nämlich eher in Zweisamkeit als öffentlich küssen. Und wenn die zwei Liebenden schon alleine sind, gibt es ja keine Aufpasser, die überprüfen, ob das „rechte Maß" eingehalten wird. „Wo kein Kläger ist", kann auch niemand etwas gegen die individuelle Art des Küssens sagen.

Pointe

Die letzte Strophe steht im **Gegensatz** zu den Aussagen der fünf ersten Strophen. In den Versen 1 bis 20 wird eine Anleitung gegeben – in der letzten Strophe folgt eine Aufforderung, sich über die Regeln hinwegzusetzen. So werden zwei widersprüchliche Seiten betrachtet: Da kann sich beispielsweise etwas Schönes/Gutes (eine Anleitung) als hässlich/schlecht (unbrauchbar) erweisen. Diese Antithetik war typisch für das Lebensgefühl im Barock. Es gibt immer ein „**einerseits**" und ein „**andererseits**".

Auch hier erweist sich der Rat, immer korrekt das Mittelmaß zu halten, als sinnlos. Die Kehrseite von unsinnigen Vorschriften ist nämlich ein Verhalten, das sich doch nicht daran hält. Bei der Liebe will und braucht man

keine Messungen. Die Liebenden sind so frei, das für sie geeignete Maß selber zu finden.
Man könnte auch die letzte Strophe als **Steigerung** der vorangegangenen sehen. Die Vorgaben sind nämlich so allgemein gehalten, dass sie letztlich aussagelos bleiben. Es gibt keine Quantifizierungen, die definieren, wann das Küssen beispielsweise „zu wenig“ oder „zu viel“ sei (das gilt für alle Angaben). Folglich kann doch jeder tun, was er will.

Freiheit

Beim Küssen sollte man zwar Maß halten, aber wo das rechte Maß liegt, darf jedes Liebespaar selbst festlegen. Diese Aussage lässt sich – im Barockzeitalter – nicht auf alles übertragen. Es scheint nahezuliegen, aus dem Text eine allgemeine Forderung nach individueller Freiheit herauszulesen, doch würde dies nicht zur Gedankenwelt des Barock passen. Wenn hier Liebe bzw. der Ausdruck von Liebe thematisiert werden, handelt es sich um ein persönliches Erlebnis. Daher ist hier und nur hier diese Freiheit erlaubt. Im Barock war es Absicht der Dichter, den Leser zu beeinflussen, ihm einen richtigen Lebensweg anzuzeigen. Nach der Vorgabe des lateinischen Dichters Horaz soll die Literatur nützen („prodesse“) oder unterhalten („delectare“). In den ersten Strophen scheint das Gedicht eher zu **nützen**, denn es liefert eine Kuss-Vorschrift. Aber in der letzten Strophe wird dann doch dem Liebespaar Freiheit zugestanden, gewinnt also die **unterhaltende** Seite des Gedichts die Oberhand.

das Gedicht als Emblem

Das **Emblem** im Barock ist eine Kombination aus einer Zeichnung (Pictura) mit einem Motto als Überschrift (auch Inscriptio genannt) und einer Schlussfolgerung als Unterschrift (Subscriptio). Die Gedichtform des Sonetts lässt diese Dreiteilung inhaltlich und formal nachvollziehen: die Überschrift als Inscriptio, die zwei Quartette als Pictura und die Terzette als Subscriptio. Obwohl hier kein Sonett vorliegt, ist der Aufbau ebenfalls einem Emblem vergleichbar. Die Überschrift gibt als indirekter Fragesatz das Motto vor. Es folgt eine Veranschaulichung (was der Pictura entspricht). Die letzte Strophe ist die Deutung, die – zum Emblem passend – überraschend ausfällt.

Carpe diem

Auch dieses Gedicht verdeutlicht den Appell des „**carpe diem**“. Im Barock waren „Memento mori“ (Bedenke, dass du sterben musst) und „Carpe diem“ (Genieße den Tag) zwei Leitsprüche, die oft auch in Gedichten verdeutlicht werden. Obwohl in Flemings Text nicht direkt von Todesgedanken die Rede ist, geht es doch um den Genuss des Moments. Der Kuss ist ein Liebesbeweis, der nicht ewig dauert. Das Gedicht behandelt nur das Erleben des Kusses, der in Einklang mit den Erwartungen der Liebenden geschehen sollte. Das Gedicht ist somit auch ein Plädoyer dafür, den Augenblick zu genießen.

Interpretation von Mörike: Nimmersatte Liebe

Form

Aufbau: Liedform mit einem fehlenden Vers

Die drei Strophen haben sieben, acht und vier Verse und ergeben einen ungewöhnlich unregelmäßigen Aufbau. Wenn man jedoch die Reime betrachtet, erkennt man, dass die **Kreuzreime** an einer Stelle unvollständig sind: Es fehlt nach Vers fünf ein Vers, der sich auf Vers sieben reimt. Wenn man diese Lücke als Ausnahme bewertet, ergibt sich für den Rest doch ein gleichmäßiger Aufbau mit zwei langen Strophen und einer kurzen Strophe als Quintessenz.
Es wechseln sich **männliche** und **weibliche Reime** ab (bis auf die Ausnahme bei V. 5/6). Das Metrum ist bei den Versen mit männlichen Kadenzen

ein **dreihebiger Jambus**, während die Verse mit weiblichen Kadenzen **vier Hebungen** besitzen.
Eine beliebte Liedform zu Mörikes Zeit war eine vierzeilige Strophe mit Kreuzreim und wechselweise drei bzw. vier Hebungen. Die erste Strophe entspricht damit der ersten Liedstrophe, ergänzt um drei Verse (das wäre dann ähnlich wie beim Sonett). Oder man betrachtet die beiden langen Strophen als verdoppelte Liedstrophen. Es wäre denkbar, den fehlenden Vers durch eine **Singpause** (möglicherweise mit einem gesummten Rhythmus, der zu Vers 2, 4 und 7 passt) zu ersetzen. Diese Pause würde die Aussage der sehr langen Dauer („tausend Jahr", V. 5) unterstützen. Auch könnte die Pause vom Zuhörer genutzt werden, um sich zunächst selber Gedanken zu machen, ob das langandauernde Schöpfen (in ein Sieb!) denn einen Sinn hätte.

Syntax und Wortwahl
Variationen im Satzbau

Die Sätze sind einfach gebaut. Dennoch finden sich viele Variationen im Satzbau. So gibt es Aussagesätze, die wiederholt werden (und mit Ausrufezeichen verstärkt sind): V. 1, V. 15. Nach einer Ellipse (unvollständiger Satz in Vers 2) folgt eine **rhetorische Frage**, die als Enjambement zwei Verse füllt. Mit der „Wer"-Frage fühlt sich der Leser angesprochen: Er wird aber die rhetorische Frage (V. 3f.) empört beantworten mit „Ich nicht" oder „Niemand", denn als „Tor" (V. 3) möchte er nicht bezeichnet werden. Im nächsten Nebensatz wird der Leser mit „du" angeredet. Dieser Nebensatz ist konditional gehalten: Die Bedingung ist allerdings unerfüllbar, und selbst wenn es möglich wäre („ewig zu küssen"), wäre doch keine Befriedigung erreicht. Die Ellipse in Vers 14/15 bildet einen **Imperativ**, der die Bitte des Mädchens ausspricht. Am Ende betont eine **Inversion**, zusammen mit einem Enjambement, das „anders" und „nicht" (V. 18f.). Diese Litotes (doppelte Verneinung) verstärkt die Gleichheit.

Variationen im Tempus

Der **beschreibende**, theoretisierende Teil bis Vers 9 steht im **Präsens**. Auf ihn folgt ein **erzählender** Abschnitt (V. 10 bis 16) im **Präteritum**. In einem Rückblick wird die These der unstillbaren Liebe am konkreten Beispiel „bewiesen". Ein lyrisches Ich versteckt sich hinter dem „[w]ir" (V. 10). Aufgrund der Erwähnung des Mädchens lässt sich folgern, dass das lyrische Ich der Mann in der Liebesbeziehung ist. Die letzte Strophe verbindet die Aussage über die **Gegenwart** mit der Erfahrung aus der **Vergangenheit**. Zum Abschluss wird eine Kontinuität behauptet: Das **Perfekt** steht für etwas, das noch andauert.

Die Anapher in Vers 5 und 6 ist zugleich eine **Klimax**: Denn das Schöpfen über 1 000 Jahre wird zu einem ewigen Küssen gesteigert. Zahlreiche Wortwiederholungen („Liebe", „Küsse", „ewig", „so") betonen die endlose Wiederholung und den Kreislauf der Handlungen.

lautmalende Häufung des „w"

Auffällig ist die Häufung des Buchstabens „w". Dies ist lautmalend, denn der Ton passt zum Inhalt. Bei der Aussprache des „w" berühren die Zähne die Lippen. Allein schon das laute Lesen des Gedichtes könnte eine Vorstellung von wundgebissenen Lippen vermitteln.

Inhalt

Geht es hier um Liebe oder um Küssen? Der erste Vers suggeriert eine Aussage über die Liebe. Dass Küsse nicht ausreichen, behauptet Vers 2. Und doch ist das Küssen symbolisch für die Unstillbarkeit der Liebe.

Sinnlosigkeit

Sogleich wird ein **Bild** herangezogen: Wer Wasser in ein Sieb gießt, handelt ähnlich endlos wie Sisyphos oder ähnlich dumm wie ein Tor. Derart

aussichtslose Arbeiten gibt es auch in Märchen, wo dann erst ein Wunder oder eine Fee die Erlösung bringt. Obwohl der Versuch, zu einem Ende zu kommen, als dumm bewertet wird, lassen sich Liebende darauf ein. Das sinnlose Sieb-Füllen steht für die Unstillbarkeit der „Gelüste“ (V. 9).
Wenn man das Adjektiv „eitel“ (V. 4) auf das Wasser bezieht, könnte es die altertümliche Bedeutung von „unvermischt“ haben. Es würde also reines Wasser eingefüllt. Doch steht das Adjektiv vermutlich nur aus Gründen der Betonung vor dem Nomen „Wasser“. Es ist als Adverb gedacht und bezieht sich wohl auf den „Tor“, der hier eine eitle Handlung vollzieht. Denn Eitelkeit bedeutet, dass man die Anerkennung und Bewunderung eines anderen braucht. Eitle Menschen oder Aktionen gefallen sich selbst (äußerlich betrachtet), was bei dem sinnleeren Wasser-Schöpfen besonders töricht erscheint.
Die **Torheit** wird am Ende noch einmal aufgenommen und verneint. Im Kontrast zu dem in Vers 3 erwähnten „Tor“ ist sicher Salomo zu sehen, der auch als „[d]er Weise“ (V. 19) bezeichnet wird. Doch auch dieser kluge Mensch agiert beim Küssen, ohne seine Weisheit einzusetzen. Damit wird er erniedrigt oder die Liebenden werden erhöht.

die Liebe und ihre Wesensmerkmale

Worin besteht die Besonderheit der Liebe?

- In der **Maßlosigkeit:** Die Liebe hat einen **Absolutheitsanspruch**, der sich in den umfassenden Begriffen „ewig“ (V. 6), „nie“ (V. 7), „alle“ (V. 8) und „immer“ (V. 14) äußert. Die „Gelüste[ ]“ (V. 9) sind „wunderlich“ (ebda.). Aus diesen „wunderlichen“ Ideen resultieren „wund[e]“ (V. 10) Lippen. Es gibt keine Grenze, kein Einhalten.
- Im **Schmerz:** Zur Liebe gehören die Schmerzen. Je stärker die Schmerzen, umso intensiver das Liebesempfinden (V. 15). Das Mädchen (und wohl auch der Mann) opfern ihre Unversehrtheit. Das Lamm (V. 13), das immer auch für Unschuld steht, ist sogar zum **Sterben** bereit. (Hier wird ein christliches Bild in einem weltlichen Zusammenhang umgedeutet.) Wenn die Unschuld geopfert wird, macht sich jemand folglich schuldig: Es ist der Mann, der aber betont, dass die Frau dies wolle.
- Die Liebe **steht über körperlich-elementaren Bedürfnissen:** Die Bezeichnung „nimmersatt“ in der Überschrift stellt einen Bezug zum Essen-Wollen her. Das Wort „stillen“ in Vers 2 gehört ebenfalls zum Wortfeld des Essens und Trinkens, denn stillen lassen sich Hunger und Durst. Die Liebe braucht jedoch andere „Lösungen“. Das Wasser in Vers 4 dient nicht zum Trinken, da es offensichtlich ausläuft. Das Lamm in Vers 13 wird vom Messer nicht getötet, denn es dient nur als Vergleich mit dem ergebenen Mädchen. Obwohl die Liebe also ähnliche Bilder wie die elementaren Bedürfnisse nach Essen und Trinken hervorruft, lässt sie sich jedoch nicht damit „abspeisen“.
- Die Liebe setzt **intellektuelle Überlegungen außer Kraft**. Letztlich ist jeder Liebende eben doch ein „Tor“, der Wasser in ein Sieb gießt, d. h. ohne greifbares Ergebnis agiert. Auch Salomo, der die Weisheit verkörpert, verhält sich genauso. Damit können sich das lyrische „Wir“ und auch der Leser zumindest in diesem Punkt wie der biblische König fühlen.

biografischer Bezug

Mörike schrieb das Gedicht etwa 1828 (veröffentlicht wurde es 1838). Es bezieht sich vermutlich, ähnlich wie seine *Peregrina*-Gedichte, auf eine kurze **Liebesbeziehung mit Maria Meyer**. Maria Meyer war Kellnerin mit zweifelhaftem Ruf, die als Landstreicherin und Mitläuferin einer Sekte nach Ludwigsburg kam, aber auch über literarische Bildung verfügte. Ihre Schönheit und erotische Ausstrahlung sollen außergewöhnlich gewesen sein. In sie verliebte sich Mörike und schrieb ihr Liebesbriefe. Doch zog er sich – vermutlich aus Vernunftgründen – wieder von ihr zurück. Auch wenn ihn die Trennung sehr schmerzte, beflügelte sie ihn poetisch. Danach konzentrierte er sich auf die Beendigung seiner Ausbildung zum Pfarrer.

Vergleich
Form

Beide Gedichte sind einfach aufgebaut. Die **Liedform** betont die Nähe zum Volk. Auch sind beide Gedichte leicht verständlich. Die Perspektive ist die der Liebenden. Bei Fleming erscheint das lyrische Ich in den letzten beiden Versen. Auch bei Mörike ist mit „wir“ das Liebespaar gemeint, ein lyrisches Ich tritt nicht explizit in Erscheinung. Die **Ich-Perspektive** ist in beiden Fällen die des Mannes.
Das Barockgedicht ist strenger im formalen Aufbau gestaltet, wirkt daher gleichmäßiger und monotoner. Mörikes Gedicht widersetzt sich der Regelmäßigkeit, da ein Vers fehlt. Auch ist der Satzbau bei Mörike abwechslungsreicher und weniger formelhaft.

Inhalt

In beiden Gedichten geht es um das Küssen als **Liebesbeweis**, dreht es sich um die Frage nach dem richtigen Maß. Fleming führt den Leser zunächst etwas in die Irre, indem er das vernünftige Mittelmaß propagiert. Aber am Ende muss er es doch dem Liebespaar überlassen, was für sie richtig ist. Diese Toleranz ist ungewöhnlich für das Barockzeitalter. Sie kann auch nur für einen intimen Bereich gelten, in dem ohnehin Kontrollen versagen.
Auch Mörike überrascht am Ende mit einer Behauptung, dass nämlich die Klugheit nicht davor schützt, „nimmersatt“ und schmerzvoll zu lieben. In beiden Gedichten bekommt die **letzte Strophe** mit einem überraschenden Schlusssatz besonderes **Gewicht**.
Dass die Liebe mehr ist als das „normale“ Küssen, deuten beide Gedichte an. Manche Formulierungen können als sexuelle Anspielungen gelesen werden (bei Fleming V. 11–16; bei Mörike V. 12–14).
Auch wenn lyrisches Ich und Autor bei einer Interpretation streng zu unterscheiden sind, so sind hier doch wohl auch persönliche Erfahrungen eingebaut, insbesondere weil beide Autoren aus der Perspektive eines (männlichen) Liebenden schreiben.

Bezug zur zeitlichen Einordnung

Inhaltlich kann man (bei Fleming) den Wunsch nach einer Maßangabe dem **Barockzeitalter** zuordnen. Gerade in dieser Zeit war die gesellschaftliche Ordnung aufgewühlt: Kriege, Seuchen, naturwissenschaftliche Erkenntnisse und Religionsfragen hatten den Glauben und das Weltbild erschüttert. Der Halt, den Religion und Kirche gegeben hatten, war nicht mehr stabil, sodass ist der **Wunsch nach Ordnung** verständlich ist. Die Dichter haben sich daher meist genau an formale Regeln für den Aufbau eines Gedichtes gehalten. Auch Fleming bleibt dem strengen Ordnungssinn verpflichtet, was außer der Form den Inhalt der ersten fünf Strophen betrifft. In der letzten Strophe macht er die Hoffnung auf eine anwendbare verbindliche Anleitung zunichte. In dem Bereich der zwischenmenschlichen Zuneigung gibt es folglich doch keine Autorität, die den Kuss maßregeln kann.

Eduard Mörike wird als Vertreter des **Biedermeier** angesehen. Das Biedermeier ist eine Stilrichtung, etwa 1815 bis 1850, die der Klassik und Romantik folgte. Es ist gekennzeichnet durch eine Hinwendung zu **Priva-**

tem und **Alltäglichem**, wohingegen die „großen" Themen wie beispielsweise Politik oder Religion nicht aufgegriffen wurden. Zu Beginn der Industrialisierung und politischer Veränderungen wollten die Dichter des Biedermeier nicht Stellung beziehen. Das Provokante war ihnen fremd. So konzentrierte sich auch Mörike auf seine eigene Heimat und nahm lieber Motive aus dem Alltag in seine Gedichte auf. Die Idylle – hier die Liebe zu einem Mädchen – wird ohne Konflikte beschrieben. Der einzige „negative" Aspekt der Liebe ist der Schmerz, der jedoch einen festen Bestandteil des Phänomens Liebe ausmacht

Schluss

Beide Gedichte repräsentieren typische Vertreter ihrer Zeit: Paul Fleming greift in seinem Gedicht den Wunsch nach Ordnung auf. Jedoch lässt sich im Falle des Küssens keine Anleitung, die für alle verbindlich ist, finden. Eduard Mörike bleibt bei seinem Gedicht in der Rolle des Liebhabers zur Zeit des Biedermeier. Eine Anspielung auf die Bibel bekräftigt die Aussage, dass die Liebe von der Epoche, von Macht oder Intelligenz unabhängig ist.

Schriftliche Abiturprüfung Deutsch (Baden-Württemberg): Übungsaufgabe 8
Essay zu einem vorgegebenen Dossier

Thema: Weltgipfel für nachhaltige Entwicklung der Erde

Aufgabenstellung

- Fassen Sie Thema, Absicht und Ergebnis der Dossierunterlagen in kurzen Abstracts zusammen.
- Verfassen Sie einen Essay unter Berücksichtigung Ihrer Abstracts unter dem Titel „Nachhaltigkeit: Die Zukunft von Natur und Menschen sichern!“
  oder:
  Verfassen Sie einen Essay unter Berücksichtigung Ihrer Abstracts. Finden Sie einen passenden Titel für Ihren Text.

Dossierunterlagen

- UN-Definition: Was ist Hunger? – im Vergleich mit einer Karikatur
- Definition von Nachhaltigkeit – im Vergleich mit einer Karikatur
- Ökologie ist kein Luxus: Interview mit BM J. Trittin über die Ziele des Gipfels 2002
- Deklaration des Weltgipfels 2002

Material 1: Was ist Hunger?

Ein Mensch ist nach UN-Definition **unterernährt, wenn er weniger zu essen hat, als er täglich braucht, um sein Körpergewicht zu erhalten und zugleich leichte Arbeit zu verrichten**. Die **erforderliche Nahrungsmenge** variiert zwischen den Ländern sowie zwischen den Altersgruppen und Geschlechtern, liegt aber laut FAO **durchschnittlich bei etwa 1 900 Kilokalorien am Tag**. Dieses *minimum energy requirement* ist geringer als der von der Weltbank zum Zwecke der Definition von „absoluter Armut“ errechnete Durchschnittsbedarf von etwa 2 200 Kilokalorien. Laut Weltbank leben etwa 1,2 Milliarden Menschen in absoluter Armut; laut FAO sind über 800 Millionen unterernährt.
Im **Weltdurchschnitt lag der Nahrungsverbrauch 1970 bei 2 410 Kilokalorien, im Jahr 2000 bei 2 800**. Es gibt große regionale Unterschiede. In den Industrieländern stieg der Verbrauch von 3 130 auf 3 230 Kilokalorien, in Ostasien von 2 010 auf 2 920, in Schwarzafrika von 2 100 auf 2 190.

Quelle: taz Nr. 6771 vom 11. 06. 02, S. 3, Bericht von Dominic Johnson

Quelle: www.oedat.at

Material 2: Definition von Nachhaltigkeit

Der Begriff der Nachhaltigkeit gilt seit einigen Jahren als Leitbild für eine zukunftsfähige Entwicklung („sustainable development“) der Menschheit. Insbesondere die Agenda 21 und die Lokale Agenda 21 setzen zur Lösung gegenwärtiger und zukünftiger Umweltprobleme auf das Prinzip der Nachhaltigkeit.

Es hat einige Jahre intensiver Vorarbeit bedurft, um sich auf dieses Leitbild weltweit zu verständigen. Noch schwieriger erscheint es, die daraus erwachsenden Anforderungen zu konkretisieren und diesen gerecht zu werden. Künftig soll sich also alles Wirtschaften unter Berücksichtigung ökonomischer und sozialer Dimensionen an den Grenzen der Tragfähigkeit des Naturhaushaltes orientieren.

Aber gibt es wirklich *die* Nachhaltigkeit, oder versteht vielleicht nicht jeder hierunter etwas anderes, und wenn ja, was.

Was also *ist* Nachhaltigkeit? Was versteht man unter einer nachhaltigen Entwicklung?

Der Begriff „sustainable development“ wird im Deutschen zumeist mit „nachhaltiger Entwicklung“ übersetzt. Weitere Übersetzungen, die in der Literatur verwendet werden, sind

- dauerhaft umweltgerechte Entwicklung
- umweltgerechte Entwicklung
- ökologisch-dauerhafte Entwicklung
- zukunftsverträgliche Entwicklung
- nachhaltig zukunftsverträgliche Entwicklung
- zukunftsfähige Entwicklung.

Quelle: www.nachhaltigkeit.info © Aachener Stiftung Kathy Beys, 2004

Quelle: http://satgeo.zum.de

Material 3: Trittin: Ökologie ist kein Luxus (26. 08. 2002)

„Das Bündnis zwischen Entwicklungsländern und Europa muss handlungsfähig werden“, fordert Jürgen Trittin (Grüne) zum Auftakt des Weltgipfels in Johannesburg. Seit heute beraten rund 40 000 Teilnehmer auf der bisher größten UN-Konferenz über Armutsbekämpfung, fairen Welthandel und Naturschutz. Über die Chancen des Weltgipfels für nachhaltige Entwicklung, der am 4. September endet, sprach Bundesumweltminister Jürgen Trittin mit dem „Tagesspiegel“. Das Interview im Wortlaut:

Nicht nur Europa bringt frische Katastrophenerfahrungen mit zum Weltgipfel für Nachhaltige Entwicklung in Johannesburg, der an diesem Montag beginnt. Wird sich das positiv auf die Verhandlungsbereitschaft auswirken?
Trittin: Die Bundesregierung bemüht sich nicht erst seit der Hochwasserkatastrophe darum, in Johannesburg etwas zu erreichen. Aber diese Häufung von Unwetter-Katastrophen ist für alle eine Mahnung, dass es auch unter dem Aspekt der Wirtschaftlichkeit richtig ist, die Umwelt zu schützen. Wir müssen uns endlich von der Idee befreien, dass Ökologie Luxus sei. Für viele Länder ist es eine Existenzfrage, dass sie ihre natürlichen Ressourcen nutzen können. Daran wird sich auch entscheiden, ob es uns gelingt, die Zahl der Armen – also derjenigen, die pro Tag weniger als einen US-Dollar zur Verfügung haben – bis 2015 zu halbieren.

Wie kann man das erreichen?
Trittin: Eine wesentliche Voraussetzung dafür ist der Zugang zu sauberem Wasser und die Versorgung mit Strom. Kein Wasser zu haben ist so ähnlich, wie keine Luft zum Atmen zu haben! Und wer keinen Stromanschluss hat, kann nicht aktiv an der Globalisierung teilhaben. Wenn aber alle Menschen Computer, Kühlschränke, Fernseher und Autos haben, und für deren Betrieb genauso viele endliche Energien verbrauchen wie ein durchschnittlicher Mitteleuropäer, wird das nicht funktionieren. So viel ist nicht da. Da wir aber den Menschen in Afrika weder Kühlschränke noch Computer verweigern wollen und dürfen, muss man sich von unserem Modell der Energieversorgung mit zentralen Kraftwerken und einem großen Leitungsnetz verabschieden. Das geht nur mit dezentralen Systemen, die Elektrizität dahin bringen, wo die Menschen sind. Darum führt kein Weg an erneuerbaren Energien vorbei.

Das klingt für Europäer völlig plausibel. Aber wie klingt das in den Entwicklungsländern?
Trittin: Es gibt keine ökonomische Entwicklung ohne soziale und ökologische Standards. Die Energieversorgung oder der Zugang zu Wasser sind unmittelbare Entwicklungsprobleme. Darüber gibt es keinen Streit. Aber die Entwicklungsländer sind zu Recht verbittert, dass Versprechen nicht eingehalten worden sind. Beispielsweise haben Industriestaaten ihre Zusagen, die sie beim Welt-Aids-Gipfel gemacht haben, dadurch finanziert, dass sie ihre Beiträge zur globalen Umweltfaszilität gekürzt haben. Diese Global Environment Facility (GEF) ist für die Finanzierung von Anpassungskosten an den Klimawandel zuständig und bei der Weltbank angesiedelt. Noch mehr verbittert die Entwicklungsländer, dass sich die Industriestaaten zwar bei der Welthandelskonferenz in Doha bereit erklärt haben, über den Abbau wettbewerbsverzerrender Subventionen zu reden. Doch was passiert dann? Die USA haben mit der so genannten Farm-Bill ihre Agrarsubventionen um etwa 70 Prozent erhöht. Das hat die Entwicklungsländer empört. Über Entwicklungshilfe streiten sie schon gar nicht mehr. Aber sie wollen mit ihren Produkten auf die Märkte der Industriestaaten. Sie wollen einfach nur wahr machen, was immer gepredigt wird, nämlich Freihandel.

In der Vorbereitung auf den Weltgipfel gab es schon eine Annäherung darüber. Wie ist der Stand der Debatte jetzt?

Trittin: Wir haben uns bemüht, die Schwierigkeiten, die einzelne Staaten der Europäischen Union mit dem Abbau der Agrarsubventionen haben, zu überwinden. Wir haben nun eine Brücke, über die zumindest alle Europäer gehen können. Ob dieses auch für die USA gilt, wird sich herausstellen. Ich glaube, wir werden überhaupt nur einen Erfolg hinbekommen, wenn das Bündnis zwischen Entwicklungsländern und Europäern wieder handlungsfähig wird. Das hat sich in vielen internationalen Verhandlungen bewährt.

Lassen sich die USA nur überzeugen, wenn Sie sie gemeinsam umzingeln?
Trittin: Vorher wurde immer gesagt: Mit den USA geht gar nichts. Beim Klimaschutzabkommen von Kyoto haben wir es geschafft, sie so weit zu umarmen, dass sie den Fortschritt der anderen nicht mehr blockieren konnten. Ich hoffe nach wie vor, dass die USA den Weg zurückfinden. Das gilt auch für Johannesburg. Die Europäer wären gar nicht in der Lage, die wesentlichen Finanzierungsmechanismen für eine globale umweltgerechte Entwicklung allein zu schultern, wenn ein finanzkräftiger Zahler wie die USA ausfallen würden. Wir wissen nicht, ob Johannesburg ein Erfolg wird. Berufsoptimisten empfehle ich, mit dem genügenden Maß an Realismus daran zu gehen. Ich wehre mich aber auch gegen diejenigen, die den Gipfel schon völlig abgeschrieben haben.

Wie einig sind die Europäer?
Trittin: Wir haben in den wesentlichen Fragen innerhalb der EU einen Konsens. Schwierig war die Frage des Marktzugangs: Frankreich und Irland wollen, dass der Zeitplan von Doha eingehalten wird. Das passt aber gut zusammen. Denn genau das wurde in Doha zugesagt. Es gibt einen europäischen Weg, der unabhängig ist von der Parteifarbe. Zum Beispiel in Deutschland: Bundestag und Bundesrat haben das Kyoto-Protokoll einstimmig ratifiziert. Ich habe auch die Erfahrung gemacht, dass wir mit konservativen Regierungen in Europa in vielen Fragen kooperieren können, nicht nur in der Gegnerschaft zur Atomenergie mit der österreichischen Regierung, die ja nicht so rot-grün ist.

Was wollen Sie den Entwicklungsländern anbieten, um sie auf Ihre Seite zu ziehen?
Trittin: Die Bundesrepublik hat ein paar Angebote gemacht: Wir wollen unsere Beiträge zur GEF erhöhen, wir wollen für die 25 am wenigsten entwickelten Länder den Marktzugang sicherstellen, von uns stammt die Idee eines umfassenden Schuldenerlasses für diese Länder. Das hat dazu beigetragen, Vertrauen zu bilden. Wenn sich wirklich etwas bewegen soll, brauchen wir einen multilateralen Prozess. Johannesburg ist nicht so präzise wie Rio, weil kein internationales Abkommen verhandelt wird sondern Ziele. Es fragt sich, ob zur allgemeinen Deklaration einer überwölbenden Zielsetzung konkrete Maßnahmen hinzu kommen oder ob wir uns auf private Initiativen beschränken. Ich bin nicht gegen private Initiativen. Aber die erreichen die dringendsten Fälle oft gar nicht. Die meisten Auslands-Direktinvestitionen finden in zehn Ländern statt. Nur drei Prozent davon landen in Afrika. Das ist einer der Gründe, warum ich mich dafür eingesetzt habe, dass der Gipfel für nachhaltige Entwicklung in Afrika stattfindet. Das ist der Kontinent, der von der Globalisierung abgehängt wurde.

Wie wahrscheinlich ist ein solcher Erfolg?
Trittin: Ich mag keine Prognosen abgeben. Aber wenn die Nicht-Regierungsorganisationen Druck machen, wird sich etwas bewegen. In unserer Delegation sind viele Nicht-Regierungsmitglieder. Und wir fahren ganz CO_2-frei dahin.

Wie denn das?
Trittin: Naja, nicht CO_2-frei, aber CO_2-neutral. Jeder in der Delegation kann ein Zertifikat erwerben über die 8,3 Tonnen CO_2, die diese Reise erzeugen wird. Mit dem Geld werden wir in einem Township ein CO_2-Einsparprojekt unterstützen. Dafür werden die Häuser dort wärmegedämmt. Was wir durch die Reise an CO_2 produzieren, werden wir so in Südafrika einsparen.

Aus: „Der Tagesspiegel“, Berlin. Interview: Dagmar Dehmer/Cordula Eubel.

Material 4: Deklaration des Weltgipfels für nachhaltige Entwicklung

Wir, die Vertreter der Völker der Welt, versammelt auf dem Weltgipfel für nachhaltige Entwicklung vom 2. bis 4. September in Johannesburg (Südafrika), bekräftigen unser Bekenntnis zur nachhaltigen Entwicklung.

Wir verpflichten uns, eine humane, gerechte und fürsorgende globale Gesellschaft aufzubauen, die der Wahrung der Würde aller Menschen stets eingedenk ist. […]

Daher übernehmen wir gemeinsam Verantwortung dafür, die interdependenten, sich gegenseitig stützenden Säulen der nachhaltigen Entwicklung – wirtschaftliche Entwicklung, soziale Entwicklung und Umweltschutz – auf lokaler, nationaler, regionaler und globaler Ebene auszubauen und zu festigen. […]

Zwischen den Konferenzen von Rio und Johannesburg lagen mehrere Großkonferenzen unter der Schirmherrschaft der Vereinten Nationen, auf denen Vertreter aller Nationen zusammentrafen, darunter die Konferenz von Monterrey über Entwicklungsfinanzierung sowie die Ministerkonferenz von Doha. Auf diesen Konferenzen wurde eine umfassende, weltweite Vision für die Zukunft der Menschheit entworfen. […]

Wir erkennen an, dass die Beseitigung der Armut, die Veränderung der Konsumgewohnheiten und Produktionsweisen sowie der Schutz und die Bewirtschaftung der natürlichen Ressourcenbasis, auf der die wirtschaftliche und soziale Entwicklung aufbaut, die übergeordneten Ziele und die wesentlichen Voraussetzungen einer nachhaltigen Entwicklung darstellen. […]

Mit der Globalisierung haben diese Probleme eine neue Dimension gewonnen. Die rasche Integration der Märkte, die Mobilität des Kapitals und die erhebliche Zunahme der weltweiten Investitionsströme haben neue Herausforderungen und Chancen für die Verwirklichung einer nachhaltigen Entwicklung geschaffen. Die Nutzen und Kosten der Globalisierung sind jedoch ungleich verteilt, und die Entwicklungsländer sehen sich besonderen Schwierigkeiten bei der Bewältigung dieser Herausforderung gegenüber.

Wir laufen Gefahr, diese weltweiten Ungleichheiten festzuschreiben, und wenn wir es unterlassen, in einer Weise zu handeln, die das Leben der Armen auf der Welt grundlegend ändert, riskieren wir, dass sie das Vertrauen in ihre Vertreter und in die demokratischen Systeme verlieren, denen wir verpflichtet bleiben […]

Wir sind fest entschlossen, dafür zu sorgen, dass die Ermächtigung und die Emanzipation der Frau und die Gleichstellung der Geschlechter in alle Aktivitäten eingebunden werden, die im Rahmen der Verwirklichung der Agenda 21, der Millenniums-Entwicklungsziele und des Durchführungsplans von Johannesburg stattfinden. […]

In diesem Zusammenhang fordern wir die entwickelten Länder nachdrücklich auf, soweit sie es nicht bereits getan haben, konkrete Anstrengungen zur Erreichung der international vereinbarten Zielwerte für die öffentliche Entwicklungshilfe zu unternehmen und so zur Erfüllung unserer Entwicklungsziele und -vorgaben beizutragen. […]

Wir sind uns einig, dass große wie kleine Unternehmen der Privatwirtschaft im Rahmen ihrer legitimen Geschäftstätigkeit verpflichtet sind, zur Entwicklung gerechter und bestandfähiger Gemeinwesen und Gesellschaften beizutragen. […]

Wir sind der einmütigen Auffassung, dass die Unternehmen der Privatwirtschaft ihre Rechenschaftspflicht erfüllen müssen. Dies sollte innerhalb eines transparenten und stabilen ordnungspolitischen Rahmens geschehen. […]

Wir verpflichten uns ferner, den Stand der Verwirklichung unserer Gesamt- und Einzelziele auf dem Gebiet der nachhaltigen Entwicklung in regelmäßigen Abständen zu prüfen. […]

Wir verpflichten uns, gemeinsam zu handeln, geeint durch unsere Entschlossenheit, unseren Planeten zu retten, die menschliche Entwicklung zu fördern und allgemeinen Wohlstand und Frieden zu schaffen.

Wir verpflichten uns auf den Durchführungsplan von Johannesburg und die rasche Verwirklichung der termingebundenen sozioökonomischen und umweltpolitischen Ziele, die darin festgelegt werden.

Quelle: www.un.org/Depts/german/conf/jhnnsbrg/decl_jo.pdf

Lösungsvorschlag für die Abstracts

Zusammenfassungen (Abstracts)

Der Text „**Was ist Hunger?**“ informiert über ein aktuelles Problem der Weltwirtschaft, nämlich dass im Jahr 2002 1,2 Milliarden Menschen aufgrund ihres geringen Verdienstes unterhalb der Armutsgrenze leben, davon hungern 800 Millionen.
Die Karikatur veranschaulicht die Gier der Reichen, die den Globus schädigt, zerstört und Menschen in unterentwickelten Staaten vor allem Afrikas zum Hungern verurteilt, weil sie ihnen nur die Reste des Wohlstands zum Leben übrig lässt.

Die „**Definition von Nachhaltigkeit**“ befasst sich mit dem Leitbild eines Wirtschaftens, das ökonomische, ökologische und soziale Prinzipien so aufeinander abstimmt, dass die Welt für alle Menschen lebenswert wird und in Zukunft bleibt.
Die Karikatur zeigt einen Autofahrer, der einem armen Eselstreiber verbietet, einen Baum zu fällen, und kritisiert damit die egoistischen Motive der Wohlhabenden, die den Armen umweltbewusstes Handeln verordnen, um ihre umweltschädigenden Handlungsweisen auszugleichen.

Im Interview „**Bündnis zwischen Europa und dem Süden nötig**“ erläutert der Bundesminister für Umwelt, Jürgen Trittin, die Ziele des Gipfels: Er fordert Naturschutz vor allem in Entwicklungsländern zur Erhaltung der natürlichen Ressourcen für die Ernährung der Bevölkerung und verlangt eine Garantie für die zur Weiterentwicklung notwendigen Energie- und Wasserversorgung sowie Handelsfreiheit für alle Staaten der Dritten Welt.

Die „**Deklaration des Weltgipfels**“ enthält eindrucksvoll rhetorisch ausgearbeitet die Verpflichtungen der Gipfelstaaten zur nachhaltigen Entwicklung der Erde: Die Regierungschefs stellen die ungerechte Verteilung der Güter fest, rufen dazu auf, den unterentwickelten Staaten zu helfen, allen Menschen Fortschritt in Frieden und Freiheit zu garantieren und das alles in absehbarer Zeit zu verwirklichen.

Tipps zum Lösungsansatz für den Essay

Auf den Anfang kommt es an: Formulierungsvorschläge

1. Nachdenklich und einfühlsam

Was ist Hunger? Es fehlt an Nahrung!
Das klingt so einfach – und ist es auch. Pflanzen, Tiere, Menschen sind auf eine lebensfreundliche Umwelt angewiesen und sie sind aufeinander angewiesen. Man lebt voneinander, aber auch miteinander. Der Kreislauf des Lebens gewährt Entfaltungsräume, aber er beschränkt auch das Dasein mit natürlichen Regeln. Nur Menschen setzen sich über diese Grundregeln des Daseins hinweg. Gierig und gewalttätig sind sie und es gelingt immer wieder wenigen, Natur und Artgenossen ohne Maß und Ziel auszubeuten. Harmonie herrscht nur im Paradies, aber wer egoistisch die Gemeinschaft zerstört, in der er lebt, der zerstört sich selbst.

2. Appellativ und polarisierend

„Leeres Flussbett", „Wälder in Flammen", „Karges Korn", „Hitzekarussel dreht sich", „Tropisches Wetter – extreme Dürre" „Hitze gefährdet ewiges Eis", ...
Kein Tag vergeht, an dem wir nicht mit Schreckensmeldungen von der Wetterfront und deren katastrophale Folgen für Mensch und Natur konfrontiert werden. Bis in den letzten Winkel unserer schönen Erde ist es inzwischen durchgedrungen: Zu retten gibt es nicht mehr viel, die Klimakatastrophe wird für viele Erdbewohner zur Lebenskatastrophe. Lamentieren hilft nicht, erkennbare Alternativen gibt es nicht. Also nimmt man's leicht und lebt ohne Hoffnung unbeschwert in den Tag hinein?

3. Subjektiv und wertend

Lerne klagen, ohne zu leiden! Die Texte des vorliegenden Dossiers „Weltgipfel Johannesburg" zwingen mich, einen Zustand unter dem Blickwinkel moralischer Weitsicht zu verurteilen, den ich im Augenblick persönlich außerordentlich genieße. Nun soll ich aufgrund der vorliegenden Texte des Dossiers darüber nachdenken, wie dieser Zustand zu verändern sei, da er die ökologischen Probleme der Erde verschärft, Verteilungsgerechtigkeit verhindert und langfristig das Leben auf der Erde schädigen wird.

4. Ironisch und distanzierend

Alle Jahre wieder ... kommt nicht nur das Christkind mit seinen Gaben – es kommt auch eine globale Gipfelkonferenz mit ihren Vorschlägen. Ihre Schlussdeklaration, ohne Spannung erwartet, weil meist schon bekannt, gemahnt an vorweihnachtliche Atmosphäre: Wünsche werden vorgetragen, an deren Erfüllung keiner glaubt. Zu teuer, zu riesig, zu fantastisch sind die Versprechungen. Die Selbstverpflichtungen klingen wie in der Wirtschaftswerbung, rhetorische Superlative verheißen einen globalen Fortschritt. Wer glaubt überhaupt noch daran, dass Gipfelkonferenzen, die sich mit ökologischen und ökonomischen Problemen unseres Globus beschäftigen, irgendein sinnvolles Ergebnis hervorbringen können? Der muss blind und taub zugleich sein.

Textentwürfe anfertigen

1. Was ist Hunger?

Die Karikatur überspitzt das Ungleichgewicht bei der Verteilung der lebensnotwendigen Güter auf der Erde. Der fette, gefräßige Reiche als Vertreter der Ersten Welt konsumiert den Globus und verurteilt die Angehörigen der Dritten Welt dazu, sich von Almosen (Entwicklungshilfe) zu ernähren oder zu hungern. Sicher macht die Karikatur auf die ungleiche Verteilung der Lebenschancen aufmerksam, aber angesichts der geradezu abstoßend-widerwärtigen Darstellung des Mannes mag sich das schlechte Gewissen oder das Schamgefühl, das der Karikaturist bewirken wollte, bei mir nicht so recht einstellen. Ist die Karikatur als Einstieg in die Problematik des Weltgipfels tauglich?

2. Nachhaltigkeit

Noch weniger überzeugt die Botschaft der Karikatur zur Nachhaltigkeit. Retten wir wirklich unseren Lebensstandard auf Kosten weniger entwickelter Völker, denen wir den für uns selbstverständlichen Fortschritt verweigern, um Energiereserven oder Bodenschätze für unseren Luxus zu erhalten? Ein derartiger ökonomischer Egoismus grenzte an Zynismus. Aber man sollte sich vielleicht auch umgekehrt fragen: Ist es besser, die Entwicklungsländer in das gleiche ökologische Desaster laufen zu lassen, in das wir mit unserer hochentwickelten Ökonomie geraten sind?

3. Interview mit dem Bundesumweltministier Trittin

Um Hunger und Armut in der Welt zu bekämpfen und den Bewohnern der Dritten Welt ein menschenwürdiges Dasein zu ermöglichen, ist es zuerst nötig, ihre Umwelt als Lebensraum und Produktionsfaktor intakt zu halten. Ein guter Boden liefert auch eine gute Ernte, aber dann tauchen die Probleme auf, denn eine gute Ernte soll nicht nur der Selbstversorgung dienen, sondern auch Gewinn auf dem Weltmarkt bringen. Die Vermarktung der Produkte aus Entwicklungsländern ist also zu fördern. Trittin selbst macht den Fehler, den er an anderen kritisiert: Die Grünen-Delegation fliegt CO_2-neutral zum Weltgipfel, indem sie sich mit Zertifikaten zur Förderung eines Öko-Projekts in Südafrika freikauft. Vermutlich wird mit dem Geld des Zertifikats ein industrielles Produkt erworben, das in Europa hergestellt wird, sodass die heimische Wirtschaft Südafrikas nicht viel von dem gespendeten Geld hat.

4. Weltgipfel-Deklaration

Alle Staaten „sind der einmütigen Auffassung“, dass Armut bekämpft, Ressourcenverschwendung eingedämmt, Fortschritt ermöglicht, Gerechtigkeit verwirklicht sowie Frieden für alle ermöglicht werden muss. Das Manifest erinnert sprachlich und in seiner Programmatik an Meilensteine der menschlichen Entwicklung wie etwa die Proklamation der Menschenrechte oder die UN-Charta. Langfristig betrachtet belegen die Ergebnisse bisheriger Gipfel allerdings die Wirkungslosigkeit derartiger Deklarationen. Die Frage ist, ob, wann und unter welchen Umständen Bewusstseinsveränderungen in politisches Handeln umgesetzt werden.

Lösungsvorschlag für den Essay

Nachhaltigkeit: Die Zukunft von Natur und Menschen sichern!

Lerne klagen, ohne zu leiden! Die Texte und Karikaturen des vorliegenden Dossiers zum Weltgipfel in Johannesburg zwingen mich, einen Zustand unter dem Blickwinkel moralischer Weitsicht zu verurteilen, den ich im Augenblick persönlich außerordentlich genieße. Die Sommermonate 2003 bescheren uns Mitteleuropäern endlich das Wetter, das man von dieser Jahreszeit einfach erwarten kann. Sonnige Tage genießen, wandern, baden, faulenzen im Freien und vieles mehr, ohne einen bedenklichen Blick auf die Wettervorhersage zu werfen – das ist es, was ich unter Entspannung und Erholung verstehe.

Nun soll ich aufgrund der vorliegenden Texte des Dossiers darüber nachdenken, warum dieser angenehme Zustand – global gesehen – durchaus schädlich ist, weil er auf einer bedenklichen Klimaerwärmung beruht, welche die ökologischen und ökonomischen Probleme nicht nur der Dritten Welt, sondern auch der Industriestaaten verschärft und – glaubt man den Hardlinern unter den Umweltaktivisten – sogar die Existenz der Gattung Mensch gefährdet. Derartige Horrorvisionen lassen natürlich auch bei mir alle Alarmglocken schellen. Der recht angenehme Zustand des Dolcefarniente scheint vorbei, Eigeninitiativen sind gefragt, Überlegungen sollen angestellt und Entschlüsse gefasst werden, die zur Rettung der Erde beitragen.
Fortsetzung mit Version 1, Version 2 oder Ihrem eigenen Entwurf

Version 1

Nachhaltigkeit fordert der Gipfel als übergreifendes Ziel für alle wirtschaftlichen, sozialen oder politischen Handlungen. Betrachtet man diese Forderung im Rahmen z. B. einer lokalen Agenda als eine konkrete, persönliche Aufgabe, dann fallen einem doch eine Menge guter Taten ein, die man tun kann – die Ausstattung des Hauses mit Energie sparenden Geräten bietet sich an –, oder man erinnert sich mit Schaudern diverser Untaten wie z. B. der unterlassenen Mülltrennung. Was tragen aber solche Nebensächlichkeiten wirklich zur Erhaltung der schon lange nicht mehr heilen Umwelt bei? Einen positiven Effekt stellt man in der Regel kaum fest, denn nachhaltiges Wirtschaften ist nicht nur mit zusätzlicher Mühe und Unbequemlichkeit (öffentliche Verkehrsmittel), mit Kosten (Ökoprodukte), mit Verzicht (Urlaubsfernreisen) und Aufwand verbunden, sondern auch mit der Feststellung, dass der persönliche Gewinn sich in äußerst engen Grenzen hält. Umweltsünder werden kaum bestraft, Umweltmuffel kopfschüttelnd toleriert und Ökofreaks als esoterische Trottel milde belächelt oder als Spinner diskriminiert.

Gründe für diese zunehmende Nachlässigkeit bei umweltschonenden Verhaltensweisen finden wir genug und es sind nicht einmal die schlechtesten: Nachhaltigkeit wird nicht einmal in allen Konversationslexika erklärt, die Begriffserläuterung „nachhaltig zukunftsträchtige Entwicklung“ (Material 2, Z. 19) enthält zudem eine nicht sehr aussagekräftige Tautologie.

Nachhaltigkeit war nie eine Leitidee sozialen Handelns wie etwa Gerechtigkeit und Toleranz. Es gibt keine Tradition, keine Verhaltensregeln und keine Identifikation mit diesem semantisch so schwachen Begriff, dessen Anerkennung als Leitbegriff weit hinter anderen zurückbleibt, z. B. dem der „Leistung“, der „Gerechtigkeit“ oder der „Freiheit“.
Nachhaltigkeit fordert ständige Aufmerksamkeit. Das Bewusstsein der Menschen aber ist zu träge, als dass die Motivation dazu durch eine jährlich veröffentlichte Klimatabelle erreicht werden könnte.

Nachhaltigkeit als Handlungsprinzip zu missachten, schädigt bei uns heute nur wenige, vielleicht sogar erst nachfolgende Generationen. Bequemlichkeit und Egoismus sind allemal stärker als oft schwer beweisbare ökologische Weltuntergangsvisionen. Und deshalb ist uns allen „das Hemd näher als die Hose“. Wir verteidigen unseren Wohlstand, unsere Bequemlichkeit, unsere gewohnte Wirtschaftsweise, unsere Denk- und Verhaltensmuster. Vor allem letztere sind Tabus, die an uns kleben wie zäher Kaugummi an den Schuhsohlen. Leistung in Form von Erwerbstätigkeit ist ein solcher Kaugummi. Wer in unserer Gesellschaft „Arbeitsplätze!" schreit, bringt jeden Umweltschützer sofort zum Verstummen. Wir verteidigen nicht nur unseren Luxus, Reichtum und Überfluss, sondern vor allem unsere Weltanschauung, die besagt, Fortschritt sei in Zahlen messbar. Damit sollten wir endlich Schluss machen.

Es ist falsch, eine „fürsorgende globale Gesellschaft aufzubauen", wie es in der **Schlussdeklaration** zum Weltgipfel 2002 in Johannesburg heißt (Material 4, Z. 4/5). „Wir" ist in dieser Deklaration das sprachliche Signal dafür, dass die Staaten der Dritten Welt materiell, finanziell, weltanschaulich und kulturell vereinnahmt werden. „Wir" sollten uns aber vielmehr dazu verpflichten, diesen Staaten die gleiche Autonomie zu garantieren, die „wir" uns in Jahrhunderten unserer wirtschaftlichen und politischen Entwicklung genommen haben. Wer meint, die Globalisierung sei dafür schon viel zu weit fortgeschritten, der sollte seinen Blick auf ein Land richten, dessen Entwicklung derzeit die ganze Welt mit Argusaugen verfolgt, mit Bewunderung und Neid oder sogar mit leichtem Bangen betrachtet – ich meine das chinesische Volk. Der Fortschritt dort wird sehr teuer erkauft, aber nicht minder stark wächst der Stolz der Menschen auf ihre Leistung. Wie ein junger Mensch sich nicht entwickeln kann, wenn man ihm nicht zeitweise ein hohes Maß an Selbstbestimmung zugesteht, so ist auch staatliche Autonomie für den Fortschritt eines Landes meines Erachtens entscheidender als die vielfältigen Hilfen, mit denen man ein Land gängelt.

Ob „Wir" es dann in Zukunft mit unserer staatlichen Entwicklungshilfe bis hin zu unseren vorweihnachtlichen Spendenaktionen anders halten sollten, wird sich herausstellen müssen. Diese dienen schließlich auch dazu, unser eigenes schlechtes Gewissen zu entlasten und sind schon deshalb nicht ganz unnütz.

Version 2

Das ist aber viel leichter gesagt als getan, denn eine nachhaltige, umweltfreundliche Lebensweise erfordert den Verzicht auf Bequemlichkeiten, z. B. den Betrieb einer Klimaanlage im Hochsommer, auf Mobilität, z. B. den Drittwagen in der Familie, und viele andere Extravaganzen. Derartige Verhaltens- und Lebensweisen werden kritisiert von den **Karikaturen**, die die zynischen Reichen der Industriestaaten zeigen, die aufgrund ihrer Selbstsucht sowohl an der Umweltzerstörung als auch der Unterernährung in den Ländern der Dritten Welt schuld seien. Die Reichen forderten, die Naturschätze zu erhalten, weil sie diese auch in Zukunft für ihren Luxus bräuchten. Die Armen der Dritten Welt müssten hungern, weil die Gefräßigkeit der Reichen nur noch Brosamen übrig ließen, die für Hungernde von ihrem Tisch fielen.

Sicher machen die Karikaturen sehr überspitzt auf die ungleiche Verteilung der Macht und der Lebenschancen auf unserer Erde aufmerksam, aber angesichts der geradezu widerwärtigen, abstoßenden Darstellung eines hässlichen, gierigen Bonzen in seinem protzigen Auto mag sich bei mir als Betrachter das demütige Schamgefühl nicht einstellen, das der Karikaturist vielleicht erwartet hat. Auch der Anblick des fetten Nimmersatt, der gierig mampfend den Globus als Frühstücksei verschlingt, löst Unwillen und Abwehr aus, aber kein schlechtes Gewissen. Fehlen mir deswegen Mitgefühl und Nächstenliebe? Bin ich, wenn ich derartige hässliche Darstellungen nur widerwillig zur Kenntnis nehme, ein Unmensch?

Ich will es nicht sein oder aber nicht wahrhaben. Schließlich unterstützen unser Staat mit Entwicklungshilfe und viele Privatpersonen mit großem Engagement Not leidende Menschen in aller Welt. Die Spenden, die für Hilfsaktionen im Rahmen von Wohltätigkeitssammlungen wie Misereor oder Brot für die Welt gesammelt werden, sind doch in der Summe ganz ansehnlich, sodass jedes Jahr mit Millionenbeträgen viele kleine Entwicklungshilfeprojekte unterstützt werden. „Lächerlich", wird mancher sagen, ein Tropfen auf den heißen Stein, und vielleicht nicht einmal das! Also doch Brosamen, wie in der Karikatur angeprangert? Von meinem Groschen für Misereor wird kein Wasserkraftwerk am Sambesi gebaut oder eine Ölpipeline quer durch die Sahara in den Tschad. Aber ist das überhaupt wünschenswert?

Eben gerade nicht! Wir sehen immer nur uns und unsere wirtschaftlichen Strukturen! **Trittin** bemerkt im **Interview** richtig über die Versorgung unterentwickelter Länder „Das geht nur mit dezentralen Systemen […]“ (Material 3, Z. 28/29) Wie schön wäre es, wenn man das – eine Art selbstverantwortliche Versorgung – im großen Stil zuließe und unterstützte, wo das nur irgend möglich ist. Keine Produktion, keinen Export von billigen Nahrungsmitteln aus industrieller Erzeugung mehr in Entwicklungsländer, keine staatlich subventionierte Eroberung von Märkten, kein erpresserischer Preisdruck auf Handelsgüter aus diesen Ländern. Trittin schildert sogar für den wirtschaftlichen Laien einsichtig wichtige Rahmenbedingungen für einen individuell, lokal, regional gesteuerten Fortschritt, der dem wirtschaftlichen Würgegriff, der sich beschönigend Globalisierung nennt, entgehen könnte. Warum denkt er diesen Ansatz nicht konsequent durch? Wie will er alle die Staaten – bis hin zur Großmacht USA – ins Boot altruistischer Nächstenliebe holen? Warum lobt er am Ende des Interviews ein Verhalten der Grünen-Delegation, das seinen Worten völlig widerspricht? Wer meint, er könne sich entlasten, indem er den Gegenwert seiner Umweltsünden in ein Entwicklungshilfeprojekt investiert, der verhält sich wie jene gläubigen Katholiken des Mittelalters, die sich mit Tetzels Ablasszetteln den Himmel erkauften.

Noch viel weltfremder klingen jene hehren Beteuerungen, die in der **Schlussdeklaration** zum Weltgipfel 2002 in Johannesburg von allen Teilnehmern unterschrieben wurden.

„Wir“, wie es 12-mal im Text heißt, könnten uns und unsere Umwelt nur noch mit energischen Maßnahmen helfen. Diese sind z. B. eine „fürsorgende globale Gesellschaft aufzubauen“, „zur Entwicklung gerechter und bestandfähiger Gemeinwesen und Gesellschaften beizutragen“, „gemeinsam zu handeln“, „die rasche Verwirklichung der […] Ziele“ (Material 4, Z. 4/5, 39/40, 47, 50/51) usw. „Wir“ ist sicher das falsche Pronomen, denn damit sollen wohl alle Staaten des Gipfels gemeint sein. Das Personalpronomen „wir“ täuscht Einheitlichkeit vor, die es nicht gibt. „Wir“ leben auf unserer Erde, aber wir sitzen beileibe nicht im gleichen Boot. Wo bleibt der Unterschied in den Verpflichtungen, der etwa zwischen Uganda und Deutschland unbestritten besteht? „Wir verpflichten uns“ (Material 4, Z. 4, 44, 47, 50) – diese feierliche Formel erinnert an Meilensteine der menschlichen Entwicklung wie die Proklamation der Menschenrechte; sie wirkt an dieser Stelle eher peinlich, weil nicht nur übertrieben, sondern weitgehend unglaubwürdig. „Wir“ deutet nicht auf eine globale Gemeinschaft gleichberechtigter Mitglieder, sondern signalisiert eher die materielle, kulturelle und weltanschauliche Vereinnahmung der Menschen der Dritten Welt durch die Industriestaaten. Zukunftsperspektiven für unterschiedliche Staaten zu entwickeln wird aber dadurch eher verhindert.

Am Beispiel Nachhaltigkeit lässt sich dies einleuchtend veranschaulichen. Findige Forscher in den Industriestaaten entwickeln immer sparsamere und ressourcenschonendere Produkte, gleichzeitig aber verhindern steigende Ausstattungsansprüche der Menschen den erwarteten positiven Umwelteffekt. Noch keinem Land der Erde ist es gelungen, aus diesem Teufelskreis auszubrechen. Wie der Hamster im Käfig treten die Menschen das Rad des Wachstums und Fortschritts in der Hoffnung, irgendwann werde diese Entwicklung der Natur und der Menschheit nur noch Vorteile bringen. Ganz anders ist die Lage der Entwicklungsländer: Sie befinden sich auf einer Nachholjagd, auf der Nachhaltigkeit eine äußerst nebensächliche Rolle spielt. Sie streben nach dem Reichtum der Ersten Welt. Ist es aber nicht scheinheilig, ihnen diesen Fortschritt zu verweigern mit dem Hinweis auf eventuell nachfolgende Probleme, wie wir sie jetzt erleben?

Es wäre geradezu ein Wunder, wenn sich die Unterentwicklung der Wirtschaft in der Dritten Welt als Vorteil herausstellen würde, weil so von Anfang an die Weichen des Fortschritts in Richtung einer umweltfreundlichen Produktion gestellt werden könnten. Dieses Wunder, „eine humane, gerechte und fürsorgende globale Gesellschaft aufzubauen“ (Material 4, Z. 4/5), „allgemeinen Wohlstand und Frieden zu schaffen“ (Z. 48/49) und „unseren Planeten zu retten (Z. 47/48), dieses Wunder ist sicher nicht rasch zu verwirklichen (vgl. Z. 50/51), aber wir dürfen es nicht aus den Augen verlieren.

Schriftliche Abiturprüfung Deutsch (Baden-Württemberg): Übungsaufgabe 9
Essay zu einem vorgegebenen Dossier

Thema: Familie im Wandel

Aufgabenstellung

- Fassen Sie Thema und Absicht der Dossierunterlagen (außer GG Art. 6) unter der Perspektive „Familie im Wandel“ in Form von Abstracts zusammen.
- Verfassen Sie einen Essay unter Berücksichtigung Ihrer Abstracts mit dem Titel „Familie zwischen Verpflichtung und Selbstverwirklichung“
  oder:
  Verfassen Sie einen Essay unter Berücksichtigung Ihrer Abstracts. Finden Sie einen passenden Titel.

Material 1: „Effi Briest“

Kessin, 31. Dezember.

Meine liebe Mama! Das wird nun wohl ein langer Schreibebrief werden, denn ich habe – die Karte rechnet nicht – lange nichts von mir hören lassen. Als ich das letzte Mal schrieb, steckte ich noch in den Weihnachtsvorbereitungen, jetzt liegen die Weihnachtstage schon zurück. Innstetten und mein guter Freund Gieshübler hatten alles aufgeboten, mir den Heiligen Abend so angenehm wie möglich zu machen, aber ich fühlte mich doch ein wenig einsam und bangte mich nach euch. Überhaupt, so viel Ursache ich habe, zu danken und froh und glücklich zu sein, ich kann ein Gefühl des Alleinseins nicht loswerden, und wenn ich mich früher, vielleicht mehr als nötig, über Huldas ewige Gefühlsträne mokiert habe, so werde ich jetzt dafür bestraft und habe selber mit dieser Träne zu kämpfen. Denn Innstetten darf es nicht sehen. Ich bin aber sicher, dass das alles besser werden wird, wenn unser Hausstand sich mehr belebt, und das wird der Fall sein, meine liebe Mama. Was ich neulich andeutete, das ist nun Gewissheit und Innstetten bezeugt mir täglich seine Freude darüber. Wie glücklich ich selber im Hinblick darauf bin, brauche ich nicht erst zu versichern, schon weil ich dann Leben und Zerstreuung um mich her haben werde oder, wie Geert sich ausdrückt, ein ‚liebes Spielzeug‘. Mit diesem Worte wird er wohl Recht haben, aber er sollte es lieber nicht gebrauchen, weil es mir immer einen kleinen Stich gibt und mich daran erinnert, wie jung ich bin und dass ich noch halb in die Kinderstube gehöre. Diese Vorstellung verlässt mich nicht (Geert meint, es sei krankhaft) und bringt es zuwege, dass das, was mein höchstes Glück sein sollte, doch fast noch mehr eine beständige Verlegenheit für mich ist. Ja, meine liebe Mama, als die guten Flemmingschen Damen sich neulich nach allem möglichen erkundigten, war mir zumut, als stünd ich schlecht vorbereitet in einem Examen, und ich glaube auch, dass ich recht dumm geantwortet habe. Verdrießlich war ich auch. Denn manches, was wie Teilnahme aussieht, ist doch bloß Neugier und wirkt umso zudringlicher, als ich ja lange, bis in den Sommer hinein, auf das frohe Ereignis zu warten habe. Ich denke, die ersten Julitage. Dann musst du kommen, oder noch besser, sobald ich einigermaßen wieder bei Wege bin, komme ich, nehme hier Urlaub und mache mich auf nach Hohen-Cremmen. Ach, wie ich mich darauf freue und auf die havelländische Luft – hier ist es fast immer rau und kalt – und dann jeden Tag eine Fahrt ins Luch, alles rot und gelb, und ich sehe schon, wie das Kind die Hände danach streckt, denn es wird doch wohl fühlen, dass es eigentlich da zu Hause ist. Aber das schreibe ich nur dir. Innstetten darf nicht davon wissen, und auch dir gegenüber muss ich mich wie entschuldigen, dass ich mit dem Kinde nach Hohen-Cremmen will und mich heute schon anmelde, statt dich, meine liebe Mama, dringend und herzlich nach Kessin hin einzuladen, das ja doch jeden Sommer fünfzehnhundert Badegäste hat und Schiffe mit allen möglichen Flaggen und sogar ein Dünenhotel. Aber dass ich so wenig Gastlichkeit zeige, das macht nicht, dass ich ungastlich wäre, so sehr bin ich nicht aus der Art geschlagen, das macht einfach unser landrätliches Haus, das, so viel Hübsches und Apartes es hat, doch eigentlich gar kein richtiges Haus ist, sondern nur eine Wohnung für zwei Menschen und auch das kaum, denn wir haben nicht einmal ein Esszimmer, was doch genant ist, wenn ein paar Personen zu Besuch sich einstellen. [...]

Aus: Theodor Fontane: Effi Briest. München 1995, S. 98f.

Anm.: Effi von Instetten, geb. Briest, die Verfasserin des Briefes, ist seit einem halben Jahr verheiratet und lebt mit ihrem Mann, dem Landrat Baron Geert von Innstetten, in Kessin, einer kleinen Stadt in Pommern. Effi kündigt ihrer Mutter ihre Schwangerschaft an.

Material 2: „Der Untertan“

Diederich durfte wieder sagen: „Mein Haus ist meine Burg.“ Die Familie, nicht länger schmutzigen Eingriffen ausgesetzt, blühte auf das reinste empor. Nach Gretchen, die 1894 geboren ward, und Horst, von 1895, folgte 1896 Kraft. Diederich, ein gerechter Vater, legte jedem der Kinder, noch bevor es da war, ein Konto an und trug vorerst die Kosten der Ausstattung und der Hebamme ein. Seine Auffassung vom Eheleben war die strengste. Horst kam nicht ohne Mühe zur Welt. Als es vorüber war, erklärte Diederich seiner Gattin, dass er, vor die Wahl gestellt, sie glatt hätte sterben lassen. „So peinlich es mir gewesen wäre“, setzte er hinzu. „Aber die Rasse ist wichtiger, und für meine Söhne bin ich dem Kaiser verantwortlich.“ Die Frauen waren der Kinder wegen da, Frivolitäten und Ungehörigkeiten versagte Diederich ihnen, war aber nicht abgeneigt, ihnen Erhebung und Erholung zu gönnen. „Halte dich an die drei großen G“, bedeutete er Guste. „Gott, Gafee und Gören.“ Auf dem rotgewürfelten Tischtuch, mit Reichsadler und Kaiserkrone in den Würfeln, lag neben der Kaffeekanne immer die Bibel, und Guste war gehalten, jeden Morgen daraus vorzulesen. Am Sonntag ging man zur Kirche. „Es ist oben erwünscht“, sagte Diederich ernst, wenn Guste sich sträubte. Wie Diederich in der Furcht seines Herrn, hatte Guste in der Furcht des ihren zu leben. Beim Eintritt ins Zimmer war es ihr bewusst, dass dem Gatten der Vortritt gebühre. Die Kinder wieder mussten ihr selbst die Ehre erweisen, und der Teckel Männe hatte alle zu Vorgesetzten. Beim Essen dann oblag es Hund und Kindern, sich schweigend zu verhalten; Gustes Sache war es, aus den Stirnfalten des Gatten zu ersehen, ob es geboten sei, dass man ihn ungestört lasse oder aber ihm durch Geplauder die Sorgen verscheuche. Gewisse Gerichte wurden nur für den Hausherrn aufgetragen, und Diederich warf an guten Tagen ein Stück davon über den Tisch, um herzlich lachend zuzusehn, wer es erwischte, Gretchen, Guste oder Männe. Sein Nachmittagsschlaf war öfters durch eine Verdauungsstörung beschwert; Gustes Pflicht erheischte dann, ihm warme Bauchbinden anzulegen. Diederich verhieß ihr, ächzend und schwer beängstet, dass er sein Testament machen und einen Vormund einsetzen werde. Guste werde kein Geld in die Hand bekommen.
„Ich hab für meine Söhne gearbeitet, aber nicht, damit du dich nachher amüsierst!“ Guste machte geltend, ihr eigenes Vermögen sei die Grundlage von allem, aber sie kam schön an ... Freilich, wenn Guste den Schnupfen hatte, durfte sie nicht erwarten, dass Diederich nun seinerseits ihre Pflege übernahm. Sie hatte sich dann nach Möglichkeit von ihm fernzuhalten, denn Diederich war entschlossen, keine Bazillen zu dulden.

Aus: Heinrich Mann: Der Untertan.
© S. Fischer Verlag GmbH, Frankfurt am Main 1995.

Material 3: Große Familien – kleine Familien

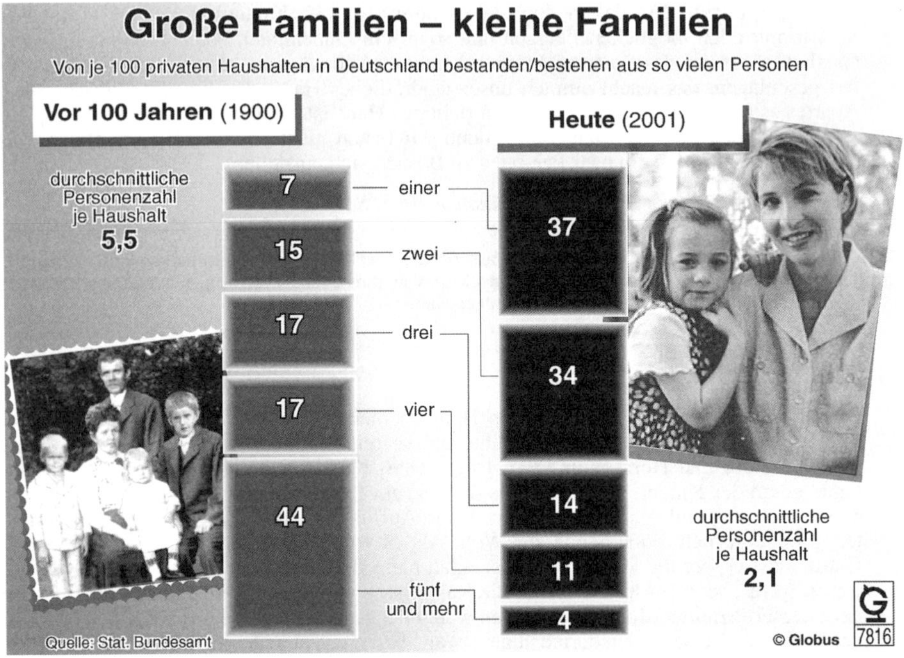

Quelle: GLOBUS Infografik (7816 glo), 7. Juni 2002

Material 4: Grundgesetz Artikel 6 [Ehe und Familie; nichteheliche Kinder]

(1) Ehe und Familie stehen unter dem besonderen Schutze der staatlichen Ordnung.
(2) Pflege und Erziehung der Kinder sind das natürliche Recht der Eltern und die zuvörderst ihnen obliegende Pflicht. Über ihre Betätigung wacht die staatliche Gemeinschaft.
(3) Gegen den Willen der Erziehungsberechtigten dürfen Kinder nur auf Grund eines Gesetzes von der Familie getrennt werden, wenn die Erziehungsberechtigten versagen oder wenn die Kinder aus anderen Gründen zu verwahrlosen drohen.
(4) Jede Mutter hat Anspruch auf den Schutz und die Fürsorge der Gemeinschaft.
(5) Den unehelichen Kindern sind durch die Gesetzgebung die gleichen Bedingungen für ihre leibliche und seelische Entwicklung und ihre Stellung in der Gesellschaft zu schaffen wie den ehelichen Kindern.

Material 5: Was bedeutet Familie?

Was bedeutet Familie?

Frage: „Wenn Sie einmal an Ihre Familie denken: was bedeutet die Familie für Sie?“
Dezember 1994, Zahlen in % Bevölkerung insgesamt

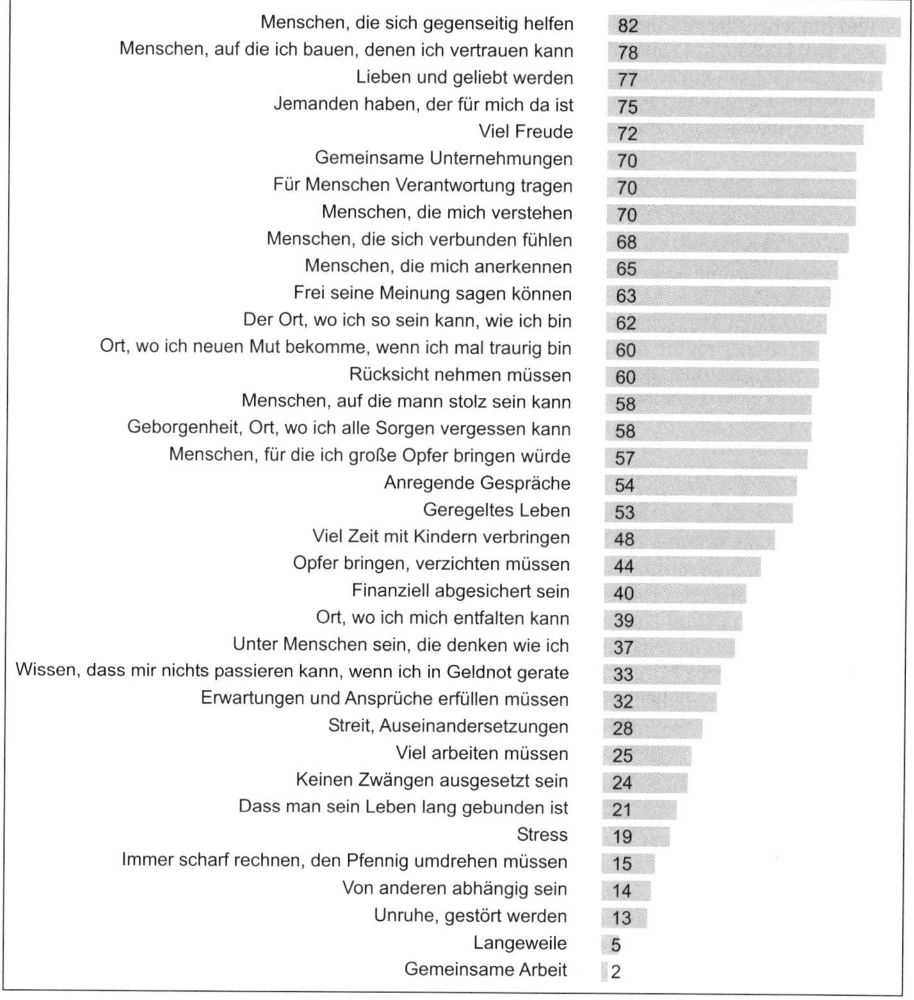

Aus: Elisabeth Noelle-Neumann, Renate Köcher (Hrsg.): Allensbacher Jahrbuch der Demoskopie 1993–1997. München: K. G. Saur, S. 104.

Material 6: Rede der Bundesministerin für Familie, Senioren, Frauen und Jugend, Renate Schmidt, vor dem Deutschen Bundestag am 30. 10. 2002 in Berlin (gekürzt)

[…]

Diese Regierung wird der Familie dort ihren Platz sichern, wo sie hingehört: in der Mitte der Gesellschaft. In der Familien- und Kinderpolitik brauchen wir besonders viel Erneuerung. Familie heißt für uns: mit Kindern leben und für sie Verantwortung tragen. Familien sind wichtigstes Glied des Zusammenhalts der Gesellschaft. Familien sind Leistungsträger und brauchen die richtigen Rahmenbedingungen, um ihre Leistungsfähigkeit entfalten zu können. Dies ist in Deutschland nicht ausreichend gewährleistet:

Deutschland ist hinsichtlich der familienergänzenden Betreuungsmöglichkeiten ein unmodernes Land, nahezu ein Entwicklungsland, mit schwerwiegenden Auswirkungen auf die Geburtenrate, mittlerweile der niedrigsten in Europa. Nur eine Zahl dazu: 41 Prozent der Akademikerinnen bis zum 39. Lebensjahr sind kinderlos. Gleichzeitig ist die Quote der Erwerbsbeteiligung der Frauen, der am besten ausgebildeten Frauengeneration, die es jemals in Deutschland gab, ebenfalls eine der niedrigsten in Europa.

Aus ideologischen Gründen wurde versäumt, die notwendigen Modernisierungen vorzunehmen; eine fruchtlose Diskussion, hier die so genannte Nur-Hausfrau, dort die angeblich verantwortungslose erwerbstätige Rabenmutter. Das war falsch, denn Politik hat nicht vorzuschreiben, wie Menschen leben sollen, sondern Politik hat die Bedingungen zu schaffen, damit Menschen so leben können, wie sie es wollen.

Jeder Familie gebührt der gleiche Respekt und die gleiche Unterstützung. Jede Mutter, jeder Vater, die oder der sich zur Einschränkung oder längeren Unterbrechung der Erwerbstätigkeit entscheidet, darf genauso wenig diskriminiert werden wie Mütter, die Kinder und Beruf gleichzeitig unter einen Hut bringen wollen oder müssen. […]

Wir werden auch in der vor uns liegenden Legislaturperiode die materielle Situation der Familien nicht vergessen. Kinder und ihre Eltern wollen wir aus der Sozialhilfe herausbringen. Modelle werden wir nicht nur prüfen, sondern auch umsetzen.

Den Schwerpunkt allerdings werden wir auf die Verbesserung der Betreuungssituation legen, obwohl es keine Bundeszuständigkeit gibt. Wir tun das dennoch, weil wir nicht zulassen wollen und dürfen, dass Deutschland Schlusslicht in ganz Europa bleibt und wir ein betreuungspolitisches Entwicklungsland bleiben.

Frau Ministerin Bulmahn hat die Verbesserungen bei den Ganztagsschulen erläutert. Wir werden eng zusammenarbeiten, und ich werde die Kompetenzen aus der Kinder- und Jugendhilfe meines Ministeriums einbringen. Ich möchte hier noch einmal betonen:

Ganztagsschulen dienen zuallererst den Bildungschancen unserer Kinder und Jugendlichen und sind deshalb ein wichtiger Meilenstein in der Kinder- und Jugendpolitik dieser Legislaturperiode, deshalb dürfen sie auch nicht als Schulen für Kinder aus benachteiligten Familien abqualifiziert werden. Sie sind für Kinder aller Bevölkerungsschichten notwendig. Aber sie dienen natürlich ebenso der besseren Vereinbarkeit von Kindern und Erwerbstätigkeit und sind deshalb ebenso ein wichtiger Meilenstein für eine moderne Familien- und eine moderne Gleichstellungspolitik.

Für die Verbesserung der Betreuungssituation für die unter 3-Jährigen wird die Federführung in meinem Haus liegen. Wir werden dies gut vorbereiten und niemandem, vor allem nicht den Kommunen, irgend etwas überstülpen. Ich setze bei den Betreuungsmöglichkeiten für Kleinstkinder nicht nur auf mehr Quantität, sondern vor allem auch auf mehr Qualität, weil wir wissen, wie wichtig Zuwendung und Anregungen gerade in dieser Lebensphase für Kinder sind.

Die jüngste OECD-Studie bestätigt dies eindrucksvoll. Ich will gemeinsam mit Ländern und Kommunen erreichen, dass die Qualität der Erziehung steigt und in Deutschland Betreuung, Bildung und Erziehung eine Einheit bilden. Dies werden wir durch Projekte zu Qualitätssicherung in Tageseinrichtungen und durch Veränderungen im Kinder- und Jugendhilferecht unterstützen. Ich will die Angebotsvielfalt: Die guten Kinderkrippen, unverzichtbar für die Städte, gute Tagesmüttermodelle, die vor allem in kleineren Gemeinden wahrscheinlich besser geeignet sind. Die Bedürfnisse von Kindern und Eltern müssen maßgebend sein und nicht die Lieblingsvorstellungen von Politikerinnen und Politikern. [...]

Das Ziel meiner Arbeit in dieser Legislaturperiode ist, dass sich alle, an erster Stelle die Kinder, in dieser Gesellschaft willkommen fühlen dürfen:

Mein Ziel ist es, die Spaltung der Gesellschaft, wo immer möglich, zu reduzieren und aufzuheben. Die Spaltung in Kinderlose und Kinderhabende, in Jung und Alt, in Interessen von Männern und Frauen, in Rabenmütter, angebliche Nur-Hausfrauen und Karrierefrauen, in so genannte Normalfamilien und Einelternfamilien.

Gegensätze werden sich nur aufheben lassen, wenn gemeinsame Interessen erkannt werden. Dazu zählt in erster Linie das gemeinsame Interesse an Beziehung, Verlässlichkeit und Geborgenheit. Dazu zählt das Recht auf ein eigenes Leben. Dazu zählt die Gleichheit, unabhängig von Geschlecht, Alter oder Hautfarbe. Eine solche Gesellschaft ist lebens- und liebenswert.

Für ihre Verwirklichung werde und will ich mich mit allen Kräften einsetzen.

Quelle: www.bmfsfj.de/Kategorien/reden,did=5682.html (gekürzt I. Haller)

Lösungsvorschlag für die Abstracts

Zusammenfassungen (Abstracts)

Theodor Fontane: „Effi Briest"
Effi gesteht ihrer Mutter ihr Heimweh nach dem Elternhaus. Sie berichtet kühl und respektvoll von ihrem Ehemann, der sie wie ein unmündiges Mädchen behandelt. Sie meint, auch die Schwangerschaft, über die sie glücklich berichtet, werte sie in seinen Augen nicht auf. Effi fühlt sich so unsicher und unwissend, dass sie nach der Geburt rasch auf Besuch ins Elternhaus reisen möchte.

Heinrich Mann: „Der Untertan"
Der Erzähler in Heinrich Manns Roman „Der Untertan" karikiert die hierarchischen Beziehungen in einer bürgerlichen Familie, in der der Hausherr als unangefochtene Autorität über das Leben seiner Frau und seiner Kinder so weit bestimmt, dass er selbst die Essenszuteilungen regelt. Insbesondere seine Frau behandelt er wie eine niedere Bedienstete.

Grafik: Große Familien – kleine Familien
Die Grafik belegt weit reichende Veränderungen der Familienstrukturen in der Zeit von 1900 bis 2001. Die Großfamilie mit mehr als fünf Mitgliedern, wie sie um 1900 noch selbstverständlich war, gibt es heute nur noch in vier Prozent aller Familien, dagegen lebt in mehr als einem Drittel aller Haushalte nur noch eine Person.

Grafik: Was bedeutet Familie?
Die grafische Darstellung belegt den hohen emotionalen Stellenwert der Familie heutzutage. Die Menschen erwarten Unterstützung, Vertrauen, Liebe usw. Auffällig ist, dass erst an 17. Stelle das Verzichtenmüssen, also eine Verpflichtung, auftaucht. Materielle Sicherheit scheint noch unwichtiger zu sein, denn sie wird an 22. und 25. Stelle genannt.

Rede der BM R. Schmidt am 30. 10. 2002
Die Redeausschnitte befassen sich mit der Aufgabe, staatliche Kinderbetreuung zu organisieren als Reaktion auf die veränderte Familiensituation. Kleinkinderbetreuung, Tagesstätten und Ganztagsschulen werden nach Ansicht von Renate Schmidt dafür sorgen, dass Frauen Beruf und Mutterrolle vereinbaren können, dass die Geburtenrate in unserem Land wieder steigt und dass Kinder sich akzeptiert und geborgen fühlen.

Tipps zum Lösungsansatz für den Essay

Diskussionsaspekte

1. Der historische Überblick zeigt, dass die bürgerliche Familie im Laufe des vergangenen Jahrhunderts vielen Veränderungen unterworfen war: Die **Hierarchien**, wie sie in den literarischen Texten aus dem Ende des 19. Jahrhunderts bzw. dem Anfang des 20. Jahrhunderts geschildert werden, wurden abgebaut, insbesondere die Funktion des väterlichen **Familienvorstands** wird kritisiert. (Materialien 1 und 2)

2. Die Familie wird nicht nur zahlenmäßig immer kleiner, auch die **Aufgaben**, die **Bindungen** und das **Selbstverständnis** der Familienmitglieder ändern sich, wie man auf den Bildern erkennt, die die statistischen Daten illustrieren. Die Menschen gehen locker, liebevoll und vertraulich miteinander um. (Material 3)

3. Sie wird erst in zweiter Linie als **Dienstleistungsunternehmen** betrachtet, in dem Versorgung und Verpflegung sowie Erziehung und Bildung der Kinder erwartet werden. (Material 4)

4. Die Familie wird als **Refugium** angesehen, in das man sich nach dem beruflichen und schulischen Alltagsstress zurückziehen und wo man sich erholen kann. In der Familie werden soziale Niederlagen ausgeglichen und persönliche Verletzungen geheilt. (Material 5)

5. Das Grundgesetz stellt die **Institution** Familie unter den besonderen Schutz des Staates. Da aber traditionelle Familien ihre Bedeutung verlieren, muss der Staat mit organisatorischen (Betreuung) und gesetzgeberischen Maßnahmen (Steuergesetze) reagieren, um eine faire, zukunftsweisende Bevölkerungspolitik zu initiieren. (Material 6)

Welche der Familienaufgaben vom Staat unterstützt oder gar übernommen werden können, muss in jeder Generation neu geklärt werden, denn Erziehung und Betreuung, Versorgung und Zuwendung, Sicherheit und Geborgenheit sind unterschiedliche Aufgaben und Ziele, die nicht von jeder beliebigen Instanz übernommen und erfüllt werden können.

Lösungsvorschlag für den Essay

Nachwuchssorgen – für den Nachwuchs sorgen

„Unsere drei Mädchen Marie, Grete und Lisa haben ein Brüderchen bekommen. Die Geburt ihres Sohnes Hans geben bekannt: die glücklichen Eltern H. und G. Kinderlieb."
Glückliche Eltern – glückliche Kinder! Der naive Stolz, der aus dieser Zeitungsannonce spricht, wird immer seltener, weicht immer häufiger skeptischer Zurückhaltung. Ein Kind gilt noch als Hoffnungsträger der Eltern, zwei Kinder entsprechen der Norm, aber drei oder gar mehr Kinder lenken den Blick des Betrachters unweigerlich auf Probleme des Familiendaseins.

„Ihr werdet schon sehen, was auf euch zukommt!" „Ja, was denn?" Körperlicher Stress während der ersten Lebensjahre, zunehmende Verantwortung bei der Erziehung der Heranwachsenden, finanzielle Belastungen und Einschränkungen, Verzicht auf persönliche Interessen und vielleicht sogar die berufliche Karriere sind die bekanntesten, aber beileibe nicht alle Argumente, die als Allgemeinplätze den Verzicht auf reichen Kindersegen begründen. Bis die drei Erdenbürger selbstständig geworden sind, werden ihre Eltern manches Mal neidvoll auf die unabhängigen DINKS[1] schielen, deren Freiheiten sie allenfalls wieder im Alter genießen dürfen.

Und nicht selten richtet sich der Blick der Eltern wehmütig zurück auf jenes goldene Zeitalter der Großfamilien, deren Mitglieder in unendlicher Hilfsbereitschaft harmonisch zusammenarbeiteten, sodass die Sorgen um und für den Nachwuchs, aber auch wegen des Nachwuchses von vielen selbstlosen Menschen geteilt wurden. Geduldige Großmütter spielten und sangen mit den Kleinsten und erzogen sie mit lehrreichen Geschichten, unverheiratete Tanten kümmerten sich um die Kranken und erledigten den Haushalt, der weise Großvater betreute die wissbegierige Kinderschar und weihte sie in die Geheimnisse von Natur und Gesellschaft ein. „Wirklich wahr?", möchte man fragen. „So lehrt es uns die Idylle!", lautet die Antwort.

Die in Bildern, Zahlen und Texten überlieferte Realität vermittelt völlig andere Ansichten. Eine Großfamilie auf einem Bild von 1900 ist ein Spiegel der menschlichen Beziehungen: Die Mutter sitzt im Vordergrund, umringt von Kindern jeden Alters; der Vater steht hinter ihr, dominant und imponierend beherrscht er das Bild. Steif und ernst starren die Kinder in die Kamera. Die Hierarchien sind klar festgelegt, eine Frau gewinnt erst Bedeutung mit Kindern. Zwar darf die werdende Mutter im 19. Jahrhundert nur ganz verschämt von dem bevorstehenden freudigen Ereignis einer Geburt berichten, denn derartige intime körperliche Vorgänge sind in der Öffentlichkeit tabu, aber sie weiß, dass mit dem Kind ihr Leben einen ganz neuen Sinn oder überhaupt erst einen Sinn bekommt. Noch eindeutiger äußern sich Männer, die sich als Familienpatriarchen verstehen, zur familiären Hierarchie: Diederich Heßling, die Hauptperson in Heinrich Manns Roman „Der Untertan", würde unbesehen das Leben seiner Frau für einen männlichen Nachwuchs opfern. Die unumstrittene väterliche Autorität umfasst die materiellen Ressourcen der Familie, die menschlichen Regeln des Zusammenlebens, die moralisch-religiösen Verhaltensnormen bis hin zur Zukunftsplanung über Generationengrenzen und den eigenen Tod hinaus. Alle Familienmitglieder unterwerfen sich diesen Regeln, sind sich ihrer Würde, aber auch der Bürde dieses bürgerlichen Daseins bewusst. Wer sehnt sich nach jenen starren Strukturen, nach den rigiden Regeln, den daraus folgenden Vorstellungen von Disziplin, Unterordnung oder gar Repression zurück? Was für eine unmögliche Frage! Natürlich niemand.

Selbstbewusste Jugendliche des 20. und jetzt 21. Jahrhunderts sehen ihre Wunschfamilie völlig anders. Statt einander einzuengen, soll man einander unterstützen, statt Gebot und Gehorsam fordert man Geduld und Geborgenheit, statt Abhängigkeiten und Auseinandersetzungen sind Akzeptanz und Aufmerksamkeit gefragt – dazu noch Glück, Freude, Mitgefühl, Freiheit, Selbstverwirklichung und vieles mehr. Um wie viel sympathischer wirkt das Bild einer lächelnden liebevollen Mutter, an die sich ein kleines Mädchen schmiegt? Beide werden vielleicht vom Ehemann und Vater fotografiert, den sie freundlich anlachen, möglicherweise bilden sie aber eine kleine Zwei-Personen-Familie und sind sich dabei selbst genug.

Auch bei Familie Kinderlieb hat sich über die Jahre vieles verändert. Marie, Grete, Lisa und Hans sind erwachsen und entwickeln sich zu selbstbewussten und selbstständigen Menschen. Sie lösen sich aus den Bindungen ihrer Familie und führen ein Leben nach eigenen Plänen und Vorstellungen. Bald werden sie eventuell über eine eigene Familie nachdenken. Wie viele ihrer Altersgenossen haben sie im Gemeinschaftskundeunterricht der Schule gelernt, dass „Pflege und Erziehung der Kinder [...] das natürliche Recht der Eltern und die zuvörderst ihnen obliegende Pflicht" sind und dass „Über ihre Betätigung [...] die staatliche Gemeinschaft" wacht (Art. 6 GG der Bundesrepublik Deutschland). Und der Staat wacht seit langem nicht nur, er überwacht, fördert, regelt, unterstützt und hilft in einem Maße, das sich Kinderliebs Vorfahren um 1900 niemals vorstellen konnten. Jedermann weiß, dass schulische Bildung und Ausbildung schon lange nicht mehr unter familiärer Regie stehen, dass der Staat auf die Versorgung und Ausstattung der Familien mit Steuergesetzen und Kindergeld Einfluss nimmt, dass die staatlichen Institutionen sogar einen Teil der Erziehungsarbeit übernehmen. Aber beileibe nicht alle Menschen begrüßen den Trend zur Verstaatlichung der Familienaufgaben. Werden staatliche Leistungen und damit Zuständigkeiten in Zukunft noch stärker erweitert? Kann mit Gesetzen die „Qualität der Erziehung" gesteigert werden? Ist es wirklich modern, staatliche „Betreuungsmöglichkeiten für Kleinstkinder", d. h. für „die unter 3-Jährigen" (BM Renate Schmidt) zu schaffen? Babyklappen für Neugeborene sollten wirklich dringenden Notfällen vorbehalten bleiben.

Die Geschwister Kinderlieb wissen sicher, dass in Deutschland das Szenario einer in alle Bereiche der Familie eingreifenden staatlichen Regulierung nicht Wirklichkeit wird. Aber sie wünschen sich mit vielen ihrer Altersgenossen, dass die Organisation des gesellschaftlichen und vor allem beruflichen Lebens genauso Rücksicht nimmt auf Familienaufgaben wie die Familie sich schon seit langem nach den Erfordernissen des öffentlichen Lebens richtet. Familie ist das Netz für Halt, Sicherheit und Geborgenheit, der Lebensraum, in den Menschen sich zurückziehen, in dem sie sich erholen und entfalten, einander unterstützen, anerkennen und lieben können. Material und Aussehen des Netzes ändern sich; stabil und elastisch bildet es nach außen eine kleine Lebensgemeinschaft ab; flexibel passt es sich in Größe und Form den Menschen an, die es hält und schützt; Knoten drücken und bedrücken manches Mal, aber sie halten auch das Netz zusammen; Zwischenräume geben den Blick nach außen frei und lassen Bewegungsfreiheit für die Bewohner des Netzes, die es verlassen, aber auch jederzeit zurückkehren dürfen, wenn sie wollen.

Die Geschwister Kinderlieb werden Familien erleben oder bald selbst in Familien leben, die so vielfältig und kreativ sind wie alle offenen individualisierten Lebensformen in einer modernen Gesellschaft, denn die Großfamilie schrumpft zwar zur Kleinfamilie, aber dafür entfaltet sich die Kernfamilie aus Eltern und ehelichen Kindern in einer Vielzahl von unterschiedlichen Lebensgemeinschaften. Es gibt die Patchworkfamilien, deren Mitglieder aus mehreren Kernfamilien stammen. Es gibt Einelternfamilien, in denen eine Alleinerziehende oder ein Alleinerziehender für den Nachwuchs verantwortlich ist. Es gibt Regenbogenfamilien, in denen die Eltern in einer gleichgeschlechtlichen Partnerschaft leben. Und sicher empfinden Kinder aus aller Welt, die mit fünf bis sechs „Geschwistern" in „Familien" der SOS-Kinderdörfer aufwachsen, ihre Gemeinschaft auch als Familie. Nicht die Organisationsform oder Zusammensetzung, sondern allein die Aufgaben, Ziele und der Sinn entscheiden über die Gemeinschaft, die man Familie nennt.

1 DINKS, double income no kids/zwei Einkommen, keine Kinder

Aufgabe:

Interpretieren und vergleichen Sie die Gedichte.

Hermann Hesse (1877–1962): **Der Liebende** (erschienen 1921)

Nun liegt dein Freund wach in der milden Nacht,
Noch warm von dir, noch voll von deinem Duft,
Von deinem Blick und Haar und Kuß – o Mitternacht,
O Mond und Stern und blaue Nebelluft!
In dich, Geliebte, steigt mein Traum
Tief wie in Meer, Gebirg und Kluft hinein,
Verspritzt in Brandung und verweht zu Schaum,
Ist Sonne, Wurzel, Tier,
Nur um bei dir,
Um nah bei dir zu sein.
Saturn kreist fern und Mond, ich seh sie nicht,
Seh nur in Blumenblässe dein Gesicht,
Und lache still und weine trunken,
Nicht Glück, nicht Leid ist mehr,
Nur du, nur ich und du, versunken
Ins tiefe All, ins tiefe Meer,
Darein sind wir verloren,
Drin sterben wir und werden neugeboren.

*Aus: Hermann Hesse: Gesammelte Werke, Bd. 1.
Frankfurt a. M.: Suhrkamp 1970, S. 82*

Dagmar Nick (*1929): **Früher** (erschienen 1996)

Früher liebten wir uns
über dem Abgrund, wo anderntags
der Orientexpress von der Brücke
sprengte; die Wüsten Arabiens
durchrasten wir ohne Kompass und
kamen doch auf den erkorenen
Gipfel, betraten die Arche,
die keine Planken mehr hatte,
und kreuzten damit übers Meer;
bei der Ankunft im Hafen
der Albatrosse steckte der Frühling
uns an und wir phosphoreszierten[1]
mit den Hinterleibern der Leuchtkäfer
um die Wette; eine einzige
steingemeißelte Quetzalfeder[2]
genügte uns, abzuheben
von dieser Welt. Früher
liebten wir uns.

*Aus: Dagmar Nick: Wegmarken. Ausgewählte Gedichte.
Aachen: Rimbaud 2003[2], S. 19*

…zieren: im Dunkeln nachleuchten
…der: Schmuckfeder eines mittelamerikanischen Vogels

Lösungsvorschlag in Grundzügen

Hinweise und Tipps

Thema: Liebeslyrik
Was heißt hier Liebe? Diese Frage kann als Leitfaden für die Interpretation von Liebesgedichten immer wieder neu gestellt und beantwortet werden. In Liebesgedichten verarbeiten Dichter und Dichterinnen eine existenzielle Grunderfahrung des Menschen, die sowohl zeitloses Phänomen als auch zeitbedingte Erfahrung ist. Was wir unter „Liebe" verstehen, hängt auch davon ab, in welcher Epoche und in welchem Kulturkreis wir leben, von welchen Haltungen und Wertvorstellungen unsere Umwelt geprägt ist, welche individuellen und gesellschaftlichen Erfahrungen wir machen. Die „Spielarten der Liebe" schlagen sich auch in der Dichtung nieder.
Epochenkenntnisse können bei der Interpretation von Liebesgedichten hilfreich sein, da es grundsätzlich von Vorteil ist, wenn man über eine rein werkimmanente Betrachtung hinaus auch vom geschichtlichen Hintergrund eines Textes her argumentieren kann. Bei der Vorbereitung auf den Aufgabentyp Gedichtinterpretation ist es deshalb ratsam, literatur- und mentalitätsgeschichtliches Orientierungswissen aufzufrischen.
Achten Sie aber darauf, Texte nicht vorschnell im Hinblick auf typische Epochenmerkmale zu verengen. Der erste Zugang zum Text sollte immer ein sehr genaues, aufmerksames textnahes Lesen sein.

Aufgabentyp Gedichtvergleich
Beim Aufgabentyp „Gedichtvergleich" im Themenbereich „Liebeslyrik vom Barock bis zur Gegenwart" werden Ihnen zwei Texte vorgelegt, die Sie im Hinblick auf **Gemeinsamkeiten und Unterschiede** analysieren und deuten sollen. Dabei müssen Sie herausarbeiten, wie das Thema Liebe in den unterschiedlichen Gedichten entfaltet wird.
Achten Sie darauf, dass Sie jedes Gedicht zunächst für sich wirken lassen und **erste Verstehenshypothesen** bilden. Ein zu schneller Vergleich verstellt den Blick auf die Eigenart der Texte und birgt die Gefahr einer Fehlinterpretation.
Versuchen Sie, die Texte sehr genau wahrzunehmen und visualisieren Sie alles, was Ihnen auffällt, indem Sie farbige Markierungen und Unterstreichungen anbringen, mit Pfeilen und Linien Verbindungen, z. B. zwischen Schlüsselbegriffen, herstellen und grafische Symbole an den Rand zeichnen. Beachten Sie nicht nur Semantik und Bildlichkeit der Sprache, sondern auch klangliche Phänomene (Reim, Alliterationen, Assonanzen usw.). Die Vorstellung, wie die Texte gesprochen werden könnten, hilft Ihnen dabei.
Die Aufgabenformulierung *Interpretieren und vergleichen Sie* lässt Ihnen einen **methodischen Spielraum**, den Sie nutzen sollten. Arbeiten Sie aber auch hier zielorientiert, z. B. indem Sie vorab einen **Schreibplan** erstellen.
Bei Gedichtinterpretationen wird von Ihnen erwartet, dass Sie über fachspezifische und methodische Kenntnisse und Fertigkeiten verfügen und dabei eine angemessene Fachsprache anwenden. Achten Sie darauf, die verwendeten **Fachtermini funktional für die Deutung** der Texte zu **nutzen**, d. h. Inhalt, Sprache und Struktur aufeinander zu beziehen. Die isolierte Aufzählung von im Text vorkommenden Stilmitteln stellt noch keine Interpretationsleistung dar.

„Liebe ist die Sehnsucht nach der Ganzheit, und das Streben nach der Ganzheit wird Liebe genannt."

Einleitung

In diesem **Definitionsversuch des Phänomens Liebe**, der vom antiken Philosophen Platon stammt, wird deutlich, dass die Liebe eine Utopie ist. Zu allen Zeiten streben Menschen dem Ideal der Ganzheit nach, immer wieder erleben sie jedoch, wie vergänglich die Liebe ist. Mythos und Realität können auf Dauer nicht in Einklang gebracht werden.

kurze Vorstellung der beiden Texte

In den Gedichten *Der Liebende* und *Früher* werden diese beiden konträren Facetten der Liebe beleuchtet. In Hermann Hesses Gedicht, das 1921 erschienen ist, spricht ein liebender Mann vom tiefen Erlebnis einer unio mystica, in Dagmar Nicks Gedicht aus dem Jahr 1996 hält eine Frau Rückblick auf die aufregende Zeit eines endgültig vergangenen Liebesabenteuers. Wie diese unterschiedlichen, ja widersprüchlichen Erfahrungen mit der Liebe in den Texten verarbeitet und dichterisch gestaltet werden, soll im Folgenden untersucht werden.

„Der Liebende"

Hermann Hesses Gedicht, das aus einer Strophe mit 18 unterschiedlich langen, gereimten Versen besteht, entwirft das **Szenario einer romantischen Situation**, in der sich zwei Menschen begegnen: Mondlicht und Sternenhimmel, eine milde Nacht, der Duft der Geliebten, blaue Nebelluft – all dies sind Requisiten, die der Leser aus der Literatur der Romantik kennt. Das Gedicht beschränkt sich auf die **Perspektive des Mannes**, wie schon im **Titel** deutlich wird: *Der Liebende*. Zunächst nimmt sich dieser Liebende von außen wahr, spricht von sich selbst in der dritten Person als „Freund" der Geliebten, an die er sich wendet: „Nun liegt dein Freund wach in der milden Nacht, / Noch warm von dir, noch voll von deinem Duft, / Von deinem Blick und Haar und Kuss – o Mitternacht, / O Mond und Stern und blaue Nebelluft!" Noch ganz unter dem Eindruck der nächtlichen Liebesvereinigung, deren körperlich-sinnliche Seite (V. 2–3) mit dem Verweis auf die Wärme und den Duft, auf „Blick und Haar und Kuss" der Geliebten – Topoi, die an barocke Liebeslyrik erinnern – konkret beschrieben wird, sieht der Sprecher sich in den Kosmos, das „tiefe All", und die Natur eingebunden. Dass er von einer im Wortsinn erfüllten Liebe spricht, kommt besonders in den Adjektiven „warm" und „voll" zum Ausdruck, seine euphorische Stimmung schlägt sich in den Ausrufen „o Mitternacht, / O Mond und Stern und blaue Nebelluft!" (V. 4f.) nieder. Was in dieser Situation fehlt, ist die Antwort der Geliebten. Ist sie nicht mehr da? Schläft sie schon? Oder teilt der Geliebte ihr nicht mit, was er denkt, sind seine Worte ein innerer Monolog, den er nicht laut ausspricht?

Mann spricht nach Liebesnacht zur Geliebten

erneute Vereinigung im Traum

Auch beim **Wechsel in die erste Person Singular** (V. 5, „mein Traum") bleibt die Kommunikation einseitig, der Liebende spricht monologisch, auch wenn er sich an die – wohl schlafende – Geliebte wendet: „In dich, Geliebte, steigt mein Traum / Tief wie in Meer, Gebirg und Kluft hinein, / Verspritzt in Brandung und verweht zu Schaum, / Ist Sonne, Wurzel, Tier, / Nur um bei dir, / Um nah bei dir zu sein." (V. 5–7). Im **Traum** ist der lyrische Sprecher ganz eng mit der Geliebten verbunden, sein Traum „steigt" in sie hinein, versetzt ihn in einen Zustand der **Ekstase**. Im Traum, so könnte man vermuten, wiederholt er die **körperliche Vereinigung** mit ihr, entdeckt noch einmal die geheimnisvollen Nischen ihres Körpers, die metaphorisch verschlüsselt als „Meer, Gebirg und Kluft" angedeutet werden. Die Liebe zu ihr erlebt der Liebende als körperlich erfüllend, ja als wild und stürmisch (vgl. die Bilder „[v]erspritzt in Brandung und verweht zu Schaum"), sie gibt seinem Leben Licht und Halt („Ist Sonne, Wurzel"), verbindet ihn mit dem Kreatürlichen („[…] Tier"). Die Liebe – oder der Traum von der Liebe – umfasst alle Dimensionen des Daseins, überwindet Widersprüche und Gegensätze, sorgt für Spannung (vgl. die Syntax), die auf ein Zusammensein mit der Geliebten zielt. Die Sehnsucht nach Nähe wird so intensiv erlebt, dass der lyrische Sprecher seinen Wunsch zweimal zum Ausdruck bringt (vgl. die Correctio „Nur um bei dir, / Um nah bei dir zu sein", V. 9f.).

Aber der Geliebte schläft nicht ein, sein Traum bleibt Wachtraum, von dem er wieder in die konkrete Situation zurückkehrt und sich der Geliebten ganz real zuwendet. Er weiß um die Geschehnisse am nächtlichen Himmel, wo Planeten und Gestirne kreisen – „Saturn kreist fern und Mond" (V. 11) –, aber er nimmt sie nicht wahr – „ich seh sie nicht" –, **blendet** also die **äußere Realität aus**, um sich der Geliebten zuzuwenden, deren Gesicht ihm durch das Mondlicht „in Blumenblässe" erscheint („Seh nur in Blumenblässe dein Gesicht", V. 12). Zum ersten Mal spricht er als Ich, von Person zu Person. Die Hinwendung zur schlafenden Geliebten versetzt ihn in einen Zustand, in dem alle **Widersprüche des Lebens aufgehoben** sind: Lachen und Weinen (V. 13), Glück und Leid (V. 14), All und Meer (V. 16), Sterben und neu Geborenwerden (V. 17). Die Liebe wird als zeitlose **unio mystica** erfahren, die sich mit den Kategorien des Verstandes nicht mehr erfassen lässt. Diese Erfahrung spiegelt sich in der Sprache der Verse wider: Oxymoron, Antithesen, Klimax sind die Stilmittel, mit denen der Dichter zum Ausdruck bringt, was die Liebe vermag: Sie isoliert die Liebenden von der sie umgebenden Welt – „Nur du, nur ich und du" (V. 15) – und verschmilzt sie zum „[W]ir" (V. 17). In dieser vollkommenen Liebesvereinigung, die zwar das „tiefe All" und das „tiefe Meer", nicht aber die Erde, auf der die Menschen leben müssen, umfasst, droht jedoch auch die Gefahr des Selbstverlusts. Das lyrische Ich sieht darin – zumindest in der gegenwärtigen Liebeserfahrung – vor allem die Chance auf eine Neugeburt („Drin sterben wir und werden neugeboren", V. 18), die den Verlust des Ich auf einer höheren Ebene aufhebt. Wer liebt, so könnte man die Botschaft des Gedichts von Hermann Hesse lesen, muss einen Teil seiner Autonomie und seines alten Lebens aufgeben, bekommt aber die Chance eines neuen, reicheren, erfüllteren Lebens. Dies ist zumindest die Erfahrung des Liebenden, denn die Perspektive der Geliebten wird in Hesses Gedicht ausgespart.

Ausblenden der äußeren Realität

völlige Einheit der Liebenden

Auch in Dagmar Nicks Gedicht spricht ein lyrisches Ich von erfüllter Liebe, allerdings in der Vergangenheit, im Rückblick: „Früher", so signalisiert bereits der lakonische **Titel** des Gedichts, der im ersten Vers wieder aufgenommen wird, „liebten wir uns". Das lyrische Subjekt, das wohl wie die Autorin eine Frau ist, wählt als Perspektive jedoch nicht die Form der 1. Person Singular, Ich, sondern spricht durchgehend im Plural. Obwohl die Liebesbeziehung beendet ist, spricht es von „**wir**", in einer Personalform, die Ich und Du zusammenfasst. Klingt hier eine Sehnsucht nach der verlorenen Gemeinschaft durch? Oder ist die Erinnerung noch so lebendig, dass sie die Gegenwart bestimmt?

„Früher"

Auf jeden Fall ist die vergangene **Liebesbeziehung** sehr **ungewöhnlich**, wenn nicht sogar **exzentrisch**, denn es ist von gefährlichen Gegenden und Orten und von extremen Aktionen die Rede, die dieser Beziehung offensichtlich ihren Reiz verliehen. Auch der Rhythmus des reimlosen Gedichts, das abgesehen vom Schlusssatz nur aus einem einzigen langen Satz über 17 Zeilen hinweg besteht, der durch Zeilenbrüche in Verse gegliedert wird, entspricht dem rasanten Tempo und dem gefährlichen Charakter dieser Liebe.

Erinnerung an vergangene exzentrische Liebe

„Früher liebten wir uns / über dem Abgrund, wo anderntags / der Orientexpress von der Brücke / sprengte" (V. 1–4). Wer sich über dem Abgrund bewegt, schwebt stets in der Gefahr abzustürzen, und auch die Brücke bietet nur eine trügerische Sicherheit, wenn „anderntags / der Orientexpress von der Brücke / sprengte". Diese Beziehung, so sagen die Bilder, hat von **Grenzerfahrungen und Abenteuern** gelebt. Erinnert wird von der **lyrischen Sprecherin** deshalb auch nicht der Alltag der Liebe, sondern nur der intensiv gelebte Augenblick, der von erotischem Verlangen und sexueller Befriedigung dominiert ist: „die Wüsten Arabiens / durchrasten wir ohne Kompass und / kamen doch auf den erkorenen / Gipfel" (V. 4–7). Selbst die an die biblische Geschichte von Noah erinnernde „Arche", die die Liebenden betreten, hat ihre Schutzfunktion verloren, denn sie hat „keine Planken mehr" (V. 8), wird aber dennoch – oder gerade deswegen – von dem Paar dazu genutzt, übers Meer zu kreuzen (V. 9). Wasser gilt in der Psychoanalyse als Symbol der Lebenstriebe und der Sexualität, sodass man das Meer als Bild für ein ungeheuer tiefes, unendliches Begehren der beiden Liebenden deuten kann. Jedoch kann auch die „Ankunft im Hafen" (V. 10), der üblicherweise ein Ort des Verweilens ist, die Liebenden nicht zu einer vertieften und dauerhaften Beziehung führen, denn es ist ein „Hafen der Albatrosse", der Sturmvögel mit ihrem eleganten Flug, die auf Unruhe und Unrast verweisen. Dort werden die Liebenden vom Frühling „angesteckt" (vgl. V. 11), der hier als Jahreszeit des Erwachens der Liebe personifiziert wird: Er – der Frühling – ist offensichtlich in der Lage, die Liebe wie eine Krankheit zu verbreiten, aber die Liebenden werden nicht von Fieber geschwächt, sondern „phosphoreszierten / mit den Hinterleibern der Leuchtkäfer / um die Wette" (V. 12 ff.). Auch hier wird deutlich, dass das lyrische Subjekt von **erotischer, körperlicher Liebe** spricht, denn das Bild der Leuchtkäfer verweist eindeutig auf das Paarungsverhalten dieser Insektenart, die Leuchtsignale aussendet, damit männliche und weibliche Tiere zur Paarung zueinanderfinden. **Exaltiert und exotisch** fallen auch die **Bilder** der letzten Verse des Gedichts aus, in denen sich das lyrische Ich an den Höhepunkt der Liebe erinnert: „eine einzige / steingemeißelte Quetzalfeder / genügte uns, abzuheben / von dieser Welt" (V. 14–17). Voller Widersprüche und Gegensätze sind diese Verse, denn das Leichte (die Feder) wird schwer (Stein), das Natürliche zur Kunst (gemeißelt), das Flüchtige dauerhaft (vgl. in Stein gemeißelt, d. h. für die Nachwelt bewahrt). Die auf solche Weise erfahrene Liebe führt die Liebenden zum **Verlust der Bodenhaftung**, die Quetzalfeder „genügte uns, abzuheben / von dieser Welt."

Spiel mit der Gefahr

Wasser-Metaphorik

Betonung der körperlichen Liebe

Aber die Liebe ist nicht von Dauer. Das Gedicht endet, wie es begonnen hat, mit der Erinnerung „Früher / liebten wir uns" (V. 17 f.). Durch die wörtliche Wiederholung erhält diese Erkenntnis eine Endgültigkeit, die im krassen Gegensatz zur abenteuerlichen Leichtigkeit des Liebeserlebnisses

Verlust der Liebe

steht. Der Leser / die Leserin muss dieses „Früher" zur Kenntnis nehmen, fragt jedoch unwillkürlich: Und was ist jetzt? Gibt es die Beziehung noch, nur ohne Liebe? Wie empfindet die lyrische Sprecherin den Verlust dieser Liebe? Gibt es eventuell schon ein anderes Du, mit dem sie eine neue Beziehung aufbaut?

All diese **Fragen** lässt das Gedicht **offen** und regt gerade dadurch zum Nachdenken darüber an, ob diese Liebe eine typische Erscheinung unserer postmodernen Spaß- und Erlebnisgesellschaft ist, in der Paare in flüchtigen, oft wechselnden Beziehungen leben und keine dauerhaften Lebens- und Liebesformen mehr ausbilden können oder wollen.

Vergleich der Gedichte

Hesses Gedicht geht noch davon aus, dass Menschen in der Liebe von der Sehnsucht nach Ganzheit beseelt sind, die im Ideal der romantischen Liebe ihren Ausdruck findet: Erst die Liebe verleiht dem Leben Sinn, in der Zweierbeziehung finden die Individuen zu einer höheren Existenzweise.

Unterschiede und Gemeinsamkeiten

Die unterschiedlichen Konstruktionen des Begriffs „Liebe" spiegeln sich auch in Sprache und Form der Texte wider. Romantische „Requisiten" – so z. B. Mond und Sterne, Duft, Meer, Gebirg und Kluft – prägen die Situation des Liebenden in Hesses Gedicht, während das lyrische Subjekt in Dagmar Nicks *Früher* Szenarien von fernen, exotischen Ländern (Orientexpress, Wüsten Arabiens, Albatrosse) entwirft. Der Wunsch nach Nähe zur Geliebten ist in Hesses Gedicht zentral, was durch die zweimalige Wiederholung („Nur um bei dir, / um nah bei dir zu sein.") genau in der Mitte des Textes (Vers 9 und 10 von insgesamt 18 Versen), am Ende des ersten syntaktischen Spannungsbogens auch formal unterstrichen wird. Dem **Ideal romantischer Liebe** entsprechend ist diese Liebesbeziehung insofern exklusiv, als sie alles andere ausschließt, überwindet, aufhebt: „Nur du, nur ich und du, versunken / Ins tiefe All, ins tiefe Meer" (V. 15 f.). Nicht in der Ferne, im **flüchtigen Abenteuer**, im „Abheben" von dieser Welt, wie in Dagmar Nicks *Früher*, suchen die Liebenden Glück und Erfüllung, sondern in der tiefsten, alle Gegensätze vereinigenden Verschmelzung von Ich und Du. Die Liebe hat hier einen fast schon religiösen Charakter, sie ist Tod und Auferstehung zu einem neuen Leben.

Hesse: romantische Liebe

versus …

Nick: kurzlebiges erotisches Abenteuer

Von dieser Dimension der Liebe ist bei Dagmar Nick nicht die Rede. Liebe wird als verlockendes Abenteuer beschrieben, in dem die Liebenden schnelle Befriedigung suchen und ihren Hunger nach stets neuen Erlebnissen stillen wollen. Der Rastlosigkeit der letztlich brüchigen Liebesbeziehung entsprechen auf formaler Ebene die Zeilensprünge am Ende der meisten Verse, die Syntax (Vers 1 bis 17 ist ein einziger Satz), zahlreiche, Dynamik erzeugende Bewegungsverben (rasen, kreuzen, abheben), Negationen (V. 5: „ohne Kompass", V. 7: „keine Planken") und Widersprüche („ohne Kompass / und kamen doch auf den erkorenen / Gipfel", V. 5 ff.; übers Meer kreuzen in einer Arche ohne Planken).

zwei übersteigerte Beziehungen

In **beiden Gedichten** ist von **intensiven, übersteigerten, ja ekstatischen Liebesbeziehungen** die Rede. Der Liebende in Hesses Gedicht spricht aus einer gegenwärtigen Situation heraus, die er kraft der Liebe transzendiert. Auch im Gedicht von Nick erinnert das lyrische Subjekt sich an das Erlebnis, „abzuheben / von dieser Welt" (V. 16 f.). Im Kontext der vorausgegangenen Verse, die in recht unverschlüsselten Bildern vom Paarungsverhalten in der Natur die Liebe auf ihre animalisch-sexuelle Dimension reduzieren – die Liebenden „phosphoreszierten / mit den Hinterleibern der Leuchtkäfer / um die Wette“ (V. 12 ff.) – erhält dieses Abheben von der Welt jedoch eine völlig andere Bedeutung. Nicht die Erfahrung der Transzendenz ist es, von der berichtet wird, sondern der Flow sexueller Befriedigung. Dies legt auch die Deutung nahe, dass das Fehlen eines Du und eines Ich auf die fehlende personale Beziehung der Liebespartner hinweist, die zwar im Liebesakt zur Einheit, zum „Wir“ verschmelzen, sich jedoch in ihrer Individualität gegenseitig nicht wahrnehmen. Handelt es sich hier vielleicht um einen One-Night-Stand, um ein flüchtiges Abenteuer, eine Affäre? Obwohl Hesses Gedicht von einer einzigen Liebesnacht spricht, kommt dieser Verdacht hier nirgends auf, denn der Leser erfährt, was die Beziehung der beiden Liebenden über Erotik und Sexualität hinaus ausmacht: Es sind Freundschaft (vgl. V. 1: „dein Freund“), Wärme, die Wahrnehmung der Geliebten (Blick, Haar, Kuss, Gesicht), die Sehnsucht nach Nähe.

Schlussgedanke: Mythos der ewigen Liebe

Für die Lyrikerin Dagmar Nick ist dieses kulturelle Ideal der romantischen Liebe, das in Hermann Hesses Gedicht aus den 20er-Jahren des vergangenen Jahrhunderts noch wirksam ist, offensichtlich passé. Der **Mythos der ewigen Liebe** lebt allerdings **auch in der postmodernen Erlebnisgesellschaft** weiter. Trotz sexueller Freizügigkeit und der vielfältigen Spielräume für die eigene Lebensgestaltung träumen nach wie vor Frauen und Männer von der einen, einzigen und ewigen Liebe. Der Erfolg von Liebesdramen wie z. B. der Film *Titanic* (1997), die ein Millionenpublikum anziehen, beweist dies.

Aufgabe:

Interpretieren Sie den Text.

Botho Strauß (*1944)**: Frau auf der Bettkante**

Aus dem Schlaf gerissen von seiner Abwesenheit, allein im gemeinsamen Hotelzimmer, vor Morgengrauen noch, die Hände zwischen die Knie gepreßt, den Kopf leicht angehoben, den Blick zur Seite gesenkt – zur Besinnung kommen, heißt, es nicht fassen können. Was soll ich tun? Eine Entscheidung treffen? Keine Entscheidung treffen? Warten? Handeln? Warten worauf? Handeln was? Er ist weg. Er ist wirklich abgereist! Hierbleiben, allein, auf dem Hotelzimmer?

Sein Jähzorn, Vernichtungskoller, seine unbeherrschte Bosheit. Sie mußte sich wehren, und dann konnte sie nicht mehr zurück. Unmöglich, einzulenken. Jetzt, weit weg von zuhaus, plötzlich aus heiterem Himmel, Aufbruch im Zorn, das Ende. Er ist wirklich weg! Wie wenig kann ich ihm noch bedeuten, wenn er imstande ist, tatsächlich abzureisen. Diesmal ist es ein tiefer, kalter Schnitt. Nicht wiedergutzumachen. Hin und Her reißt es sie zwischen erbittertem Stolz und reumütigem Gewinsel. So kann er nicht umgehen mit einem anderen Menschen! Das muß er für immer wissen. Aber, was soll's, nur eine Episode, in Wirklichkeit nur ein kleiner fieser Zwischenfall in unserer langen, großen Geschichte. Eine Gewalttat, ja, abscheulich, aber sie zeigt doch aufs neue: nichts ist erschöpft zwischen uns, nichts gleichgültig geworden.

Was werde ich tun? Was fange ich an? Allein in dieser verdammten Stadt. Es ist noch so früh. Ich werde zu Mittag essen unten am Hafen. Genau dort, wo wir gestern waren. Ich werde ins Kino gehen. Einen Spaziergang machen im Park. Mit den alten Straßenbahnen fahren. Ich sitze in der Fremde fest. Verstehe die Sprache nicht. Alles um einen herum ist höhnische Maskerade.

Gestern noch war es gut zu ertragen. Einander die Arme um die Hüften gelegt. Viel gesehen, viel Freude gehabt. Soviel gleiche Schritte! Was haben wir nicht alles schon hinter uns gebracht! Wie wenig bedeuten dagegen die wilden Störungen, Ausfälle, die immer wieder dazwischenfahren wie der Blitz. Letztlich gehören sie zu unserer Geschichte. Letztlich haben sie uns immer enger und kräftiger zusammengetrieben. Aber es gibt eine Grenze. Es gibt Verletzungen, die nicht mehr zu ertragen sind. Wunden, durch die auch die größte Geschichte langsam verrinnt und ausläuft. Das war exakt der falsche Zeitpunkt, mir seine Kaltblütigkeit zu beweisen. Seine angebliche Unabhängigkeit. Ort und Zeit exakt falsch gewählt. Dein erbärmlicher kleiner Stolz interessiert mich nicht, er stößt mich ab! Es ist in meinen Augen der Stolz eines zeternden Gnoms! Das bist nicht DU, und diese Brutalität, einfach davonzulaufen, diese lächerliche Strafaktion! Wozu das Ganze? Um mir eine Lehre zu erteilen? Mein Gott! Was für eine Kraftleistung an Rücksichtslosigkeit und Selbstüberschätzung! Oder gab es etwas, das ihn wirklich quälte? Nein. Der nackte Zorn. Sonst nichts.

Es kommt darauf an, den Tag einigermaßen planvoll einzuteilen. Bloß nicht hier sitzen bleiben! … Aber weg vom Telefon? Das Telefon verlassen? Ein einziger Anruf könnte die Befreiung bringen. So ungeheuerlich er auch wäre. So unversöhnlich ich auch erwidern müßte. Nein, mein Freund, mein Herz, es geht nicht mehr … Das Telefon. Es wäre zu erniedrigend, sich auch davon noch abhängig zu machen. Ich muß raus hier. Es heißt Lissabon, wo ich bin, und ich werde einfach hineingehen und sehen, sehen. Vielleicht später eine Weile vor den Bildern sitzen im Museum. Die nehmen einem etwas von der

Fremde. Ein Tag, zwei Tage. Eine halbe Woche vielleicht. Ich werde ihm ganz bestimmt nicht nachreisen. Ich schreibe einen Brief. Ich schreibe keinen Brief.
Er soll sich wundern, bloß das. Oh, es ist zu schlimm. Ich kann es nicht fassen, ich kann mich nicht rühren. Es übertrifft alles, was an Gemeinem bisher geschah. Meine Liebe braucht keinen Peitschenhieb, sie ist nicht müd! Aber, wenn ich's mir vorstelle jetzt, plötzlich käm er herein, sich anstarren und umarmen, lichterloh, alles vergeben-vergessen. Nein. Kann ich mir nicht vorstellen. Ich bin ziemlich sicher, daß ich es weder wünsche noch könnte. Diesmal ist es ein Riß, und eine Spur ist da, die zum Ausgang führt. Er wird der Verlierer sein und er wird sich wundern, wie er leiden muß. Mein Mut wird hart, ich merke es und es erleichtert mich.
Sicher ist nicht einmal, ob er heut noch bis nach Hause kommt.
Vielleicht fährt er ein paar Tage in die Schweiz. Vielleicht zum Bruder. Sicher ist nur, daß er in der Maschine nach Frankfurt sitzt. Sitzt wie? Die Zeitung liest. Whisky trinkt, den Imbiß nimmt? ... Ich bin ihn nicht los – er ist mich nicht los. Da mag er sich gediegen zurücklehnen in welchem Sessel und an welchem Ort des Himmels und der Erde auch immer.

Aus: Botho Strauß: Niemand anderes. München/Wien: Hanser 1987[2], S. 12ff.

Lösungsvorschlag in Grundzügen

Hinweise und Tipps

„Interpretieren Sie den Text." Die allgemein gefasste Aufgabenstellung nennt keine Aspekte oder Schwerpunkte, die Struktur der Textinterpretation ist also selbstständig zu entfalten. Wie legen Sie diese Struktur am besten an?

- Die Einleitung sollte eine Hinführung zum Thema oder zumindest eine knappe Zusammenfassung der Daten zum Autor, zur Textsorte, zur Veröffentlichung, zum Thema bieten.
- Eine knappe inhaltliche Zusammenfassung schließt sich an.
- Es folgt die Darstellung der wesentlichen Aussagen, möglicherweise schon mit der formalen Analyse, der Analyse der erzähltechnischen und sprachlichen Mittel, verknüpft.
- Alternativ und eher üblich schließt die formale Analyse an die Darstellung der inhaltlichen Aspekte an.
- Den Abschluss können eine persönlich wertende Sicht, Überlegungen zur aktuellen Relevanz, eine inhaltliche Ausweitung oder anderes bilden.

Strukturieren Sie den inneren Monolog der verlassenen Frau, suchen Sie nach Konstanten. Dabei ist es besonders interessant, wie Strauß die Gefühlslage der Titelfigur sprachlich umsetzt. Achten Sie darauf, bei der Untersuchung der Gestaltung geeignete Textbelege anzuführen. In ihre Interpretation sollten Sie auch den Titel einbeziehen.

Einleitung

Konflikte in der Beziehung zwischen Mann und Frau, der Bruch und das Ende einer Partnerschaft – es sind dies zutiefst menschliche Phänomene, die literarisch immer wieder thematisiert werden. Die Kurzgeschichte *Frau auf der Bettkante* des heute 65-jährigen Botho Strauß ist vor über 20 Jahren schon in zweiter Auflage in seinem Erzählband *Niemand anderes* erschienen: Strauß gelingt eine sehr eindringliche Verarbeitung dieses Themas.

Inhalt

Botho Strauß erzählt keine Geschichte, es gibt **kein Geschehen**. Er konfrontiert uns vielmehr unmittelbar mit einer **Situation** nach dem Geschehen: Eine Frau wacht noch vor dem Morgengrauen in einem Hotelzimmer

in Lissabon auf und stellt fest, dass sie von ihrem Lebensgefährten nach einem heftigen Konflikt überraschend verlassen worden ist.
Der **Konflikt** wird nicht geschildert; es werden uns nur Stichworte gegeben, die auf den Streit rückschließen lassen: „sein Jähzorn, Vernichtungskoller, seine unbeherrschte Bosheit“ (Z. 7), „eine Gewalttat, ja, abscheulich“ (Z. 15), „der nackte Zorn“ (Z. 35). Die Frau wehrte sich und ging dabei offenbar zu weit: „und dann konnte sie nicht mehr zurück“ (Z. 7). Das klingt dramatisch, aber offenbar führte die dramatische Szene nicht unmittelbar zur Abreise des Partners. Einzelheiten bleiben ungenannt. Man kann Folgendes vermuten und erschließen: einen bis dahin harmonischen Urlaub in Lissabon (Z. 22), eine lange Verbindung zwischen den beiden (Z. 14 f., 22 f.), die aber immer wieder durch heftige Konflikte geprägt war (Z. 24–26), vielleicht auch eine gemeinsame Wohnung (Z. 9, 53).
Die eigentliche Auseinandersetzung wird nicht dargestellt oder von der Frau erinnert: Wir werden direkt mit der Situation der Frau beim Erwachen konfrontiert, wie sie der **Titel** – *Frau auf der Bettkante*, dem Untertitel eines Bildes gleich – umreißt, eine Situation von nur einigen Minuten Dauer. Ihre **Empfindungen** und **Gedanken** sind der Inhalt der Kurzgeschichte.

Aussage
Emotionales Chaos einer verlassenen Frau

Diese Empfindungen und Gedanken sind Ausdruck von **Hilflosigkeit** und innerem **Chaos**: Fragen (Z. 4–6, 17, 37) und gegensätzliche Entschlüsse („Ich schreibe einen Brief. Ich schreibe keinen Brief.“, Z. 44) zeigen ihre Orientierungslosigkeit. Das unvermittelte „Hin und Her“ (Z. 11) zwischen der Hoffnung auf Versöhnung (Z. 13–15, 24–26, 47 f.) und dem Zorn über die empfundene Demütigung (Z. 12 f., 26–34, 45–47), verknüpft mit dem Gedankenspiel, das Ende der Beziehung anzunehmen und eine Trennung herbeizuführen (Z. 11, 49–52), kennzeichnen den inneren Aufruhr der Frau.

Schuldfrage

Gibt es eine Entwicklung, fällt etwas auf in diesem „Hin und Her“? Zwar wird das Schwanken „zwischen erbittertem Stolz und reumütigem Gewinsel“ (Z. 12) klar benannt, Reue und Gewinsel finden indes nicht wirklich statt. Es dominieren Vorwürfe und **Schuldzuweisungen** (Z. 7, 10 f., 12 f., 28–34, 46 f.), wobei durchaus offen bleibt, wer von beiden sich zu der „Gewalttat“ (Z. 15) hinreißen ließ: „Der Stolz eines zeternden Gnoms“ und die „Brutalität, einfach davonzulaufen“ (Z. 31 f.) stehen nicht gerade für rohe männliche Gewalt. An einer Stelle nur taucht so etwas wie die Frage nach dem eigenen Anteil an dem Streit auf („Oder gab es etwas, das ihn wirklich quälte?“, Z. 34), auffallend unvermittelt und scharf wird diese Möglichkeit aber verworfen (Z. 35). Am Ende dieser Situation steht **kein klarer Entschluss** der Frau: Möglicherweise wird sie versuchen, noch einige Tage in Lissabon zu bleiben (Z. 40–44), möglicherweise ist dies das auch von ihr gewollte Ende der Beziehung (Z. 50–52). Die abschließenden Gedanken (Z. 53 ff) dementieren ihre Entscheidung allerdings eher: „Ich bin ihn nicht los – er ist mich nicht los.“ (Z. 56)

offener Ausgang

Erzähltechnik

„Frau auf der Bettkante“: Eindringlich hat Botho Strauß diese Situation eingefangen, unvermittelt in Anfang und Schluss, eindringlich vor allem durch die erzählperspektivische Gestaltung. Nahezu durchgehend wird die Situation personal, aus der Sicht der Frau in **erlebter Rede** (Z. 7–9), danach und noch direkter als **innerer Monolog** dargestellt. Wir lesen ihre unsicher hilflosen Fragen, ihre fragmentarische Erinnerung an den Streit,

Bedeutung des inneren Monologs

ihre Erbitterung, Empörung und Schuldzuweisung, ihren Versuch der Verharmlosung (Z. 13–16), ihre Überlegungen zur Planung dieses Tages und der nächsten Tage, ihre Erinnerung an die Zeit vor dem Streit, kurz, das „Hin und Her" ihrer unmittelbar wechselnden Gefühle, Reflexionen, Erinnerungen, Planungen und Absichtserklärungen. Wir lesen dies in **Deckungsgleichheit** von **Erzählzeit** und **erzählter Zeit**. Die Folge ist ein höchstes Maß an **Empathie** – und, paradox durchaus, an kritischer **Distanz des Lesers** gleichermaßen: Die Einseitigkeit und Verkürzungen ihrer Gedanken werden ebenso greifbar. Uns begegnet die Protagonistin in ihrer ganzen Subjektivität.

Allgemeingültigkeit des Problems

Eine weitere Folge der Perspektive – nicht zwingend, aber zwanglos gegeben – ist die **Namenlosigkeit** des Paares. Es steht exemplarisch für die Konflikthaftigkeit menschlicher Beziehungen, für die Beschaffenheit menschlicher Bindungen, ihre Gefährdung bis hin zum möglichen Bruch und Ende.

Bezug zum Titel: Momentaufnahme

Nahezu durchgehend ist die Erzählperspektive **personal**, eine Ausnahme bildet allerdings der erste Absatz (Z. 1–3). Warum? Botho Strauß hätte leichthin personal beginnen können, stattdessen zeichnet er gleichsam den **Bild-Titel** noch einmal genauer aus, skizziert rasch – in Ellipsen und Partizipialkonstruktionen – das Bild; die Protagonistin begegnet uns zunächst optisch, erstarrt in einer körpersprachlich bezeichnenden Haltung – und sie wird sich auch bis zum Ende der erzählten Situation als einer buchstäblichen Momentaufnahme nicht bewegen.

Es gibt einen zweiten Satz, der, inmitten des inneren Monologs, die personale Perspektive sprengt: Z. 11 f. Er fasst das „Hin und Her" erzählerisch zusammen, bringt als **Schlüsselsatz** die Situation vermeintlich auf den Punkt und unterstreicht durch Unrichtigkeit der Aussage zugleich die Einseitigkeit der Darstellung: Von „reumütigem Gewinsel" kann eben nicht die Rede sein.

Sprachliche Gestaltung

Die Protagonistin begegnet dem Leser in ihrer ganzen Subjektivität. Dies zeigt sich auch in der sprachlichen Gestaltung:

- Umgangssprachlich oder dialektal gefärbt ist gelegentlich der **Wortgebrauch**: „zuhaus" (Z. 9), „müd" (Z. 47), „heut" (Z. 53).
- Die Sätze sind in hohem Maß unvollständig, **Ellipsen** (z. B. Z. 4–9) spiegeln den Gedankenstrom wider.
- Der Gedankenstrom in dieser aufgeregt-erregten Situation kennt keine komplexen hypotaktischen Strukturen, neben den Ellipsen dominieren deswegen **Parataxen** (z. B. Z. 12 f., 17–20).
- **Ausrufe** (z. B. Z. 5, 12 f., 30 f., 33 f.), z. T. inhaltlich wiederholt (Z. 5, 9), gesteigert bis zur direkten Ansprache des Partners (Z. 30–32: „Das bist nicht DU"), signalisieren die emotionale Betroffenheit, die Erregung der Verlassenen.
- **Fragen** (Z. 17, 32 f., 37, 55 f.), z. T. antithetisch aneinander gereiht (Z. 4–6) oder wiederholt (Z. 4 f.: „Was soll ich tun? Eine Entscheidung treffen? Keine Entscheidung treffen? Warten?"; Z. 17, 37), verbalisieren die Hilflosigkeit.
- Der durchgehende **antithetische gedankliche Verlauf** (Z. 10–13 einerseits, Z. 13–16 andererseits, Z. 23–26 einerseits, Z. 26–35 andererseits, Z. 36 einerseits, Z. 37–39 andererseits, wiederum konterkariert in den Z. 39–44, Z. 45–47 einerseits, Z. 47 f. andererseits und wiederum auf-

Antithesen als Spiegel der inneren Zerrissenheit

gehoben in den Z. 49–52) spiegelt das innere Chaos, die Zerrissenheit der Frau zwischen ihren noch vorhandenen Gefühlen und ihrem Zorn bzw. ihrer Enttäuschung wider.

- Entschlossen vorgetragene Absichtserklärungen wenden sich in negative Wertungen und Perspektiven um oder heben sich jeweils antithetisch auf (Z. 18–21, 41–44). Konsequenzen dieser Situation sind gelegentlich unmittelbar formulierte Antithesen und Widersprüche (Z. 12, 14 f., 44).
- Zwanglos ergeben sich aus Gedankenstrom und emotionaler Erregung rhetorische Steigerungsfiguren: **Anaphern** (Z. 15 f., 22 f., 25 f., 38, 45 f., 50 f., 54), **Wiederholungen** (Z. 28 und 29 f.), die **Trias** (Z. 7, 9) und die **Klimax** (Z. 30 f., 43).
- Auffallend und wirkungsstark sind die sprachlichen Bilder (Z. 24 f.: „die wilden Störungen, Ausfälle, die immer wieder dazwischenfahren wie der Blitz“, Z. 31, 51) und **Metaphern** (Z. 35, 47, 48, 50), intensiv auch das Kompositum „vergeben-vergessen“ (Z. 48). Die Bildersprache dient v. a. dazu, die emotionale Aufgeregtheit der Frau und den Grad der ihr zugefügten emotionalen Verletzung zu erfassen: So weist sie ihrem Partner einen „Vernichtungskoller“ (Z. 7) zu, der Schnitt erscheint als tief und kalt (vgl. Z. 11), ihrer beider Liebesgeschichte verrinnt gleichsam durch die Wunden (vgl. Z. 27 f.)

Bedeutung der intensiven Bildersprache

Schluss

Botho Strauß hat einen eindringlich intensiven Text geschrieben, seine Protagonistin ist eine offenbar emotional leidenschaftliche Frau und ihre Situation berührt den Leser; das zwischenmenschliche Beziehungsdrama ist in dieser Momentaufnahme jäh erhellt. Es ist nur eine Situation von wenigen Minuten ohne Einleitung und Schluss, der Fortgang ist offen, namenlos bleibt die Protagonistin, die dem Leser ungefiltert, in ihrer Befindlichkeit und Sprache begegnet. All dies sind zentrale Elemente der Gattung Kurzgeschichte, die der Autor als geeignete Form ausgewählt hat, um seine Intention zu realisieren.

Schriftliche Abiturprüfung Deutsch (Baden-Württemberg) 2009
Aufgabe IV: Texterörterung/Textanalyse (Schwerpunkt: Textanalyse)

Aufgabe:

- Fassen Sie die Aussagen des Textes zusammen.
- Erläutern Sie die Argumentationsstrategie der Autorin, und untersuchen Sie in diesem Zusammenhang den Einsatz sprachlicher Mittel.
- Nehmen Sie kritisch Stellung zur Meinung Susanne Offenbachs.

Susanne Offenbach

Hin und weg

Es könnte einem Goethe einfallen: „Grundgesetze lösen sich auf der festesten Staaten, Und es löst der Besitz sich los vom alten Besitzer, Freund sich los von Freund; so löst sich Liebe von Liebe.“

Der Geheimrat hat beobachtet, was uns heute als neues Problem erscheint – als wär's vor 200 Jahren. Unser Thema sind die Arbeitsnomaden in der globalisierten Welt. Was sind die Folgen der Lebensweise auf Abruf? Auflösungstendenzen in der Gesellschaft, sagen Skeptiker. Freundschaften gingen zu Bruch und Familien – ein hoher Preis. In Zeiten weltweiten Wirtschaftens müssen alle erkennen, dass heute hier und morgen fort ist. Nicht nur die Arbeit kommt zu den Menschen, umgekehrt geht es genauso.

Der erste Quantensprung der zivilisierten Menschheit war, als die Umherziehenden sesshaft wurden. Die jetzige Herausforderung heißt mobil sein. Also nichts wie auf Achse, worauf warten wir? Die Deutschen sind Weltmeister im Reisen. Wenn sie wollen. Doch wenn sie sollen, gehören sie eher zu den Stubenhockern, die sich über den Lauf der Welt beklagen. Das gilt sogar für Studenten. Zu wenige wählten ein Auslandssemester. Viele wechselten nicht einmal die Uni, bemängeln Unternehmen mit internationalem Auftritt.

Sitzfleisch ist also nicht der beste Proviant für eine Arbeitswelt, die Mobilität erwartet. Fusionen oder Sanierungen von Firmen erzeugen Mobilitätsdruck. Eines der großen Freilandexperimente erleben wir seit 17 Jahren in Ostdeutschland. Da geht, wer kann oder muss. Deutlich über eine Million Menschen zogen seither gen Westen. Beileibe nicht alle freiwillig.

Aber „Führungskräfte, die Mobilität von vornherein ausschließen, würden wir nicht einstellen“, sagt Günter Fleig, Personalvorstand von Daimler. Beweglichkeit ist hier keine Frage, sondern Selbstverständlichkeit. Bei BASF unterschreibt jede Führungskraft mit dem Arbeitsvertrag, dass sie überall einsetzbar ist – weltweit.

Unzumutbar? Oder einzigartige Karrierechance? Sicher ist, wer einmal Nein sagt, wird nicht mehr so schnell gefragt. Aber das Angebot bleibt hinter dem Bedarf zurück. Und die Bremsklötze sind auch schon ausgemacht: die Frauen, die Familie.

Folgten die früher fügsam den Karriereschritten des „Haushaltungsvorstands“, gibt es nun Familienrat samt Abstimmung. Oft gegen den Umzug. Aber nicht aus Sturheit, sondern aus nachvollziehbaren Gründen: Die exzellente Frau hat eine anspruchsvolle Arbeit oder eine eigene Firma, die Kinder wollen weder Schule noch Freunde verlassen. Fast zwei Drittel der Ablehnungen werden damit begründet, dass ein Auslandseinsatz der Karriere des Lebenspartners im Wege stehe.

Im Ausland erhalten Frauen nämlich selten eine Arbeitserlaubnis. Sowieso kümmert sich nur eine kleine Zahl von deutschen Unternehmen ernsthaft um die beruflichen Perspektiven des Partners. Aber selbst wenn, geht der Erfolg gegen null. Frauen sind die klassischen Migrationsverliererinnen mit den größten Einkommensverlusten, während sich der Partner üppiger Busch- oder Steppenzulage erfreuen darf. Bildungsministerin Annette Schavan versucht den umgekehrten Weg: ins Ausland abgewanderte Spitzenkräfte sollen nach Deutschland zurückgeholt werden – mit Arbeitsangeboten für den Partner.
Was häufiges Umziehen bedeutet, wissen die am besten, die sich von vornherein darauf einlassen: Diplomaten etwa, Seeleute oder Soldaten. Bei ihnen rücken die Möbelpacker jedes zweite bis vierte Jahr an. Soldatenkinder gehören selten zu den Besten in der Klasse. Oft rutschen sie vom Primus stetig nach unten, weil sie die dialektgefärbten Lehrer oder deren aktuellen Stoff nicht einmal verstehen. Die Narben in den kleinen Seelen sieht man nicht.
Aber das muss nicht alles sein. Mobilität befreit auch vom Mief des ewig Gleichen. Besonders Heranwachsende wissen das zu schätzen. Und manches Familienleben, das zum Einklang mehrerer Unbeteiligter geworden war, erhält eine neue Aufgabe. Und wie viele Väter – obwohl in der Nähe – sind wochentags verfügbar? Dann lieber richtig weg, und am Wochenende richtig da. Statt eines Lebens im Stand-by-Modus, gibt es die Freude der Wiederannäherung, die Spannung des Wartens aufeinander.
Natürlich lässt sich Wohnlicheres denken als die moderne Campinggesellschaft der Pendler. Aber nur die wenigsten der 1,3 Millionen Wochenendpendler bezahlen ihre Lebensform mit Scheidung oder anderem sozialen Elend. Ihre Lage ist wie das Wetter: Du kannst nicht dagegen sein, du musst dich vor allem richtig anziehen. Insofern sind uns die erfolgreichen Nomaden sogar Vorbild: Sie haben das Notwendige zur Neigung gemacht.

Aus: Sonntag aktuell vom 16. September 2007

Lösungsvorschlag in Grundzügen

Hinweise zur Erschließung der Aufgabe

Texterörterung bzw. Textanalyse bezeichnet eine komplexe Aufgabe. Nun wird aber jeweils ausdrücklich festgelegt, was der Schwerpunkt der Bearbeitung sein soll: in diesem Fall die Analyse. Was umfasst diese?

- Ihre Bearbeitung sollte mit einer Einleitung beginnen, die zum Thema hinführt. Was könnte das in diesem Fall sein?
- Die Aufgabenstellung erfordert zunächst eine knappe Inhaltsangabe, die zumindest die zentralen Aussagen, die zentralen Thesen der Textvorlage enthält; das ist wichtig, weil Sie im nächsten Schritt die Argumente, die Begründung dieser Thesen überprüfen sollen. Die Zusammenfassung des Textes ist daher die Basis Ihrer weiteren Ausführungen.
- Wie also sind die zentralen Aussagen/Thesen im Text begründet? Sind sie überhaupt begründet? Die „Argumentationsstrategie der Autorin" meint: Mit welchen argumentativen Mitteln versucht sie, den Leser für sich zu gewinnen?
- Der zweite Teil der Aufgabe leitet schon über zum nächsten Schritt: Welche weiteren sprachlichen, rhetorischen Mittel fallen auf? Die argumentative und sprachliche Analyse ist der Schwerpunkt der Aufgabe; dies schließt auch die Bestimmung der Textsorte ein.
- Erst im dritten Teil Ihrer Arbeit ist eine eigene, kritische Stellungnahme verlangt, in diesem Fall eng und konkret bezogen auf die von Susanne Offenbach vertretene Position. Beurtei-

len Sie dabei auch, ob der Argumentationsweg der Autorin stichhaltig und stringent gestaltet ist. Machen sie gegebenenfalls Widersprüche kenntlich.
Um Ihnen zu demonstrieren, wie der Einstieg in Ihren Aufsatz aussehen kann, werden im Folgenden zwei mögliche Einleitungsvarianten vorgestellt.

Einleitung
Variante 1

Soziale Mobilität gilt als eines der zentralen Kennzeichen der modernen Gesellschaft seit Auflösung des Feudalismus, und es schloss neben der vertikalen Mobilität, also der Chance eines sozialen Aufstiegs oder der Gefahr des Abstiegs, immer auch schon die horizontale und die räumliche Mobilität ein. Dies meint den beruflichen Wandel und die Abwanderung vor allem aus ländlichen Gebieten in die Industrieregionen, in die Städte. Unter den Bedingungen einer globalisierten Wirtschaft multipliziert sich die **räumliche Mobilität**: Migrationsbewegungen von Osten und Südosten nach Westen in Europa und von Afrika und Vorderasien nach Europa stellen uns seit Jahren vor Probleme. Innerhalb der EU gilt – der auch damit verknüpften Probleme wegen abgestuft – die Freizügigkeit der Bürger. In den Industriestaaten ist es für international tätige Unternehmen, und das sind zunehmend mehr, selbstverständlich, dass die **Arbeitnehmer** so beweglich sind, nicht nur innerhalb Deutschlands, sondern – den beruflichen Vorgaben entsprechend – auch international den Wohnort zu wechseln. Doch diese Entwicklung schafft Probleme. Dies ist das Thema von Susanne Offenbachs Kommentar mit dem Titel „Hin und weg“, erschienen in *Sonntag aktuell* vom 16. 09. 2007.

Variante 2

„**Flexibilität**“ ist einer der Schlüsselbegriffe des globalisierten Kapitalismus: Flexibilität gilt für alle international tätigen Unternehmen im Kampf um Marktanteile, Flexibilität gilt aber nicht minder für Arbeitnehmer. Lebenslang garantierte Stellungen und Tätigkeiten gibt es nicht mehr, der Beruf, der Wohnort, die soziale Stellung – all das ist nicht mehr gesichert, kann sich jederzeit ändern, orientiert an den Konkurrenzbedingungen des Marktes. In ihrem Kommentar „Hin und weg“, erschienen in *Sonntag aktuell* vom 16. 09. 2007, greift Susanne Offenbach die geforderte **räumliche Mobilität** und die damit verknüpften Probleme auf.

Inhaltliche Aussagen
Mobilität als Zwang des Arbeitsmarktes

Die durch die Globalisierung geforderte **Mobilität** ist für Susanne Offenbach ein **Faktum**, das nicht in Frage gestellt wird (Z. 16–20). Die vor den Folgen dieser Entwicklung warnenden Stimmen werden nur knapp und eher distanziert erwähnt (Z. 11–15). Auf dieser Basis kritisiert sie zunächst und pauschal „die Deutschen“ (Z. 26), von den Studenten bis zu den Führungskräften der Wirtschaft, in ihrer geringen Bereitschaft, den Studien- oder Wohnort zu wechseln (Z. 27–34, 57 f.). Positiv verweist sie auf die neuen Bundesländer, wo der Umzug in den Westen für viele möglich gewesen und auch vollzogen worden sei (Z. 39–44).

Hindernisse und Chancen

Die ernst zu nehmenden **Gründe** für die **mangelnde Mobilität** sieht die Journalistin im gewachsenen Selbstbewusstsein der Frauen, die ihre eigenen beruflichen Interessen oder die der Kinder denen ihrer Männer nicht mehr unterordnen wollten (Z. 58–73). Zwar räumt sie ein, dass die Frauen in der Tat „die klassischen Migrationsverliererinnen“ (Z. 80 f.) seien und dass auch die Schulkinder unter den Umzügen litten (Z. 95–101). Dieser Tatsache hält sie aber die befreiende Erfahrung einer neuen Umgebung entgegen. Der Artikel von Susanne Offenbach plädiert somit für Mobilität, zumindest in Form der „Wochenendpendler“ (Z. 118), die überwiegend keine negativen ehelichen und familiären Erfahrungen damit machten (Z. 117–120).

Die **Intention** der Autorin ist eindeutig: ein **Plädoyer für räumliche Mobilität**, wenn sie beruflich gefordert ist. Die **Basis** dafür ist die Überzeugung, dass es müßig ist, diese Anforderung einer weltweit vernetzten Wirtschaft infrage zu stellen. Es handle sich um eine unabänderliche Tatsache, was sie mehrfach bekräftigt (Z. 16–20, 23–26, 36–38, 121–125). Wie wird darüber hinaus argumentiert?

Argumentation
Mittel, die das Plädoyer für Mobilität stützen

- Das einleitende **Goethe-Zitat** (Z. 1–6) ist in der Sache eher unpassend, denn Goethe geht es um eine als erschreckend erlebte Auflösung von Werten. Das Zitat soll mit Berufung auf eine Autorität nahelegen, dass Mobilität als Anforderung der Globalisierung so neu nicht ist, und soll damit offensichtlich beschwichtigen, relativieren, verharmlosen.
- Eine ähnliche Intention hat das Beispiel der **neuen Bundesländer** (Z. 39–44): „Über eine Million Menschen" (Z. 42 f.) haben den Bürgern der Alt-Republik gleichsam gezeigt, was möglich ist, wenn es die Situation erfordert.
- Dazu passt die in der Wortwahl **polemische Kritik** an denen, die sich auf die neuen Anforderungen nicht einlassen wollen: „Stubenhocker, die sich über den Lauf der Welt beklagen" (Z. 29 f.), ausgestattet mit „Sitzfleisch" als „Proviant für eine Arbeitswelt, die Mobilität erwartet" (Z. 35–37).
- Dazu passt – polemisch in der Auswahl – das hervorgehobene Mobilitätsdefizit „sogar" (Z. 30) unter den Studenten; denn bei ihnen, die familiär noch ungebunden sind, sei – so wird dem Leser suggeriert – Mobilität doch wohl selbstverständlich zu erwarten. Dass aber z. B. die Finanzierung von Auslandssemestern für viele ein Problem darstellt, bleibt unerwähnt.
- Susanne Offenbach zitiert mit dem Personalvorstand von Daimler einen Profi als Gewährsmann (Z. 45–50), nennt **Fakten** aus der Wirtschaft (Z. 50–53, 55 f.) – und droht damit offensichtlich allen, die eine berufliche Karriere in der Wirtschaft anstreben.

Auf dieser, bis dahin geschaffenen Grundlage sind mögliche **Gegenargumente** schon weitgehend entkräftet:

Relativierung möglicher Gegenargumente

- Schon zu Beginn wurden sie deutlich distanziert – konjunktivisch – nur genannt: soziale Auflösungserscheinungen sowie die Entfremdung von Familie und Freundeskreis (Z. 12–15).
- Die **ernsthafte Auseinandersetzung** erfolgt zunächst wieder in polemischer Wortwahl: Frauen und die Familie gelten als „Bremsklötze" (Z. 58); „nachvollziehbare Gründe" (Z. 65 f.) gesteht Susanne Offenbach dann aber immerhin ein und führt sie aus, bezogen einmal auf die beruflichen Perspektiven der Ehefrauen (Z. 66–84) und dann auf die Zumutungen und Konsequenzen für die Kinder (Z. 95–101).
- Nach diesem Zugeständnis stellt die Autorin **positive Folgen** jener Mobilität an den Schluss ihrer Argumentation, um sie so zu betonen:
- Heranwachsende wüssten die Abwechslung und den Reiz des Neuen zu schätzen (Z. 102–105).
- Das Familienleben erhalte eine neue Dynamik, werde sogar in seiner Intensität gesteigert (Z. 105–114).
- Die Scheidungsrate der Wochenend-Ehen liege unter dem Durchschnitt (Z. 117–120).

- Zum Schluss unterstreicht Susanne Offenbach noch einmal die Unabänderlichkeit jener Entwicklung durch den Vergleich der Mobilitätsanforderung mit dem Wetter, einem also von Menschen nicht beeinflussbaren Naturgeschehen (Z. 120–123), um daraus die Vorbildlichkeit der „erfolgreichen Nomaden“ (Z. 124) für alle abzuleiten: „Sie haben das Notwendige zur Neigung gemacht“ (Z. 124 f.).

Fazit der Autorin: Ja zur Mobilität

Der im Ansatz und Aufbau effektvoll konzipierten Argumentation entspricht sprachlich ein Text, der auf Verständlichkeit, Ironie und eine Fülle rhetorischer Mittel setzt:

Sprachliche Mittel und ihre Funktion

- Die **Syntax** ist überwiegend einfach gehalten: kurze Sätze, eher parataktisch (z. B. Z. 30–34), gelegentlich elliptisch strukturiert (z. B. Z. 27, 54 f., 64–66, 79 f.).
- **Umgangssprachliche Wendungen** schaffen Nähe zum Leser, z. B. wenn die Autorin die Leser auffordert: „Also nichts wie auf die Achse“ (Z. 24 f.) oder schreibt, die Deutschen seien „Weltmeister im Reisen (Z. 26 f., vgl. auch Z. 29, 80, 121–123). Ein Anglizismus („Stand-by-Modus“, Z. 112) zeigt sprachliche Modernität.
- Susanne Offenbachs **Sprache** ist häufig **bildhaft** – Bilder, Metaphern bis hin zu Neologismen: Für die untersuchte Personengruppe wählt sie den Begriff „Arbeitsnomaden“ (Z. 10), die sich meist „üppiger Busch- oder Steppenzulage erfreuen“ (Z. 83 f.) könnten; deren Frauen vergleicht sie mit „Bremsklötzen“ (Z. 58; weitere Beispiele: Z. 14 f., 18 f., 29, 35 f., 39, , 93–95, 96–98, 100 f., 103 f., 116). Die Autorin erreicht dadurch Konkretion, Anschaulichkeit und Sprachwitz.
- **Sprachspielerische Varianten**, Anspielungen an umgangssprachliche Redewendungen lockern auf, würzen gleichsam den Text: z. B. „als wär's vor 200 Jahren“ (Z. 8 f.), „heute hier und morgen fort“ (Z. 17 f.).
- **Ironische Zuspitzungen** verleihen dem Text Witz und relativieren zugleich kritisch die inhaltliche Aussage: Z. 62, 66 f., 116.
- **Fragen** erzeugen offene Horizonte, Spannung und lockern auf: Z. 11 f., 24–26; **rhetorische Fragen** stützen die Argumentationslinie: Z. 54 f., 108–110.
- Auffallend ist die Fülle von **Antithesen** oder antithetischen Figuren in unterschiedlicher Struktur, gedanklich oder sprachlich gesetzt; dies beginnt schon mit der Überschrift und zieht sich durch den ganzen Artikel: Z. 7 f., 18–20, 21–24, 26–29, 35 f., 49 f., 54 f., 61–64, 65 f., 80–84, 102–104, 110 f., 125 f. Sie verleihen dem Text ein hohes Maß an Dynamik und Lebendigkeit.
- Es finden sich zudem **Akkumulationsfiguren** (Z. 92 f. als Trias: „Diplomaten etwa, Seeleute oder Soldaten“, Z. 113 f. als Paar: „die Freude der Wiederannäherung, die Spannung des Wartens“), **Parallelismen** (Z. 67–70, 121 f.), **Alliterationen** (Z. 16, 25 f.). Sie geben der Aussage Gewicht und dem Text rhetorische Eleganz.

Es ist keine Frage: Der Kommentar Susanne Offenbachs ist sprachlich wirkungsvoll verfasst. Das bedeutet jedoch nicht, dass dieser Text rundum überzeugt:

In meiner Analyse der Argumentation klingt schon an, dass ich der Meinung der Journalistin kritisch gegenüberstehe. Zweifellos hat sie **einerseits** in einigen Punkten Recht:

Stellungnahme

Zustimmung zu Pro-Argumenten der Autorin

- Die Bereitschaft zu der von Daimler, BASF und anderen Konzernen und Firmen geforderten Mobilität fördert sicherlich die Karrierechancen.
- Kinder und Jugendliche sind flexibel, können sich auf eine neue Umgebung einstellen, erweitern möglicherweise ihren Welt- und Erfahrungshorizont, wenn sie auch einmal inmitten einer anderen Kultur und nicht immer nur in Deutschland leben.
- Grundsätzlich lässt sich wohl sagen, dass Mobilität den eigenen Horizont erweitert.

Auf der **anderen Seite** aber verharmlost Susanne Offenbach deutlich die Probleme und spielt gerade auch die von ihr selbst zugestandenen Gegenargumente zu einer größeren Mobilität herunter:

Kontra-Argumente zur Position der Autorin

Nachteile für:
– Frauen

- In der Tat sind nicht nur „exzellente“ (Z. 66), sondern generell berufstätige Frauen „die klassischen Migrationsverlierer“ (Z. 80 f.); es ist für sie sehr schwer, bei einem Ortswechsel, zumal in ein fremdes Land, eine Tätigkeit zu finden; sie werden reduziert auf den Status der Ehefrau und Mutter.

– Kinder

- Und die erzwungene Mobilität ist für Kinder häufig eine hohe Belastung, da sie aus ihren sozialen Kontakten herausgerissen werden und der Schulwechsel oft zu Lasten der Zensuren geht: „Die Narben in den kleinen Seelen sieht man nicht“ (Z. 100 f.).

– die Gesellschaft

- Die anfänglich genannten Skeptiker gehen in ihrer Kritik schon noch weiter; zu diesen Skeptikern gehört z. B. Richard Sennett mit seinem sehr bekannt gewordenen Buch *Der flexible Mensch. Die Kultur des neuen Kapitalismus.* Was sagen und belegen z. T. auch Sennett und andere Autoren? Langfristige Bindungen können kaum mehr entstehen oder lösen sich tendenziell auf, die berufliche wie die familiäre und private Sphäre sind den wirtschaftlichen Anforderungen unterworfen. Wenn die zentrale Orientierung – ich erinnere an die Aussagen von Daimler und BASF bei Susanne Offenbach – „nichts Langfristiges“ verheißt, so hat das Konsequenzen für die gesamte Lebensführung: keine Bindungen einzugehen, sich selbst immer neu zu definieren. Sennett fragt besorgt, ob die Bedingungen für Kontinuität, die zur Entwicklung einer Ich-Identität gehört, nicht verloren gehen.

Ein zentraler Punkt zum Schluss: Der durchaus witzige Vergleich mit dem Wetter (Z. 120–123) enthüllt einen **Denkfehler** Susanne Offenbachs in ihrer Basisannahme, dem Axiom ihrer Ausführungen. Ökonomisch bedingte Entwicklungen menschlicher Lebensverhältnisse sind eben keine naturgesetzlichen Prozesse, nicht unabänderlich gegeben und zur Kenntnis zu nehmen. Es sind vielmehr Entwicklungen, die grundsätzlich zur Disposition stehen und verändert werden können, wenn gute Gründe dafür sprechen. Und diese Einsicht verändert grundlegend den Blick auf die Problemlage.

Trugschluss der Autorin

Schriftliche Abiturprüfung Deutsch (Baden-Württemberg) 2009
Aufgabe V: Essay

Bearbeiten Sie die folgenden Aufgaben auf der Grundlage des vorgelegten Dossiers:
- Verfassen Sie Abstracts zu den vorgelegten Materialien.
- Schreiben Sie einen Essay mit dem Titel „Erfüllte Zeit – Vertane Zeit“.

Material 1:

Sören Kierkegaard (1813–1855): Müßiggang und Arbeit

Müßiggang, heißt es, sei aller Laster Anfang. Um also das Böse fernzuhalten empfiehlt man die Arbeit. (...) Müßiggang an sich ist keineswegs die Wurzel alles Bösen, sondern das wahre göttliche Leben, nämlich wenn man sich nicht langweilt. Freilich kann Müßiggang schuld daran sein, daß man sein Vermögen und dergleichen verliert; aber das ist etwas was die adlige Natur nicht fürchtet; sie fürchtet nur sich zu langweilen. Glücklich die olympischen Götter, die selig im seligen Müßiggang lebten: sie langweilten sich nicht! Glücklich eine Schönheit, die weder näht noch spinnt, weder pinselt, noch liest, noch musiziert: sie langweilt sich nicht! Nein, Müßiggang ist nicht die Wurzel alles Bösen; Müßiggang ist das wahre Gute. Die Langweile ist die Wurzel des Bösen; sie muß man bekämpfen. Wer keinen Sinn für Müßiggang hat, der hat sich noch nicht zu echter Humanität erhoben. Es gibt Menschen, die ihre unermüdliche Geschäftigkeit für immer aus der Welt des Geistes ausschließt und auf eine Stufe mit dem Tier stellt, das von seinem Instinkt zu fortwährender Bewegung angetrieben wird. Solche Menschen haben ein merkwürdiges Talent alles in ein Geschäft zu verwandeln; ihr ganzes Leben ist Geschäft; sie lieben und heiraten, sie amüsieren sich mit demselben gewichtigen Ernst, mit dem sie im Kontor arbeiten. Das lateinische Sprichwort *otium est pulvinar diaboli*[1] ist richtig; aber wenn man sich nicht langweilt, hat der Teufel gar keine Zeit, seinen Kopf auf dies Kissen zu legen. Doch da die Menschen nun einmal glauben, daß sie zum Arbeiten auf der Welt seien, so ist es richtig dem Müßiggang die Arbeit entgegenzusetzen. Ich nehme indessen an, daß der Mensch dazu bestimmt ist sich zu amüsieren; darum habe ich nicht minder recht.

Aus: Sören Kierkegaard: Philosophische Schriften. Übersetzt von Christoph Schrempf, Frankfurt/M: Zweitausendeins. 2007, S. 223 f. Lizenz des Wunderkammer-Verlags Neu-Isenburg

Erklärung:
1 lateinisch: „Muße ist der Polstersitz des Teufels.“

Material 2:

Quelle: Globus Infografik Nr. Rc-8592 vom 14. Juli 2003

Material 3:

Sebastian Haffner: Ermunterung zum Müßiggang

Müßiggang ist aller Laster Anfang, und aller Anfang ist schwer. Also ist Müßiggang schwer. Er ist so schwer, daß die meisten Menschen unseres Zeitalters die Fähigkeit zum Müßiggang fast völlig eingebüßt haben. Wohlverstanden: zum Müßiggang, nicht zur Faulheit! Der Müßiggang – die Sprache denkt einmal wieder für uns – ist immerhin ein Gang, aber ein Gang mit Muße, eine Bewegung, aber eine Bewegung ohne Hast und Krampf, andante[1], die Gangart der Besinnlichkeit und der Kontemplation. Mit Muße durchs Leben zu gehen ist eine Kunst – eine aussterbende Kunst, wie es leider scheint. Nur selten begegnen wir noch einem Mann, der sie wirklich beherrscht, und das ist schade, denn es gibt nicht leicht so amüsante Menschen wie die Müßiggänger; und überhaupt, es sind viele gute Dinge, die mit dem Müßiggang aus der Welt verschwunden sind. Ja, man kann es ruhig sagen, die Welt ist um eine ironische Nuance ärmer geworden, seit der Müßiggang in Mißkredit gekommen ist.

Zeit ist Geld, heißt ein schönes Sprichwort, das am meisten von denen mißachtet wird, die es am häufigsten im Munde führen. Denn wenn Zeit Geld ist – warum dann die Hast, Zeit in Geld umzutauschen? Warum der Eifer, seine Zeit für Geld zu verkaufen wie eine leichtverderbliche Ware oder eine faul gewordene Aktie? Wenn Zeit Geld ist, dann ist, wer Zeit hat, ein reicher Mann, und wer keine Zeit hat, ein armer Mann. Nun, der Müßiggänger hat immer Zeit.

Aus: Sebastian Haffner: Das Leben der Fußgänger. Feuilletons 1933–1938. München: Hanser 2004, S. 152 f.

Erklärung:

1 Tempobezeichnung aus der Musik: mäßig langsam

Material 4:

Interview mit dem Manager Thomas Middelhoff

***SZ-Magazin:* Wie viele Stunden arbeiten Sie in der Woche?**

Middelhoff: Als ich noch bei Bertelsmann war, kam ich jeden Tag um 8 Uhr in die Firma und am Abend nicht vor 22 Uhr nach Hause. Heute sehe ich das ein bisschen lockerer, trotzdem arbeite ich noch viel. Das Problem ist: Mein Job macht mir einfach Spaß. Manchmal, wenn ich in meiner Wohnung in Düsseldorf übernachte, stehe ich um halb 6 Uhr auf, mache den Kamin an und gehe ein paar Akten durch.

Sie fahren also nicht jeden Tag nach Hause?

Nein, die Firma ist 130 Kilometer von unserem Haus entfernt, das schaffe ich nicht jeden Tag. Dreimal die Woche bleibe ich in meiner Wohnung.

Haben Sie manchmal Zeit nur für sich?

Nein, die brauche ich auch nicht. Wenn ich Freizeit habe, will ich sie mit meinen Kindern verbringen. Ich käme nie auf die Idee, mit Kollegen Golf zu spielen. Da mache ich lieber Ausritte mit der Familie. Manchmal schauen wir uns auch einen Film im Heimkino an oder spielen Tennis. Nur keine Routine, sonst lebt man nur noch aneinander vorbei.

(…)

Welchen Beruf hat Ihre Frau?

Meine Frau hat Architektur studiert. Eigentlich wollte sie nach der Geburt unseres ersten Sohnes weiterarbeiten, aber als sie nach dem Mutterschaftsurlaub zum ersten Mal ins Büro wollte, hat der so gotterbärmlich geweint, dass es ihr fast das Herz zerrissen und sie beschlossen hat, ganz für die Kinder da zu sein. Fünf Kinder, das ist ein Fulltime-Job.

Wenn Ihre Frau Sie bitten würde, kürzerzutreten, wie würden Sie sich entscheiden?

Vielleicht würde ich darauf eingehen, aber im Grunde glaube ich, dass ich unglücklich werden würde, dass es zu Streit käme. Wir haben einfach akzeptiert, was jeder von uns braucht, um ausbalanciert zu sein.

Sind Sie eher süchtig nach Arbeit oder nach Anerkennung?

Ich glaube, dass ich lange Zeit von einer Mischung aus Ehrgeiz, Eitelkeit und dem Wunsch nach Anerkennung angetrieben wurde. Ich bin mit vier Geschwistern aufgewachsen, da musste ich mir auch die Anerkennung der Eltern erkämpfen. Heute bin ich viel gelassener, mir geht es längst um andere Dinge: Prozesse verändern, Werte entwickeln, Menschen führen, das macht mir Spaß.

Wie reagieren Sie, wenn einer Ihrer Mitarbeiter wegen eines Kindes nur noch Teilzeit arbeiten will?

Es gab mal so einen Fall, als ich noch Bertelsmann-Chef war. Da wollte eines unserer größten Management-Talente – der Mann war 36 Jahre alt – von einem Tag auf den anderen kürzertreten, um mehr Zeit mit seinen zwei Kindern zu verbringen. Diese Entscheidung hat mein Weltbild damals ganz schön durcheinandergewirbelt. Ich dachte, der spinnt. Heute verstehe ich ihn. Die Familie ist das Wichtigste.

Aus: Süddeutsche Zeitung Magazin Nr. 11, 14. 3. 2008, S. 33 f.

Lösungsvorschlag in Grundzügen

Hinweise zur Erschließung der Aufgabe

In Jahrgangsstufe 1 und 2 sieht der Lehrplan als methodische Übung im Recherchieren, selbstständigen Erarbeiten von Themen sowie in der mündlichen und schriftlichen Präsentation von Inhalten den Umgang mit einer Themenauswahl unter fächerverbindenden Aspekten vor; Sie sollen sich dabei mit unterschiedlichen Informationsmaterialien befassen, z. B. mit Kommentaren, Berichten, Gutachten, Reportagen, Schaubildern, Interviews, ihren Informationsgehalt erschließen und eine eigene Stellungnahme erarbeiten. Es sind dies Vorarbeiten für die Prüfungsaufgabe „Essay auf der Grundlage eines Dossiers".

- Das vorliegende Dossier beinhaltet vier Materialien: zwei Buchausschnitte, eine Grafik und einen Interviewauszug aus dem „Magazin" der *Süddeutschen Zeitung*.
- Sie sollen die Materialien jeweils in Abstracts zusammenfassen. Ein Abstract ist ursprünglich eine Kurzzusammenfassung einer wissenschaftlichen Arbeit oder eines wissenschaftlichen Artikels, orientiert an drei Leitfragen:
  - Was ist Gegenstand bzw. Thema der Arbeit?
  - Unter welcher Fragestellung wird der Gegenstand untersucht?
  - Zu welchem Ergebnis kommt der Autor?
- Orientieren Sie sich in Ihren Abstracts zum Dossier an den sprachlichen Regelungen, die für eine Inhaltsangabe gelten: sachlich neutral im Ton, Präsens, Meinungen und Wertungen des Autors sind sprachlich zu kennzeichnen (Stichworte: Formen der Meinungswiedergabe, indirekte Rede, Konjunktiv).
- Der Essay ist ein assoziativer Gedankenspaziergang, der sich durch seine lockere, offenere Gedankenführung von der strenger aufgebauten und präziser argumentierenden Erörterung unterscheidet. Er dient der subjektiven Positionsbestimmung und soll den Leser in unterhaltsamer, anschaulicher, dabei stilistisch wie gedanklich durchaus anspruchsvoller Schreibweise zu einer eigenen Meinungsbildung auffordern.
- Inhaltlich orientieren Sie sich an den Informationen, die Sie aus dem Dossier gewinnen; es müssen dabei nicht alle Unterlagen gleichwertig und gleichgewichtig verwendet werden.
- Der Titel Ihres Essays ist vorgegeben: „Erfüllte Zeit – Vertane Zeit".

Um Ihnen vorzuführen, wie man sich dem Thema annähern kann, bietet der folgende Lösungsvorschlag drei unterschiedliche Einleitungsvarianten.

Lösungsvorschlag für die Abstracts

Zu Material 1 (Kierkegaard: Müßiggang und Arbeit)

In dem vorliegenden Textausschnitt mit dem Titel „Müßiggang und Arbeit" geht es Kierkegaard um das verkannte Verhältnis dieser beiden Begriffe, insbesondere um die falsche Bewertung des Müßiggangs. Er stellt folgende Thesen auf:

- Nicht Müßiggang, sondern Langeweile sei gleichsam die Wurzel des Bösen (Z. 9 f.).
- Müßiggang sei vielmehr „das wahre Gute" (Z. 9), Ausdruck „echter Humanität" (Z. 10 f.) im Genuss, nichts zu tun. Allerdings dürfe keine Langeweile aufkommen.
- Geschäftigkeit und Arbeit seien demgegenüber ein Ausdruck minderer geistiger und menschlicher Entwicklungsstufe (Z. 11–13), da der Geist dabei ausgeschlossen sei.

Zu Material 2 (ein Schaubild)

Die Globus-Grafik „Freizeitvergnügen in Deutschland“, ermittelt durch die Verbraucheranalyse Bauer des Springer Verlags, bietet in Form eines Säulendiagramms, aufgelockert durch eine Zeichnung, einen Überblick über die beliebtesten Freizeitbeschäftigungen im Jahre 2002.

An der Spitze der Beliebtheit stehen die Medien: Musik – Fernsehen – Tageszeitung. Es folgen der Genuss guten Essens und das Treffen mit Freunden; Zeitschriften und Bücher werden auch noch häufig genannt. Sport rangiert von den abgefragten Möglichkeiten an letzter Stelle. Das Internet wurde offenbar nicht zur Option gestellt.

Zu Material 3 (Sebastian Haffner: Ermunterung zum Müßiggang)

Der Feuilleton-Artikel „Ermunterung zum Müßiggang“ von Sebastian Haffner stammt aus den 1930er-Jahren und wurde 2004 in Haffners Buch *Das Leben als Fußgänger* abgedruckt. Haffner beklagt als ein Kennzeichen der Moderne den Verlust des Müßiggangs, der nicht mit Faulheit verwechselt werden dürfe. Müßiggang sei die Fähigkeit, besinnlich, ohne Hast und mit viel Zeit sein Leben zu führen; Zeit bereichere das Leben; Zeit zu haben, erhöhe die Lebensqualität.

Zu Material 4 (ein Gespräch mit Thomas Middelhoff)

Der vorliegende Textausschnitt stammt aus einem Interview mit Thomas Middelhoff, dem ehemaligen Vorstandsvorsitzenden der Bertelsmann AG und zum Zeitpunkt des Gesprächs noch Vorstandsvorsitzender der Arcandor-Gruppe, abgedruckt im „Magazin“ der *Süddeutschen Zeitung* im März 2008.

Thema des Interviews sind die Aufteilung der Zeit zwischen Beruf und Freizeit sowie die Verteilung der Aufgaben in seiner Familie. Middelhoff sagt, er arbeite sehr viel; der Grund dafür sei, dass ihn die Arbeit voll und ganz erfülle; früher seien dagegen vor allem Ehrgeiz und das Streben nach Anerkennung Motive gewesen. Zeit für sich selbst brauche er nicht. Seine Freizeit verbringe er mit der Familie, um die sich vornehmlich seine Frau kümmere. Andererseits habe er nun auch Verständnis dafür, wenn ein Mitarbeiter die Familie dem beruflichen Erfolg vorziehe, da auch für ihn mittlerweile die Familie das Wichtigste sei.

Lösungsvorschlag für den Essay

Einleitung
Variante 1

Montag ist der Morgen, an dem die Radiosender die Arbeitnehmer bedauern und trösten. Auch diese Woche wird vorbeigehen, auch diese Woche wird es ein Wochenende geben, an dem das Leben beginnt und der Bär tanzen wird. Damit ist unser aller Leben schon eingeteilt und bewertet. Schizophren leben wir zwei Leben: Eines, in dem wir uns verkaufen, das durch Zwang bestimmt wird, ein uneigentliches Leben und ein wirkliches Leben, das freitags um 16 Uhr einsetzt und Sonntag gegen 10 Uhr abends endet.

Jugendliche, befragt über den Sinn des Lebens, neigen meistens dazu, den Arbeitsalltag in seiner Monotonie abzulehnen. Erfüllt sei ein Leben dann, wenn „ich tun kann, was ich will“, wenn ich meine Bedürfnisse befriedige und meine Wünsche erfüllen kann. Und ein bisschen klingt diese Einschätzung nach, wenn Erwachsene den Urlaub als die schönste Zeit des Jahres benennen und sich fragen, wie viele Jahre sie noch bis zur Rente ausharren müssen. Aber jeder, der so denkt, muss sich doch fragen lassen, ob er, indem er immer in Erwartung der Zukunft lebt, nicht sein Leben verpasst.

Befragt, wann sie glücklich ist, antwortete einmal eine Mitschülerin, dass sie Glück erlebe, wenn sie sich ein Buch bei *Wittwer* kauft und sich anschließend in das Café der Buchhandlung setzt, um zu schmökern. Dieses Glück gönnt sie sich zu Beginn der Ferien, das sei nahezu schon ein Ritual mit hohem Glückswert; ich denke, sie würde diese Stunde als erfüllte Zeit bezeichnen. Variante 2

Es ist jetzt 9.50 Uhr, ich habe noch vier Stunden Zeit, den Essay zu schreiben. Vier Stunden, wie werde ich sie erleben, quälend lang, weil mir nichts einfällt, oder werden sie wie im Flug vergehen, sodass mir am Ende die Zeit nicht einmal reicht? Ist das dann das Erlebnis „erfüllter Zeit"? Und die erstgenannte Alternative, ist das „vertane Zeit"? Variante 3

„Erfüllte Zeit" versus „vertane Zeit". Stimmt die Antithese des Themas überhaupt so? Ist die Kontraseite nicht eher „leere Zeit", „totgeschlagene", also „tote Zeit" oder „verlorene Zeit"? Was ist die Differenz zwischen diesen Begriffen und Metaphern? Und ist „erfüllte Zeit" immer auch positiv besetzt, also ein Erleben von Glück? Ist eine bewältigte Stress-Phase nicht auch ein Erleben „erfüllter Zeit"? Wie ist hier der Zeitraum zu sehen, geht es um spezifische Situationen, also etwa um einen gelungenen Abend mit Freunden, oder lässt sich dieser Begriff auch auf Lebensphasen beziehen, z. B. die Kindheit, die letzten Jahre auf dem Gymnasium oder eine bestimmte Ausbildungs-, Studien- oder Berufsphase? Fragen, die ich offen lasse. Definitionsversuche des Themas

Ich lege vielmehr fest und beginne mit meinem Verstehen von „vertaner Zeit": Begriffsklärung „vertane Zeit"

- Im Unterschied zu „verlorener Zeit" habe ich einen aktiven Anteil daran, denn ich selbst habe Zeit, die mir wichtig war, vertan.
- Das Resultat ist negativ, ich habe entweder ein bestimmtes Ziel nicht erreicht und muss wieder neu beginnen, oder ich habe meine Zeit vertändelt, habe mich gelangweilt, bin am Ende enttäuscht, frustriert. Im Blick auf den Gegenpol „erfüllte Zeit" lege ich dies als zweiten Aspekt fest.
- Zweifellos möchte niemand ein derart negatives Erleben herbeiführen, es ereignet sich also gegen alle Intention, unvermittelt und unvorhergesehen – umso größer ist dann der Ärger oder die Enttäuschung. Lässt sich eine solche Situation denn durch kluge Planung und Voraussicht vermeiden? Wie ist das mit der quälenden Suche nach verlegten Dingen, dem Schlüssel, Arbeitsmaterialien oder was auch immer sich nicht dort findet, wo es liegen müsste? Leicht gedacht, was jetzt jeder denkt: Eine bessere Ordnung hilft. Leicht gedacht.
- Den Zeitraum enge ich ein: Es geht nicht um einen Lebensabschnitt von Jahren, sondern eher um Situationen, allenfalls auch Irrwege oder besser: falsche Ansätze in der Lebensplanung.

Auf dieser Basis grenze ich den Gegenbegriff ein, „erfüllte Zeit": Begriffsklärung „erfüllte Zeit"

- Der aktive Anteil ist hier nicht Bedingung, das Erleben „erfüllter Zeit" kann sich auch unvermittelt und ohne eigenes Zutun ereignen.

- Das Resultat ist positiv, genauer, das Erleben selbst ist positiv, ein bestimmtes, beschreibbares Resultat muss gar nicht am Ende stehen; eine Glücksempfindung stellt sich ein, im Prozess oder am Ende erlebt.
- Zweifellos möchte jeder ein derart positives Erleben planen und herbeiführen können, aber dies erscheint mir fraglich: Dem ehemaligen Konzernleiter Thomas Middelhoff (M 4) scheint es zwar zu gelingen, wenn er arbeitet, lustvoll und erfolgreich; auch die in der Umfrage ermittelten beliebtesten Freizeitbeschäftigungen (M 2) lassen sich planen und umsetzen – aber ist das jeweils mit dem Erleben erfüllter Zeit verknüpft? Ist eine Situation, die ich als lustvoll erlebe, immer auch eine Situation erfüllter Zeit? Ist das, was ich gerne tue, immer auch mit dem Erleben erfüllter Zeit verknüpft? Ich muss darüber noch einmal nachdenken.
- Für den Zeitraum gilt Ähnliches wie für „vertane Zeit“, er entspricht wohl eher einer Situation; hier ist aber durchaus auch ein längerer Lebensabschnitt vorstellbar.

Der Begriff „erfüllte Zeit“ ist nicht allgemeingültig konkretisierbar

Was fällt an dieser begrifflichen Gegenüberstellung auf? Sie ist sehr formal gehalten, es gibt kaum konkrete Beispiele. Und das hat gute Gründe: Was Immanuel Kant in der *Grundlegung der Metaphysik der Sitten* über die „Glückseligkeit“ sagt, scheint mir auf den Begriff der „erfüllten Zeit“ auch zuzutreffen. Kant konstatiert, dass dieser Begriff merkwürdig unbestimmt sei und auch bei einiger Reflexionsanstrengung unbestimmt bleibe, weil er rein empirisch sei; er meint damit, allgemein und grundsätzlich lasse sich darüber nicht viel mehr aussagen, als was das Wort bedeutet, weil das Empfinden von innerer Zufriedenheit und Glück sich individuell unterschiedlich einstellt. Die Umfrage (M 2) zeigt das sehr deutlich: Zwölf unterschiedliche Freizeitbeschäftigungen, so vermute ich, waren vorgegeben und anzukreuzen; die Liste ließe sich sicherlich noch verlängern bis hin zu Tätigkeiten Einzelner, die sich statistisch kaum mehr sinnvoll erfassen lassen, da sie im Promillebereich liegen würden. Empirisch ist hier eine riesige Bandbreite möglich.

Müßiggang oder Arbeit?

Es zeigt sich dies auch an den Gegensätzen im Dossier: Sören Kierkegaard (M 1) und Sebastian Haffner (M 3) plädieren für den Müßiggang in Differenz – und bei Kierkegaard in scharfem Gegensatz – zur Arbeit; Kierkegaard wertet Arbeit unter dem Aspekt „echter Humanität“ (Z. 10 f.) ab; Thomas Middelhoff könnte dies sicher nicht nachvollziehen. Wenn ich ihn recht verstehe, findet er Phasen erfüllter Zeit sowohl in der Arbeit wie in der Freizeit mit seiner Familie.

Differenz vita contemplativa – vita activa

Diese Gegenüberstellung legt eine Unterscheidung nahe, der vor allem Hannah Arendt nachgegangen ist: die Unterscheidung zwischen betrachtendem und aktivem Leben, zwischen „vita contemplativa“ und „vita activa“. Die Fähigkeit, zum Arbeitsalltag oder auch zu den tagespolitischen Ereignissen und Auseinandersetzungen, zum Kulturbetrieb, allgemein zu dem, was uns intensiv beschäftigt oder interessiert, Abstand herzustellen, innezuhalten, distanziert und nicht mehr intensiv eingebunden hinzuschauen und nachzudenken, ist wichtig und erstrebenswert. Wir finden diesen Abstand möglicherweise bei einem Spaziergang oder vor dem Einschlafen im Nachdenken über den Tag, ausgedehnter in Ferien- oder Urlaubsphasen, ausgeklinkt aus dem Alltag. Die vita contemplativa ist möglicherweise mit dem Müßiggang verknüpft – möglicherweise, denn sie erscheint mir zielgerichteter als das, was Kierkegaard begrifflich mit dem

Müßiggang verbindet: den totalen Verzicht auf jegliche Tätigkeit, was er am Beispiel einer schönen Frau entwickelt (Z. 7 f.). Die Reflexion als zentrales Moment der vita contemplativa hat er vermutlich nicht im Blick; an späterer Stelle betont er das Moment des Amüsements (Z. 19 f.). Wie dem auch sei, die Unterscheidung von vita contemplativa und vita activa, wie ich sie verstehe, ist kein sich ausschließender Gegensatz menschlichen Lebens. Beide Formen sind vielmehr komplementär zu sehen. Wir brauchen wohl beide Formen, um ein gelingendes, erfüllendes Leben zu leben. Das Bild des Herzschlags mit Systole und Diastole oder des Ein- und Ausatmens, der Wechsel von Anspannung und Entspannung treffen den Sachverhalt ganz gut. Wichtig für unser Thema: Das Erleben einer erfüllten Zeit kann sich in beiden Lebensformen oder Phasen einstellen.

Versuch eines Fazits: keine allgemeingültige Festlegung für erfüllte/ vertane Zeit

Was ist das vorläufige Fazit? Inhaltlich konkret lässt sich darüber nichts festlegen, eine erfüllte Zeit erlebt jeder auf seine Weise, allgemeine Aussagen sind nicht möglich. Und dasselbe gilt für das Erleben vertaner Zeit: Es ist individuell unterschiedlich gegeben. Erfüllte und vertane Zeit sind klare Unterscheidungen, antithetisch gestellt, aber über die strukturellen oder formalen Kennzeichen hinaus lässt sich inhaltlich pauschal nichts aussagen. Sie werden subjektiv unterschiedlich erlebt.

Differenzierung Zufriedenheit – Erfüllung

Es bleibt die Frage, ob das, was ich gerne tue, ob Situationen, in denen ich mich wohl fühle, Situationen innerer Zufriedenheit, wirklich identisch sind mit dem Erleben erfüllter Zeit. Ich glaube nein: Zurück noch einmal zur Auflistung der Freizeitbeschäftigungen: Den Befragten macht jeweils Freude, was sie genannt oder angekreuzt haben, ich kann mir aber kaum vorstellen, dass damit jeweils die Erfahrung einer rundum erfüllten Zeit verbunden ist. Dazu, meine ich, gehört einerseits noch mehr, ein intensiveres Erleben; es ist dies vielleicht die Differenz zwischen Zufriedenheit und Wohlgefühl zu wirklichem Glückserleben. Andererseits vermag ich mir Situationen intensiver Anspannung und Konzentration vorzustellen, die mit Glückshormonen nun überhaupt nicht verbunden sind, wohl aber mit dem Erleben erfüllter Zeit als dem eindeutigen Gegensatz, da stimme ich Kierkegaard völlig zu (Z. 9 f.), von Langeweile. Wohl dem, dem nie langweilig ist: Er ist – vielleicht und insgesamt gesehen, und ich bin mir meines Widerspruchs durchaus bewusst – ein glücklicher Mensch.

Ich komme zurück zum Einstieg: Gute drei Stunden habe ich jetzt gearbeitet, angespannt und intensiv. War es mir auch nur eine Minute langweilig? Zweifellos nicht. War ich in dieser Zeit glücklich? Wohl auch nicht. Zugleich habe ich diese Arbeitsphase erlebt als erfüllte Zeit, und dazu gehört auch die Erleichterung, die ich jetzt empfinde, und ein Maß an Zufriedenheit mit dem Resultat.

Schriftliche Abiturprüfung Deutsch (Baden-Württemberg) 2010
Aufgabe III/1: Textinterpretation (Lyrik)

Aufgabe:

Interpretieren und vergleichen Sie die Gedichte.

Rainer Maria Rilke (1875–1926): **Die Liebende**

Ja ich sehne mich nach dir. Ich gleite
mich verlierend selbst mir aus der Hand,
ohne Hoffnung, daß ich Das bestreite,
was zu mir kommt wie aus deiner Seite
ernst und unbeirrt und unverwandt.

... jene Zeiten: O wie war ich Eines,
nichts was rief und nichts was mich verriet;
meine Stille war wie eines Steines,
über den der Bach sein Murmeln zieht.

Aber jetzt in diesen Frühlingswochen
hat mich etwas langsam abgebrochen
von dem unbewußten dunkeln Jahr.
Etwas hat mein armes warmes Leben
irgendeinem in die Hand gegeben,
der nicht weiß was ich noch gestern war.

Aus: Rainer Maria Rilke: Werke. Bd. I, 1: Gedicht-Zyklen. Frankfurt/M. 1980, S. 133 f.

Volker Braun (*1939): **Hingebung**

Wie der Sommer kommt!
Die Abende sind warm und lang.
Ich bin ganz ruhig. Wir sitzen im Gesträuch
Reden uns aus uns heraus.
In seinen Gedanken plötzlich
Finde ich meine.

Die Wiesen liegen in ihrem Duft
Der strömt durch uns durch.
Die Bäume stehen in seltsamen Gruppen
Wie Liebende. Sie werden ganz dunkel.
Ich küß ihn, er küßt mich vom Fuß zur Stirn
Meinen ganzen Leib
Nehm ich nun ein.

Alle Natur
Ist mit dem gleichen beschäftigt.
Das zu denken ist schön.
Ich geb mich ihm hin
Und gehör doch mir. Nach meinem Sinn
Geht nun mein Tag.

Aus: Volker Braun: Gegen die symmetrische Welt. Gedichte. Frankfurt/M.: Suhrkamp 1974, S. 14

Lösungsvorschlag in Grundzügen

Hinweise und Tipps

Thema: Liebeslyrik
Die Liebe ist eines der wirkungsmächtigsten Konstrukte der Menschheit. Mythen und Märchen, Romane und Erzählungen, Balladen und Lieder erzählen von ihr. In der Gattung der Lyrik ist sie eines der zentralen Themen, das über die Jahrhunderte immer wieder einen neuen Ausdruck findet.
Im Unterricht wird mit dem Thema Liebeslyrik, ausgehend von exemplarischen Liebesgedichten, häufig ein Überblick über die Epochen der deutschen Literatur verbunden, d. h. sogenanntes literaturgeschichtliches Orientierungswissen vermittelt. Dabei soll reflektiert werden, dass jeder Text in der Spannung einer doppelten Historizität steht: Er ist Zeugnis seiner Zeit, löst sich im Prozess der Rezeption jedoch von den Bedingungen seiner Entstehung und wird jedes Mal neu lebendig, wenn ein Leser ihn unter den für ihn geltenden Voraussetzungen zu verstehen versucht. Verstehen ist in diesem Sinn ein aktiver und dialogischer Prozess, in dem der Leser den Text ernst nimmt, ihn genau liest, seine Hintergründe, Produktionsvoraussetzungen, historische Gebundenheit berücksichtigt, aber zugleich auch über sich selbst, seine Lebenswelt, seine Verstehensbemühungen und -probleme nachdenkt.
In engem Zusammenhang mit der Geschichte der Literatur steht die sogenannte Mentalitätsgeschichte: Was denken, fühlen, erleben, erhoffen sich Menschen zu einer bestimmten Zeit? Welche Bilder von Mann und Frau, vom Wesen und den Formen der Liebe, vom Individuum und der Gemeinschaft prägen das Leben, die Kunst, die Literatur? Solche Fragen können Ihnen bei der Erschließung von Liebesgedichten weiterhelfen.
Überprüfen Sie bei den Liebesgedichten, die Ihnen in einer Klausur vorgelegt werden, jedoch immer, ob und inwieweit eine literaturgeschichtliche Einordnung der Texte zu deren Verständnis beitragen kann, und gehen Sie auf keinen Fall den Weg der Deduktion, also vom Wissen über die Epoche zum Text. Ausgangspunkt ist immer der Text.

Aufgabentyp Gedichtvergleich
Beim Aufgabentyp „Gedichtvergleich" im Themenbereich „Liebeslyrik vom Barock bis zur Gegenwart" werden Ihnen zwei Texte vorgelegt, die Sie im Hinblick auf **Gemeinsamkeiten und Unterschiede** analysieren und deuten sollen. Dabei müssen Sie herausarbeiten, wie das Thema Liebe in den unterschiedlichen Gedichten entfaltet wird.
Achten Sie darauf, dass Sie jedes Gedicht zunächst für sich wirken lassen und **erste Verstehenshypothesen** bilden. Ein zu schneller Vergleich verstellt den Blick auf die Eigenart der Texte und birgt die Gefahr einer Fehlinterpretation.
Versuchen Sie, die Texte sehr genau wahrzunehmen, und visualisieren Sie alles, was Ihnen auffällt, indem Sie farbige Markierungen und Unterstreichungen anbringen, mit Pfeilen und Linien Verbindungen, z. B. zwischen Schlüsselbegriffen, herstellen und grafische Symbole an den Rand zeichnen. Beachten Sie nicht nur Semantik und Bildlichkeit der Sprache, sondern auch klangliche Phänomene (Reim, Alliterationen, Assonanzen usw.). Die Vorstellung, wie die Texte gesprochen werden könnten, hilft Ihnen dabei.
Die Aufgabenformulierung *Interpretieren und vergleichen Sie* lässt Ihnen einen **methodischen Spielraum**, den Sie nutzen sollten. Arbeiten Sie aber auch hier zielorientiert, z. B. indem Sie vorab einen **Schreibplan** erstellen.
Bei Gedichtinterpretationen wird von Ihnen erwartet, dass Sie über fachspezifische und methodische Kenntnisse und Fertigkeiten verfügen und dabei eine angemessene Fachsprache anwenden. Achten Sie darauf, die verwendeten **Fachtermini funktional für die Deutung** der Texte zu **nutzen**, d. h. Inhalt, Sprache und Struktur aufeinander zu beziehen. Die isolierte Aufzählung von im Text vorkommenden Stilmitteln stellt noch keine Interpretationsleistung dar.

Die Kunst des Liebens ist der Titel eines wichtigen Werks des Philosophen und Psychologen Erich Fromm. In der Vereinigung mit anderen Menschen, so Fromms These, kann der Einzelne die Zufälligkeit und Einsamkeit seiner Existenz überwinden und letztlich seelisch gesund bleiben. Die höchste Erfüllung findet der Mensch in der Liebe. Sie „lässt ihn das Gefühl von Isolation und Getrenntsein überwinden, erlaubt ihm aber, sich selbst treu zu bleiben und seine Integrität, sein So-Sein zu bewahren. In der Liebe ereignet sich das Paradox, dass zwei Wesen eins werden und doch zwei bleiben." (Fromm, Erich: Die Kunst des Liebens, Ullstein 1977) Von dieser Erfahrung sprechen auf unterschiedliche Weise auch die beiden Gedichte *Die Liebende* von Rainer Maria Rilke und *Hingebung* von Volker Braun.

Einleitung

Rainer Maria Rilke, der als bedeutender deutscher Lyriker des frühen 20. Jahrhunderts gilt, lässt in seinem Gedicht aus dem Jahre 1906 ein **weibliches lyrisches Ich** zu Wort kommen. „Die Liebende", Sprecherin des Gedichts, beschreibt eine Erfahrung, die ihr Lebensgefühl grundlegend verändert: Die unabweisbare Sehnsucht nach einem geliebten Du birgt die Gefahr des Selbstverlusts, eröffnet aber gleichzeitig die Chance zum Aufbruch in ein neues Leben.

Rainer Maria Rilke: Die Liebende

In drei Strophen von ungleicher Länge (5 Verse, 4 Verse, 6 Verse) und mit unterschiedlichen Reimschemata (abaab, cdcd, eefggf) entfaltet sich ein **fiktiver Monolog** des lyrischen Ichs. Gleich zum Auftakt des Gedichts wendet sich die Sprecherin an ein nirgendwo näher bestimmtes Du, das sie vermisst: „Ja ich sehne mich nach dir." (V. 1) Das bestätigende „Ja" verweist darauf, dass sie schon länger mit sich selbst im Gespräch ist und ihre Lage zu klären versucht, indem sie in einer Art Selbstvergewisserung ihre **Sehnsucht** als nicht mehr abzustreitende Tatsache anerkennt.

Aufbau des Gedichts
Form: fiktiver Monolog, Hinwendung zu einem Du

Diese Sehnsucht ist mit der **Angst vor Kontrollverlust** und mit Unsicherheit verbunden. Sie wirft das Ich auf sich selbst zurück (s. die reflexiven Verben *sich sehnen* [„Ich sehne mich", V. 1] und *sich verlieren* [„mich verlierend", V. 2]) und birgt zugleich die Gefahr des Selbstverlusts, die im Bild des Sich-aus-der-Hand-Gleitens deutlich wird. Schlussendlich führt die Sehnsucht das lyrische Ich zu der Erkenntnis, dass es der starken **Anziehungskraft des Geliebten** nicht entkommen kann. Es ist ein unbestimmtes Etwas („was zu mir kommt wie aus deiner Seite", V. 4), das sich nicht leugnen lässt („ohne Hoffnung, dass ich Das bestreite", V. 3), und es wird von der Liebenden als „ernst und unbeirrt und unverwandt" (V. 5) wahrgenommen, ohne dass sie in der Lage ist, es genauer zu fassen oder gar konkret zu benennen.

1. Strophe: Sehnsucht nach dem Du, Gefahr des Selbstverlusts

In der **Vergangenheit** war dies anders: „... jene Zeiten: O wie war ich Eines" (V. 6). Der Ausruf „O" klingt wie eine Klage, aus der die Sehnsucht nach der verlorenen Einheit mit sich selbst spricht. Diese weit zurückliegende Existenzweise war jedoch auch durch Mangel gekennzeichnet: Die zweifache Negation – „nichts was rief und nichts was mich verriet" (V. 7) – und die Prädikate „rufen" und „verraten" weisen darauf hin, dass das Ich früher in einer Situation der **Beziehungslosigkeit** gelebt hat. Verstärkt wird dieser Eindruck durch den Hinweis auf die nun ebenfalls der Vergangenheit angehörende „Stille" (V. 8) des lyrischen Ichs, die mit dem Bild des „Steines, / über den der Bach sein Murmeln zieht" (V. 8 f.) zum Ausdruck gebracht wird. Die Übereinstimmung mit sich

2. Strophe: Erinnerung an die verlorene Einheit mit sich selbst

selbst, das „Eines"-Sein hatte einen hohen Preis: Bewegungslosigkeit, Isolation, Kälte, ja vielleicht Versteinerung oder Depression.

Vergangenheit und Gegenwart werden in der **dritten Strophe** zusammengeführt. Mit der Konjunktion „aber" setzt das lyrische Ich ein Signal, dass sich inzwischen alles verändert hat: „Aber jetzt in diesen Frühlingswochen / hat mich etwas langsam abgebrochen / von dem unbewußten dunkeln Jahr." (V. 10–12) Aus dem Gefühl, sich selbst aus der Hand zu gleiten (V. 1 f.), ist die **Sicherheit** geworden, einem anderen „in die Hand gegeben" (V. 14) zu sein. Wie schon in der ersten und zweiten Strophe wird die Beziehung zum Geliebten jedoch nicht näher beschrieben. Es ist ein zweimal genanntes unbestimmtes „Etwas" (V. 11 und 13), das bei der Liebenden jetzt im Frühling, der Jahreszeit des Aufbruchs und des Aufblühens, eine Entwicklung in Gang setzt, die es offensichtlich selbst noch nicht erklären und fassen kann. Der **Geliebte** selbst, wer auch immer es sein mag, bleibt **namenlos**, ja erscheint geradezu beliebig, auswechselbar, worauf das Indefinitpronomen „irgendeinem" (V. 14) verweist, und er weiß wenig von der Liebenden und ihrer Vergangenheit (V. 15).

3. Strophe: veränderter Zustand in der Gegenwart

Das Gedicht entwirft eine Vorstellung von **Liebe**, die trotz Sehnsucht nach dem Du sehr **ichbezogen und monologisch** bleibt. Dies zeigt sich formal in der Dominanz von Personal- und Possessivpronomina in der 1. Person Singular (zwölf Mal) gegenüber lediglich zweimaligem Vorkommen der 2. Person in der ersten Strophe (V. 1 „dir", V. 4 „deiner"). In der letzten und längsten Strophe schließlich gibt es überhaupt kein Du, keinen Ansprechpartner mehr, es ist nur noch von „etwas" und „irgendeinem" die Rede.

Vorstellung von Liebe im Gedicht

Rainer Maria Rilke ist ein großer Lyriker, dem die deutsche Literatur wunderbare Sprachkunstwerke wie z. B. *Der Panther* und *Herbsttag* verdankt, die man noch heute in jeder Gedichtanthologie und jedem Lesebuch findet. Im vorliegenden Gedicht stellt sich der Leser jedoch einige kritische Fragen:

kritische Fragen an den Text

Welche Bedeutung haben die Bilder des Gedichts? In der ersten Strophe spricht das lyrische Ich von etwas „was zu mir kommt wie aus deiner Seite" (V. 4) und löst damit **Assoziationen zum biblischen Schöpfungsmythos** aus: Eva wird aus Adams Rippe, also aus seiner Seite, geschnitten. Dieser Deutungsversuch, der an der Idee der ursprünglichen Einheit von Mann und Frau ansetzt, führt jedoch nicht weiter. Für das lyrische Ich ist es nicht einmal sicher, dass die wahrgenommenen starken Gefühle tatsächlich vom geliebten Du ausgehen, es ist ein „als ob", sonst wäre der Vergleichspartikel „wie" nicht nötig.

Auch in der zweiten Strophe wird in einem Parallelismus ein **Vergleich** gezogen: „meine Stille war wie eines Steines". Soll dieser Verstoß gegen die Regeln der Grammatik – korrekt wäre: meine Stille war wie <u>die</u> eines Steines – als Stilmittel gedeutet werden? Welche Funktion hat es dann? Die **Metapher des Abbrechens**, die in Strophe 3 den Gegensatz von Vergangenheit und Gegenwart verdeutlichen soll, verdankt sich wohl dem Zwang zum Reim (Frühlingswochen – abgebrochen). Ihr Sinn ist schwer zu erschließen: Wie kann ein Mensch von einer Zeitspanne „langsam abgebrochen" (V. 11) werden? Auch der semantische Gegensatz des adverbial gebrauchten Adjektivs „langsam", das auf eine eher bedächtige Entwicklung verweist, und des Verbs „abbrechen", zu dessen Bedeutungsmerkmalen die Schnelligkeit und Abruptheit einer oft aggressiven Handlung gehört, bleibt rätselhaft.

Primat der Form?

Der etwas banal klingende Binnenreim in Vers 13 – „mein armes warmes Leben“ – wirft die Frage auf, was am Leben der Sprecherin denn so arm ist. Auch hier kommt der Verdacht auf, dass dem Streben nach Form Priorität eingeräumt wurde.

Schließlich stellen sich beim Leser des 21. Jahrhunderts auch Zweifel ein, ob der männliche Verfasser des Gedichts sich in ein weibliches lyrisches Ich eindenken und einfühlen konnte. Die Konstruktionen von Weiblichkeit und von Liebe aus der Sicht der Frau erscheinen zumindest aus heutiger Sicht sehr von männlicher Selbstbezüglichkeit und Dominanz geprägt.

Volker Braun: Hingebung

Eine ganz andere Vorstellung von Liebe zeigt sich in Volker Brauns Gedicht *Hingebung* von 1974. Auch hier lässt ein männlicher Dichter ein **weibliches lyrisches Ich** sprechen. In drei reimlosen, unterschiedlich langen Strophen, deren Verse ohne Metrum sich rhythmisch der Prosa nähern, wird aus der Perspektive einer Frau ein **Liebeserlebnis** geschildert, das seinen Höhepunkt in der sexuellen Vereinigung der beiden Liebenden findet.

1. Strophe: harmonisches Zusammensein von Mann und Frau in der Natur

Die Zweisamkeit der beiden Personen, von denen man nicht erfährt, ob sie bereits länger ein Paar sind, ist **in die Natur eingebettet:** „Wie der Sommer kommt! / Die Abende sind warm und lang.“ Der freudige Ausruf (V. 1) und die Schilderung einer allseits bekannten Situation (V. 2) nehmen den Leser mit ins Geschehen und lassen ihn von Beginn an am Erlebnis dieser Begegnung teilhaben.

Das Zusammensein der beiden ist vor dem Hintergrund des sommerlichen Abends zunächst ganz unspektakulär und alltäglich („Ich bin ganz ruhig.“, V. 3). Sie finden sich zusammen, um zu reden, sich mitzuteilen, was sie denken und erleben („Wir sitzen im Gesträuch / Reden uns aus uns heraus.“, V. 3 f.). Die Frau entdeckt dabei eine große geistige **Übereinstimmung mit dem Mann:** „In seinen Gedanken plötzlich / Finde ich meine.“ (V. 5 f.)

2. Strophe: gegenseitige Liebesbezeugungen

Auch in der zweiten Strophe spielt die **sommerliche Natur** eine große Rolle. Sie ist nicht nur das Szenario für die Vereinigung von Ich und Du im Wir (vgl. V. 8, Personalpronomen „uns“), nicht nur Raum für sinnliches Erleben („Die Wiesen liegen in ihrem Duft / Der strömt durch uns durch.“, V. 7 f.), sondern auch **Projektionsfläche für die Gefühlslage** des lyrischen Ichs: „Die Bäume stehen in seltsamen Gruppen / Wie Liebende“ (V. 9 f.). Aber erst in der Dunkelheit (V. 10: „Sie werden ganz dunkel.“) werden die Frau und der Mann ein Paar und küssen sich. Auch wenn die Frau dabei den ersten Schritt macht („Ich küß ihn“, V. 11) und der Mann mit einem Sturm der Zärtlichkeit antwortet („er küßt mich vom Fuß zur Stirn“, V. 11), entsteht daraus weder von ihrer noch von seiner Seite irgendein Dominanz- oder Führungsanspruch, sondern ein **auf Gegenseitigkeit beruhendes Liebesspiel**, das bei der Liebenden mit dem Gefühl höchster Selbsterfüllung verbunden ist. Die liebevolle Wahrnehmung durch den anderen führt zu einer **gesteigerten Wahrnehmung der eigenen Person:** „Meinen ganzen Leib / Nehm ich nun ein.“ (V. 12 f.)

Der Blick der Liebenden weitet sich in der dritten Strophe auf die ganze Natur („Alle Natur", V. 14) aus, die „mit dem gleichen beschäftigt" (V. 15) ist, eine Entdeckung, die sie mit Glück erfüllt: „Das zu denken ist schön." (V. 16).

3. Strophe: Hingebung ohne Selbstaufgabe

Die **sexuelle Hingabe** an den Geliebten ist nicht nur ein bewusster und selbstbestimmter Akt der Liebenden („Ich geb mich ihm hin / Und gehör doch mir"), sie ordnet sich auch in kosmische Zusammenhänge ein und gibt der Sprecherin des Gedichts von daher Sicherheit.

Der Akt der „Hingebung", der dem Gedicht den Titel gibt, bedeutet für die Sprecherin nicht den Verlust der Eigenständigkeit, nicht Selbstaufgabe, sondern **Selbstvergewisserung in der Begegnung mit dem Du:** „Nach meinem Sinn / Geht nun mein Tag." (V. 18f.) Die Liebe ist Erweiterung und Bestärkung der Individualität und weist über die Gegenwart hinaus.

Vergleich der beiden Gedichte

In **Volker Brauns Gedicht** *Hingebung* wird konkret geschildert, was Erich Fromm als Paradox der Liebe bezeichnet: Zwei Wesen werden eins und bleiben doch zwei.
Das Gedicht kommt ohne Reim und Metrum aus, die Sätze sind parataktisch, die Wortwahl ist einfach, oft alltagssprachlich. Und dennoch wirkt das Gedicht poetisch: Naturbilder, Vergleiche, eindrückliche Wiederholungen, aber auch eine Rhythmisierung der Sätze durch bewusst gesetzte Zeilenumbrüche, die sinntragende Wörter akzentuieren, heben den Text über die Alltagssprache hinaus und „verdichten" seine Aussage.

Rainer Maria Rilkes Gedicht ist stärker strukturiert und weist viele Merkmale lyrischen Sprechens auf (Metrum, Reim, Binnenreim, Assonanzen, Metaphern, Antithese). Es entwirft, sicherlich auch **zeitbedingt**, ein ganz **anderes Bild von Liebe**. Die Sehnsucht des lyrischen Ichs nach dem Du löst zwar seine Einsamkeit und Abkapselung ab, birgt aber zugleich die Gefahr des Selbstverlusts. Nicht von Liebe, geistiger und körperlicher Begegnung, Verständnis füreinander, gegenseitiger Hingabe ist hier die Rede, sondern von einer undefinierbaren Macht, einem Etwas, das das lyrische Ich einer ebenso unbestimmten Person („irgendeinem", V. 14) überantwortet.

Die Sprecherin in Volker Brauns Gedicht ist eine moderne, kommunikative, selbst denkende und auch in der Liebe aktiv handelnde Frau; Rilkes lyrisches Ich bleibt dagegen einem traditionellen Rollenverständnis verhaftet, das der Frau Passivität und Hingabe zuschreibt. Ein Austauschen der beiden Titel könnte man sich deshalb gut vorstellen.

Schriftliche Abiturprüfung Deutsch (Baden-Württemberg) 2010
Aufgabe III/2: Textinterpretation (Prosa)

Aufgabe:

Interpretieren Sie den Text.

Nadja Einzmann (*1974): **Etwas zu erzählen?**

Es läßt sich leben an so einem Tag. Nicht daß mir leicht wäre, das nicht. Ich lebe so dahin. Kein Pulsen um die Herzgegend, Gott sei Dank. Vielmehr ein Strömen, ein zartes Vibrieren in den Armen, die Beine hinab und im Bauch, als wären meine Adern mit Lammfell ausgespannt und die feinen Härchen zausten mein Blut.

Sie ist nicht nach Hause gekommen, gestern nicht und heute auch nicht. Ein Versehen vielleicht, eine Vergeßlichkeit, hatte ich mir gedacht. – Aber natürlich, daß er sie mit seinen jungen Armen um die Taille gefaßt hat und die Feuchtigkeit ihres Mundes durchforscht mit seiner blitzlebendigen Zunge. Da kann es kein Zurück mehr geben für sie zu mir.

Sie ist mir ans Herz gewachsen auf eine Art, die nicht gut war: Nach Reden war mir selten zumute in den letzten Jahren, sie begriff vieles nicht, und ihr Körper bedeutete mir immer weniger in der Zeit. Aber sie mußte um mich sein, ihr Atem die Luft meines Zimmers pflügen, daß mir Gedanken kamen und Worte flossen. Ohne sie bin ich nichts.

Warum soll sie nicht tanzen gehen, hatte ich mir gedacht. Daß so ein luftiges Röckchen ihre Schenkel umspielt und daß sie einmal wieder tief Atem holen kann. Ein wenig Röte um die Wangen und wäre ein Rhythmus in ihr die nächsten Tage, daß auch mir leichter würde ums Herz. So habe ich mir gedacht und ihr freundlich zugenickt. „Ja“, habe ich gesagt, „mach nur. Das wird dir guttun.“ Ich war nicht ängstlich. Gar nicht ängstlich bin ich gewesen. Den Abend nicht, und auch noch nicht in der Nacht. Mein Bauch lag warm auf dem Laken, und die Arme hatte ich mir um den Kopf gelegt wie stets. Kaum ein Gedanke an sie. Ein kleines Sehnen vielleicht, ein angenehmes, müheloses.

Gegen Mittag war ich aufgewacht und habe sie nicht gehört. Stille im ganzen Haus, kein Brummen von der Straße her, kein Ziehen im Holz. Sie fehlte, daß mir die Ohren schmerzten, und mein Herz schlug los, daß ich meinte, es würde mir aus der Brust hüpfen.

Daß sie viel Zeit vor dem Spiegel verbracht hätte die letzten Jahre, kann ich nicht sagen. Aber an diesem Abend hat sie sich Mühe gegeben. Ich habe ihr die feine, silberne Kette um den Hals legen müssen. Und tatsächlich habe ich sie in den Nacken geküßt bei dieser Gelegenheit, wie ich es lange nicht getan habe. Sie roch nach Vanille und nach etwas anderem. Ich habe sie nicht gefragt nach was.

Mit allzu beweglichen Hüften ist sie den Weg hinuntergegangen zum Wagen. Warum nur, habe ich mich noch gefragt, hat sie das nötig? Aber dann bin ich ins Haus zurückgegangen. Habe mir Teewasser aufgesetzt und ins Pfeifen des Teekessels hinein mir keine Gedanken mehr gemacht um sie und mich.

Der Hund lag vor dem Kamin wie immer, und wie sollte ich da auf etwas kommen. Tatsächlich in Pantoffelstimmung war ich an diesem Abend und löste die Krawatte und ging nur in Strickjacke und weichen Hosen herum.

Mit mir kann man sich einiges erlauben, habe ich mir gedacht. Ich bin gut zu ihr. Und habe mich an den Schreibtisch gesetzt, die Arme recht weit ausgespannt, und mir ein Blatt Papier bereitgelegt. Als mir nichts aufzuschreiben einfallen wollte, verbrachte ich den Abend in Gemütlichkeit, zog mir ein Buch, ein dickes, staubiges, aus dem Regal und legte mich im Sessel zurecht.

Was hätte ich dort verloren gehabt? Das harte Umta-umta des Schlagzeugs würde mir noch nächtelang den Schlaf geraubt haben, und zuckende Lichter haben mir nie etwas bedeutet. Ihr würden sie in die Glieder fahren, und das war gut so. Daß ihre Muskeln sich spannen und entspannen könnten und ihr Atem ein und aus führe, ein und aus. Hell würde sie sein, wenn sie zurückkäme und leicht, und ihr Lachen würde meinem Zimmer eine andere Tönung geben.

Ich habe sie wenig gefragt, die letzten Jahre, und sie hat mir nichts gesagt. So ist das, wenn die Herzen im Gleichklang schlagen, hatte ich mir gedacht. Worte braucht, wer eine andere Sprache nicht zu sprechen versteht. Sanft war sie, wie sie es manchmal ist, daß ich nichts gespürt habe und habe mir mein Teil nicht gedacht. Allerlei Konserven hat sie eingekauft in den letzten Wochen, und Öl wurde geliefert und Kohle. „Daß du es warm hast." Und daß sie mir Kleinigkeiten erklären wollte, die ich bisher niemals wissen mußte. Warum? habe ich gefragt. Darum, hat sie gesagt. Vielleicht daß da schon ein Tanzen in ihr war auch ohne jenes zuckende Licht und ein Rhythmus ganz ohne Schlagzeug.

Ich werde mir keine Fragen mehr stellen. Mit Fragen helfe ich mir wenig. Und daß sie das Auto nicht heimlich gegen Abend abgestellt hat vor dem Haus, läßt mich hoffen. Ich stehe am Fenster, sehe in das graue Licht hinaus. Müde werde ich, daß mir die Lider manches Mal über die Augen gleiten wollen. Aber dann regt sich etwas dort, wo der Wald beginnt, oder es zuckt ein Schatten über die Straße. Wenn sie käme, ich würde ihr aufmachen, den Autoschlüssel ihr vom Ringfinger ziehen und ihn zurücklegen dorthin, wo er immer liegt. Ich würde sie um die Taille fassen und ins Eßzimmer führen. Dann würde ich eine Kerze anzünden oder zwei, die Stehlampe schwach im Hintergrund. Etwas zu erzählen? würde ich sagen.

Aus: Nadja Einzmann: Da kann ich nicht nein sagen. Geschichten von der Liebe. Frankfurt/M.: Fischer 2001, S. 95–98

Lösungsvorschlag in Grundzügen

Hinweise und Tipps

„Interpretieren Sie den Text." Die allgemein gefasste Aufgabenstellung nennt keine Aspekte oder Schwerpunkte, die Struktur der Textinterpretation ist also selbstständig zu entfalten. Wie legen Sie diese Struktur am besten an?

- Die Einleitung sollte eine Hinführung zum Thema oder zumindest eine knappe Zusammenfassung der Daten zur Autorin, zur Textsorte, zur Veröffentlichung, zum Thema bieten.
- Eine knappe inhaltliche Zusammenfassung schließt sich an.
- Es folgt die Darstellung der wesentlichen Aussagen, möglicherweise schon mit der formalen Analyse, der Analyse der erzähltechnischen und sprachlichen Mittel, verknüpft.
- Alternativ und eher üblich schließt die formale Analyse an die Darstellung der inhaltlichen Aspekte an.
- Den Abschluss können eine persönlich wertende Sicht, Überlegungen zur aktuellen Relevanz oder eine inhaltliche Ausweitung bilden.

Beachten Sie bei Ihrer Interpretation die besondere erzähltechnische Gestaltung des inneren Monologs. Hinterfragen Sie die Äußerungen des Protagonisten und versuchen Sie, aus den Andeutungen Rückschlüsse auf die Beziehung zu ziehen. Um die Rechtfertigungsversuches des Sprechers zu entlarven, ist es wichtig, auf die sprachliche Gestaltung einzugehen. Achten Sie darauf, geeignete Textbelege anzuführen. Beziehen Sie auch den Titel in Ihre Deutung ein.

Geschichten von der Liebe untertitelt Nadja Einzmann ihren Erzählband *Da kann ich nicht nein sagen*; sie erhielt dafür 2002 den Georg-Glaser-Förderpreis. Die vorliegende Kurzgeschichte aus diesem Band thematisiert nicht eine aktuell gegebene Liebesbeziehung oder ihre Entstehung, sondern ihren Abgesang, das mutmaßliche **Ende einer Liebe**, genauer einer Beziehung, die vermutlich über viele Jahre währte und – aus der Sicht des Erzählers – problemlos zu „funktionieren" schien, um hier bewusst eine technische Metapher zu wählen.

Einleitung

Der Text ist inhaltlich nicht so leicht zu fassen: Die Ursache liegt in der von Nadja Einzmann gewählten Perspektive des inneren Monologs eines Ich-Erzählers, es fehlt also eine Hinführung oder Erklärung der Situation, sie erschließt sich dem Leser erst sukzessive. Ein offenbar etwas älterer Mann (Z. 35 f.), Schriftsteller (Z. 12 f., 38 f.), wird von seiner jüngeren Frau (Z. 14 f., 44–47) verlassen. Dies geschieht ohne explizite Ankündigung, sie geht mit der Zustimmung ihres Mannes aus zum Tanzen und kommt – so sieht es aus (Z. 5) – nicht mehr zurück. Der Schluss ist zwar offen – sie hat das Auto nicht zurückgebracht (Z. 56 f.) –, aber die Hoffnung auf ihre Rückkehr ist vielleicht eher ein Wunschdenken.

Inhalt

Für den Ich-Erzähler handelt es sich um eine ihm letztlich unverständliche Situation (Z. 56). Aber seine **Perspektive** ist auch eine spezielle, nämlich die eines Mannes, der so gar nicht bemerkt, wie sich seine Ehe – ich unterstelle jetzt der Einfachheit halber eine eheliche Beziehung, der Text klärt das nicht – verändert. Merkwürdig schon ist der Beginn des inneren Monologs: Der **Protagonist** ist unvermittelt **verlassen worden** von seiner Frau – ähnlich dem in umgekehrter Rollenverteilung viel zitierten Satz „Ich gehe einmal eben Zigaretten holen" – und er beginnt: „Es lässt sich leben an so einem Tag." Es folgen differenzierte Bilder und Metaphern (Z. 2–4), die die Befindlichkeit in dieser Situation wohl eher beschönigen, zur Normalität verharmlosen wollen denn beschreiben. Dabei geht die Verstörung tief: Der Mann fühlt sich wie unter Strom, spürt ein „zartes Vibrieren" (Z. 2 f.) in seinem Körper. Immer wieder kehren seine Gedanken zu ihrem Weggehen zurück, die Hintergründe bleiben allerdings unklar: Ist es reine Fantasie, die Vorstellung des jungen Mannes, der die Ehefrau begehrt (Z. 6–9), oder gibt es einen realen Vorgang, einen schon länger existierenden jugendlichen Liebhaber, der sie zum Tanzen eingeladen hat?

Aussage

Konfrontation mit einer unverständlichen Situation

Fakt ist, dass dem Schriftsteller das **Ausmaß der Entfremdung** zwischen ihm und seiner Frau nicht klar ist oder aber er es nicht wahrhaben will: Einerseits analysiert er die Probleme der Beziehung, intellektuell, kommunikativ sowie sexuell ist die Beziehung auf einem Tiefpunkt angekommen (Z. 10–12). Andererseits verharmlost er das Tanzen (Z. 14–21), ihre Vorbereitung auf den Abend (Z. 25–27), ihren ungewöhnlichen Parfumduft (Z. 28 f.), die auffallende Attraktivität im Gang (Z. 30–33). Die abendliche, alltägliche Normalität erleichtert ihm die **Verharmlosung** der Situation, lässt eine Beunruhigung nicht zu (Z. 34). Was steckt wirklich hinter der behaupteten Gutmütigkeit und dem Selbstlob (Z. 37), dem behaupteten Wohlwollen seiner Frau gegenüber, das im Übrigen nicht ohne eigenes Interesse ist (Z. 14–17, 44–47)? Vermuten lässt sich ein hohes Maß an **Gleichgültigkeit** (Z. 48), das sofort auch wieder schöngeredet wird (Z. 48–50). Das Resultat dieses Desinteresses und Mangels an Empathie und Sensibilität war, dass dem Ich-Erzähler, befangen in seiner selbst verschuldeten Blindheit, die eindeutigen Signale der kommenden Trennung

Ambivalenzen

Beschönigungen

Blindheit

entgingen: Seine Partnerin kaufte Vorräte und wies ihn in Kleinigkeiten des Alltags ein, um die er sich zuvor nicht gekümmert hatte (Z. 51–55). Es wird ihm allmählich klar, dass es diese Signale gab, die er nicht wahrgenommen und thematisiert hat (Z. 50 f, 54 f.). Die **Frage nach den Ursachen** der Entfremdung, gar nach einem eigenen Schuldanteil **stellt er sich** indes **nicht**.

Ambivalenzen

Wie geht es ihm, wie kommt er zurecht, wie reagiert er? Wir stoßen wieder auf die **Ambivalenz** oder Spannung des Einerseits und Andererseits: Einerseits wäre da der gelassene Eingangssatz und der Vorsatz, sich selbst keine Fragen mehr zu stellen (Z. 56), sich die eigenen Anteile also gar nicht erst bewusst machen zu wollen. Auf der anderen Seite stehen das Eingeständnis, dass ohne sie die schriftstellerische Produktion, also die berufliche Existenz nicht möglich ist (Z. 12 f., 37–39), und unvermittelte Kreislaufbeschwerden (Z. 23 f.). Am Ende bleibt eine wohl vergebliche **Hoffnung auf die Rückkehr der Frau**; der gewählte Konjunktiv der Schlusssätze ist funktional nicht eindeutig zu bestimmen: **Irrealis oder Potentialis**? Und was geschähe, wenn sie zurückkäme? Der Protagonist würde ihr natürlich keine Vorwürfe machen – das würde nun auch gar nicht zu ihm passen, so wie wir ihn in diesem Monolog kennengelernt haben. Er würde aber auch nicht in eine Reflexion über die gemeinsam verlebten Jahre und den Prozess der Entfremdung und ihre Ursachen eintreten. Zwar würde er die Besonderheit dieser Situation durch Kerzenlicht unterstreichen, wollte indes mit seiner vermeintlich harmlosen, freundlichen, vielleicht auch ironischen Frage „etwas zu erzählen?" alles zur Normalität beschönigen und die Konflikte eher zudecken; dabei erlaubt die Frage durchaus unterschiedliche Reaktionen, eine positive, möglicherweise ein klärendes Gespräch einleitende, aber auch eine negative Antwort: alles in Ordnung, alles normal.

Hilflosigkeit

offener Schluss

Der **Schluss** bleibt in doppelter Hinsicht **offen:** Es steht erstens zumindest zu erwarten, dass das Auto irgendwie wieder zurückkommt; und es ist möglich, dass sich die Frau nach einigen Tagen oder Wochen ihres Ausbruchs in ein anderes, jüngeres, lebendigeres Leben doch noch einmal entscheidet zurückzukehren. Diese Rückkehr muss zweitens nicht unbedingt eine Rückkehr auf Dauer sein, die Frage des Ich-Erzählers kann auch der Auftakt eines klärenden, die definitive Trennung einleitenden Gesprächs sein.

Wirkung auf den Leser

Wir distanzieren uns von diesem Protagonisten, durchschauen ihn in seinen Beschönigungen, Verharmlosungen, seiner Lebenslüge, aber verurteilen wir ihn in aller Schärfe? Eher nicht, denn Nadja Einzmann zeichnet das Bild einer Beziehung, wie sie **nicht untypisch** ist **für alt gewordene Ehen**, defizitär zweifellos, aber auch nicht absolut gescheitert: Man bleibt zusammen aus Gewohnheit, aus Gründen ökonomischer Sicherheit, mangels klarer Alternativen, skeptisch, was die Entwicklung und Tragfähigkeit einer neuen Beziehung angeht – aus vielen kleinen Gründen. Es ist dies zumindest eine Seite **menschlicher Realität**, die eher graue, die es aber auch gibt: „Ich lebe so dahin." (Z. 1)

Darstellungsmittel/Stil

Welche **Mittel der Darstellung und Gestaltung** setzt die Autorin ein, uns diese Krisensituation einer Beziehung zu verdeutlichen?

Erzählperspektive

Erzähltechnisch dominant ist der **innere Monolog** des Ich-Erzählers. Er hat zunächst Konsequenzen für den Aufbau:

- Ganz zwanglos ergeben sich daraus der **unvermittelte Beginn** und der **offene Schluss**, die den Text auch als **Kurzgeschichte** ausweisen; wir nehmen teil an den Gedanken, die dem Protagonisten in der zweiten Nacht, nachdem seine Frau das Haus verlassen hat, durch den Kopf gehen. Es ist dies die Situation des erzählenden Ichs.

Erzählsituation

- Aus diesem erzählperspektivischem Konzept folgt auch der weitere Aufbau des Textes: Aussagen über die eigene Befindlichkeit, Darstellungen des Geschehens und Erinnerungen wechseln einander ab, es gibt **keine Systematik** und keinen chronologischen Ablauf als Gliederungsvorgabe. Die Folge ist, dass der Leser nur sukzessive das Geschehen erschließen kann, dass manches auch offen bleibt. Die Erzählweise imitiert so die realen, ungeordneten Gedankenbewegungen und suggeriert dem Leser Unmittelbarkeit und Authentizität.

Aufbau

- Aus diesem einseitigen Erzählkonzept resultieren **Leerstellen:** Es sind dies einmal Fakten, die der Ich-Erzähler verdrängt oder nicht weiß, weil sie ihn nicht interessierten oder er sie nicht bemerkt hat. Welche Vorgeschichte hat z. B. der Tanzabend, hätte der Ich-Erzähler wirklich mitgehen können, wie er vorgibt (Z. 42)? Welche konkreten Signale für den Weggang seiner Frau gab es? Ist die Erinnerung des Ich-Erzählers in dieser Hinsicht vollständig (Z. 51–54)?
  Es sind dies zweitens Fakten, die der Ich-Erzähler uns verschweigt: Er verbrachte den ersten Abend „in Gemütlichkeit" (Z. 40), legte sich „gar nicht ängstlich" (Z. 18) schlafen – wachte aber am anderen Tag erst „gegen Mittag" (Z. 22) auf; das erscheint ungewöhnlich: Wie spät war es denn, als er sich zur Ruhe begab?
  Dazu gehören schließlich auch Informationen, die die Gesamtsituation der Ehe betreffen, die dem Leser nicht bekannt sind: Wie lange ist das Paar schon zusammen? Wie groß ist der Altersunterschied? Wie groß – es erscheint nicht unwesentlich für die Entwicklung dieser Beziehung (Z. 10 f.) – ist der Bildungsunterschied?

Leerstellen

Der innere Monolog erlaubt es dem Leser auch festzustellen, dass eine **Reflexion über mögliche Ursachen** der mutmaßlichen Trennung durch den Erzähler **nicht stattfindet**, dass seine Rede großenteils Rechtfertigung, Verharmlosung und Beschönigung ist. Die Erzählperspektive bewirkt eine gedankliche Nähe zum Protagonisten, die aber weniger zu einem Sympathisieren mit ihm führt, als vielmehr seine Schwächen und Defizite klar zu Tage treten lässt. Die scheinbare Gefühlskälte des Erzählers, die der innere Monolog enthüllt, lässt den Leser auf Distanz gehen.

Beurteilung des Erzählers

Begründet durch den inneren Monolog sind auch **sprachliche Auffälligkeiten:**

sprachliche Mittel

- Der Satzbau ist insgesamt stark durch **Brüche und Ellipsen** geprägt, die ersten beiden Abschnitte schon markieren diese stilistische Eigentümlichkeit, die den sprunghaften Gedankenfluss nachempfinden.
- Der Ich-Erzähler in seiner Ambivalenz neigt einerseits dazu, eindeutige Aussagen sofort wieder einzuschränken, zu **relativieren** (Z. 1: durch die Litotes), andererseits **wiederholt** er bekräftigend (Z. 5); er macht immer wieder den umfassenderen Versuch, sich einzureden, dass dieser Tanzabend gut und richtig gewesen sei für seine Frau und ihn gleichermaßen (Z. 14–18, 44–47), wörtlich heißt es einmal „das wird dir gut tun" (Z. 18) und „das war gut so" (Z. 44) ein zweites Mal. Wiederholung und

Emphase (Z. 18 f.: „Gar nicht ängstlich …") unterstreichen seinen Versuch der Beschönigung und Selbsttäuschung.

- Eine ungewöhnliche **Metapher** verdeutlicht, wie sehr der Erzähler auf die Anwesenheit seiner Frau angewiesen ist (Z. 12 f.).
- Das panikartige Erwachen mittags wird eingeleitet durch drei Ellipsen in **asyndetischer Reihung** (Z. 23 f.), die beschriebene Herzattacke steht in starkem Kontrast zu den beruhigenden Metaphern zu Beginn (Z. 2–4).
- Eine auffallende **Inversion** betont die Harmlosigkeit des Tanzabends (Z. 34 f.): Die „Pantoffelstimmung" wirkt dadurch fast aufgesetzt, wenig glaubwürdig. Denn unmittelbar danach thematisiert er wieder den Tanz, die rhetorische Frage (Z. 42) leitet eine erneute Rechtfertigung ein.
- Die Beschönigungstendenz führt unvermerkt zu inhaltlichen und sprachlichen **Widersprüchen:** Das Eingeständnis defizitärer Kommunikation (Z. 10 f.) wird später – und verlogen im Rückgriff auf billige Allgemeinplätze und Redewendungen – positiv verkehrt und verfälscht (Z. 48–50).
- Beobachten lassen sich **Kontraste:** zwischen der jugendlichen Attraktivität seiner Frau beim Aufbruch (Z. 30) und der ältlichen, leicht spießigen Bürgerlichkeit des Ich-Erzählers selbst (Z. 32, 34 f.). Unvermittelt ereignen sich sexuelle Anspielungen (Z. 14 f.), die den Kontrast zwischen den Partnern im Selbstverständnis und Lebensgefühl unterstreichen.

Funktion der Stilmittel

Fast alle verwendeten Stilmittel dienen dazu, eine Ambivalenz des Gesagten zu erzeugen. Für den Leser entsteht so der Eindruck einer Diskrepanz zwischen der tatsächlichen Realität und dem, was sich der Erzähler selbst vormacht. Dabei bleibt der Leser auf Spekulationen angewiesen: Ob der Sprecher die Situation richtig beurteilt, was er sich einredet, wird nicht geklärt.

Bezug zum Titel

Eine letzte Beobachtung: Die fiktive Schlussfrage, in der sich die Besonderheit dieser ehelichen Beziehung noch einmal verdichtet, bildet mit dem **Titel der Kurzgeschichte** zugleich einen formalen Rahmen. Während der Titel zunächst nichtssagend wirkt, wird am Ende klar, dass er das Problem auf den Punkt bringt: Hat sich das Paar noch etwas zu sagen oder nicht?

Schluss: Versuch einer Bewertung

Paare entfremden sich, Ehen lösen sich auf, die Scheidungsraten liegen seit Jahren auf hohem Niveau. Nadja Einzmann thematisiert ganz und gar undramatisch eine wesentliche **Realität**. Und es gelingt ihr als junger Autorin gleichsam der Rollenwechsel in die Perspektive eines älteren Mannes, für den seine Ehe etwas war, das im Großen und Ganzen doch problemlos und eingespielt „funktionierte" – ein höchst realistischer Text. Oder doch nicht ganz? Die gewählte Perspektive lässt Fragen offen, darunter die nach der Vorgeschichte. Ist es realistisch vorstellbar, dass der Ich-Erzähler keine stärkeren Signale für den Abschied seiner Frau wahrnahm, dass es gar kein klärendes Gespräch gab bei der doch sehr fürsorglichen Haltung seiner Frau (Z. 50–54)? Ein Tanzabend, bei dem der Erzähler seine Frau hätte begleiten können (Z. 42–44), Maßnahmen, die zumindest eine längere Abwesenheit andeuten, aber keine Aussprache vor der unvermittelten Trennung – passt das alles zusammen?

Aufgabe:

- Fassen Sie die Aussagen des Textes zusammen.
- Setzen Sie sich kritisch mit den Argumenten des Autors auseinander, und erläutern Sie dabei, wie diese durch die sprachliche Gestaltung gestützt werden.
- Erörtern Sie – über den Text hinausgehend –, in welcher Weise das Internet die Qualität journalistischer Arbeit und damit den Meinungsbildungsprozess beeinflusst.

Auf zu neuen Höhen

Wieder machen Internet und sinkendes Anzeigenaufkommen den Zeitungen das Leben schwer

von **Daland Segler**

Da kommt so ein junger Radikaler daher, findet das ganze System korrupt und beschließt, seinen Protest öffentlich zu machen. Greift sich ein Blatt Papier, schreibt das alles auf, nimmt sich Hammer und Nagel und haut seine Thesen an den öffentlichsten Ort der Welt: die Kirchentür. Was würde Luther heute tun? Ein anderer fast noch junger und beinahe radikal wirkender Mann, ebenfalls der Meinung, dass sich was ändern muss und von nicht wenigen seiner Anhänger mit Heiligenschein versehen, weiß, was der aufmüpfige Mönch getan hätte: Er wendet sich im öffentlichsten Medium der Welt an dieselbe. Barack Obama verkündet seine Meinungen, heute Statements geheißen, nicht mehr gedruckt, sondern auf You Tube, im Internet.

Das bedruckte Papier weicht dem laufenden Bild, das Lesen dem Anschauen: Das ist die Umwälzung, die das Internet mit sich bringt, das sich selbst vom Text- zum Bild-Medium gewandelt hat. Und die traditionellen Medien wie Buch, Zeitung und Fernsehen müssen sich der neuen Konkurrenz stellen. Das tun sie zunächst durch den Versuch der Einverleibung. Kein Verlag, keine Zeitung mehr ohne Online-Auftritt, kein Sender mehr ohne Internet-Angebote.

Das ist weniger der Einsicht zu verdanken, dass das World Wide Web das nächste große Ding sei, als dem Geschäftssinn. Wo die Kunden/Leser/User sind, da muss der Anbieter sein, um Geld zu verdienen, mit seinen Inhalten, zumal im Mediengeschäft aber: mit Werbung. Das war schon beim Internet-Vorläufer Btx so.

Doch das Kalkül geht nicht auf. Der berühmte „Werbekuchen“, er wird nicht neu aufgeteilt, er schrumpft. Eine Anzeigenseite in der Zeitung bringt um einiges mehr an Einnahmen als eine Reklame auf der Homepage. Der Aufwand für das Netz zahlt sich noch immer nicht aus. Weniger Geld in der Kasse der Konzerne und Verlagshäuser ist die Folge, deren Folgen wiederum derzeit eine dramatische Dynamik angenommen haben: Verringerung des Angebots wie auch des Personals. Arbeitskraft wird ja heute nicht mehr als Wertschöpfung (die sie bleibt) angesehen, sondern als Kostenfaktor (der sie nur in Sklavenhaltersystemen nicht ist).

In den vergangenen Wochen wurde die Krise so deutlich sichtbar wie selten zuvor: WAZ-Geschäftsführer Nienhaus findet, dass vier Zeitungen in der Region nicht auch vier Redakteure brauchen, die über dasselbe Ereignis berichten. Der Konzern will 30 Millionen Euro sparen, was laut Geschäftsführer Bodo Hombach 300 Arbeitsplätzen entsprechen könnte. […]

Und der renommierte Konzern Gruner + Jahr macht aus seinen Wirtschaftstiteln *Capital*, *Impuls*, *FTD* und *Börse Online* das Produkt einer „Zentralredaktion", was eine Hundertschaft von Kollegen den Job kosten könnte, und stellt *Park Avenue* ganz ein.

Nun mag man fragen: Wer braucht *Park Avenue*, wer braucht *Capital*? Aber es geht weniger um die Träger der Inhalte als deren Produzenten. Und da lautet seit Jahren die Formel: mit weniger Personal mehr Qualität liefern. Dass das nicht gut gehen kann, wissen deren Verkünder wohl. Ihr unausgesprochenes Prinzip, diktiert vom Glauben an eine wie auch immer definierte Rendite, lautet: Friss Vogel, oder stirb. Um so etwas wie Motivation der Mitarbeiter geht es längst nicht mehr.

Dass dieser Weg in die Irre führen kann, dafür finden sich Indizien. Verleger Alfred Neven DuMont (u. a. *Frankfurter Rundschau*, *Kölner Stadtanzeiger*) riet jüngst bei der Verleihung des Theodor-Wolff-Preises den Kollegen: „Stocken Sie Ihren Redaktionsetat auf." Das Gegenteil geschieht. Und so finden dann Redakteure wie Stefan Niggemeier, der die *FAZ* verlassen hat und frei arbeitet, Belege zuhauf, dass Qualität da sinkt, wo das Personal verringert wird oder an gut ausgebildeten Journalisten gespart wird. Und das ist ausgerechnet im Medium der Zukunft, im Internet, der Fall. Man sehe sich nur einmal die Menge der Fehler auf der Web-Site an, die als Vorbild für ein journalistisches Web-Portal gilt: *Spiegel Online*. Das wäre im gedruckten *Spiegel* undenkbar.

Natürlich ist dieser Mangel nicht bloß auf schlecht ausgebildete Schreiber zurückzuführen, sondern hat auch mit dem Zeitdruck des Mediums zu tun. Zugleich aber ist das ein Zeichen für eine Entwicklung, die größere Dimensionen hat und auf lange Sicht unglücklich, wenn nicht verhängnisvoll werden könnte. Denn das Netz täuscht durch seine Schnelligkeit Information oft vor, die entweder nur extrem kurzlebig oder gar falsch ist.

Das Bedürfnis, informiert zu sein, teil zu haben am Geschehen der Welt, wird durch das Internet befriedigt wie nie zuvor – scheinbar. Der Mensch vor dem Computer hat die Welt am Draht, und er nutzt diese Verbindung, um sich zu bereichern, materiell wie geistig, und um sich einzumischen: Der Blogger ist immer und überall, ungefragt und ungehemmt tut er seine Meinung kund – allerdings allzu oft auch unbeleckt von tieferer Kenntnis über das, was er kommentiert.

Die so oft beschworene Demokratisierung der Kommunikation, ja der gesamten Welt, sie geht einher mit einem fröhlichen Dilettantismus. Wer Angela Merkels Politik rügen will, schreibt ein paar Zeilen ins Leserforum seines Leib- und Magenblatts, wer ein Buch kaufen, einen Film ansehen will, geht ins Netz und findet dort Urteile zuhauf, ohne allerdings etwas über die Kompetenz des Urteilenden zu wissen.

Der professionelle Kritiker oder Journalist sitzt mit solcher Sicht des Bloggens natürlich im Glashaus, schließlich ist ihm da weltweite Konkurrenz entstanden. Schon liefert die Bildzeitung zu einem Spottpreis Videokameras aus, um Tausende von „Leserreportern" zu gewinnen. Heute Leser, morgen Kritiker, übermorgen Regisseur: So hätte sich Karl Marx sein Ideal vom sich als Jäger, Fischer & Sammler selbst verwirklichenden Menschen kaum träumen lassen.

Doch diese Vorstellung von der Teilhabe am Großen Ganzen wird nur scheinbar befriedigt. Der Glaubenssatz des Users lautet: Was wirklich wichtig ist, erreicht mich schon. Das aber könnte sich als Täuschung herausstellen. Denn es sind womöglich doch weniger die „Fakten, Fakten, Fakten", mit denen Helmut Markworts Magazin *Focus* diese Entwicklung in Deutschland einleitete, sondern es sind die Zusammenhänge hinter diesen Fakten.

Die Bits und Pieces in den Schlagzeilen der Web-Portale wie Yahoo, Windows Live oder auch t-online mögen die Opfer-Zahlen von Kriegen und Katastrophen nennen, die Gründe dafür aber verschweigen sie: Die lassen sich nicht in ein paar Zeilen darstellen. Wer zum Beispiel von den Gräueln im Kongo nur Zahlen, Daten und Namen zur Kenntnis nimmt, der weiß gar nichts, weil ihm etwa die Geschichte des Völkermords zwischen den Stämmen der Hutu und Tutsi in Ruanda vor Jahrzehnten fehlt. Faktenhuberei ignoriert immer, dass Geschichte ein Prozess ist. Der aber bedarf einer Darstellung, die mit Grafiken und Kurztexten nie zu leisten ist. [...]

Aus: www.fr-online.de/in_und_ausland/kultur_und_medien/medien/?em_cnt=1638837 (25. 10. 2009)

Lösungsvorschlag in Grundzügen

Hinweise und Tipps

Die Fragestellung bietet eine komplexe Aufgabe, die ausdrücklich festlegt, was der Schwerpunkt der Bearbeitung sein soll: Die Untersuchung und Analyse des Textes dient als Grundlage für die folgende Erörterung.

- Ihr Text muss mit einer Einleitung beginnen, die zum Thema hinführt.
- In der ausgewiesenen Aufgabenstellung geht es zunächst um eine knappe Inhaltsangabe, die zumindest die Kernaussagen, die zentralen Thesen der Textvorlage enthält; das ist wichtig, weil im nächsten Schritt die Argumente, die Begründung dieser Thesen überprüft werden sollen. Dieser Schritt ist daher die Basis Ihrer weiteren Ausführungen.
- Wie sind die zentralen Aussagen/Thesen im Text begründet? Sind sie überhaupt begründet? Wie tragfähig sind die Argumente? Lassen sie sich stützen? Was spricht dagegen? Hier geht es nicht um eine Pro-Contra-Abwägung, sondern um die kritische Überprüfung. Hat der Autor Recht oder nicht, kann ich ihm (in Teilen) zustimmen oder nicht?
- Entweder in den vorhergehenden Schritt eingearbeitet oder im Anschluss daran bedacht: Mit welchen formalen und sprachlichen Mitteln versucht der Autor seine Intention zu stützen, zu unterstreichen, zu stärken? Das ist die Textanalyse, hier nachgeordnet in der Akzentuierung und kein Schwerpunkt der Aufgabe.
- Die dritte Aufgabe führt über den Text hinaus. „Erörtern" meint auch hier nicht die Gegenüberstellung und Abwägung von Pro- und Contra-Argumenten, sondern eine begründete Stellungnahme, die mit überzeugenden Argumenten gestützte Position, die Sie vertreten und für richtig halten. Konkret: Beeinflusst das Internet die journalistische Arbeit? In welcher Weise? Welche Folgen hat das? Wie beurteilen Sie diesen Prozess?
- Schwerpunkt der Bearbeitung soll die inhaltliche Auseinandersetzung sein, die Analyse der sprachlichen Mittel ist sekundär.

Die Welt hat sich verändert, seit sie sich im World Wide Web informativ und kommunikativ in vielfältiger Weise spiegelt und widergespiegelt wird, dies betrifft die traditionellen Leser und die Produzenten von Informationen unterschiedlichster Art gleichermaßen. Will ich etwas wissen, setze ich mich an eines meiner Geräte, vom PC bis zur neuesten Variante eines Handys, und schaue nach, was für die meisten Menschen heißt: Ich google. Ich rege mich über etwas auf, will etwas kundtun? Der Leserbrief wurde weitgehend abgelöst durch Facebook oder Blogs. Was bedeutet dieser Prozess nun für die traditionelle journalistische Arbeit? Wie wirkt sich das Internet auf die traditionellen Printmedien aus? Einleitung

Diesen Fragen geht Daland Segler, Journalist bei der *Frankfurter Rundschau*, in seinem Artikel *Auf zu neuen Höhen* vom 25. 10. 2009 kritisch nach, ironischerweise erschienen in der Online-Ausgabe der Zeitung. Die **Kernaussagen** des vorliegenden Ausschnitts sind folgende: zentrale Aussagen

inhaltlicher Aufbau

- Auf die Konkurrenz durch das **Internet** reagierten die **traditionellen Medien** vom Buch bis zum Fernsehen damit, selbst **eigene Angebote** ins Netz bringen (Z. 26–32). Der Grund liege auf der Hand: Oberstes Ziel sei es, die Kunden zu erreichen, und diese bewegten sich zunehmend im Internet (Z. 36–40).
- Im Zentrum des Anbieter-Interesses stehe dabei die **Werbung** (Z. 40) – und hier liege das Problem: Die Internet-Werbung bringe deutlich weniger Einnahmen (Z. 42–51).
- Daraus resultierten Maßnahmen zur **Senkung der Kosten**, vor allem der Personalkosten. Die Streichung von Arbeitsplätzen (Z. 53–75) werde zugleich aber mit dem Anspruch der **Qualitätssteigerung** verknüpft (Z. 79–88).
- Das **Gegenteil** sei jedoch der Fall, nachgewiesen durch Fehler oder Falschmeldungen zumal im Internet (Z. 96–109). Die **Gründe** dafür seien vielfältig; drei wesentliche Aspekte macht Segler aus:
  - Die Qualität der journalistischen Ausbildung lasse nach, hinzu komme im Internet der verschärfte Zeitdruck (Z. 110–121);
  - die technische Möglichkeit der Stellungnahme oder Informationsstreuung durch jedermann führe zu „einem fröhlichen Dilettantismus“ (Z. 137 f.);
  - das auf Fakten fokussierte Interesse der Internet-Leser/-User lasse das Angebot von Hintergrundinformationen und klärenden, erklärenden Zusammenhängen, die sich nicht in Kurzform präsentieren lassen, auf Null schrumpfen (Z. 161–187).

Diese Aussagen bekräftigt und unterstützt der Autor durch verschiedene **sprachliche und gestalterische Mittel:** sprachliche Gestaltung

- Gelungen erscheint der gedankliche Aufbau: Höchst motivierend für den Leser ist der Einstieg. Die vereinfachend verfremdende Verdichtung der Situation, in der **Luther** seine Wittenberger Thesen an das Kirchentor schlug, wird sprachlich aktualisiert und spannungsorientiert möglichst lange **anonym gehalten**. Dieser Kunstgriff reißt zeitlich einen gewaltigen Horizont auf (Z. 1–8). Unmittelbar folgt – als Antwort auf die Frage nach Luthers Handeln heute – in genauer inhaltlicher Parallelisierung und leichter, aber deutlicher Ironisierung (Z. 9–20) die Skizze der aktuellen Situation von Barack **Obama**, der ebenfalls zunächst anonym gehalten wird (Z. 9–16). Luther und Obama, beides historische motivierender Einstieg

Größen, werden beleuchtet gleichsam im Start ihrer Karrieren und führen zum **Thema** hin: der **Veränderung medialer Öffentlichkeit**. In der Folge werden sehr klar und Schritt für Schritt diese Veränderung durch das Internet und ihre Auswirkungen entwickelt.

- Die Argumentation wird immer wieder untermauert durch konkrete **Beispiele** (Z. 59–68, 69–75, 90–95, 96–109, 138–145, 165–169, 177–183). Doppelpunkte akzentuieren Sachverhalte (z. B. Z. 15, 22, 39, 53); **gegensätzliche Satzbaustrukturen** klären und verschärfen die Aussagen (z. B. Z. 19 f., 32–35, 43 f., 55–57, 80 f.).

Beispiele und Satzbau

- Sprachlich fällt gelegentlich ein **salopper Stil** auf: in den Ellipsen (z. B. Z. 4, 30–32, 153 f.) und der Wortwahl (z. B. Z. 1, 6 f., 13, 35, 86, 140 f., 184) sowie in gelegentlicher Ironie (Z. 13, 140 f.). Dies passt zum sprachlichen Duktus insgesamt: Er ist eher leicht, eingängig – lange und komplexe Hypotaxen fehlen – dabei dennoch nicht monoton parataktisch gehalten.

stilistische Schlichtheit

- Es finden sich **rhetorische Figuren**, die Dynamik und Variation bringen: Auffallend sind Figuren der Reihung (z. B. Z. 1–7, 21 f., 27, 30–32, 129–131, 179) bis hin zur Klimax (Z. 153 f.); auch tauchen Parallelismen (z. B. Z. 76 f., 130 f., 138–141) oder Anaphern (Z. 30–32) auf. „Heute Leser, morgen Kritiker, übermorgen Regisseur" (Z. 153 f.) spielt auf das Märchen *Rumpelstilzchen* an und soll offenbar deutlich machen, wie wenig ernst zu nehmen die allseitige journalistische Betätigung ist. Auch die drastische Wendung „Friss Vogel, oder stirb" (Z. 86) wirkt entlarvend: Sie prangert die Unternehmen an, die nur ihre Gewinnoptimierung verfolgen. Ironisch bissig ist nicht zuletzt der **Titel** „Auf zu neuen Höhen" zu verstehen, da er doch genau das Gegenteil meint: den Niedergang des Qualitätsjournalismus.

rhetorische Figuren

Der durchdachte Einsatz rhetorischer Mittel sowie das Bemühen um eine sprachlich ansprechende Gestaltung lassen sich auch als Gegenentwurf zum angeprangerten nachlässigen Online-Journalismus verstehen.

Argumentativ möchte ich den kritischen Aussagen Daland Seglers zunächst weitgehend **zustimmen**. Insbesondere zwei Punkte des Autors sollen herausgestellt werden:

kritische Auseinandersetzung und Stellungnahme

- Der ironisch benannte „fröhliche Dilettantismus" (Z. 138) führt nach Meinung vieler Kritiker zum einen zur **Verrohung der sprachlichen und kommunikativen Sitten**, Kritik verkommt zur rüden verbalen Beleidigung, die kritische Auseinandersetzung sinkt unter das Stammtischniveau. Die zweite Folge ist die Gefahr der Verdummung vieler Internet-Benutzer: Die Tatsache, dass die „Demokratisierung der Kommunikation" (Z. 135 f.) theoretisch allen einen unbeschränkten Zugang zu allem erlaubt, und zwar als Rezipienten wie als Produzenten gleichermaßen, hat durchaus nicht die Summierung der Intelligenzen und – durch wechselseitige Kritik – die Steigerung des Niveaus zur Folge; es bildet sich eben nicht so etwas wie eine Schwarmintelligenz, vielmehr summiert sich allenfalls der Durchschnitt; es entsteht eher die Gefahr, dass offenkundiges Nicht- oder Halbwissen sich verbreitet und fachliches, kompetentes Wissen überlagert und an den Rand drückt, da es nicht auf Anhieb verständlich ist und daher ignoriert wird.
- Diese letztere Tendenz wird zweifellos verstärkt durch den „Glaubenssatz des Users […]. Was wirklich wichtig ist, erreicht mich schon."

(Z. 161–163) Er erscheint mir zwar nicht als das Dogma „*des* Users“, sondern erschreckend vieler Benutzer, daher bin ich nicht ganz sicher, ob diese Haltung auch der Grund für den **Trend zur Kurz- oder Kürzest-Information** im Netz ist, Fakt aber ist dieser Trend. Und in der Tat: Sofern ich nicht bereit bin, für Internet-Informationen zu bezahlen, etwa die Online-Angebote von Zeitungen und Zeitschriften, erhalte ich nur die Fakten und keine Hintergründe oder Hintergrundanalysen. Die Folgen hat Segler eindringlich beschrieben (Z. 159–187).

Trotz meiner Zustimmung zu den Ausführungen des Autors in diesen Aspekten ergeben sich für mich auch inhaltliche Differenzen. Diese werde ich im Zusammenhang der folgenden Erörterung entwickeln.

Erörterung

Die Leitfrage lautet: In welcher Weise beeinflusst das Internet über den von Daland Segler angesprochenen Zusammenhang hinaus „die Qualität journalistischer Arbeit und damit den Meinungsbildungsprozess“? Es geht also nicht um eine allgemeine Internet-Diskussion, das meint: Es geht nicht um das Internet als einem umfassenden Angebot unterschiedlicher, pluraler Informationen und Meinungen oder aber als einer Häufung von nahezu unüberschaubarer, schlecht strukturierter Informationen, als Forum der Selbstdarstellung und der Werbung aus dubiosen Quellen; die Fragestellung ist deutlich enger gehalten. Es ist daher nötig, noch einmal bei Segler anzusetzen.

Ausgangssituation

Das Internet führt nach Segler zu Online-Angeboten der traditionellen Medien. Damit verbunden sind – als Resultat geringerer Werbeeinnahmen im Internet – letztlich die Senkung der Personalkosten, der Personalabbau im Bereich der Printmedien bis hin zur Einstellung von Publikationen (Z. 54, 74 f.). Zentral für Seglers Argumentation, deren Basis ist der Verweis auf die **sinkenden Werbeeinnahmen**, zumal im Online-Vertrieb. Warum dies allerdings der Fall ist, vermag ich nicht zu beurteilen: Ist das technisch bedingt grundsätzlich so? Ist eine Internet-Werbung den interessierten Firmen auch ohne Anschluss an eine Zeitschrift oder eine Zeitung leichthin möglich? Ist die Werbung im Online-Vertrieb einer Publikation zurzeit noch wenig attraktiv? Oder ist mit dem Medium Internet einfach eine gewaltige Konkurrenzfläche für Werbung hinzugekommen, die die Preise drückt?

Gründe

Folgen

Aus dem Faktum sinkender Einnahmen aus den Anzeigen – ich unterstelle eine langfristig gegebene Situation – folgt für den Meinungsbildungsprozess unstrittig eine **Verarmung:** Das seit Jahren schon beklagte „Blättersterben“ grenzt für den Leser die Auswahl des Angebots zwangsläufig ein. Zudem muss im Weiteren die Frage nach der Qualität der verbleibenden journalistischen Erzeugnisse und der Rolle, die das Auftauchen des Internets in diesem Zusammenhang spielt, gestellt werden. Hiermit ergeben sich zwei durchaus unterschiedliche Fragestellungen: Wie prägt das Internet die Qualität der Online-Angebote? Beeinflusst das Internet die Qualität der Print-Angebote?

Fragestellungen

Diskussion der ersten Frage: Leidet journalistische Qualität durch die Online-Angebote?

Ich beginne mit der Erörterung der ersten Frage: Daland Segler hat, exemplarisch orientiert an *Spiegel-Online*, darauf verwiesen, dass in den professionellen **Online-Angeboten** als Resultat der Mindereinnahmen durch Werbung die **journalistische Qualität** sinke. Denn erstens würden weniger gut ausgebildete Journalisten eingestellt, zweitens forciere der Zeitdruck eine weniger genaue Recherche. Sind diese Tendenzen aber zwingend?

Die erste ist nach Segler vor allem den im Online-Vertrieb geringeren Werbeeinnahmen geschuldet, was sicher zutrifft. Der Qualitätsverlust durch weniger qualifiziertes Personal hängt jedoch auch davon ab, wie teuer das Online-Angebot für den Benutzer ist und wie viele Benutzer daran überhaupt interessiert sind. Je größer die **Zahl der zahlenden Interessenten**, desto mehr wachsen wiederum die Einnahmen durch Verkauf. Hier scheint mir die Situation noch offen. Gegeben ist die Gefahr einer absteigenden Spirale, wenn in diesem Bereich kostensparend unprofessionell und fehlerhaft gearbeitet wird; es wird dann die Zahl der Abonnenten oder Benutzer noch weiter sinken. Ich sehe aber durchaus auch die **Möglichkeit einer Aufwärtsentwicklung**, je verlässlicher und besser das Online-Angebot wird. Einen gewissen Einblick habe ich bei zwei Tageszeitungen, der *SZ* und der *FAZ*, und hier, meine ich, sind Qualität und Niveau bislang geboten. Es ist zumindest vorstellbar, dass die Zahl der Online-Leser wächst, die für gute Online-Ausgaben auch zu zahlen bereit sind.

Werbeeinnahmen

Was ist überhaupt eine qualitativ hochwertige Online-Ausgabe eines Printmediums? Ein in diesem Kontext wichtiger Faktor ist die Online-Konzeption oder **Lesererwartung:** Geht es primär um ständig erneuerte Informationen oder eher um die unverändert ins Netz gestellte Print-Ausgabe? Mir scheint noch nicht ausgemacht, wohin hier die Erwartungen und damit die Entwicklungen laufen. Im Bereich der Tageszeitungen zumindest habe ich den Eindruck, dass es sich bei den Online-Ausgaben primär um eine attraktiv gestaltete mediale, nicht aber eine inhaltliche Alternative handelt. Wenn allerdings der Inhalt von Print- und virtueller Ausgabe gleichbleibt, ist auch kein Qualitätsverlust zu verzeichnen, weil dann ein **stärkerer Zeitdruck**, die zweite der von Daland Segler genannten qualitätsmindernden Tendenzen, konzeptionell gar **nicht gegeben** ist. Gelegentlich begegnet dem Nutzer auch eine Mischform: Fakten führen den interessierten Leser über Links zu Hintergrundinformationen. Schließlich machen viele Online-Ausgaben zusätzliche Angebote, über die die Printform nicht verfügt: Archiv-Angebote, Links zu Artikeln mit ähnlichen Themen, Diskussionsforen und Ähnliches. Die virtuelle Variante muss also nicht zwingend schlechter sein als die gedruckte; aufgrund ihrer anderen Möglichkeiten kann sie als **sinnvolle Ergänzung** zum Printmedium dienen.

Lesererwartung

Einen zentralen Aspekt hat Daland Segler in seiner zugespitzt kritischen Sicht (Z. 114–125) allerdings explizit nicht thematisiert: Das Medium Internet eröffnet eine **neue Zeitachse** vor allem für die informative journalistische Arbeit. Zumal für Wochenzeitungen bedeutet das eine neue Dimension: Es gibt den *Spiegel* oder die *Zeit* einmal wöchentlich, die Online-Ausgaben aber können sich nicht nur täglich, sie können sich stündlich verändern, abhängig vom Fluss wichtiger Ereignisse. Der Gang der Welt wird nahezu **zeitgleich** festgehalten und **dokumentiert**. Es ist dies ein in der Sache völlig anderes journalistisches Arbeiten und Präsentieren als beim gedruckten Journalismus. Und zweifellos kann dabei auch auf hohem professionellen Niveau gearbeitet werden: Der Zeitdruck muss nicht zu einem Qualitätsverlust führen; auch hier geht es um die Recherche vor Ort, um Bilder, um die eigene journalistische Stimme und Formulierung und nicht etwa nur darum, im Minutentakt die dpa-Meldungen zu kopieren. Dann werden die Online-Ausgaben attraktiv sowohl für Leser wie für die Werbeindustrie.

Aktualität

Damit komme ich zu meiner zweiten Frage: Wie sieht es mittel- oder langfristig mit den klassischen **Printmedien** aus? Wenn der Kostendruck weiterhin und kontinuierlich zum Personalabbau führt, lässt sich die Qualität der journalistischen Arbeit auch in diesem Bereich nicht halten. Es beginnt mit der sinkenden Zahl der Korrespondenten im Ausland oder in unterschiedlichen Regionen, Recherchen vor Ort sind dann kaum noch möglich. Der Rechercheur greift also selbst zurück auf Internetdaten oder alle recherchierenden Journalisten verlassen sich auf die Arbeit der Nachrichtenagenturen – aber eben: Nachrichtenmeldungen oder Internetdaten, Hintergründe und Zusammenhänge werden hier nicht ausgeleuchtet. Ein zunehmender **Mangel an Qualität** wäre damit zwangsläufig gegeben.

Diskussion der zweiten Frage: Perspektiven für Printmedien?

Die – scheinbare – Alternative ist die Reduktion von Informationsquellen: Alle Printmedien bringen im Zuge kostensparender Kooperation denselben Hintergrundbericht desselben Journalisten vor Ort. Zu Ende gedacht: Es gibt künftig – ich überzeichne – nur mehr eine Theaterkritik, eine Sportkritik, einen Bericht aus Berlin, aus Brüssel, aus Washington etc. Mit diesem trüben Szenario scheint zwar der Teufel an die Wand gemalt, aber in der Berichterstattung über internationale wirtschaftliche oder politische Ereignisse zumal in vermeintlichen Randzonen, fürchte ich, handelt es sich um einen realistischen Trend-Teufel, gemalt an eine reale Zukunftswand. Es führt diese Entwicklung letztlich zum gleichen Resultat, wie ich sie oben unter dem Aspekt der Folgen für die Meinungsbildung schon genannt habe, zum „Blättersterben". Wir drehen uns also im Kreis.

Gibt es eine echte **Alternative** zu diesen pessimistischen Prognosen im Print-Bereich? Sind allein die Online-Angebote die Zukunft? Ich zumindest hätte Probleme, wenn ich meine Zeitungen nicht mehr in Papierform vor mir und in der Hand hätte. Lässt sich beides – ein traditionelles gedrucktes Produkt und ein digitales Online-Angebot – nicht zusammen und sinnvoll und mit dem Anspruch von Qualität auf dem Markt erhalten? Ich sehe eine angesichts der Relation von Verkaufserlös und Anzeigenerlös zwar schwache Chance, aber gleichwohl: Ein großes Interesse an den betroffenen Publikationen, d. h. eine **hohe Zahl von Zeitungslesern** könnte deren Erhalt sichern – zu einem hohen Preis. Der Verkaufspreis müsste steigen können, ohne dass die Auflagen sofort wieder sinken.

Auswege, Fazit

Es weist also das Resultat dieser Untersuchung in die gleiche Richtung wie schon in der Erörterung der journalistischen Qualität im Online-Bereich: Wenn die Internet-Konkurrenz allenthalben zu sinkenden Werbeeinnahmen führt – das ist die entscheidende Bedingung –, ist ein gutes mediales Produkt zur Information und Meinungsbildung nur durch ein hohes Leser- und Nutzerinteresse und die Bereitschaft, für entsprechende Qualität zu bezahlen, aufrechtzuerhalten. Wie wichtig also ist uns allen ein gutes, breit gestreutes Medienangebot auf hohem Niveau?

Ausblick

Schriftliche Abiturprüfung Deutsch (Baden-Württemberg) 2010
Aufgabe V: Essay

Bearbeiten Sie die folgenden Aufgaben auf der Grundlage des vorgelegten Dossiers:
- Verfassen Sie Abstracts zu allen Materialien.
- Schreiben Sie einen Essay mit dem Titel „**Gegen den Strom schwimmen?**“.

Material 1:

Albert Camus – Der Mensch in der Revolte

Was ist ein Mensch in der Revolte? Ein Mensch, der nein sagt. Aber wenn er ablehnt, verzichtet er doch nicht, er ist auch ein Mensch, der ja sagt aus erster Regung heraus. Ein Sklave, der sein Leben lang Befehle erhielt, findet plötzlich einen neuen unerträglich. Was ist der Inhalt dieses „Nein“? Es bedeutet zum Beispiel: „das dauert schon zu lange“, „bis hierher und nicht weiter“, „sie gehen zu weit“ und auch „es gibt eine Grenze, die sie nicht überschreiten werden“. Im ganzen erhärtet dieses „Nein“ das Bestehen einer Grenze. Dieselbe Vorstellung einer Grenze findet man in dem Gefühl des Revoltierenden, daß der andere „übertreibe“, daß er sein Recht über eine Grenze erstrecke, jenseits welcher ein anderes Recht ihm entgegentritt und es beschränkt. So ruht die Bewegung der Revolte zu gleicher Zeit auf der kategorischen Zurückweisung eines unerträglich empfundenen Eindringens wie auf der dunkeln Gewißheit eines guten Rechts, oder genauer auf dem Eindruck des Revoltierenden, „ein Recht zu haben auf …“ Die Revolte kommt nicht zustande ohne das Gefühl, irgendwo und auf irgendeine Art selbst Recht zu haben. Insofern sagt der Sklave im Aufstand zugleich ja und nein. Er bestätigt gleichzeitig mit der Grenze alles, was er jenseits von ihr vermutet und schützen will. Er demonstriert hartnäckig, daß es in ihm etwas gibt, das „die Mühe lohnt“, das beachtet zu werden verlangt. In gewisser Weise stellt er der Ordnung, die ihn bedrückt, eine Art Recht entgegen, nicht bedrückt zu werden über das hinaus, was er zulassen kann.

Aus: Albert Camus: Der Mensch in der Revolte. Essays. Übersetzt von Justus Streller. Reinbek: Rowohlt 1969, S. 14

Material 2:

Ursula Nuber – Das bin ich!

„Erkenne dich selbst“, riet das Orakel von Delphi. Und im Thomasevangelium, einem von 52 Texten, die 1945 in Nag Hammadi am Toten Meer gefunden wurden, werden Jesus folgende Worte zugeschrieben: „Wenn du hervorbringst, was in dir ist, wird das, was du hervorbringst, dich retten. Wenn du nicht hervorbringst, was in dir ist, wird das, was du nicht hervorbringst, dich zerstören.“ Was bedeutet: Wer sein Wesen und seine Bestimmung erkennt, der wird leben. Wer dagegen seine Bestimmung verkümmern lässt, wer sich selbst nie wirklich kennenlernt, der wird sich nicht nur nicht entfalten können, er riskiert auch, dass das nicht Gelebte ihn vom Leben fernhält.

Wer aber kennt schon sein Wesen und seine Bestimmung? Wer weiß klare Antworten auf Fragen wie „Wer bin ich?“ und „Lebe ich so, wie ich es möchte?“. Die Antworten auf diese Fragen sind oft äußerst schwer zu finden. Der Mensch, der man wirklich ist, der ist häufig unter einem Berg von Konventionen, Anpassungsleistungen, Gewohnheiten und

Bequemlichkeiten verschüttet. Aufgewachsen in einer Umgebung mit klaren Regeln und Werten, entwickelt sich die Mehrheit der Menschen zu Konformisten.
In den ersten Lebensjahren hat niemand eine andere Wahl. Solange man noch jung und unselbständig ist, bemüht man sich darum, andere Menschen zu erfreuen: die Eltern, die Erzieher, die Lehrer. Das gelingt am besten, indem man so lebt, wie sie es für richtig halten. Ihre Regeln, ihre Wertvorstellungen, ihre Ziele werden übernommen, in der Überzeugung, dass sie schon wissen, was gut und richtig ist. Doch wenn man reifer wird, entwickelt man nach und nach mehr Unabhängigkeit und lehnt sich gegen die vorgegebenen Regeln auf. Man erkennt die eigenen Bedürfnisse und grenzt sich zunehmend gegen die Anforderungen anderer ab. Man will eine eigenständige Person sein und ein Leben leben, das sich „richtig" anfühlt.
So sollte es sein. [...]

Aus: Psychologie Heute. Oktober 2008, S. 29

Material 3:

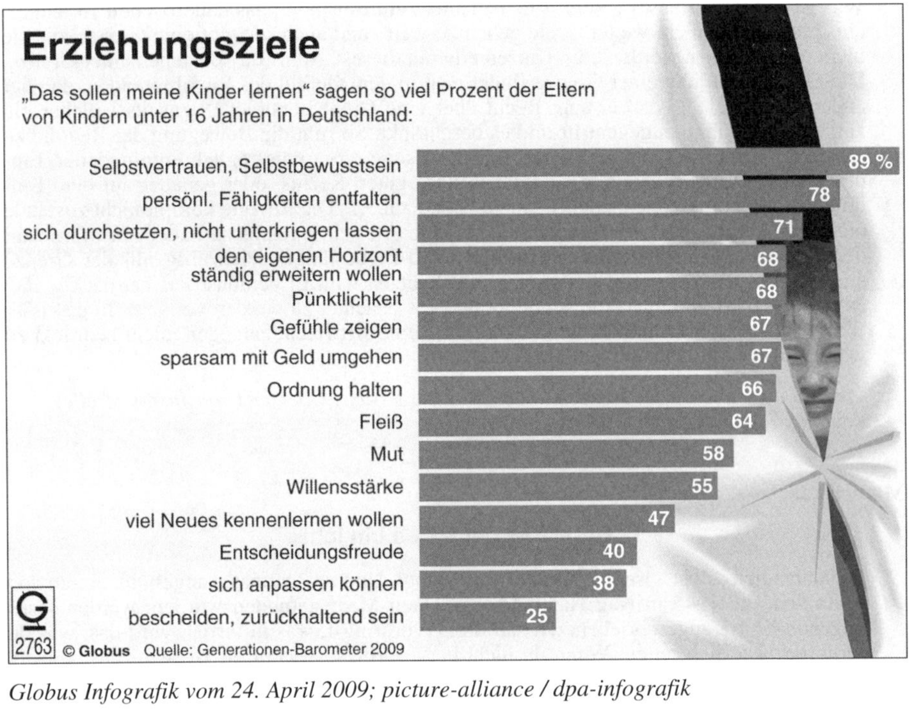

Globus Infografik vom 24. April 2009; picture-alliance / dpa-infografik

Material 4:

Die traurigen Streber

Wo sind Kritik und Protest der Jugend geblieben? Angst vor der Zukunft hat eine ganze Generation entmutigt

von Jens Jessen

Soll man staunen über die Studenten, deren Berufswünsche Geld und Sicherheit heißen? Über ihren Zulauf zu skrupellosen Unternehmensberatungen, über das jugendliche Alter der Börsenspekulanten, der Hedgefondsmanager? Über angehende Künstler, die keinen Charakter, sondern nur Erfolg auf dem Markt suchen? Kaum geschlüpfte Küken mit feuchtem Federkleid und großem Schnabel, „hungrig" nennt man wohl diesen enthemmten Appetit in der Sprache der Personalberater. Die Blase der New Economy, ihr Aufblubbern und Platzen, die Vernichtung von Arbeitsplätzen an der Börse, alles das Werk einer neu eingestiegenen Generation, in der Morgenröte ihres Lebens geleistet. Die Verblödung der Künste, die primitiven Scherze der Fernsehunterhalter, die verächtlichsten und zynischen Werbesprüche, sie wurden nicht von verdorbenen Greisen, sondern von den Jungen und Jüngsten vollbracht.

Nun gut. Leichtfertigkeit und Bedenkenlosigkeit, hätte man noch vor Jahrhunderten gesagt, sind ein Zug der Jugend, sie werden vergehen. Aber wir waren es lange auch anders gewohnt. Auch Idealismus galt einmal als Zug der Jugend, das Nein zu Kompromiss, Anpassung und Geschäftemacherei. Die Generationen des Sturm und Drang, des Jungen Deutschland, lebten vom Aufbegehren gegen die Ständegesellschaft, die Herrschaft der Kirche, die ungerechten Verhältnisse. Jugend hat Revolutionen gemacht. [...]

Aber heute? Manches wird von Hochschulen und Unternehmen der Jugend vorgeworfen, mangelnde Bildung, Disziplin, Durchhaltevermögen, aber niemals: Aufsässigkeit. Und wie auch? Die Praktikanten und Berufsanfänger akzeptieren bis zur Charakterlosigkeit jede Bedingung, jede eingespielte Dummheit, jede ethisch bedenkliche Praxis. Sie blicken aus Rehaugen, die sich nur manchmal melancholisch verschleiern, auf die raue Welt der Wirtschaft und Politik und scheinen den Schwur getan zu haben, so schnell wie möglich zum Haifisch zu werden, um auch dort zu überleben, wo es von Feinden wimmelt. Denn dass die Welt böse ist, die Berufswelt zumal, das halten sie für gewiss; man hat es ihnen oft genug gesagt. Die gesellschaftliche Großdebatte um Globalisierung und verschärfte Konkurrenz, um Standort und Wettbewerbsfähigkeit ist tief bis in die Psyche vorgedrungen, man könnte auch sagen, sie ist dort eingeschlagen wie ein Meteor und hat einen Krater hinterlassen, in dem alles Leichte und Hoffnungsvolle, alle Fantasie und alles Aufbegehren verschwunden sind.

Aus: Die Zeit Nr. 36 vom 28. 8. 2008, S. 43

Lösungsvorschlag in Grundzügen

Hinweise und Tipps

In Jahrgangsstufe 1 und 2 sieht der Lehrplan als methodische Übung im Recherchieren, selbstständigen Erarbeiten von Themen sowie in der mündlichen und schriftlichen Präsentation von Inhalten den Umgang mit einer Themenauswahl unter fächerverbindenden Aspekten vor; Sie sollen sich dabei mit unterschiedlichen Informationsmaterialien befassen, z. B. mit Kommentaren, Berichten, Gutachten, Reportagen, Schaubildern, Interviews, ihren Informationsgehalt erschließen und eine eigene Stellungnahme erarbeiten. Es sind dies Vorarbeiten für die Prüfungsaufgabe „Essay auf der Grundlage eines Dossiers".

- Das vorliegende Dossier umfasst vier Materialien: einen Buchausschnitt, einen Auszug aus der Zeitschrift *Psychologie Heute*, eine *Globus*-Grafik und einen Auszug aus der Wochenzeitung *Die Zeit*.
- Sie fassen die Materialien jeweils in Abstracts zusammen. Ein Abstract ist ursprünglich eine Kurzzusammenfassung einer wissenschaftlichen Arbeit oder eines wissenschaftlichen Artikels, orientiert an drei Leitfragen:
  - Was ist Gegenstand bzw. Thema der Arbeit?
  - Unter welcher Fragestellung wird der Gegenstand untersucht?
  - Zu welchem Ergebnis kommt der Autor?
- Beim Verfassen des Essays orientieren Sie sich inhaltlich an den Informationen aus dem Dossier: Es müssen allerdings nicht alle Unterlagen und in der u. U. von Ihnen getroffenen Auswahl auch nicht gleichgewichtig verwertet werden.
- Der Essay sollte Ihre persönliche, subjektive Auseinandersetzung mit dem Thema darstellen und auf geistreiche, stilistisch ausgefeilte Art und Weise Ihren Gedankengang präsentieren.
- Der Titel Ihres Essays ist vorgegeben: „Gegen den Strom schwimmen?"

Lösungsvorschlag für die Abstracts

Zu Material 1 (Albert Camus: Der Mensch in der Revolte)

Thema des Auszugs ist der Mensch, der sich einer Anordnung oder einem Befehl verweigert. Camus fragt nach dem Inhalt oder der Struktur dieser Verweigerung. Strukturell enthalte sie die Vorstellung einer doppelten Grenze: Der sich Weigernde, Camus spricht vom „Revoltierenden", setze eine Grenze, deren Überschreitung er nicht zu dulden bereit ist. Sein Gegenüber erfahre im Versuch der Überschreitung diese Grenze zugleich als einen elementaren Rechtsanspruch des Revoltierenden, der ihm als Grenze entgegentrete. Im Aufstand oder – allgemeiner – der Befehlsverweigerung sei daher immer ein Nein und ein elementares Ja enthalten, ein Ja zu Werten, die gelten, oder zu Ansprüchen, die dem, der sich auflehnt, zustehen.

Zu Material 2 (Ursula Nuber: Das bin ich)

Thema ist die je eigene Identität, die Ich-Identität. Es geht Ursula Nuber in diesem Auszug um das Problem der Identitätsfindung. Einleitend stellt sie fest, wie wichtig Selbstfindung und -entfaltung für jedes Individuum sind. Das Problem stelle sich deshalb, weil der frühe Sozialisationsprozess zunächst auf Eingliederung in die vorgegebenen gesellschaftlichen Systeme und Übernahme der geltenden Regelungen hinauslaufe. Die meisten entwickelten sich daher „zu Konformisten" (Z. 14). Dem stellt Nuber ein anderes Ideal entgegen: das Bestreben, in der Erkenntnis und Realisierung der eigenen Bedürfnisse, im Streben nach Abgrenzung und Eigenständigkeit die eigene Identität zu finden und zu leben.

Zu Material 3 (Grafik: Erziehungsziele)

Thema des Balkendiagramms von 2009 sind die Ziele elterlicher Erziehung; offen bleibt, ob die 15 Alternativen in der Umfrage vorgegeben oder aus den Antworten zusammengestellt und prozentual aufgelistet wurden. Das Ergebnis zeigt eindeutig, dass die Entwicklung einer selbstbewussten, neugierig offenen, durchsetzungsfähigen Individualität der Kinder vorrangig ist. Danach erst folgen sekundäre Tugenden: Pünktlichkeit, Sparsamkeit, Ordnung, Fleiß. Anpassungsfähigkeit und Zurückhaltung rangieren hier ganz am Ende.

Zu Material 4 (Jens Jessen: Die traurigen Streber)

Thema des Auszugs aus der *Zeit* ist das Selbstverständnis heutiger junger Erwachsener. Jessen blickt aus der Tradition idealistischer, kritischer, protestierender, revoltierender Generationen in die Gegenwart und äußert seine Enttäuschung. Sein – polemisch zugespitzter – Befund: Anpassung bis zur Erniedrigung, kulturelle Verflachung und blanker Materialismus seien die dominanten Orientierungsmuster der heutigen Generation; man akzeptiere auch schlimme Auswüchse eines ausbeuterischen Systems, um des Zieles willen, später selbst über Geld und Macht zu verfügen. Der Grund dieser Haltung sei eine frühzeitig verinnerlichte Resignation und eine Kapitulation vor einer amoralischen, globalisierten Wirtschafts- und Gesellschaftsordnung, die für unüberwindbar und unveränderbar gehalten werde.

Lösungsvorschlag für den Essay

Einleitung

„Gegen den Strom schwimmen“ – auf den ersten Blick eine Metapher, die als Lebenshaltung von Selbstständigkeit und Autonomie nur begrüßt und gefordert werden kann; denn sie meint, sich nicht – sprachlich ist das Bild fast identisch – am „Mainstream“ zu orientieren, nicht das zu lieben und zu tun, was alle machen, nicht jeder Mode hinterherzulaufen. Wer wollte dieser Forderung widersprechen?

Was bedeutet die Metapher „gegen den Strom schwimmen“?

Auf den zweiten Blick sieht es freilich anders aus: Den „Mainstream“ zu vermeiden heißt, Nebenflüsse oder Bäche zu suchen, wo nicht alle Welt sich tummelt. „Gegen den Strom schwimmen“ bedeutet aber wohl etwas anderes; genau genommen und die Metapher wörtlich verstanden, geht es gar nicht: Man kommt gegen den Strom keinen Meter vorwärts, kämpft sich ab bis zur Erschöpfung; wir können nur mit der Strömung schwimmen, im flachen Winkel unsere Ziele anpeilend. Was also meint diese Metapher? Schwimmen wir gegen den Strom, wenn wir uns von der Welt abwenden, ein isoliertes Leben in der Natur oder auch, zurückgezogen, allein in der Großstadt führen, reduziert auf minimale soziale Kontakte? Schwimmen wir gegen den Strom, wenn wir uns – als organisierte Minderheit – wehren gegen die demokratisch beschlossene Verlängerung der Laufzeiten von Kernkraftwerken? Schwimmen wir gegen den Strom, wenn wir – wie viele andere auch – beschließen, künftig kein Fleisch mehr zu essen, also vegetarisch zu leben? Schwammen die gegen den Strom, die in der Jugendszene als Erste die Lebensform der Gothics entwickelten? Ein weites Feld.

historische Beispiele

Kommen wir weiter, wenn wir uns historisch oder literarisch orientieren? Die großen moralischen oder auch religiösen Vorbilder – Sokrates, Jesus, Albert Schweitzer, Martin Luther King etwa –, schwammen sie gegen den Strom? Wie sieht es aus, wenn wir uns politisch umtun: Alexander der Große, Gandhi, Marx und Engels, Rosa Luxemburg? In Brechts *Leben des*

Galilei wirft Andrea Sarti, Schüler von Galilei, diesem Feigheit vor, als er vor der Inquisition widerruft: „Unglücklich das Land, das keine Helden hat!" Galilei antwortet: „Nein. Unglücklich das Land, das Helden nötig hat." Sind Märtyrer immer auch Helden? Märtyrer und Helden – schwimmen sie immer gegen den Strom? Ein weites Feld.

Die Bandbreite im Verständnis unserer Metapher spiegelt sich gleichsam in den ersten beiden Materialien des Dossiers wider:

unterschiedliche Auslegungen der Metapher

- Camus spricht vom „Mensch in der Revolte" (Material 1); es meint dies nicht nur die Situation einer Revolution, es dominiert aber ein politischer Zusammenhang: der Widerspruch des Sklaven, die Verweigerung eines Befehls, einer Anweisung, einer Zumutung aus guten Gründen, in der Verteidigung eines elementaren Rechtsanspruchs. „Gegen den Strom" ist in diesem Kontext der Mut Einzelner oder einiger weniger, aufzustehen und „Nein!" zu sagen, ungeachtet der Folgen. Es war dies die Befehlsverweigerung einzelner deutscher Wehrmachtssoldaten bei den angeordneten Massenexekutionen von Juden in Polen oder Russland. Es war dies jeglicher Widerstand gegen den Nationalsozialismus bis hin zu den Attentatsversuchen auf Hitler. Wo gibt es diesen politisch indizierten und lebensgefährlichen Widerstand heute? Ich sehe ihn eher außerhalb Europas: Jede Muslima in bestimmten Regionen Pakistans oder Afghanistans etwa, die sich gegen den Ganzkörperschleier wehrt oder sich für ihre schulische und berufliche Bildung einsetzt, leistet diesen Widerstand, schwimmt gegen den Strom.

politischer Widerstand

- Eine des geringeren Risikos wegen schwächere Variante des gleichen Typus von Widerstand stellt jede Situation dar, in der Zivilcourage gefordert ist, wenn es darum geht, berechtigte eigene oder fremde Interessen zu vertreten. Wir kennen diese Situationen alle: Eine Gruppe meist Jugendlicher raucht in der S-Bahn oder macht einfach Krawall, eine Gruppe Rechtsextremer pöbelt einen oder einige wenige Schwarze oder Muslime an – und niemand rührt sich, alle gucken weg. In diesem Moment einzuschreiten, auch das heißt, sich gegen den Strom zu bewegen.

Zivilcourage

- Auf der anderen Seite des Spektrums steht der Artikel Ursula Nubers (Material 2) – sofern wir die Redewendung „gegen den Strom schwimmen" darauf überhaupt beziehen wollen. Denn dies ist nicht unstrittig: Wenn man die Ablösung Jugendlicher, ihre Emanzipation aus dem familiären und konventionell vorgegebenen Orientierungsmuster als den ganz normalen Entwicklungsschritt der Pubertät versteht, den jeder Jugendliche geht, würden wir alle zumindest einmal gegen den Strom schwimmen oder geschwommen sein. Das scheint das Verständnis der Metapher aber doch wohl zu überdehnen, zumal dieser Prozess durchaus gruppenorientiert, peer-group-orientiert erfolgt, derart, dass wir also wieder mit dem Strom schwimmen. Nun ist allerdings Ursula Nuber der Meinung, dass eben dieses Entwicklungsmuster auf dem Weg zur eigenen Identität nicht mehr selbstverständlich und normal gegeben ist. Es „sollte" (Z. 24) so sein, die „Mehrheit der Menschen" entwickle sich indes „zu Konformisten" (Z. 14). Stimmt das denn? Ich knüpfe unmittelbar an diese Frage an:

Emanzipationsprozess in der Pubertät

Jens Jessen nämlich (Material 4) wirft – politisch gewendet und zugespitzt, Stichwort Camus – der gegenwärtigen Generation junger Menschen Ähnliches vor. Er vermisst die „Revolte", das kritische Aufbegehren gegen ungerechte Verhältnisse, wirft den „Praktikanten und Berufsanfängern" vor,

eine Mainstream-Generation heute?

dass sie „bis zur Charakterlosigkeit jede Bedingung" akzeptieren (Z 20 f.), um in resignativer Anerkennung einer schlechten Wirklichkeit so schnell wie möglich selbst zum Hai in diesem globalen Meer voller Heringe zu werden. Ich muss zugeben, diese Einschätzung kann ich nicht als polemische Sicht so schnell wegwischen. Jessen fasst zwar sehr rasch Menschen von 20 bis zu etwa 40 Jahren zu einer „Generation" zusammen, sicher sozialisationstheoretisch oder sozialwissenschaftlich nicht ganz korrekt, die jeweiligen Sozialisationserfahrungen sind nicht dieselben – gleichviel, die Globalisierung hat vielen ein Realitätsbild vermittelt, das strukturell Brechts Haifischbecken gleicht; die jüngsten Krisen seit 2007 verschärfen diesen Eindruck einer heillosen, im Grundsatz unveränderbaren Wirklichkeit. „Gegen den Strom zu schwimmen" heißt dann: untergehen.

Engagement und Protest: politisch, sozial, ökonomisch

Nun aber regt sich mein Protest! In Deutschland ist aus der „Linken" eine Partei geworden, die sich zweifellos etabliert hat, eine Partei entschiedener Globalisierungsgegner – wenn auch unterschiedlichster Provenienz; und zweifellos mussten Aktivisten der Linken zumindest zu Beginn heftig gegen einen Strom von Angriffen und Verleumdungen schwimmen. Seit vielen Jahren hat sich – diffus durchaus – Attac formiert, vornehmlich junge Leute, die sich vehement gegen Auswüchse der Globalisierung stemmen: gegen Umweltvernichtung, gegen zunehmende soziale Ungerechtigkeit, gegen die uneingeschränkte Macht der Finanzmärkte. Widerständler, nicht „traurige Streber" und Karrieristen. Auch alle diejenigen Jugendlichen und jungen Menschen, die sich kirchlich oder kirchenpolitisch engagieren, die sich politisch bei Amnesty International oder Greenpeace einbringen, kann Jens Jessen nicht vereinnahmen; sie stehen auf der anderen Seite, der Seite der kritisch idealistischen Jugend, die er vermisst. Es gibt sie also noch, die Utopisten, das meint Menschen, die die Hoffnung auf eine bessere Welt nicht aufgegeben haben und auf dieses Ideal hinarbeiten.

Ich komme noch einmal zurück auf Ursula Nuber: Könnte es nicht sein, dass sich der Widerstand im familiären, im privaten Feld, der pubertäre Protest deshalb kaum mehr feststellen lässt, weil die ältere Generation, die heutige Elterngeneration, längst darauf verzichtet hat, Kinder und Jugendliche in ein Korsett enger, fester vorgegebener Regeln zu zwängen? Ein Minimum an gut begründeten Grundsätzen im Umgang miteinander, an Einschränkungen, die nicht mit der Faust auf dem Tisch, sondern diskursiv vermittelt werden, ist eher die Regel. Und das setzt sich fort im gesellschaftlichen Feld: Wir leben in einer Welt, die durch eine Pluralität von Lebensformen, durch Freiheit, nicht durch Zwänge bestimmt ist. Allein die Jugendkultur hat sich ausdifferenziert zu einem breiten Feld, einer bunten Wiese unterschiedlichster Pflanzen. Was also ist der Strom, gegen den ein Jugendlicher schwimmen sollte? Was immer er möchte, er findet seine Bezugsgruppe, eine Gruppe Gleichgesinnter. Ein Stück weit gilt das auch für das politische Feld: Schwimme ich gegen den Strom, wenn ich mich politisch in einer der vielfältigen NGOs gegen die negativen Folgen und Schäden der Globalisierung, gegen Ausländerfeindlichkeit, gegen Folter und Todesstrafe engagiere?

gesellschaftliche Pluralität

Erziehungsziele

Dazu passt aus dem Dossier das Schaubild (Material 3): Die Eltern wollen nicht Anpassung an vorgegebene Zwänge und Realitäten, sie favorisieren auch nicht das Feld sekundärer Tugenden wie Pünktlichkeit, Ordnung oder Fleiß: Nein, Selbstvertrauen, die Entfaltung der individuellen Fähigkeiten,

Offenheit und Neugierde sind die zentralen Erziehungsziele. Erziehung in einer und zu einer freiheitlichen, pluralen Welt ist das Programm. Eine kleine Einschränkung allenfalls: 71 % votieren für „sich durchsetzen, sich nicht unterkriegen lassen“; was meint das? Nicht-Anpassung – oder beruflicher, auch materieller Erfolg, Platz an der Sonne? Hier scheint möglicherweise die Bruchstelle vorgegeben, an der Jens Jessen einhaken könnte.

die Antwort auf die Ausgangsfrage

Was heißt das alles für die Ausgangsfrage? Ich glaube, ich habe keine klare Antwort gefunden. Gegen den Strom schwimmen? Ist das noch eine Forderung, die uns heute betrifft? Eher nicht. Vor allem erscheint sie inhaltlich nicht hinreichend geklärt: gegen welchen Strom? Aus welchen Gründen? Wohin oder mit welchem Ziel? Ein weites Feld. Dies gilt noch einmal mehr, wenn ich etwa an jüngste Umfragen aus Belgien erinnere, Anlass war der Beschluss des belgischen Parlaments, den Ganzkörperschleier zu verbieten: „Warum tragen Sie den Jijab?“ Junge Frauen tragen ihn nicht etwa, da sie von ihren Familien dazu gezwungen werden, sondern ganz und gar freiwillig, aus Protest gegen die westliche bürgerliche Welt. Sie schwimmen derart eindeutig gegen den Strom. Will ich diesen Protest unterstützen?

Aufgabe:

Interpretieren und vergleichen Sie die Gedichte.

Else Lasker-Schüler (1869–1945): **DIR**

Drum wein ich,
Daß bei deinem Kuß
Ich so nichts empfinde
Und ins Leere versinken muß.
Tausend Abgründe
Sind nicht so tief,
Wie diese große Leere.
Ich sinne im engsten Dunkel der Nacht,
Wie ich dirs ganz leise sage.
Doch ich habe nicht den Mut.
Ich wollte, es käme ein Südwind,
Der dirs herübertrage,
Damit es nicht gar voll Kälte kläng
Und er dirs warm in die Seele säng
Kaum merklich durch dein Blut.

Aus: Else Lasker-Schüler: Gedichte 1902–1943.
Frankfurt a. M.: Suhrkamp 1959. (Das Gedicht erschien erstmals 1902.)

Hans Magnus Enzensberger (*1929): **trennung**

der Himmel soll zwischen dir und mir
zerschnitten sein,
und zerschnitten die weiße fahne,
in die wir uns hüllten im schlaf,
schön aneinandergebäumt
und belaubt mit zukunft.

es ist montag geworden.

ein wind soll kommen
und aus den kronen raufen
ihr grünes gedächtnis,
ein schnee soll kommen
und kein rauch überm haus,
und die zeit zerschnitten,
der himmel, daß herausfährt
die kalte geduldige asche,
und sich auf dein haupt setzt,
und auf mein haupt setzt:
der zerschnittene schnee.

Aus: Hans Magnus Enzensberger: Landessprache,
Frankfurt a. M.: Suhrkamp 1960, S. 78

Lösungsvorschlag in Grundzügen

Hinweise und Tipps

Thema: Liebeslyrik

„Die Liebe ist stumm, nur die Poesie kann für sie sprechen." In diesen Worten des romantischen Dichters Novalis wird deutlich, warum die Literatur voller Liebesdramen, -romane und -gedichte ist. In welchen Worten aber drückt der Dichter die Liebe aus? Gibt es ein immer gültiges Repertoire an sprachlichen Formeln für die Liebe oder muss jede Zeit ihre eigene Sprache finden? Oder ist die Liebe selbst gar kein reales Gefühl, sondern ein Konstrukt, das kulturell und historisch bedingt ist, ein Kommunikationscode mit ganz eigenen Regeln, wie der Soziologe Niklas Luhmann behauptet?

Bei der Analyse und Interpretation von Liebeslyrik müssen solche Fragen immer mit bedacht werden. Dabei können Kenntnisse über den Epochenhintergrund hilfreich sein. Wichtiger ist es jedoch, sich ganz auf die Texte, auf die Poesie, die für die ‚stumme Liebe' spricht, einzulassen.

Interpretationsaufsatz zu einem Gedicht oder Gedichtvergleich

Beim diesem Aufgabentyp werden Ihnen meist zwei motivgleiche Texte zur vergleichenden Untersuchung vorgelegt. Achten Sie darauf, jedes Gedicht zunächst für sich wirken zu lassen und erste Deutungshypothesen zu bilden, bevor Sie die beiden Texte miteinander vergleichen. So können Sie die Gefahr einer Fehlinterpretation vermeiden.

Der erste Arbeitsschritt bei jeder Textinterpretation ist das genaue Lesen mit Stift und Textmarker. Hier können Sie wichtige Vorarbeit leisten, die Sie beim anschließenden Verfassen des Konzepts und der Reinschrift entlastet, z. B. durch farbige Markierungen und Unterstreichungen formaler Auffälligkeiten, Visualisierung von Querbezügen durch Pfeile und Linien, Randnotizen zum Festhalten spontaner Assoziationen usw. Denken Sie daran, dass Dichtung sich durch eine besonders „dichte" Sprache auszeichnet, die sich auf unterschiedlichen Ebenen zeigt: semantisch (Bedeutungsebene), metaphorisch (Ebene der Bildlichkeit), symbolisch (Ebene der übertragenen Bedeutung), phonetisch (Ebene der Laute, z. B. Reim, Alliterationen, Assonanzen usw.), syntaktisch (Ebene des Satzbaus, z. B. Hypotaxe vs. Parataxe, Satzbrüche).

Auch wenn die Operatoren *interpretieren und vergleichen* Ihnen methodisch viel Freiheit lassen, sollten Sie zielgerichtet arbeiten. Ein Schreibplan bzw. eine Gliederung hilft Ihnen, stets die Übersicht zu behalten und Ihren Schreibprozess auf das angestrebte Ergebnis hinzusteuern. Für vergleichende Interpretationen hat sich folgende Struktur bewährt: Nach einer thematischen Einleitung mit knapper Vorstellung der vorgelegten Texte (die vier „T": Textautor, Texttitel, Textgattung bzw. -sorte, Textthema) werden die Texte nacheinander einzeln interpretiert und anschließend verglichen. Dabei sollen wichtige Gemeinsamkeiten und Unterschiede herausgearbeitet werden. Ein abschließendes Fazit, in das auch Ihre persönliche Bewertung der Gedichte einfließen kann, rundet den Aufsatz ab.

Wie bei jedem Interpretationsaufsatz wird von Ihnen erwartet, dass Sie über fachspezifische inhaltliche und methodische Kompetenzen verfügen. Dazu gehört auch die funktionale Verwendung einer angemessenen Fachsprache. Dabei gilt: Eine reine Benennung sprachlicher Mittel mit passenden Fachtermini oder gar eine Aufzählung von im Text vorkommenden Stilfiguren ist noch keine Interpretationsleistung. Weniger ist hier oft mehr.

Auch mit literaturgeschichtlichem Hintergrundwissen sollten Sie vorsichtig umgehen, um eine Verengung der Texte auf sogenannte „Epochenmerkmale" zu vermeiden. Epochenbegriffe sind Konstrukte, mit denen versucht wird, die Vielfalt der literarischen Zeugnisse einer Zeit zu ordnen. Seit dem Beginn des 20. Jahrhunderts löst sich der Begriff der Epoche auf, weil unterschiedliche Strömungen miteinander konkurrieren, sich ergänzen, parallel laufen usw. Selbst wenn Sie einen Autor oder eine Autorin sicher in eine bestimmte Epoche einordnen können – Else Lasker-Schüler z. B. gilt als bedeutende Vertreterin des Expressionismus –, muss dieses Wissen für die Interpretation des Einzeltextes nicht richtungsweisend sein.

Trennung in Liebe – geht das? Wenn eine Liebe zu Ende ist, wenn zwei auseinandergehen, der eine den anderen verlässt, dann beginnt oft erst das „ganz normale Chaos der Liebe“. Mit der Erfahrung **von Liebesverlust und Abschied** befassen sich auch die beiden Gedichte von Else Lasker-Schüler, *DIR*, und Hans Magnus Enzensberger, *trennung*. In vergleichender Analyse soll untersucht werden, wie der Dichter und die Dichterin das Ende einer Liebe emotional verarbeiten und literarisch gestalten.

Einleitung

„DIR“ – drei Großbuchstaben, ein einziges Wort, das persönliche Fürwort im Dativ – das ist der **Titel des Gedichts** von Else Lasker-Schüler (1869–1945). In 15 Versen unterschiedlicher Länge, die ohne Strophenstruktur, festes Metrum und regelmäßiges Reimschema auskommen, beklagt das lyrische Ich den Verlust seiner Empfindungen für das Du. Aber das Du wird nur in Gedanken angesprochen, das Bekenntnis, dass die Liebe zu Ende geht, wird dem Wind anvertraut, damit er ihm die Botschaft möglichst schonend überbringen möge.

„DIR“

Das Gedicht beginnt unvermittelt mit der lapidaren **Feststellung** der lyrischen Sprecherin, dass ihr alle Empfindungen und Gefühle für den Geliebten abhandengekommen sind und einer **großen inneren Leere** Platz gemacht haben: „Drum wein ich, / Daß bei deinem Kuß / Ich so nichts empfinde / Und ins Leere versinken muß.“ (V. 1–4) Aus diesen Versen spricht sowohl die **Trauer** über den Verlust der Liebe – „Drum wein ich“ – als auch eine gewisse **Verwunderung**, die in der Verstärkung der Aussage durch die Abtönungspartikel „so“ – „Daß […] / Ich so nichts empfinde“ – zum Ausdruck kommt. Auch wird deutlich, dass die Sprecherin des Gedichts diesen Vorgängen machtlos gegenübersteht, ja willenlos ausgeliefert ist, denn sie <u>muss</u> „ins Leere versinken“ (V. 4).

Befindlichkeit des lyrischen Ich

Die **Metapher der Leere** wird in den folgenden Versen weiter entfaltet und sie verdeutlicht, wie sehr die Sprecherin selbst sich durch den Verlust der Liebe bedroht fühlt, denn „Tausend Abgründe / Sind nicht so tief, / Wie diese große Leere.“ (V. 5–7) Abgründe tun sich in der Natur auf, etwa beim Überqueren einer tiefen Schlucht mit einem reißenden Gebirgsbach. Wer vor dem Abgrund steht, befindet sich in **Lebensgefahr**, droht abzustürzen oder unterzugehen – im übertragenen Sinn auch seelisch.

Metaphorik

Schlimmer noch als die „[t]ausend Abgründe“, von denen das lyrische Ich spricht, ist jedoch die „große Leere“, die es angesichts der erkalteten Gefühle empfindet. Aus dieser Leere resultiert ein Gefühl der **Beklemmung und Isolation**, das im folgenden **Vers (V. 8)**, der **Zentrum** und Achse des Gedichts ist, in Worte gefasst wird: „Ich sinne im engsten Dunkel der Nacht“. Ist schon das „Dunkel der Nacht“ im realen und übertragenen Sinn bedrohlich, so wird diese Wirkung durch die Beifügung des Adjektivs „eng“ – etymologisch mit dem Wort „Angst“ verwandt – in der Steigerungsform noch intensiviert. Auch das Verb, das die lyrische Sprecherin für ihre Überlegungen wählt, verrät ihre seelische Not: „**sinnen**“ ist Synonym für „nachdenken“ im Sinne von „grübeln“. Wer grübelt, hat niemanden, dem er sich mitteilen kann oder will. Grübeln gilt als negative Form des Nachdenkens, die in eine Endlosschleife quälender Gedanken führt und uns davon abhält, uns auf die Gegenwart zu konzentrieren und anstehende Probleme zu lösen. Genau dies widerfährt auch dem lyrischen Ich: Es hat nicht den Mut, dem Geliebten die Wahrheit über das Ende der Liebe ins Gesicht zu sagen, weil es ihn schonen, ihm nicht wehtun will. Das

Achse des Gedichts

Ergebnis des Sinnierens darüber, „[w]ie ich dirs ganz leise sage“ (V. 9), und die Konsequenz aus der Feststellung „[d]och ich habe nicht den Mut“ (V. 10) sind deshalb nicht der Versuch, das Problem zu lösen, sondern eine **Verlagerung der Entscheidung in die irreale Welt der Wünsche**. So sind die letzten fünf Verse des Gedichts folgerichtig im Konjunktiv verfasst. Die lyrische Sprecherin delegiert die Übermittlung ihrer Botschaft an einen „Südenwind“ (V. 11) und hofft, dass dieser mit seiner Wärme die Seele des Du erreiche und ihm helfen möge, die Erkaltung ihrer Gefühle unbeschadet zu verarbeiten. Wie sehr die Sprecherin ihre Verantwortung verdrängt, wird auch im Satzbau deutlich. Während bis zum Vers 11 das *Ich* Agens der meisten Aussagen war (Ausnahme: V. 5–7), übernehmen in den letzten fünf Versen der „Südenwind“ und (V. 13–15) ein unbestimmtes *Es* die Funktion des Subjekts. Dennoch könnte man vermuten, dass sich in dieser Haltung der Sprecherin nicht nur fehlender Mut zur Wahrheit zeigt, sondern auch ein **Rest von Zärtlichkeit und Zuneigung**. Die Botschaft, dass ihre Gefühle erkaltet sind und sie bei seinem Kuss „so nichts empfinde[t]“ (V. 3), soll dem – ehemals? – Geliebten „nicht gar voll Kälte“ klingen und „warm in die Seele“, „[k]aum merklich durch [s]ein Blut“ (V. 13–15) gesungen werden. Auch wenn die heiße Liebe erloschen ist, bleibt doch der Wunsch nach Rücksichtnahme und Fürsorge und vielleicht die Hoffnung auf seelische Nähe und Gleichklang (vgl. das Reimpaar „kläng“/ „säng“, V. 13/14) bestehen.

irreale Wünsche statt aktiver Problemlösung

fehlender Mut zur Wahrheit

Auch in dem Gedicht von Hans Magnus **Enzensberger** (*1929) spricht ein lyrisches Ich vom Ende einer Liebe. Der **Wunsch nach „trennung“** wird allerdings nicht beklagt, sondern in einer **aggressiven Sprache** geäußert.

„trennung“ Wunsch nach Trennung

Das Gedicht bilden zwei unterschiedlich lange Strophen, zwischen denen isoliert ein einzelner Vers (V. 7) steht. Die insgesamt 18 Verse sind bis auf zwei Wortwiederholungen (V. 8 und V. 11, V. 16 und V. 17) reimlos, ein regelmäßiges Metrum ist nicht zu erkennen. Dennoch zeigt sich ein gewisser **Wille zur formalen Gestaltung:** Der Dichter schreibt konsequent klein und verstößt damit bewusst gegen sprachliche Normen; eine gesuchte Wortwahl, sprachliche Neuschöpfungen und rhetorische Figuren (z. B. Chiasmus V. 1–3, Parallelismus V. 8 und V. 11) kontrastieren mit Satzbrüchen und assoziativen Reihungen; schließlich setzt der alleinstehende Vers 7 den Titel des Gedichts, „trennung“, formal um, indem er den Text in zwei Teile trennt, die Strophen quasi auseinanderreißt.

Form des Gedichts

So auseinandergerissen soll auch das Paar werden, das der Sprecher des Gedichts einst mit der Geliebten gebildet hat: „der himmel soll zwischen dir und mir / zerschnitten sein, / und zerschnitten die weiße fahne, / in die wir uns hüllten im schlaf, / schön aneinandergebäumt / und belaubt mit zukunft.“ (V. 1–6) Die traditionelle Bedeutung der Himmelsmetapher, die auf die existenzielle Geborgenheit des Menschen in der Liebe verweist, wird gleich im ersten Vers des Gedichts in ihr Gegenteil verkehrt. Der Himmel über den Liebenden soll nach dem Willen des lyrischen Ich „zerschnitten sein“, ebenso wie die „weiße fahne“, das Zeichen des Friedens zwischen kämpfenden Parteien. **Harmonie, Gemeinsamkeit und Intimität gehören der Vergangenheit an**, als die Liebenden sich im Schlaf in diese Fahne hüllten (vgl. V. 4), „schön aneinandergebäumt“ (V. 5) erotische Nähe suchten und daran glaubten, dass die Beziehung wie ein Baum weiter wachsen würde („belaubt mit zukunft“, V. 6).

aggressive Sprache

Doch „es ist montag geworden“ (V. 7) und auf einmal ist alles anders. Ist es der **Alltag**, der die Liebenden eingeholt hat? In den Wünschen, die das lyrische Ich in der zweiten Strophe des Gedichts äußert, wird auf jeden Fall deutlich, dass es **der Liebe keine Chance** mehr geben will. „[E]in wind“ (V. 8) und „ein schnee“ (V. 11) sollen kommen und die Erinnerung an die Liebe vernichten, das „grüne gedächtnis“ „aus den kronen raufen“ (V. 9/10) und alles, was vom gemeinsamen Leben übrig ist, auslöschen wie das Feuer des gemeinsamen Herdes, denn es soll „kein rauch überm haus“ (V. 12) aufsteigen. Auch die Zeit soll „zerschnitten“ sein oder werden, ebenso wie der Himmel (vgl. V. 14; Wiederaufnahme des Motivs von V. 1). Das lyrische Ich spricht in **assoziativen Bildern**, die syntaktisch nicht immer zugeordnet werden können. Auf wen bezieht sich „ihr grünes gedächtnis“ (V. 10)? Ist es das Gedächtnis der Liebenden, die hier mit den Kronen (V. 9) eines Baumes gleichgesetzt werden? Zeigt sich tatsächlich „kein rauch überm haus“ (V. 12) oder ist auch diese Aussage ein Wunsch oder gar ein Befehl: So soll es sein!? Auch das surreale Bild der „kalte[n] geduldige[n] asche“, die „herausfährt“ aus dem Himmel (V. 14/15), weckt zwar Assoziationen, etwa an eine verlassene Feuerstelle am heimischen Herd als Zeichen für die erloschene Liebesglut, lässt sich aber letztlich **nicht völlig entschlüsseln:** „geduldig“ kennen wir als Attribut für den Menschen und sein Verhalten, nicht jedoch für Asche, den festen Rückstand aus der Verbrennung organischen Materials.

Achse des Gedichts

Metaphorik

Die **Metapher der Asche** wird in den Versen 14 bis 17 in einem konkreten Bild weitergeführt und auf eine symbolische Ebene gehoben: „daß herausfährt / die kalte geduldige asche, / und sich auf dein haupt setzt, / und auf mein haupt setzt“. In vielen Kulturen gilt Asche als **Zeichen der Buße und Reinigung**; die Christen beginnen z. B. die Fastenzeit am Aschermittwoch mit der Segnung der Gläubigen durch das Aufzeichnen eines Aschekreuzes; Phönix, der ebenfalls ein Symbol für Reinigung, Reinheit und Wiedergeburt ist, entsteht alle 500 Jahre aus seiner eigenen Asche neu. Vor diesem Hintergrund erhebt sich die Frage, ob die ehemals Liebenden aus ihrer Beziehung ebenfalls gereinigt und geläutert hervorgehen, zumal auch der Schnee als Symbol der Reinheit gedeutet werden kann. Der letzte Vers, der durch den vorangestellten Doppelpunkt den Stellenwert eines **Fazits** erhält, macht aber noch einmal unmissverständlich klar, dass es für diese Beziehung nach dem Willen des lyrischen Ich keine Chance mehr gibt: Mit dem syntaktisch nicht eingebundenen Hinweis „der zerschnittene schnee“ (V. 18) endet das Gedicht.

Fazit: Die Liebe hat keine Chance mehr

DIR und *trennung* – in beiden Texten geht es um das **Ende einer Liebe**. Beide Texte können insofern als „modern“ gelten, als sie auf Strophe, Metrum und Reim weitgehend verzichten und eine expressive Sprache verwenden.

Vergleich der Gedichte

Jedoch unterscheiden sie sich im **Sprachduktus**, den die lyrischen Sprecher für die Verarbeitung ihrer Emotionen und Erfahrungen verwenden. Der **einfühlsame, behutsame und zurückhaltende Sprechgestus** des lyrischen Ich in ***DIR*** steht in scharfem Kontrast zu dem ganz offen **aggressiven Ton** des – wohl, wie der Autor, männlichen – Sprechers in ***trennung***. Das Partizip Perfekt des Verbs „zerschneiden“, das eine destruktive Tätigkeit bezeichnet, kommt dort viermal vor (V. 2, 3, 13, 18,). Auch die Alltagssprache kennt dieses Bild: Wir sprechen vom „zerschnittenen Tischtuch“, wenn zwei Lebenspartner sich im Unfrieden trennen. Das lyrische

Vergleich der Sprache

Ich weitet den metaphorischen Bereich jedoch aus und intensiviert den Eindruck seiner aggressiven Stimmungslage, allerdings auf Kosten der Klarheit: „zerschnitten“ sollen der Himmel, die „weiße fahne“ (V. 3), ja sogar die Zeit (V. 13) und schließlich der Schnee (V. 18) sein – wie soll sich der Leser das vorstellen, was soll er darunter verstehen?

Vergleich der Sprecher und ihrer Haltung zum Du

Aggressiv, ja geradezu gebieterisch wirkt auch die mehrmalige Verwendung des modalen Hilfsverbs „sollen“ (V. 1, 8, 11). **Allein der Wille des Sprechers** zählt, ihm sollen Himmel und Erde, Natur und Mensch gehorchen; was die Partnerin fühlt und hofft, denkt und plant, interessiert ihn offensichtlich nicht. Ist das lyrische Ich etwa herzlos? Man könnte es vermuten, denn in diesem Liebesgedicht kommen **weder Herz noch Seele** vor, als einziger Teil des menschlichen Körpers wird der **Kopf**, Sitz der Gedanken, – „dein haupt“, „mein haupt“ (V. 16, 17) – genannt. Dass das lyrische Ich die Trennung vom Du keineswegs rational verarbeiten kann, sondern verdrängen will, erkennt der Leser jedoch an Gedankensprüngen, Satzbrüchen, unvollständiger Syntax und einer assoziativen Metaphorik, die als Anzeichen innerer Verstörung gedeutet werden können.

Rolle der Natur

Im Gedicht *DIR* hingegen bekennt sich die Sprecherin offen zu ihrer **Trauer über die verlorene Liebe**. Auch wenn sie sich in die Innenwelt ihrer Gedanken und Empfindungen zurückzieht und in Depression zu versinken droht, kann sie sich empathisch in das Du einfühlen. Wie bei Enzensberger werden die Kräfte der Natur beschworen: Doch während dort das lyrische Ich wünscht, dass der „wind“ (V. 8) die Trennung besiegelt, ist der Ton der Sprecherin bei Lasker-Schüler viel versöhnlicher. Die Natur in Gestalt des lauen Südwinds ruft sie an, um dem ehemals Geliebten die Botschaft vom Erkalten ihrer Liebe möglichst sanft zu überbringen, destruktive Absichten liegen ihr fern. Trotz seelischen Kummers gelingt es ihr, ihre Gedanken und Wünsche in hypotaktischen, mehrere Verse umfassenden Satzgebilden logisch zu entwickeln, durch Adverbien und Konjunktionen („drum“ V. 1, „daß“ V. 2, „wie“ V. 9, „doch“ V. 10, „damit“ V. 13) klar zu strukturieren und melodisch zu gestalten (vgl. die auffallend vielen Assonanzen im letzten Satzgefüge V. 10–15, insbesondere auf die Umlaute *ü* und *ä* und den Vokal *e*). So muss das Ende der Liebe wohl auch nicht endgültig sein, denn die Bindung an das – immer noch liebende? – Du ist noch nicht zerstört.

Schriftliche Abiturprüfung Deutsch (Baden-Württemberg) 2011
Aufgabe III/2: Textinterpretation (Prosa)

Aufgabe:

Interpretieren Sie den Text.

Christoph Meckel (*1935): **Namenlose Geschichte**

Er hat auf Rummelplätzen Lose gezogen (mit zwei Fingern aus einem Eimer geholt) und einmal eine Puppe gewonnen.

Unvergessenes, namenloses Ding, mit Tüll und rosa Schleifen behängte Gestalt. Die Arme und Beine waren polierte Gurken und das schwarze, in Rollen gelegte Haar war klebrig, als sei es mit Zuckerwasser gewaschen worden. Die Augendeckel klickten wie Automaten, die Wimpern waren zierliche Bürsten.

Namenloses Ding, sein Augapfel, sein Eigentum. Nur das Beste kam für sie in Frage. Sie wenigstens sollte verschont sein, atemberaubend sauber und unangetastet. Wenn er – beispielsweise – in den Graben segelte, würde er sie in die Luft werfen und, im Dreck liegend, wieder auffangen. Irgendetwas in der Art. Meine Puppe, mein schönes Ding.

Ein paar Tage trug er sie mit sich herum, konnte aber nichts Gutes für sie finden. Das für sie Beste blieb unauffindbar. Es gab für sie nichts Besseres als ihn. Es gab für sie nichts Besseres, als vom linken Arm an die Jacke gedrückt zu werden und ihn beim Straßenlaufen zu begleiten. Nässe, Staub und dreckige Nachtlager, Zigarettenasche und Rempeleien brachten den Tüll aus der Form und beschädigten den Körper. Sein Augapfel war trotz Vorsicht schadhaft geworden. Sein Eigentum, hinfällig wie er und alles. Bittere Zärtlichkeit, mein schönes Ding. Er schien nicht das Beste für sie zu sein, er war nicht mal das Erträgliche für sie.

Er beschloß, sie einem Kind zu schenken. Wo war das beste Kind für sie zu finden? Der Gedanke, ein falsches Kind könne sie besitzen – der Gedanke war unerträglich. Besser machte er sie selbst kaputt. Ihm blieb nichts übrig, als die Puppe zu behalten und das Beste weiter für sie zu suchen.

Sie wurde ihm lästig. Quälender Besitz. Lacksplitter an der Nase, aufgeweichte Finger, zerkratzte Pappschuhe. Fehl am Platz, hinfälliger von Tag zu Tag. Er war vielleicht an ihrem Besten vorbeigelaufen, ohne es erkannt zu haben. Er war nicht das Beste für sie, und sie nicht das Beste für ihn. Schöne Gestalt, süßes Monstrum, schlechter Besitz. Eines Tages schleppte er sie an den Beinen herum und da er das Beste für sie nicht fand, warf er sie auf den Müll.

Zu spät fiel ihm ein, daß er sie hätte zu Geld machen können. Er suchte sie auf allen Müllplätzen, aber sie war nicht mehr zu finden.

Aus: Christoph Meckel: Ein roter Faden. Gesammelte Erzählungen. München: Hanser 1983.

Lösungsvorschlag in Grundzügen

Hinweise und Tipps

Die Aufgabenstellung ist sehr allgemein gehalten, es werden keine Aspekte oder Schwerpunkte genannt, die Textinterpretation ist also selbstständig zu entfalten. Was muss nun eine Textinterpretation enthalten und wie ist sie aufgebaut?

- Eine **Einleitung** sollte eine Hinführung zum Thema oder zumindest eine knappe Zusammenfassung der Daten zum Autor, zur Textsorte oder zur Veröffentlichung bieten, sofern dies zu Beginn sinnvoll erscheint (vgl. den nachfolgenden Lösungsvorschlag).
- Schließen Sie eine knappe **inhaltliche Zusammenfassung** an.
- Es folgt die Darstellung der wesentlichen **Aussagen** des Textes, also die inhaltliche Interpretation: Wie ist der Text zu verstehen, was ist die Intention des Autors?
- Eine **formale Analyse** beinhaltet die Untersuchung der erzähltechnischen und sprachlichen Mittel; der leitende Aspekt dieser Analyse ist die Frage, ob und inwieweit diese die Textintention unterstützen.
- Den **Abschluss** können z. B. eine persönlich wertende Sicht, Überlegungen zur aktuellen Relevanz, eine inhaltliche Ausweitung oder anderes bilden.

Die **zweite Frage** ist methodischer Art: Wie gehe ich vor?
- Zunächst sollten Sie den Text zwei- oder dreimal sorgfältig durchlesen und sich das Thema sowie Besonderheiten notieren.
- Danach halten Sie in Stichworten oder auch schon als Fließtext Ihre Beobachtungen und Überlegungen zu den Elementen der Textinterpretation fest; es macht Sinn, erst zu einem späteren Zeitpunkt Ideen für die Einleitung zu sammeln.
- Vor der Reinschrift sollten Sie Ihren Entwurf noch einmal auf Plausibilität, Stimmigkeit, Begründung und Beleg durch den Text prüfen.
- Achten Sie bei Ihrer schriftlichen Ausarbeitung auf klare Gliederungsabschnitte und die Übergänge zwischen den Abschnitten sowie auf die sprachliche Richtigkeit.

Einleitung

Auffallend ist bereits die **Überschrift** des vorliegenden Textes: *Namenlose Geschichte*. Dieser Titel erscheint zunächst völlig banal und inhaltsleer, die rein formale Aussage, dass es sich um eine Geschichte handelt, wird durch das vorangestellte Attribut zusätzlich unterstrichen. Die *Namenlose Geschichte* von Christoph Meckel ist 1983 in seinem Erzählband *Ein roter Faden* erschienen: Sie beschreibt die Zerstörung einer Beziehung.

Inhalt

Jemand hat auf einem Rummelplatz eine Puppe gewonnen, sie ist ihm zuerst etwas ungemein Kostbares, das es zu schützen und rein zu erhalten gilt. Vermutlich handelt es sich um einen Obdachlosen, da er die Puppe immer bei sich trägt. Mit der Zeit verliert sie aber ihre Reinheit, sie wird beschädigt. Um weiteren Schaden zu verhindern, möchte der Mann sie einem Kind schenken. Die Sorge, dass sie aber gerade dann noch stärker beschädigt werden könnte, lässt ihn die Puppe behalten. Je unansehnlicher sie wiederum dadurch wird, desto lästiger wird sie ihm. Am Ende wirft er sie in den Müll und bereut dies – immerhin hätte man sie noch zu Geld machen können.

Die „namenlose Geschichte" ist ganz und gar **paradox**, handelt sie doch von der schrittweisen Zerstörung einer Gestalt aus dem Bedürfnis, sie schützen und erhalten zu wollen. Jede Entscheidung, die der Protagonist aus diesem Motiv trifft, führt zum Gegenteil seiner Handlungsabsicht:

Aussage I: Zerstörung einer Gestalt aus einem Schutzbedürfnis

- Weil nur „das Beste [...] für sie in Frage" (Z. 7) kommt, er dies aber nicht findet, trägt der Obdachlose die Puppe, „an die Jacke gedrückt" (Z. 13), „ein paar Tage" (Z. 11) mit sich herum.
- Weil es „für sie nichts Besseres als ihn" (Z. 12) gibt, er sie also stets bei sich hat, nimmt sie dabei durch „Nässe, Staub und dreckige Nachtlager, Zigarettenasche und Rempeleien" (Z. 14) erheblichen Schaden.
- Da er schließlich „nicht mal das Erträgliche für sie" (Z. 17 f.) zu sein scheint, beschließt er, die Puppe einem Kind zu schenken. Da Kinder aber gelegentlich ihr Spielzeug vernachlässigen oder gar zerstören, behält er sie lieber selbst und beschädigt sie weiter.
- Die lange Suche nach dem „Besten" für die Puppe führt letzten Endes zum Müll (vgl. Z. 27 f.).
- Der Schluss variiert diese Struktur noch einmal: Möglicherweise wäre der Verkauf der Puppe in der Tat das Beste für sie und für ihren obdachlosen Besitzer gewesen (vgl. Z. 29). Der Erhalt und Schutz der Puppe bestünde darin, sie wertorientiert zu veräußern, anders ausgedrückt: Der Erhalt und Schutz ihres Gebrauchswertes läge in der Umwandlung in ihren Tauschwert. Dafür ist es am Schluss aber zu spät: Sie ist „nicht mehr zu finden." (Z. 30)

Die „namenlose Geschichte" hat **parabelhaften Charakter:**

Aussage II: Obdachloser auf der Suche nach dem Glück

- Die von Meckel dargebotene **Bildebene** ist zunächst durchaus sinnvoll an sich – die Geschichte eines Obdachlosen, dessen Traum vom Glück oder großen Los sich auf dem Rummelplatz einmal buchstäblich realisiert und der sein **Glück**, materialisiert und zugleich symbolisiert in der **Puppe** (**Sachebene** der Parabel), nicht zu halten vermag.
- Auffallend ist zunächst der **Kontrast** zwischen der eher objektiv-ernüchternden Beschreibung der Puppe (vgl. Z. 3–6) und der **erhöhenden, verklärenden Sicht** und Benennung durch den Protagonisten: „Augapfel" (Z. 7), „schönes Ding" (Z. 10). Hinzu kommen die idealistische Behandlung der Puppe, sein fürsorglicher Umgang mit ihr (vgl. Z. 7 f.) und die Fantasie einer aufopfernden Rettungs- und Beschützersituation. Ferner wird seine personalisierende und anthropomorphisierende Grundhaltung der Puppe gegenüber schon sehr früh erkennbar und als Leitmotiv durchgehalten: „Nur das Beste kam für sie in Frage" (Z. 7). Der Mann nimmt die Puppe als eigenständiges Individuum wahr, erniedrigt sich schließlich selbst ihr – also einem Ding – gegenüber und fühlt sich schuldig. Dies zeigt sich schon in der fiktiven Rettungssituation (vgl. Z. 8 f.) und wird noch einmal allgemein benannt: „Er schien nicht das Beste für sie zu sein, er war nicht mal das Erträgliche für sie." (Z. 17 f.)

  Überhöhung der Puppe

  Der einsame Obdachlose verehrt „seine" Puppe nahezu religiös wie ein Götzenbild, sie ist für ihn ein Fetisch. Die Parabel zeigt damit auch die **Fetischverehrung** von Dingen in unserer Gesellschaft auf, die sich üblicherweise in der Wertschätzung von Statussymbolen wie Haus oder Auto manifestiert, und attackiert sie implizit. Meckel verdichtet diese Aussage durch das Beispiel eines wertlosen, nutzlosen Dinges, einer hässlichen (vgl. Z. 3–6) Rummelplatz-Puppe. Für den Protagonisten ist sie jedoch „atemberaubend sauber und unangetastet" (Z. 8), fast wie eine jungfräuliche Heilige oder Geliebte.

- Die Puppe legt die Assoziation eines weiblichen Wesens nahe, möglicherweise fällt einem dazu auch die Automaten-Puppe Olimpia aus E.T.A. Hoffmanns Erzählung *Der Sandmann* ein. Auffallend ist jedenfalls die Benennung durch den Protagonisten: „sein Augapfel" (Z. 7) in der erlebten Rede, „meine Puppe" (Z. 10) in der direkten Ansprache, „schöne Gestalt, süßes Monstrum" (Z. 26). Die Weiblichkeit dieser Benennungen ist nicht zu übersehen. Ein älterer deutscher Schlager beginnt mit der Zeile „Püppchen, Du bist mein Augenstern!" Das Wortfeld „Liebe" ist eindeutig in dem Text präsent – sogar noch in der Phase der Beschädigung: „bittere Zärtlichkeit" (Z. 16 f.). Die Parabel stellt also eine **Beziehungsgeschichte** zwischen Mann und Frau dar, die alte und immer wieder neu gelebte Geschichte vom Beginn bis zum Ende einer Liebesbeziehung. Der Text zeichnet diese Geschichte in ihren **Entwicklungsphasen** nach und lässt den Grund des Scheiterns zumindest auch vermuten: Es ist der **Besitzanspruch** des Mannes.

Parabel auf das Scheitern einer Beziehung

Im Folgenden möchte ich mich auf diese **Phasen** sowie den Grund **des Scheiterns** konzentrieren und in die Deutung sowohl die Bild- als auch die Sachebene einbeziehen:

Aussage III: Etappen des Scheiterns der Beziehung

- Der männliche Besitzanspruch wird von Beginn an formuliert („sein Augapfel, sein Eigentum", Z. 7) und in der direkten Anrede (vgl. Z. 10), mehrfach wiederholt bis zum Schluss (vgl. Z. 16 f., 23, 26). Das Besitzdenken ist dabei zunächst durchaus verbunden mit der Absicht, nur das Beste für die Puppenpartnerin zu wollen: Diese Intention zieht sich von der aufopfernden Rettungsfantasie (vgl. Z. 7–10) bis zum traurigen Ende durch.
- Sie erfüllt sich zunächst in der Annahme des Mannes, selbst durch seine permanente Anwesenheit oder ein ständiges Zusammensein das Beste für die Puppe darzustellen oder – auf der Sachebene noch klarer formuliert – dadurch, sie total in sein Leben einzubinden (vgl. Z. 11–14).
- Das Resultat dieser Vereinnahmung ist die beginnende Zerstörung der Puppe, also die Zerstörung der Beziehung (vgl. Z. 14–16).
- Die Einsicht in diesen Prozess (vgl. Z. 16 f.) hat zunächst den Entschluss des Protagonisten zur Folge, die Puppe einem Kind zu schenken, übersetzt auf die Sachebene: der Partnerin mehr Freiheit zuzugestehen, sie loszulassen (vgl. Z. 19). Bezeichnend ist das Motiv, dies dann doch nicht zu tun, denn es geht wieder vorrangig um Besitz und mögliche Zerstörung: Die Vorstellung, ein anderer könnte die Partnerin besitzen, ist ein unerträglicher Gedanke (vgl. Z. 20). Klarer kann sich elementare Eifersucht kaum artikulieren, konsequent erscheint dann auch die unmittelbar geäußerte Zerstörungsabsicht: „Besser" [– jetzt nicht mehr gemeint als ‚besser für sie' –] machte er sie selbst kaputt." (Z. 20 f.)
- Am Besitzanspruch wird also festgehalten, der körperliche Verfallsprozess der Puppe und der Auflösungsprozess der Beziehung gehen weiter. Sie zu besitzen, wird zunächst lästig und quälend (vgl. Z. 23), schließlich schlecht (vgl. Z. 26) – die Beziehung ist nach einer buchstäblich schleppenden Schlussphase (vgl. Z. 27) am Ende, zerstört durch ein (wohl vor allem in männlicher Perspektive gegebenes) Denken: „Ich lie-

be Dich, Du gehörst mir!“ Zerstört ist die Beziehung – und möglicherweise auch tief verletzt die Partnerin.

- Es folgt – wenn auch nur in den Gedanken des Obdachlosen – eine letzte, demütigende Phase: Das Wegwerfen auf den Müll erscheint dem Protagonisten als Fehler, schließlich hätte er die Puppe noch „zu Geld machen können“ (Z. 29). Das könnte auf der Sachebene meinen: Er hätte sie als ihr Zuhälter noch auf den Strich schicken können.

formale Analyse: erzähltechnische und sprachliche Mittel

In welcher Weise wird die Aussage der Parabel erzähltechnisch unterstrichen?

Es gibt auf der Bildebene nur eine „echte“ Person in diesem Text, den anonymen Obdachlosen auf der Suche nach dem Glück: Weitgehend aus seiner Sicht, also in **personaler Perspektive**, ist die „namenlose Geschichte“ in **erlebter Rede** erzählt, nur zweimal finden sich die Form des inneren Monologs oder die direkte Anrede der Puppe (vgl. Z. 10, 17). Die Erzählperspektive stützt dabei die Intention der Parabel:

- Es ist eine traurige Geschichte von der vergeblichen Suche nach dem Glück auf unterem sozialen Niveau, auf der Ebene des gesellschaftlichen Bodensatzes: Eine billige Rummelplatz-Puppe wird hier zum Symbol des Glücks, ihr Besitz macht zunächst stolz und glücklich. Die personale Perspektive zieht uns in das **soziale Feld** von Armut, Obdachlosigkeit und Aggression und führt unmittelbar in die alltägliche Situation des „Straßenlaufen[s]“ (Z. 13 f.) hinein.
- Gleich im ersten Satz scheint es einen **Einschub eines auktorialen Erzählers** zu geben, der erklärt, dass in diesem sozialen Milieu „Lose ziehen“ nicht etwa dasselbe ist, wie wir es vom Fernsehen kennen, wenn die Ziehung der Lotto-Zahlen oder die Gewinnzahlen der „Glücksspirale“ übertragen werden; hier bedeutet „Lose ziehen“ vielmehr etwas „mit zwei Fingern aus einem Eimer [holen]“.
- Der **auktoriale Erzähler** ist es vermutlich auch, der die Puppe beschreibt (vgl. Z. 3–6): Sie ist armselig, billig, hässlich und unappetitlich. Umso erschreckender ist es für den Leser, wenn der Protagonist in diesem „Ding“ sein Glück zu finden glaubt.
- Die ansonsten verwendete personale Perspektive lässt uns den Wandel der **Empfindungen** dieses Mannes für seine Puppenpartnerin ungefiltert miterleben – vom „Augapfel“ (Z. 7) zum „Monstrum“ (Z. 26), vom stolzen Glücksgefühl („es gab für sie nichts Besseres als ihn“, Z. 12) bis zur resignativen Einsicht: „er war nicht das Beste für sie, und sie nicht das Beste für ihn.“ (Z. 25 f.)
- Die Erzählperspektive spiegelt auch gedanklich die **Grenzen** dieses Mannes wider: Ihm ist nicht von Beginn an klar, dass das Leben auf der Straße die Puppe notwendigerweise verschmutzen, beschädigen und zerstören wird, dass er keine Chance hat, seinen „Augapfel“ in seiner Sauberkeit und Schönheit zu erhalten, dass sein Glück nur im Glück des Schenkens liegen kann – oder in der schlichten Realisierung des materiellen Tauschwerts.

In welcher Weise wird die Aussage der Parabel sprachlich unterstrichen?

Auf der sprachlichen Ebene dieser Parabel arbeitet der Autor Christoph Meckel kunstvoll mit **Motiven** und **rhetorischen Figuren**. Dabei bemüht er sich, auch durch sprachliche Mittel zum einen die **armselige Lebenssituation**, zum anderen die **begrenzten (sprachlichen wie emotionalen) Fähigkeiten** seines Protagonisten zu verdeutlichen:

- Die Sauberkeit der Puppe ist es, die den Mann als Erstes beeindruckt (vgl. Z. 8), denn Sauberkeit ist ungewöhnlich in der **Welt der Straße**. Seine Sätze sind weitgehend kurz, primär parataktisch oder elliptisch gehalten.
- „Nur das Beste kam für sie in Frage." (Z. 7) – Diese Maxime wirkt wie ein **Leitmotiv**; die Rede vom Guten, vom Besseren und **Besten** zieht sich bis zum Schluss durch den Text: vgl. Z. 7, 11, 12, 13 usw.
- Im Kontrast dazu steht inhaltlich die ebenfalls intensive **motivische Wiederholung des Besitzanspruchs** durch die häufige Verwendung der Possessivpronomina „sein" und „mein" (Z. 7, 10, 15 usw.) sowie der Worte „Eigentum" (Z. 7, 16) und „Besitz" (Z. 23, 26).
- Zahlreiche **Wortwiederholungen** wie „namenloses Ding" (Z. 3, 7), „Augapfel" (Z. 7, 15), „mein schönes Ding" (Z. 10, 17), „hinfällig" (Z. 16, 24) und Anaphern akzentuieren einerseits die Aussage, verdeutlichen andererseits zugleich das **begrenzte sprachliche Ausdrucksvermögen** des Obdachlosen.
- **Rhetorische Figuren** fallen auf: Das Leitmotiv begegnet uns als Litotes („nichts Gutes", Z. 11), komparativisch (vgl. Z. 12) und immer wieder in unmittelbarer superlativischer Form (vgl. Z. 7, 12 usw.). Der sich positiv steigernden dreifachen Reihung „Namenloses Ding, sein Augapfel, sein Eigentum" (Z. 7) steht am Ende als Antiklimax die Wendung „schöne Gestalt, süßes Monstrum, schlechter Besitz" (Z. 26) gegenüber. Die nüchternen Beschreibungen der Puppe enthalten ebenfalls triadische Reihen (vgl. Z. 3, 23 f.), eine etwas überraschende, keineswegs positiv konnotierte Metapher (vgl. Z. 3 f.) und Vergleiche (vgl. Z. 4–6). In der Aufzählung der Umstände und Geschehnisse des alltäglichen „Straßenlaufens" findet sich die Gruppierung zu Paarfiguren (vgl. Z. 13 f.). Die widersprüchliche Struktur des inhaltlichen Geschehens spiegelt sich auch in einem sprachlichen Paradoxon wider: „bittere Zärtlichkeit" (Z. 16 f.). Eine parallele Konstruktion unterstreicht die am Ende gewonnene resignative Einsicht: „Er war nicht das Beste für sie, und sie nicht das Beste für ihn." (Z. 25 f.) Die paradoxe Logik der letzten Entscheidung überrascht durch die unvermittelte Antithetik und lakonische Teilnahmslosigkeit auch sprachlich: „... und da er das Beste für sie nicht fand, warf er sie auf den Müll." (Z. 27 f.)

Abschließend möchte ich noch einmal auf die **Überschrift** eingehen: Christoph Meckel nennt seine Parabel „Namenlose Geschichte" – dementsprechend bleiben auch der Obdachlose und seine Puppenpartnerin namenlos. Damit transportiert die Erzählung **allgemeingültige Aussagen:** **Abschluss**

- Die Suche nach dem individuellen Glück ist eine Konstante zumindest der Moderne und auf allen gesellschaftlichen Ebenen zu finden.
- Phänomene der Fetischisierung lassen sich in unserer Industriekultur in unterschiedlicher Ausprägung beobachten.
- Besitzansprüche lassen zwischenmenschliche Beziehungen scheitern, obwohl man überzeugt ist, „doch nur das Beste" gewollt zu haben.

Schriftliche Abiturprüfung Deutsch (Baden-Württemberg) 2011
Aufgabe IV: Texterörterung/Textanalyse (Schwerpunkt: Texterörterung)

Aufgabe:

- Fassen Sie die Aussagen des Textes zusammen.
- Setzen Sie sich kritisch mit den Argumenten der Autorin auseinander und erläutern Sie dabei, wie diese durch die sprachliche Gestaltung gestützt werden.
- Erörtern Sie – auch über den Text hinausgehend –, inwiefern Scheitern die Persönlichkeitsentwicklung des Einzelnen fördern oder behindern kann.

Dela Kienle

Erfolgreich scheitern

Besonders schlimm ist die 9c in Französisch – ein pubertierender Haufen mit einem fiesen Lieblingsspiel. Titel: „Wer macht die Referendarin fertig?" Regeln gibt es nicht, alles ist erlaubt. Die letzte Reihe amüsiert sich mit La-Ola-Wellen, die Mädels vorn plappern ungeniert. Ein paar Jungs jagen sich zwischen den Tischen, aus einem Handy wummert Hip-Hop. Und vorn an der Tafel kämpft Marie. Sie versucht es mit Ignorieren und erklärt das Imparfait. Sie versucht es mit Drohungen, kündigt einen Vokabeltest an, was mit Geheul quittiert wird. Fast jede Stunde ist ein sinnloses Gezerre. Doch viel mehr als alle Respektlosigkeiten schmerzt Marie die Erkenntnis, dass sie gescheitert ist: Sie wollte immer, immer Lehrerin werden, hat jahrelang dafür studiert, dann das Referendariat angefangen – und jetzt steht sie hier und kann es nicht. Und will es nicht. Und schafft es nicht. „Da ist wirklich ein Lebenstraum geplatzt, und das tut mir in der Seele weh", sagt Marie. Der Pausengong erlöst sie aus der Französischstunde – aber nicht aus ihrer Lage. Wie soll es jetzt bloß weitergehen?

Scheitern ist schrecklich: Sich einzugestehen, dass etwas nicht geklappt hat, was einem am Herzen lag. Dass man vielleicht nicht gut genug war. Dass andere es packen, aber man selbst leider nicht. Man kann in der Liebe scheitern, mit einem Projekt im Job oder auf ganzer Linie mit einem Lebensentwurf – und steht oft alleine damit da. Scheitern ist ein Tabuthema in unserer erfolgsorientierten Gesellschaft. Es gibt hunderte Ratgeber mit Titeln wie „Mit drei Schritten zum Erfolg" oder „Wie Sie alles im Leben erreichen können" – aber kaum welche, die erklären, wie man mit Niederlagen umgeht. Mit dem Scheitern will sich niemand beschäftigen.

Besonders hoch ist das Risiko während der Ausbildung und am Berufsanfang, wo die Weichen noch nicht gestellt sind und regelmäßig wichtige Entscheidungen anstehen. 30 von 100 Studenten, die irgendwann neugierig die Uni betreten haben, machen keinen Abschluss: Manche haben wohl gute Gründe, doch hinter 80 000 Abbrechern jährlich stecken unzählige Tragödien, verpatzte Zwischenprüfungen, durchheulte Nächte und unvollendete Diplomarbeiten, die irgendwann frustriert von der Festplatte gelöscht werden. Und danach? Da kann's passieren, dass man glaubt, einen fantastischen Job gefunden zu haben – und nach der Probezeit entlassen wird. Oder dass die liebevoll eingerichtete Kneipe, das eigene Modelabel zwar unendlich Zeit und Erspartes fressen, aber nie genug Geld abwerfen werden, um über die Runden zu kommen. Man kann auch mit großen Träumen scheitern: wenn man mit Mitte 20 einsehen muss, dass schlicht das Talent fehlt, um Schauspieler, Schriftsteller oder Profigeiger zu werden, auch wenn man alles dafür getan hat. All das tut weh und kratzt am Selbstbewusstsein. Es ist eine schwierige Kunst, wieder aufzustehen und weiterzumachen.

[...]

Die wenigsten scheitern mit einem Knall: Meist gibt es schon Vorzeichen, dunkle Wolken am Horizont, die sich zusammenbrauen wie ein unheilvolles Gewitter. Es ist schwierig zu erkennen, wann es sich lohnt weiterzukämpfen – und wann es richtig ist, sich eine Niederlage einzugestehen, um sich selbst zu schützen. Schon die erste Unterrichtsstunde vor braven Siebtklässlern, sagt Marie, „war wirklich schlimm“. Seitdem hagele es fast nur Kritik, zumindest empfindet sie es so. Marie hat mit dem Schulpsychologen geredet, mit sich gekämpft und dann ihren Eltern und ihrem Freund verkündet, dass sie nicht Lehrerin werden wird. „Es war eine unglaubliche Erleichterung“, sagt sie. „Aber jetzt empfinde ich etwas anderes als wirklich quälend: Ich hatte immer ein Ziel vor Augen. Und plötzlich ist da nichts mehr. Bloß die Hoffnung, dass alles wieder besser wird, wenn ich diesen Alptraum hinter mir habe.“

Der Rostocker Philosoph und Unternehmensberater Hans-Jürgen Stöhr ist ein Experte im Scheitern. Nicht, weil in seinem Leben mehr schiefgelaufen wäre als bei anderen – sondern weil er 2005 die „Agentur für gescheites Scheitern“ gegründet hat. „Es war einfach an der Zeit für so etwas“, sagt er. „Die Agentur soll das Scheitern aus der Tabuzone herausholen und vermitteln: Man kann auch besser scheitern – und dann letztlich daraus lernen und davon profitieren.“ Die Agentur organisiert Vorträge und Seminare; und verzweifelte Menschen können vorbeikommen, um in ihrer schwierigen Lage beraten zu werden. Viele Existenzgründer sind dabei, deren Geschäfte schlecht laufen. Denen helfen dann Betriebswirtschaftler zu erkennen, ob noch etwas zu retten ist oder ob Aufgeben ein finanzielles Fiasko verhindert. „Ich würde mir wünschen, die Leute würden sich ihre Probleme früher eingestehen“, sagt Stöhr. „Wenn das Geschäft nicht gut läuft, wollen manche mit brachialer Gewalt weitermachen, nach dem Motto: Ich habe doch schon so viel investiert, ich kann doch nicht alles aufgeben!“ Dabei, so Stöhr, bedeute gutes Scheitern oft, die Situation zu akzeptieren, bereit zu sein loszulassen. „Dann muss ich vielleicht Teilverluste hinnehmen, kann aber umdenken, mich neu entwickeln – und damit vielleicht doch noch zum Erfolg kommen.“ Stöhr ist überzeugt davon, dass Scheitern zwar wehtut, letztlich aber Gutes in sich trägt. „Die Gedanken von Reinhold Messner finde ich interessant: Der sagt, dass wir weniger aus dem Gelingen lernen, sondern aus Fehlern und aus dem Scheitern. Und dass das Scheitern an Erfahrungen und für die Persönlichkeitsentwicklung viel gewinnbringender ist als der Erfolg selbst.“ Es sind keineswegs Verlierertypen, die mit etwas scheitern – sondern oft gerade die, die etwas Ungewöhnliches gewagt, die an etwas Besonderes geglaubt haben. [...]

Es gibt viele Formen des Scheiterns – aber letztlich geht es immer um drei Faktoren: um den Verlust von Ansehen. Um den Verlust von materiellen Dingen. Und um den Verlust von Selbstwertgefühl. [...]

Der Historiker Stefan Zahlmann schreibt: „Scheitern ist das Sterben einer Biografie bei lebendigem Leib“. Und genau das machte dem Exmusiker Yessica Yeti zu schaffen, der anfangs nicht einmal mehr eine Gitarre anfasste. „Ich hatte eine Identität verloren“, sagt er. „Ich musste mich daran erinnern, dass es egal ist, ob ich Busfahrer bin oder Gitarrist der Yeti Girls. Ob ich ein wertvoller Mensch bin, ein interessanter Gesprächspartner, begehrenswert für meine Freundin – das hat damit nichts zu tun. Ich hab meinen Beruf wirklich leidenschaftlich betrieben. Aber ich bin mehr wert als diese Rolle, ich bin mehr wert als ein Job!“ Klingt einleuchtend und ist doch schwer zu verinnerlichen – für alle, die nach der Ausbildung keine Stelle finden. Für alle, die vor dem unternehmerischen Aus stehen. Und für alle, die einsehen müssen, dass sie viel Zeit und Mühe in ein Ziel investiert haben, das sich einfach nicht verwirklichen lässt.

[…]

Die Kunst des gescheiten Scheiterns verlangt aber mehr: Man darf trauern, schimpfen, frustriert sein. Doch irgendwann muss man aufstehen. Sich ein neues Ziel setzen. Neue Pläne machen, neue Träume träumen. Dass es immer, immer weitergeht, ist eine banale Erkenntnis. Trotzdem ist sie irgendwie tröstlich.

Aus: Neon, März 2007, S. 87 ff.

Lösungsvorschlag in Grundzügen

Hinweise und Tipps

Die komplexe Aufgabenstellung legt ausdrücklich fest, was der **Schwerpunkt der Bearbeitung** sein soll: Die Untersuchung und die Analyse des Textes dienen als Grundlage für die folgende **Erörterung**.

- Ihr Aufsatz muss mit einer **Einleitung** beginnen, die zum Thema hinführt.
- In der ausgewiesenen Aufgabenstellung geht es zunächst um eine knappe **Inhaltsangabe**, an ihrem Beginn steht die Verortung des Textes (Angabe des Titels, der Autorin, der Textsorte und der Quelle). Die Inhaltsangabe enthält die **Kernaussagen**, also die zentralen Thesen der Textvorlage. Das ist wichtig, weil im nächsten Schritt die **Argumente** – die Begründung dieser Thesen – **überprüft** werden sollen. Dieser Schritt ist daher die Basis Ihrer weiteren Ausführungen:
- Wie sind die zentralen Aussagen/Thesen im Text begründet? Sind sie überhaupt begründet? Wie tragfähig sind die Argumente? Lassen sie sich stützen? Was spricht dagegen? Hier geht es nicht um eine Pro-Contra-Abwägung, sondern um die **kritische Überprüfung**. Hat die Autorin recht oder nicht, können Sie ihr (in Teilen) zustimmen oder nicht?
- Vorausgehend oder im Anschluss daran sollen Sie untersuchen, mit welchen **formalen und sprachlichen Mitteln** die Autorin versucht, ihre Intention zu stützen, zu unterstreichen, zu stärken. Das ist die **Textanalyse**, hier nachgeordnet und **kein Schwerpunkt** der Aufgabe.
- Die dritte Aufgabe führt über den Text hinaus. „**Erörtern**" meint auch hier **nicht die Gegenüberstellung und Abwägung von Pro- und Contra-Argumenten**, etwa derart, dass Scheitern die Entwicklung der Persönlichkeit entweder eher fördert oder primär behindert, dass es also eine Hauptseite gibt, die zutrifft.
  Bei dieser Fragestellung dürfte vielmehr klar sein, dass sich beide Seiten empirisch bestätigen lassen. Es geht dagegen um die Frage, unter welchen gesellschaftlichen wie individuellen Bedingungen das Scheitern an einer Aufgabe oder das Erreichen eines Ziels negative oder positive Folgen für den Einzelnen haben. Letztlich wird zu erörtern sein, wie die positiven Folgen des Scheiterns verstärkt werden können. Hier gilt es über den Text hinaus (gegebenenfalls mit eigenen Beispielen) überzeugend zu argumentieren. Ein eigenes **Fazit** kann Ihren Aufsatz abrunden.

Für das **methodische Vorgehen** gilt der leitende Grundsatz „**Erst denken, dann schreiben!**"
Das bedeutet im Einzelnen:

- Sie lesen den Artikel durch, um einen **ersten Eindruck** zu erhalten.
- Danach bearbeiten Sie den Text sorgfältig: Sie **markieren** die zentralen Aussagen, **notieren am Rand** mit Kürzeln (Bsp, Th, Arg oder Begr, Folg), ob es sich um Beispiele, Thesen, Argumente, Begründungen oder Schlussfolgerungen handelt. Die zentralen Aussagen **nummerieren** Sie am Rand durch, wobei die Reihenfolge sinnvoll sein muss.

- Sie sammeln **Stichworte** für eine mögliche Einleitung, für die zentralen Aussagen und ihre Begründungen. Dies dient Ihnen als Basis der Inhaltsangabe.
- Sie arbeiten jetzt den Text erneut durch und konzentrieren sich auf die Frage: Wie werden die Aussagen und Argumente der Autorin durch die **sprachliche Gestaltung** gestützt? Hier achten Sie auf den gedanklichen Aufbau, auf die Auswahl der Beispiele, auf Satzbau und Stil, auf rhetorische Figuren. Damit verfügen Sie über ein Konzept für die Textanalyse.
- Bei der **kritischen Auseinandersetzung** mit dem Text müssen Sie sich überlegen, welchen Kernaussagen und Argumenten Sie zustimmen können; möglicherweise können Sie noch zusätzliche Argumente ins Feld führen. Listen Sie dann die Aussagen und Argumente auf, denen Sie widersprechen wollen.
- Es folgt nun der letzte Schritt der Vorüberlegungen: Sie notieren sich **Stichworte** zur dritten Aufgabenstellung in Ergänzung und Ausweitung dessen, was Sie inhaltlich bisher aufgezeichnet haben; Sie konzentrieren sich auf das **Problem**, unter welchen gesellschaftlichen und individuellen Bedingungen das Erlebnis des Scheiterns für den Einzelnen positive Folgen haben kann, wie die Gesellschaft, wie der Betroffene damit umgehen kann. Gliedern Sie Ihre Gedanken sinnvoll.
- Ihr Konzept ist nun erstellt: Sie setzen es Schritt für Schritt um in einen **Fließtext**; dabei sollten Sie auf einen logischen gedanklichen Aufbau, auf sinnvolle Abschnitte, auf Übergänge oder überleitende Sätze und – nicht zuletzt – auf die sprachliche Richtigkeit achten.

Einleitung

Den meisten von uns gelingt nicht immer alles auf Anhieb, häufig setzen wir uns auch Ziele, die wir dann doch nicht erreichen. Das sind Alltags- oder Lebenserfahrungen, die uns nicht fremd sind. Die Gründe dafür sind vielfältig: Man überschätzt sich, beurteilt Situationen nicht richtig und wird überrascht von Umständen, mit denen man nicht gerechnet hätte. Wir müssen lernen, dass andere in mancher Hinsicht einfach fähiger, besser sind. Wie geht man mit diesen Erfahrungen um? Wie sollte man mit ihnen umgehen, um nicht auf den Weg einer gescheiterten Karriere zu geraten? Das Etikett „Loser“ ist da schnell verteilt.

Textverortung

Diese **Erfahrung des Scheiterns** ist das Thema des Essays von Dela Kienle mit dem paradoxen Titel „Erfolgreich Scheitern“, der hier in Auszügen vorliegt. Er erschien im März 2007 in NEON, einer Zeitschrift für 20- bis 30-Jährige; eine ihrer Rubriken ist „Beruf und Karriere“.

Inhaltsangabe

Die **Kernaussagen** des Artikels und ihre **Begründungen** sind folgende:

- Scheitern sei „schrecklich“ (Z. 29), weil es immer mit einem Verlust verbunden sei – dem Verlust von Ansehen, materiellen Dingen oder Selbstwertgefühl (vgl. Z. 154–157).
- Obwohl das Risiko zu scheitern sich bereits in den Phasen der Ausbildung und des Berufseinstiegs stelle, wie Kienle statistisch und exemplarisch belegt (vgl. Z. 46 ff.), werde das Problem in der Öffentlichkeit tabuisiert, denn dies sei kein Thema in einer konkurrenzorientierten Leistungsgesellschaft (vgl. Z. 37 ff.).
- Im Zentrum von Kienles Artikel steht die These eines Unternehmensberaters und Gründers der „Agentur für gescheites Scheitern“: Man könne aus seinem Scheitern auch lernen und daraus einen Gewinn für sich ziehen (vgl. Z. 111–114), denn Scheitern sei nicht das Merkmal der Verlierertypen, oft scheiterten gerade diejenigen, die sich außerordentliche Aufgaben und Ziele gestellt hätten (vgl. Z. 147–151).

- Wichtig sei es, Probleme rechtzeitig zu erkennen, um die Aufgaben oder Ziele neu zu definieren (vgl. Z. 118 ff., 130 ff.). Zur „Kunst des gescheiten Scheiterns“ gehöre es, anders und neu anzusetzen (vgl. Z. 184–189). Wenn man aus seinen Fehlern lerne, fördere das Scheitern sogar die Persönlichkeitsentwicklung vgl. (Z. 143–147). Zudem hänge der eigene Wert ohnehin nicht von beruflichem Erfolg oder Misserfolg ab (vgl. Z. 167 ff.).

formale und sprachliche Gestaltung

Das Leben geht immer, immer weiter – dies ist das **Fazit der Autorin** und in der Tat (wie sie selbst zugesteht) eine etwas „banale Erkenntnis“ (vgl. Z. 189 ff.). Dela Kienle hat jedoch durchaus keinen banalen Text geschrieben, ihr Artikel überzeugt vor allem durch seine **sprachliche Gestaltung:**

Schon das **paradoxe Wortspiel** in der **Überschrift** irritiert und macht dadurch neugierig. Einleitend folgt – völlig unvermittelt – ein realistisches Beispiel, das totale Scheitern einer Referendarin im Französisch-Unterricht der Mittelstufe (vgl. Z. 1–28). Auch die beiden ersten allgemeinen Aussagen („Scheitern ist schrecklich“ in Z. 29 und „Scheitern ist ein Tabuthema“ in Z. 37 f.) werden konkret umgesetzt und verdeutlicht: in Z. 29–34 und in Z. 39–45. Später nimmt Kienle das Beispiel der jungen Lehrerin wieder auf: Die Referendarin hat aufgegeben (vgl. Z. 86–95).
Die folgende zentrale These – aus dem Scheitern könne man „lernen und davon profitieren“ (Z. 113 f.) wird gestützt durch eine Reihe von authentischen Zitaten des Agenturgründers als eines Experten, der sich seinerseits wieder auf Aussagen des Bergsteigers Reinhold Messner stützt (vgl. Z. 108–147). Vor dem abschließenden Fazit folgt wiederum ein längeres, authentisches Beispiel (vgl. Z. 160–174). **Konkrete Aussagen** und **realistische Beispiele** tragen also insgesamt den Text und stützen Kienles Argumentation.

Dabei sind die Beispiele und Zitate **adressatenorientiert** gewählt und formuliert – 20- bis 30-Jährige sind die Zielgruppe der Zeitschrift NEON: Eine Ex-Referendarin, ein Ex-Musiker und Studierende werden in den Blick genommen und zum Teil auch mit ihren Namen genannt.

Die Sätze sind relativ kurz und überwiegend parataktisch geprägt, Kienles **Sprachstil** wirkt klar und besonders anschaulich in der Darstellung konkreter Situationen, dabei oft umgangssprachlich und adressatenorientiert in der Wortwahl: „Haufen“, „fies“, „plappern“, „wummert“, „Geheul“ (Z. 1–14) oder „verpatzt“, „durchheult“, „Zeit […] fressen“, „Geld abwerfen“ (Z. 55–66).
Dieser Eindruck wird verstärkt durch den intensiven Einsatz weniger rhetorischer Mittel:
- zahlreiche **Ellipsen** (Z. 22 f., 31 ff., 155 ff. usw.)
- **Anaphern** und **Parallelismen** (Z. 21 ff., 31 f., 55 ff., 83 ff., 154–157 usw.)
- **Aufzählungsfiguren** (Z. 18–23, 55 ff., 167 ff.)

Daneben gibt es **weitere** wirkungsvolle **rhetorische Mittel**, die weniger häufig eingesetzt werden:
- **Antithese**, verknüpft mit einer **Klimax**: Z. 18–23
- **Paradoxon** in Z. 143 ff.
- das paradoxe Wortspiel in der Überschrift.

In der Sache möchte ich der Autorin zunächst **zustimmen**. Sie hat zweifellos Recht mit ihren **ersten Thesen** – zu scheitern, an welcher Aufgabe oder in welcher Lebenssituation auch immer, war seit jeher schon „schrecklich". Ich kann mir keine Kultur vorstellen, die dies uneingeschränkt positiv eingeschätzt hätte. Und es ist auch richtig, dass wir mit diesem Problem vor allem in den Lebensphasen der Ausbildung und des Berufseinstiegs konfrontiert werden. In einer konkurrenz- und erfolgsorientierten Leistungsgesellschaft stehen die Sieger dabei im Rampenlicht – „die im Dunkeln sieht man nicht", um Brecht zu zitieren.

kritische Überprüfung und Stellungnahme

Aber schon bezüglich der von Kienle angeführten **Ratgeberliteratur** möchte ich Kritik äußern: Sie zielt doch darauf ab, das Scheitern zu vermeiden, dieses ist somit immer auch implizit ein Thema. Ihre Adressaten sind zudem nicht diejenigen, denen ohnehin alles in den Schoß fällt, die sich immer durchsetzen; ihre Adressaten sind vielmehr jene vor allem jungen Leute, die Tipps suchen und benötigen, um erfolgreich zu sein, also auch solche, die bereits einmal gescheitert sind.

Außerdem, meine ich, kann auch **von einer gesellschaftlichen Tabuisierung des Problems keine Rede** sein, wenn wir an die Vielfalt schulischer Angebote denken: Es gibt hier eben nicht nur den direkten Weg des „Turbo-Abiturs" in acht Jahren, vielmehr sind in jeder Stufe Schleifen oder Alternativen eingebaut, die es auch leistungsschwächeren Kindern und Jugendlichen ermöglichen, erfolgreich zu sein: in Baden-Württemberg z. B. die Realschule nach dem vierten Jahr, die Berufsfachschule nach der Hauptschule, beide mit dem Ziel der Mittleren Reife. Auf dieser Basis wiederum werden das Berufskolleg und die gymnasiale Oberstufe im allgemeinen oder beruflichen Zweig mit dem Ziel der Fachhochschulreife und des Abiturs angeboten. Weiterbildungs- und Förderprogramme stehen auch nach einer beruflichen Ausbildung bereit, das Gleiche gilt für die berufliche Praxis selbst. Innere Differenzierung und die breite Förderung von Ganztagsschulen zielen darauf ab, den schwächeren Schülern Hilfen zu bieten und die Quote der Schulabbrecher zu senken. Kurz, in der öffentlichen Diskussion wie in der gegenwärtigen Bildungspolitik ist das Problem des Versagens und Scheiterns eben überhaupt nicht tabuisiert, sondern vielmehr – salopp gesagt – ein ganz heißes Eisen.

Ich komme zur **zentralen These** Kienles: Die Kunst des „gescheiten" Scheiterns sei hilfreich und zu erlernen. Auch dies ist zunächst sicher richtig. Wir lernen vor allem aus unseren Fehlern oder sollten dies tun oder zumindest versuchen. Dies gilt für jedes punktuelle Versagen. Bei der eigenen Analyse der Gründe des Scheiterns kann man, insbesondere bei wiederholten Erfahrungen des Versagens, Hilfs- und Beratungsangebote psychologischer, psychotherapeutischer Art oder auch Agenturangebote, wie sie Dela Kienle vorstellt, nutzen. Es ist sicherlich gut, dass es Angebote dieser Art gibt: den Sozialarbeiter und Beratungslehrer in der Schule, die Berufsberatung, den Psychologen und Therapeuten. Und dazu gehört gewiss auch eine realistische Selbsteinschätzung der eigenen Schwächen. Wir sind sicher nicht die Alleskönner, diese Erkenntnis dürfte ohne Zweifel hilfreich sein für die eigene Lebensplanung.

Aber „dass das **Scheitern** an Erfahrungen und für die Persönlichkeitsentwicklung viel **gewinnbringender** ist **als der Erfolg selbst**" (Z. 144–147), wie die Autorin den Bergsteiger Messner – ohne Widerspruch – zitiert, erscheint mir doch überzogen. Diese Frage will ich nun grundsätzlich erörtern.

Dabei möchte ich die Problemstellung der Aufgabe modifizieren: Es erscheint mir müßig, das „Inwiefern“ zu reflektieren. Fakt ist doch zweifellos, dass die Erfahrung des Scheiterns eine Persönlichkeit zerbrechen und zum Infragestellen der eigenen Identität, ja sogar zum Suizid führen kann. Fakt ist auch, dass wir aus dieser Erfahrung Lehren ziehen können, die unsere Persönlichkeit ebenso wie unser Realitätsverständnis und unsere Fähigkeit, uns im Alltag zu behaupten, stärken. Interessant erscheint mir allein die Frage, welche gesellschaftlichen wie individuellen Bedingungen gegeben sein sollten, damit wir positive Erfahrungen aus dem Scheitern ziehen können – um es dann für die Zukunft zu vermeiden. Denn es geht doch vor allem um die **Kompensation unserer Schwächen**, um die Stärkung und Entwicklung unserer Begabungen, Fähigkeiten, Möglichkeiten, unserer Ressourcen. Erörterung

Auch in einer Gesellschaft, in der der individuelle Erfolg in allen Lebensbereichen so hoch geschätzt wird wie bei uns, lässt sich die Anerkennung des Scheiterns als Grundtatsache menschlichen Seins verankern – Menschen machen Fehler:

- Die Konsequenz daraus ist z. B. die Entwicklung dessen, was man „**Fehlerkultur**“ nennt: Fehler dürfen sein, zumal, wenn es darum geht, etwas Neues auszuprobieren, zu experimentieren und Innovationen zu entwickeln. Dies schließt Risiken, Wagnisse ein – und damit auch ein Scheitern, das Anerkennung verdient.
- Die allgemeine gesellschaftliche Konsequenz wäre eine nachhaltige oder verstärkte Offensive im öffentlichen Diskurs gegen die **Diskriminierung von Randgruppen** wie Obdachlosen, Hartz-IV-Empfängern oder Asylbewerbern. In den Medien wie in den Schulen wäre dieser Diskurs zu führen: Reportagen, Berichte, Informationen mit dem Ziel der Stärkung der gesellschaftlichen **Solidarität**. Niemand sollte verächtlich auf Menschen herabsehen, die am Rande stehen, ihre **gesellschaftliche Teilnahme** und ihre Integration sollten durch staatliche und private Institutionen ermöglicht werden. Dies betrifft konkret die Teilnahme an kulturellen Veranstaltungen vom Theater über das Kino bis zum Fußballstadion, dies betrifft auch private Unternehmungen wie den Restaurantbesuch. Die Stärkung der Persönlichkeit und des Selbstbewusstseins kann nicht ohne solche Situationen der Anerkennung, der Gleichwertigkeit und Teilhabe gelingen.
- **Bildungspolitisch** folgt aus der Anerkennung des Scheiterns keineswegs eine „Kuschelpädagogik“ dergestalt, dass Leistungsdifferenzen nicht wahrgenommen, schlechte Leistungen beschönigt oder verharmlost werden. Vielmehr geht es um die Gleichberechtigung durch die verstärkte **Förderung der Chancengleichheit**. Dies meint die Förderung der Schwächeren von den Kitas an, die genaue Diagnose von Schwächen und Stärken, gezielte Hilfen und Förderung der persönlichen Ressourcen. Im beruflichen Feld denke ich an die Ausweitung der Beratungsstellen und daran, dass bei Bewerbungen im Fall der Absage eine konkrete Rückmeldung erfolgen sollte.

Mein **Fazit** lautet daher: Zwischen der Anerkennung menschlicher Schwächen und der daraus folgenden Forderung nach grundsätzlicher Solidarität einerseits und einer Orientierung an individueller Leistung und individuellem Erfolg andererseits muss es keinen Widerspruch geben. Fazit

Individuell geht es um eine **realistische Einschätzung der eigenen Fähigkeiten** im Vergleich mit anderen, und dies lässt sich erlernen: nicht nur in der Schule, sondern überall da, wo sich ein Vergleich mit anderen stellt – z. B. im Sport, im Grunde genommen aber in jeder Gruppensituation.

Wichtig sind zwei Grunderfahrungen, die vermutlich jeder machen muss und sollte: Es gibt immer Menschen, die etwas besser können als man selbst, und Menschen, die etwas nicht so gut können wie man selbst. Daraus folgt, dass wir nie arrogant oder überheblich auf jemanden herabsehen und uns unseres Wertes und unserer Möglichkeiten bewusst sein sollten. Es muss nicht den Verlierer-Typus geben – wenn jemand zum Versager abgestempelt wird, hat in meinen Augen die Gesellschaft versagt.

Bearbeiten Sie die folgenden Aufgaben auf der Grundlage des vorgelegten Dossiers:

- Verfassen Sie Abstracts zu allen Materialien.
- Schreiben Sie einen Essay mit dem Titel „**Ware Luxus – Wahrer Luxus**".

Material 1:

Leszek Kołakowski – Vom Luxus

Wir gebrauchen mitunter das Wort „Luxus", und sein Sinn scheint uns klar; wir wissen, was Äußerungen wie die folgenden bedeuten: „Diese Leute leben im Luxus, das Elend der anderen geht sie nichts an." „Eine solche Luxuslimousine kann ich mir nicht leisten." „Luxus ist tadelnswert, aber angenehm." Wenn wir allerdings versuchen, den Begriff zu definieren, dann zeigt sich sofort, daß es unmöglich ist. Zuerst fällt uns ein, daß Luxus etwas ist, was die Menschen begehren, aber gar nicht benötigen, etwas, ohne das man sehr gut auskommen kann. Leben können wir, zum Beispiel, auch ohne Kunst, Musik, ohne Literatur, ohne Wein, doch wir würden nicht sagen, daß der Gebrauch von Kunst, Musik, Literatur und Wein ein Leben in Luxus sei. [...]

Gleichwohl ist leicht zu bemerken, daß die Unterscheidung zwischen dem, was wir begehren, und dem, was wir wirklich benötigen, völlig willkürlich, ja eigenmächtig ist. Nehmen wir an, ich wäre Besitzer eines Autos bescheidener Größe und hätte nicht das Gefühl, mehr zu brauchen. Mit welchem Recht und nach welchen Kriterien aber dürfte ich bestimmen, daß derjenige, der drei Autos hat (oder haben möchte), diese nicht wirklich benötigt? Daß der vermeintliche Bedarf ein Gelüst ist, eine Einbildung? Sollte man nicht besser sagen, daß die Leute das, was sie begehren, auch benötigen? Die gesamte Menschheitsentwicklung beruht ja darauf, daß neue Bedürfnisse und neue Arten zu ihrer Befriedigung entstehen. Wenn all diese Bedürfnisse Bestandteile der Kultur, nicht aber der Natur sind, dann kann sie der Verfechter einer Rückkehr zur Natur getrost als „künstlich" verwerfen. Nur wenige von uns aber würden seine Mahnungen erhören. Die Menschen haben lange ohne Autos und ohne Kühlschränke gelebt, da aber diese nützlichen Gegenstände jedem zugänglich geworden sind, können wir uns ein Leben ohne sie kaum noch vorstellen.

Ist also der Begriff Luxus unnütz und sinnlos? Nicht unbedingt. Vielleicht sollte man darüber nachdenken, ob es andere Kriterien gibt, die unserem traditionellen Empfinden in diesem Bereich entsprechen. [...]

Die Bedürfnisse und Begierden der Menschen kennen, wie wir wissen, keine Grenzen, und deshalb ist eine „objektive" und universell gültige Definition des Luxus, so scheint es, unmöglich. Was Luxus ist oder nicht ist, das erweist sich erst im Bezug auf die jeweilige Zivilisation, auf die historischen Bedingungen, auf ein bestimmtes Land oder eine soziale Klasse. Die Begierde freilich, wenngleich moralisch verwerflich und für so viele Verbrechen verantwortlich, ist (neben der Faulheit) zugleich verantwortlich für die größten Errungenschaften menschlichen Schöpfergeistes, die unser Leben leichter, bequemer und luxuriöser (im moralisch neutralen Sinne) machen, wohingegen alle Versuche, die Begierden mit institutionellen Mitteln auszumerzen, in grenzenlosem Leid und Elend zu enden pflegen.

Aus: Leszek Kołakowski: Mini-Traktate über Maxi-Themen. Übersetzt von Dietrich Scholze. Leipzig: Reclam ^{2}2000, S. 79ff.

Material 2:

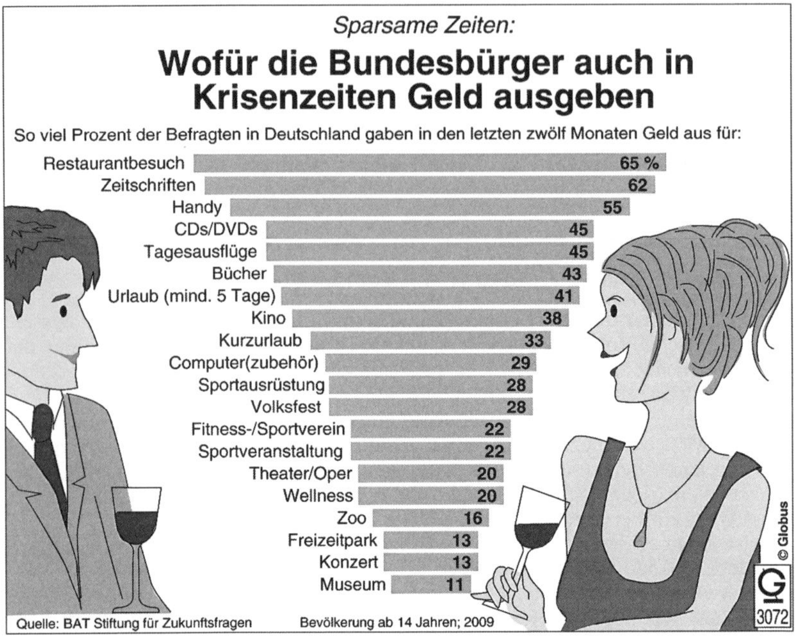

Globus Infografik vom 25. September 2009; picture-alliance / dpa-infografik

Material 3:

Martin Hecht: Der Grenznutzen der Güter

1871 hat der Wiener Nationalökonom Carl Menger die so genannte Grenznutzenlehre entwickelt. Der Nutzen eines Gutes, so seine Erkenntnis, sei nicht eine erkennbare objektive Größe, sondern eine Angelegenheit rein subjektiver Wertbemessung. Der Konsumwert der gleichen Mengeneinheit nehme beispielsweise beständig ab, über je mehr davon der Konsument verfügt. Anders ausgedrückt: Der erste Teller Wurstsalat ist mehr wert als der vierte, fünfte oder jeder weitere, wenn der Wurstsalat dem Konsument allmählich aus den Ohren herauskommt. Der Nutzen des gleichen Guts nähert sich bei zunehmender Bedürfnisdeckung einer Grenze der vollkommenen Nutzlosigkeit.

Auch das Leben der Prominenten unterliegt der Grenznutzenlehre. Denn auch ihre Güter sind nicht unendlich zu vermehren, ohne den Nutzen zu verlieren. Der Mensch kann nur endlich viel Champagner trinken, Entenbrüste konsumieren, Kokain schnupfen und Paläste bewohnen. Er kann sich ein zweites Haus kaufen, ein drittes – auch noch ein fünfzehntes, aber irgendwann stößt seine Möglichkeit an Grenzen, diese Güter überhaupt noch zu genießen. Geld ist ins Unendliche zu steigern, was man dafür bekommt, nicht mehr: Deswegen ist für einen normalen Menschen der erste Hunderteuroschein stets mehr wert als der millionste.

Weil der ein-, der zehn- und auch noch der hunderttausendste Hunderteuroschein noch Reichtums- und Prestigevermehrung bringt, also statt des Wurstsalats Entenbrust und statt des *Opel Corsa* den *Testa Rossa*[1], treibt es alle dorthin. Wer sich darüber hinaus einen Wert auf dem öffentlichen Markt der Massenmedien erwirbt, versucht, auch diesen in Bares umzumünzen. Das ist besonders auffällig bei Menschen, die nach rasantem Aufstieg Gefahr laufen, ihre Prominenz wieder zu verlieren. Bemerkenswert ist, dass sich auch „echte" durable[2] Prominente, also die, die sich seit langem scheinbar krisensicher im Zenit ihres Ruhms sonnen, genauso verhalten. Das, obwohl sie sich längst so weit jenseits der Grenznutzenzone bewegen, dass einen der Verdacht beschleicht, sie wüssten nicht länger, was sie tun.

Aus: Martin Hecht: Das große Jagen. Auf der Suche nach dem erfolgreichen Leben. München: Deutscher Taschenbuchverlag 2004, S. 124 ff.

Erklärungen:

1 Testa Rossa: Luxussportwagen
2 durabel: dauerhaft bleibend

Material 4:

Genuss mit gutem Gewissen und ohne Verzicht

Die neue Sehnsucht nach Ursprünglichkeit und Vertrauenswürdigkeit bedeutet nicht automatisch Kompromisse, Rückzug und Askese. Denn der moralische Verbraucher der heutigen Zeit will auf Genuss und Luxus nicht verzichten: So wird Alnatura mit Aldi kombiniert, das Fertiggericht darf aus dem Hypermarket kommen, allerdings bitte ohne Zusatzstoffe, und auch Shrimps sind okay, wenn sich der Importeur verpflichtet, die Mangrovenwälder aufzuforsten. Dafür setzen sich unter anderem Importeure wie Deutsche See, Costa oder Paulus ein, deren Garnelenschwänze, Black Tiger und Pacific Prawns nicht in thailändischen Aquakulturen gezüchtet werden, für die vorab Mangroven abgeholzt wurden (www.deutsche-see.de).

Dass die moralischen Hedonisten keine Kompromisse eingehen wollen, zeigen die boomenden Genießermärkte des Neuen Luxus. So erfüllen Artikel wie Schokolade, Wein, Kaffee oder Tee ja auch alle Anforderungen der LOHAS[1]. Die neuen Trend-Genussmittel sind in Maßen genossen gesundheitsförderlich: Bitterschokolade und Rotwein helfen gegen Herzinfarkt, Kaffeebohnen beugen Diabetes vor, und die Flavonoide im Tee wirken als Radikalfänger. Den ersten zu 100 Prozent ökologischen Gourmet-Tee in natürlich abbaubaren Designerboxen launchte[2] im Frühjahr 2007 The London Tea Company für „down to earth connoisseurs", die ein gesundes Premium-Produkt mit Mehrwert zu schätzen wissen (www.londontea.co.uk). Diese Gourmetprodukte bedienen zudem als Transfair- und oder Terroir-Produkte die ethische Komponente und – was vielleicht mit der wichtigste Faktor ist und sie etwa von Bananen oder Äpfeln unterscheidet – sie können exzellent zelebriert werden.

In dieser Kultur bildet sich ein neues Genießertum heraus. Schokolade ist der neue Wein. Nicht nur, dass sich die Erwartungen ans Schokoladeessen geändert haben – auch das Produkt als solches ist in seiner Wertschätzung auf eine Ebene mit Wein, Käse oder Whisky gerückt. Während einst die Herkunft und das Bouquet eines Bordeaux auf der Dinner-Party diskutiert wurden, sind es heute die Schokoladenaromen. Nicht nur ist das Interesse daran gewachsen, woher die Kakaobohnen stammen, sondern auch wie viel des Profits an die Plantagenarbeiter geht. Und Transfair heißt im Zeitalter der grünen Genießer-Ökonomie nicht länger langweilige Schokoladen in uninspirierten Verpackungen.

Aus: E. Wenzel/A. Kirig/Chr. Rauch: Greenomics. Wie der grüne Lifestyle Märkte und Konsumenten verändert. München: Redline Wirtschaft 2008, S. 97 f.

Erklärungen:

1 LOHAS: Abkürzung für „Lifestyle of Health and Sustainability" (Lebensstil für Gesundheit und Nachhaltigkeit)
2 hier: auf den Markt bringen

Lösungsvorschlag in Grundzügen

Hinweise und Tipps

In den Jahrgangsstufen 1 und 2 sieht der Lehrplan als methodische Übung im Recherchieren, selbstständigen Erarbeiten von Themen sowie in der mündlichen und schriftlichen Präsentation von Inhalten den Umgang mit einer Themenauswahl unter fächerverbindenden Aspekten vor. Sie befassen sich dabei mit unterschiedlichen **Informationsmaterialien** (z. B. mit Kommentaren, Berichten, Gutachten, Reportagen, Schaubildern, Interviews), erschließen deren **Informationsgehalt** und erarbeiten eine eigene **Stellungnahme**. Dies alles sind Vorarbeiten für die Prüfungsaufgabe „**Essay auf der Grundlage eines Dossiers**".

- Das hier vorliegende **Dossier** umfasst vier Materialien: drei Texte und eine Grafik.
- Sie fassen die Materialien – wie in der Aufgabenstellung verlangt – jeweils in **Abstracts** zusammen. Ein Abstract ist ursprünglich eine **Kurzzusammenfassung** einer wissenschaftlichen Arbeit oder eines wissenschaftlichen Artikels, orientiert an bestimmten Leitfragen:
  - Was ist Gegenstand bzw. Thema der Arbeit?
  - Unter welcher Fragestellung wird der Gegenstand untersucht?
  - Zu welchem Ergebnis kommt der Autor?
- Orientieren Sie sich in Ihren Abstracts zum Dossier an den **sprachlichen Regelungen**, die für eine **Inhaltsangabe** gelten: sachlich neutral im Ton, im Präsens verfasst, Meinungen und Wertungen des Autors sind sprachlich zu kennzeichnen (Formen der Meinungswiedergabe, indirekte Rede, Konjunktiv).
- Der **Essay** ist gewissermaßen ein assoziativer „Gedankenspaziergang", der sich durch seine **lockere**, **offenere Gedankenführung** von der strenger aufgebauten und präziser argumentierenden Erörterung unterscheidet. Er dient der **subjektiven Positionsbestimmung**, die sich quasi vor den Augen der Leser entwickelt, und soll in unterhaltsamer, anschaulicher, dabei durchaus anspruchsvoller Schreibweise auch zu einer eigenen Meinungsbildung auffordern.
- Inhaltlich orientieren Sie sich an den **Informationen**, die Sie **aus dem Dossier** gewinnen. Dabei müssen nicht alle Unterlagen gleichwertig und gleichgewichtig verwendet werden.
- Der **Titel** Ihres Essays ist vorgegeben: „Ware Luxus – Wahrer Luxus".

Wie sollten Sie **methodisch** vorgehen?

- Sie arbeiten die Materialien des Dossiers genau durch (Markierungen der wesentlichen Aussagen) und erstellen auf dieser Basis jeweils ein (kurzes!) Abstract.
- Sie assoziieren und notieren Überlegungen und Ideen zum Thema „Luxus" (Cluster, Stichwortzettel etc.). Dabei dürfen bzw. sollten Sie sich von den Materialien inspirieren lassen.
- Sie strukturieren Ihre Stichworte: Aus dem Cluster wird eine Mind-Map.
- Bedenken Sie schon jetzt die Bestandteile des (vorgegebenen) Titels und notieren Sie Ihre Gedanken:
  - „Ware Luxus": Was gehört alles zu Luxuswaren? Ist Luxus immer eine Ware?
  - „Wahrer Luxus": Ist wahrer Luxus etwas anderes? Gibt es einen scheinhaften, einen unwahren, falschen Luxus?
- Erstellen Sie dann ein Gliederungskonzept für Ihren Essay und überlegen Sie dabei, inwieweit und an welcher Stelle Sie die Materialien des Dossiers integrieren wollen.
- Zuletzt setzen Sie Ihr Konzept um und schreiben den Essay. Dabei sollten Sie auf sinnvolle Abschnitte im Aufbau und Ablauf Ihres Gedankengangs, auf mögliche Überleitungen und auf die sprachliche Richtigkeit Ihres Textes achten.

Lösungsvorschlag für die Abstracts

Zu Material 1 (Leszek Kołakowski: Vom Luxus)

Bei Material 1 handelt es sich um einen Auszug aus einem Artikel des polnischen Philosophen Leszek Kołakowski, der unter dem Titel „Vom Luxus" im Jahr 2000 in dem Buch „Mini-Traktate über Maxi-Themen" erschienen ist. Der Text fragt nach einer möglichen Definition von Luxus und seiner Bewertung.
Kołakowski möchte aufzeigen, dass eine solche Definition nicht möglich ist: Die scheinbar naheliegende Unterscheidung zwischen notwendigen und überflüssigen Bedürfnissen sei nicht tragfähig, da sie einerseits „eigenmächtig" (Z. 11) sei, da andererseits die Entwicklung der Menschheit darauf beruhe, dass immer „neue Bedürfnisse und neue Arten zu ihrer Befriedigung" (Z. 17 f.) entstünden. Das Streben nach Luxus sei daher nicht verwerflich und der Begriff selbst nur relativ bestimmbar: zivilisatorisch, historisch, national oder sozial (vgl. Z. 30 f.).

Zu Material 2 (Grafik)

Die *Globus*-Grafik ist im September 2009 unter der Überschrift „Sparsame Zeiten: Wofür die Bundesbürger auch in Krisenzeiten Geld ausgeben" erschienen. Sie visualisiert prozentual, was sich Erwachsene und Jugendliche ab 14 Jahren im vorhergehenden Krisenjahr – über die Existenz-Sicherung hinaus – finanziell gegönnt haben.
An der Spitze stehen dabei Ausgaben für Restaurantbesuche (65 %), Zeitschriften und das Handy (bei mehr als der Hälfte der Befragten). Für nicht mehr ganz die Hälfte der Befragten war die Erholung oder Abwechslung in Form von Tagesausflügen und Urlaub wichtig. Ganz am Ende der Statistik stehen Besuche von Konzerten und Museen.

Zu Material 3 (Martin Hecht: Der Grenznutzen der Güter)

Der vorliegende Ausschnitt stammt aus Martin Hechts Buch „Das große Jagen. Auf der Suche nach dem erfolgreichen Leben", erschienen im Jahre 2004. Erklärt wird darin der Begriff des „Grenznutzens".
Wie nützlich ein Gut ist, sei eine Frage subjektiver Wertung, so Hecht: Je mehr jemand vom gleichen Gut besitze, desto weniger schätze er dessen Nutzen. Eine Ausnahme stelle das Geld dar: Seine Steigerung bringe immer noch mehr Reichtum und Prestige (vgl. Z. 18).

Zu Material 4 (Genuss mit gutem Gewissen und ohne Verzicht)

Der vorliegende Textausschnitt mit dem Titel „Genuss mit gutem Gewissen und ohne Verzicht" stammt aus dem 2008 erschienenen Buch von E. Wenzel u. a.: „Greenomics. Wie der grüne Lifestyle Märkte und Konsumenten verändert".
Es geht darin um die Veränderung des Konsumverhaltens der gehobenen Mittelschicht und um die Etablierung eines „neue[n] Genießertum[s]" (Z. 22): Hochwertige und nachhaltig gesundheitsfördernde Produkte, deren Herstellung und Vertrieb auch ökologischen und sozialen Kriterien genügten, seien verstärkt nachgefragt. „Trendprodukt Nr. 1" der als „moralische Hedonisten" (Z. 10) charakterisierten Kunden sei gegenwärtig Schokolade.

Lösungsvorschlag für den Essay

„Ware Luxus – Wahrer Luxus“

Einleitung

Luxus! Erste Assoziationen dazu: „Jimmy Choo“ – der Name steht für High Heels, die zwischen 300 und 2000 € kosten und für die sich z. B. Victoria Beckham, Jennifer Lopez und Cameron Diaz begeistern. Seit diesem Jahr gibt es zwei Filialen dieser Schuhmarke auch in Deutschland, in München und in Frankfurt – nicht zur Freude der Stammkundinnen: Eine Frankfurter Investmentbankerin flog bisher zu diesem Luxuseinkauf regelmäßig nach New York in die Fifth Avenue und ist gar nicht glücklich bei der Vorstellung, nun auch in der Mittagspause einen Jimmy Choo kaufen zu können und dort womöglich Leute zu treffen, die weniger verdienen als sie – so berichtet die FAZ in ihrer Sonntagsausgabe vom 29. Mai 2011. Eine zweite Assoziation legt dieses Beispiel nahe: unermesslichen Reichtum. Wo beginnt er? Etwa dann, wenn sich jemand einen Fußballverein der europäischen Spitzenklasse kauft, so wie der russische Milliardär Abramowitsch den FC Chelsea? Oder schon bei den Deutschen, die mehr als 126 000 € Jahreseinkommen haben, denn schließlich bilden sie das eine Prozent der Menschen mit dem höchsten steuerpflichtigen Einkommen? Dazu gehört Karl Albrecht Aldi, dessen Vermögen jährlich um eine Milliarde wächst, dazu gehören aber auch normale Angestellte großer Industrieunternehmen, Abteilungsleiter oder IT-Spezialisten, die sich selbst nie zu den Reichen in diesem Lande zählen würden.
Der Titel des Essays lautet: „Ware Luxus – Wahrer Luxus“. Dieses Wortspiel regt unmittelbar zu Fragen an: Ist Luxus immer an die Warenform gebunden? Erschöpft sich Luxus in Dingen, die man allesamt kaufen kann, oder ist der wahre Luxus etwas ganz anderes? Gibt es daneben einen scheinhaften oder gar „falschen“ Luxus? Gibt es überhaupt einen eindeutigen, einen objektiven Begriff von Luxus – oder ist Luxus für jeden etwas anderes? Und wie wird Luxus bewertet? Ist er überhaupt erstrebenswert oder moralisch problematisch, gar verwerflich?

Was sind Luxuswaren? Ansatz I

Zu Beginn meiner Überlegungen soll das erste Wortpaar stehen – die „Ware Luxus“: Es gibt Luxuswaren aller Art, und sie lassen sich auch zusammenfassen, allerdings nicht im Begriff der „Ware Luxus“, dazu sind sie zu heterogen: Schmuck, Uhren, Schuhe, Kleidung, Autos, Häuser, Wein, Käse, Fleisch, Speisen im Restaurant, Dienstleistungen, Reisen usw. Was immer auf dem Markt zu kaufen ist, es handelt sich dann um eine Luxusware, wenn ihr Preis sich massiv vom Durchschnittspreis des gleichen Produkts oder Angebots unterscheidet. In der Regel wird mit dem massiv höheren Preis auch eine Differenz in der Qualität versprochen, ein massiv höherer Gebrauchswert also, der die Differenz im Tauschwert rechtfertigen soll. Entscheidend ist der Unterschied, nicht die Anhäufung: Nicht also der Besitz des dritten oder vierten Autos weist den Luxus aus, sondern die Differenz zwischen einem Golf und einem Rolls Royce.
Das mag mit der Tatsache des abnehmenden Grenznutzens zusammenhängen, wie Martin Hecht (Material 3) skizziert hat: Wenn ich jeden Tag Austern oder Hummer essen dürfte, würde dieses Luxus-Vergnügen am Ende ja in sein Gegenteil umschlagen, ja geradezu zur Qual werden. Entscheidend ist vielmehr die Differenz: Die Luxusware muss so teuer sein, dass der Durchschnittskonsument sie sich nicht leisten kann. Die Wirtschaftspsychologie nennt dieses Phänomen „Snobeffekt“: Was nichts kostet, ist nichts wert! Käufer beachten gewisse Waren erst ab einem be-

stimmten Preis, Billiges scheint vielen nicht erstrebenswert. Hinzu kommt wohl die Genugtuung, dass dieses Gut von einer breiten Schicht von Konsumenten nicht erworben wird oder eben nicht erworben werden kann.

Was sind Luxuswaren? Ansatz II

Entscheidend ist die Differenz, z. B. zwischen Pumps von Jimmy Choo für 2 000 € und von CBS für 19,95 €. Gibt es diese Differenz überall da, wo ein Produkt oder eine Leistung auf dem Markt angeboten wird? Hilfreich ist hier die Übersicht über die Ausgaben der Bundesbürger aus dem Jahr 2008/09 (Material 2): Nicht alles, was käuflich ist, hat gleichsam über dem „Normalparterre" noch eine „Luxusetage". Das gilt z. B. für den Besuch im Museum, im Zoo, im Freizeitpark, im Kino, für den Beitrag im Fitness-Studio, für Bücher, Zeitschriften und CDs oder DVDs.
Zugleich führt uns diese Übersicht in eine Grauzone, die den Begriff der Luxusware unter Umständen erweitert oder relativiert: An der Spitze der Ausgaben stand in dieser Zeit der Restaurantbesuch, 65 % der Befragten gaben dafür Geld aus. In diesem Feld herrscht eine Bandbreite, halbwegs realistisch geschätzt, zwischen 10 und 300 € pro Besuch. Die Spitzenrestaurants mit einem oder gar mehreren Michelin-Sternen gehören nach meinem Definitionsansatz zweifellos zu den Luxusanbietern.
Müssen wir den Begriff der Luxusware aber nicht erweitern, wenn wir vom Konsumenten aus denken? Welches Gefühl oder welche Intention ist mit der Redewendung verbunden „Man gönnt sich ja sonst nichts"? Es geht hier doch um einen Konsum, den der Sprecher zweifellos für Luxus hält, den er sich aber – ausnahmsweise oder allenfalls hin und wieder – erlaubt. Luxus-Konsum ist also etwas, das auf jeder Ebene der sozialen Stufenleiter erlebt werden kann: Der Restaurantbesuch für 20 € wäre möglicherweise aus der Sicht eines Hartz-IV-Empfängers ein Luxus, auf den er sich freut und den er sich gelegentlich gönnt, ein dreigängiges Menü für 50 € aber schon undenkbar.

Ein erstes Resultat

Was bedeutet das also? Der Begriff der „Luxusware" ist einerseits objektiv definierbar, gemessen am durchschnittlichen Preis eines Produkts oder Angebots der gleichen Art und gekennzeichnet durch eine erhebliche Preisdifferenz. Andererseits gibt es zugleich auch einen subjektiven Definitionsansatz, wonach für den einen schon Luxus ist, was für den anderen nicht einmal das Niveau des alltäglichen Konsums erreicht. Wenn Wenzel u. a. von den „Genießermärkten des Neuen Luxus" (Material 4, Z. 11) und von den „moralische[n] Verbraucher[n] der heutigen Zeit" (Z. 2 f.) spricht, hat er diesen Definitionsansatz im Blick: Luxuswaren einer mittleren oder auch gehobenen Schicht, nicht aber die engere oder strengere Definition, von der ich hier zunächst ausgegangen bin.

Ein zweites Resultat

Jene strengere Definition ist letztlich allerdings auch relativ: Die ersten Autos in Deutschland waren zweifellos Luxusgüter, die Installation fließenden Wassers im Haus war noch bis ins 19. Jahrhundert hinein ein Luxus – und ist es noch in vielen Regionen außerhalb Europas. Definitorisch können wir, wenn wir diese Beispiele genau betrachten, nicht länger von der Preisdifferenz zu den Normalprodukten sprechen. Wir müssen als Definitionsmerkmal die Tatsache ansetzen, dass die Kosten für ein Produkt oder ein Angebot insgesamt zu hoch für die Mehrheit der Konsumenten in einer Gesellschaft liegen. Aber das ist jetzt nicht der Punkt, es geht um etwas anderes: „Was Luxus ist oder nicht ist, das erweist sich erst im Bezug auf die jeweilige Zivilisation, auf die historischen Bedingungen, auf ein bestimmtes Land oder eine soziale Klasse." So formuliert Kołakowski allgemein (Material 1, Z. 29 ff.).

Was ist Luxus?

Er spricht dabei von *Luxus*, nicht von der Luxus*ware*. Ist beides identisch? „Ein Luxusleben führen", „eine Luxuslimousine", „von Luxus umgeben" – der Wortgebrauch zielt jeweils auf materielle Lebensumstände, also in der Tat auf Luxuswaren. Ein berühmtes Zitat von Oscar Wilde lautet: „Man versehe mich mit Luxus. Auf alles Notwendige kann ich verzichten." Die Unterscheidung zwischen den Kategorien des „Notwendigen" und des „Überflüssigen" klingt hier an, ähnlich der Unterscheidung Kołakowskis „zwischen dem, was wir begehren, und dem, was wir wirklich benötigen" (Z. 10 f.).
Kołakowski macht es deutlich: Angesichts der Tatsache, dass die Entwicklung der Menschheit darauf beruht, „daß neue Bedürfnisse und neue Arten zu ihrer Befriedigung entstehen" (Z. 17 f.), eignet sich diese Unterscheidung zur Definition des Luxus nicht. Ich meine allerdings, dass Oscar Wildes Worte auch anders zu lesen sind: Der Luxus schließt selbstverständlich den Bereich des Notwendigen ein – er geht zugleich aber darüber massiv hinaus. Diese Interpretation liegt auf der Linie meiner bisherigen Definitionsversuche der Luxusware. Luxus – das sind also Lebensumstände, die den durchschnittlichen Standard einer Gesellschaft bei Weitem überragen. Oder um die subjektive Dimension hereinzuholen: Luxus – das sind Lebensumstände, die weit über den durchschnittlichen Standard einer Gesellschaft bzw. des Einzelnen hinausgehen. Zunächst sind hier materielle Lebensumstände im Blick: Nahrung, Kleidung, Wohnung, Autos. Freizeitaktivitäten schließen sich an: Urlaub, Oper, Konzerte, Segeln, Golf – all dies wird immer noch abgedeckt vom Begriff der Ware oder Dienstleistung.

Die Tradition der Luxuskritik

Daraus erklärt sich, dass Luxus vielleicht immer schon, spätestens aber mit der Aufklärung unter dem Aspekt der sozialen Gerechtigkeit kritisch beurteilt wurde: Die Forderung nach einer gerechten Verteilung der Ressourcen in einer Gesellschaft setzt doch bei der Tatsache an, dass eine Minderheit im Luxus lebt, woraus häufig der Vorwurf erwächst, dass sie dies nur auf Kosten der Lebensumstände der Mehrheit tun können. Hierbei handelt es sich um klassische Kritik am Feudalismus bis hin zum heutigen Kapitalismus.

Was ist wahrer Luxus? Ansatz I

Decken die bisherigen Ausführungen aber auch den Begriff des „wahren Luxus" ab? Dieser Begriff ist ja wohl eindeutig positiv konnotiert. Es gibt doch zweifellos einen Unterschied zwischen dem zur Schau gestellten Luxus in Form von üppigem Goldschmuck und teuren Limousinen in der Zuhälterszene einerseits und der Exklusivität, der Eleganz, der Erlesenheit und geschmackvollen Schlichtheit des „wahren Luxus" andererseits. Irgendjemand hat einmal gesagt, Luxus sei nicht das Gegenteil von Armut, sondern von Vulgarität. Maß also statt Anmaßung, Zurückhaltung statt Anhäufung. Hier liegt sicher eine Differenz zwischen einem wahren und scheinhaften Luxus.

Was ist wahrer Luxus? Ansatz II
Luxus und die Frage nach dem gelingenden Leben

Aber man kann noch einen Schritt weiter gehen: Wenn materielle Lebensumstände bisher im Zentrum meiner Überlegungen standen, liegt es nahe, nun nach immateriellen Umständen, Gütern oder Werten zu fragen: Gesundheit, Freundschaft, Freizeit, Freude an sinnvollem Tun. Dies alles ist jenseits eines Marktes verortet, ist nicht käuflich. Ist es hilfreich, den Begriff „Luxus" hier einzuführen, gar als „wahren Luxus" gegen den dann ja wohl „falschen" Luxus materieller Prägung auszuspielen?

Ich zögere hierbei ein wenig – zumindest möchte ich beide Konzepte nicht explizit gegeneinander stellen, sondern eher vermitteln. Dann allerdings scheint ein anderes Thema auf: die Frage nach einem gelingenden, befriedigenden oder gar beglückenden Leben, das *Eudaimonia*-Problem der Antike; und das schließt möglicherweise den Begriff des Luxus ein: Machen Luxus, Reichtum und Geld uns glücklich? Der Begriff des Luxus wird so eingebunden in eine umfassendere Fragestellung, die ich an dieser Stelle nicht mehr aufgreifen möchte.

Was ist wahrer Luxus? Ansatz III

Doch halt! Noch einmal zurück zum Begriff des „wahren Luxus“: Der Schriftsteller und Essayist Hans Magnus Enzensberger spricht von einem neuen, zukünftigen Luxus. Ausgangspunkt ist dabei die Überlegung, dass Luxusgüter schon immer knapp, teuer und begehrenswert waren. In einer überbordenden Warenwelt des globalen Kapitalismus, in der letztlich überall dasselbe als Luxusgut angeboten wird mit dem Versprechen der Besonderheit, des Abstands zur Mehrheitsgesellschaft, stelle sich die Frage jedoch anders als bisher: Knapp seien in Zukunft nicht mehr spezifische Produkte oder Dienstleistungen, sondern ganz andere Güter:

- *Zeit*: Luxuriös lebe der, der Herr seiner Zeit ist. Das beginnt mit dem Wecker, das reicht von der Arbeitszeit bis hin zu etlichen Verpflichtungen und Abhängigkeiten, die Zeit kosten.
- *Aufmerksamkeit*: Luxuriös lebe der, der selbst entscheiden kann, worauf er seine Aufmerksamkeit richtet, der über seine Verfügbarkeit selbst bestimmt und sich z. B. den Luxus leisten kann, auf ein Handy zu verzichten.
- *Ruhe*: Luxuriös lebe der, der sich dem alltäglichen Lärm der Straße, der Städte und der Medien entziehen kann.

Dieser Ansatz scheint aufgegriffen in der Forderung nach „Ent-Schleunigung“ unserer alltäglichen Lebenswelt, in der Bewegung des „Slow Food“, im Gegensatz zu den Fastfood-Ketten und zum Angebot von Fertiggerichten unterschiedlichster Art. Insgesamt geht es dabei um eine generelle Kehrtwende: nicht immer schneller und immer mehr, sondern langsamer und weniger; nicht Anhäufung, sondern Vermeidung; Verzicht statt Verschwendung. Luxus und Askese treffen sich hier in überraschender Weise.

Wer sind die Nutznießer dieses neuen Luxus?

Und damit stellt sich auch die Frage, wer denn in Zukunft in den Genuss dieses neuen oder vielleicht „wahren“ Luxus kommen wird. Einkommen und Vermögen sind dann nicht mehr unbedingt die Verteilungsfaktoren. Heinrich Bölls „Anekdote zur Senkung der Arbeitsmoral“ klingt hier an, die Idealisierung des einfachen, vorindustriellen Lebens am Beispiel des einfachen Fischers, der Zeit hat, den Tag zu genießen nach der frühmorgendlichen, ertragreichen Ausfahrt.
Aber diese Geschichte war schon in den 60er-Jahren des 20. Jahrhunderts durchaus problematisch, weil nicht mehr durch die Realität gedeckt. Heute wäre sie nur ein Hohn angesichts der Existenznöte traditionell orientierter, nicht hochtechnisch aufgerüsteter Küstenfischer. Ebenso zynisch erscheint es, etwa Arbeitslose, Asylbewerber und Rentner, weil sie über ihre Zeit verfügen können, als privilegiert zu betrachten. Es geht nicht nur um eines dieser neuen Luxusgüter – um noch einmal auf die *Eudaimonia*-Diskussion der Antike zurückzukommen: Die Frage nach einem gelingenden, glücklichen Leben schloss für Aristoteles immer auch anhaltende Gesundheit und einen materiell mindestens sorgenfreien Standard mit ein.

Schriftliche Abiturprüfung Deutsch (Baden-Württemberg) 2012
Aufgabe III/1: Textinterpretation (Lyrik)

Aufgabe:

Interpretieren und vergleichen Sie die Gedichte.

Erich Kästner (1899–1974): **Ein Beispiel von ewiger Liebe**

Im gelben Autobus ging's durch den Ort.
Schnell hinein. Schnell heraus.
Erstes Haus. Letztes Haus.
Fort.

Hab ich den Namen vergessen?
Ob ich ihn überhaupt las?
Es war eine Kleinstadt in Hessen,
zwischen Reben und Gras.

Du standest am Gartenrand,
als du mich plötzlich erblicktest.
Zärtlich hob ich die Hand.
Du nicktest.

Darf ich nicht Du zu dir sagen?
War keine Zeit dazu,
lang um Erlaubnis zu fragen.
Ich sag du.

Ich wünschte so sehnlich,
ich stünde bei dir.
Ging dir's nicht ähnlich?
Ging dir's wie mir?

Der Zufall hat keinen Verstand.
Es heißt, er sei blind.
Er gab und entzog uns hastig die Hand,
wie ein ängstliches Kind.

Ich bin entschlossen, fest daran zu glauben,
daß du die Richtige gewesen wärst.
Du kannst mir diese Illusion nicht rauben,
da du sie nicht erfährst.

Du lehntest lächelnd am grünen Staket.
Es war im Taunus. Es war in Hessen.
Ich habe den Namen des Orts vergessen.
Die Liebe besteht.

Aus: Erich Kästner: Gesammelte Schriften für Erwachsene, Bd. 1. Zürich: Atrium Verlag 1969, S 250 f.

Worterklärung:
Staket: Zaun mit senkrechten Latten

Erich Fried (1921–1988): **Nur nicht**

Das Leben
wäre
vielleicht einfacher
wenn ich dich
gar nicht getroffen hätte

Weniger Trauer
jedes Mal
wenn wir uns trennen müssen
weniger Angst
vor der nächsten
und übernächsten Trennung

Und auch nicht soviel
von dieser machtlosen Sehnsucht
wenn du nicht da bist
die nur das Unmögliche will
und das sofort
im nächsten Augenblick
und die dann
weil es nicht sein kann
betroffen ist
und schwer atmet

Das Leben
wäre vielleicht
einfacher
wenn ich dich
nicht getroffen hätte
Es wäre nur nicht
mein Leben

Aus: Erich Fried, Es ist was es ist. Liebesgedichte Angstgedichte Zorngedichte, Berlin: Verlag Klaus Wagenbach [14]2010, S. 24

Lösungsvorschlag in Grundzügen

Hinweise und Tipps

Nach einer kurzen Einleitung sollten Sie die Gedichte getrennt interpretieren und am Schluss des Aufsatzes die **wesentlichen** Gemeinsamkeiten und Unterschiede benennen.
Die jeweilige Interpretation von Erich Kästners und Erich Frieds Gedicht sollte mit einer **kurzen** Inhaltsbeschreibung beginnen. Wichtig ist die Analyse des formalen Aufbaus, von der sich eventuell schon ein Bezug zum Gesamtinhalt herstellen lässt. Einzelne formale Besonderheiten, z. B. Stilmittel, sind immer im Zusammenhang mit der jeweiligen inhaltlichen Aussage zu behandeln. Mit konsequenter Beobachtung von Form-Inhalt-Bezügen vermeiden Sie die **Gefahr der Paraphrase**, d. h. der reinen Inhaltsumschreibung. Prinzipiell sollte die Interpretation am Text entlang gehen; einzelne Querverweise könnten sinnvoll sein. Formulieren Sie einen aussagekräftigen Schluss.

Die Grundvoraussetzungen in Erich Kästners Gedicht *Ein Beispiel von ewiger Liebe* und Erich Frieds Gedicht *Nur nicht* sind genau gegensätzlich. Im einen werden mit einer **nicht gelebten** Liebe Fantasien verknüpft, das andere entwirft die Fantasie, dass es zu einer – **tatsächlich gelebten** – Liebe nicht gekommen wäre.

Einleitung: Gegensätzliche Voraussetzungen

In *Ein Beispiel von ewiger Liebe* geht es um eine Frau, die das lyrische Ich nur flüchtig auf einer Busfahrt vom Fenster aus gesehen hat. Die Überschrift wirkt **ironisch gebrochen** dadurch, dass die beiden Teile nicht recht zusammenpassen: „Ein Beispiel" klingt pedantisch, „ewige Liebe" nach übertriebenem, auch abgedroschenem Pathos.

Interpretation des Kästner-Gedichts: Titel

Das Gedicht besteht aus acht Strophen mit jeweils vier Versen. Die Strophen sind kreuzweise gereimt, nur die erste und die letzte weisen einen umarmenden Reim auf. Dadurch gewinnen sie den Charakter eines **Rahmens**. Ein bestimmtes Versmaß ist nicht auszumachen, die Zahl der Hebungen schwankt. Durch die freie Rhythmik **nähert sich das Gedicht der Prosa**, was der modernen, zwar halbwegs idyllischen, aber durchaus **alltäglichen Szenerie** entspricht.

Formanalyse

Die erste Strophe beschreibt die Fahrt eines Postbusses, so gekennzeichnet durch die Farbe Gelb, auf einer Fernstrecke. Er fährt durch „den Ort" (V. 1), der kraft des bestimmten Artikels scheinbar als bekannt vorausgesetzt wird; die Vertrautheit beruht aber wohl auf der Gewöhnlichkeit: **ein Ort wie jeder andere**. Entsprechend scheint sich kein Aufenthalt zu lohnen: „Schnell hinein. Schnell heraus./ Erstes Haus. Letztes Haus." (V. 2/3) Die **Flüchtigkeit der Durchfahrt** wird durch die Ellipse und die anaphorische Wiederholung des Wortes „schnell" betont; die Epipher „Haus" hebt die Beliebigkeit der Häuser hervor. Zwangsläufig sind diese im Nu „[f]ort"; letzteres Wort ist besonders exponiert, da es den ganzen vierten Vers einnimmt, und dadurch schon fast überraschend pointiert.
In der zweiten Strophe fühlt sich das lyrische Ich, das nun auftritt, veranlasst, über den Namen des Ortes nachzugrübeln: ob es ihn vergessen oder erst gar nicht zur Kenntnis genommen habe. Die doppelte Frage vermittelt eine gewisse Dringlichkeit. Der Ort wird nun etwas näher bestimmt als „eine Kleinstadt in Hessen,/ zwischen Reben und Gras" (V. 7/8) – wobei diese Angabe wiederum nicht geeignet ist, ihn als unverwechselbar zu charakterisieren.

Ein gewöhnlicher Ort

Ebenso undefiniert bleibt das lyrische Du, das in der dritten Strophe auftaucht und Augenkontakt zu dem lyrischen Ich gewinnt. Erwähnt werden nur seine Position, sein Blick und eine Geste. Es steht „am Gartenrand" (V. 9), also einerseits in einem **geschützten Raum**, der die Qualität eines **Idylls** hat, andererseits aber **auf das Draußen ausgerichtet**. Es ist, als hätte die betreffende Person erwartungsvoll Ausschau gehalten. Sie scheint nicht überrascht, als das lyrische Ich mit ihr nun auch in gestischen Kontakt tritt. „Zärtlich hob ich die Hand" (V. 11): Durch die Inversion wird die Emotionalität des Ich betont, während das Du nur nickt, also ein zurückhaltendes, wenn auch deutliches Zeichen des **Einverständnisses** gibt.

Doppelte Valenz von „Gartenrand"

Diese Strophe umfasst die gesamte Begegnung zwischen den zwei Personen; **der Rest ist Gedankenspiel**. In der vierten Strophe kehrt das lyrische Ich zu seinen Grübeleien zurück beziehungsweise unterhält sich mit der Person, die nur noch in seiner Imagination verfügbar ist. Es stellt ihr die

Das Du nur noch in der Imagination

Frage, ob es überhaupt berechtigt sei, sie (eigentlich ohne Bekanntschaft) mit Du anzureden, und verweist auf die Unmöglichkeit, ihre Erlaubnis einzuholen – so als würde dies für sie oder für es selbst irgendeine Rolle spielen. „War keine Zeit dazu,/ lang um Erlaubnis zu fragen" (V. 14/15): Die Ellipse am Satzanfang, die gleichzeitig den Zeitmangel fühlen lässt, verstärkt den Eindruck von locker-vertrautem Umgang mit einer greifbaren Person. Im Kontrast dazu steht die erste Zeile der fünften Strophe: „Ich wünschte so sehnlich,/ ich stünde bei dir." (V. 17/18) Diese Strophe stellt noch einmal einen **Rückblick** dar, wenn „ich wünschte" nicht als Konjunktiv, sondern als Präteritum aufzufassen ist. Ebenfalls auf die Vergangenheit bezieht sich die Frage, ob das lyrische Du etwas Vergleichbares empfunden habe. Die mit einer Anapher eingeleitete Doppelfrage „Ging dir's nicht ähnlich? / Ging dir's wie mir?" (V. 19/20) wirkt wiederum eindringlich; allerdings fragt das lyrische Ich nicht – wie es doch nahe läge –, ob das Du auch weiterhin in Gedanken bei ihm sei.

Bewusste Kultivierung der Illusion

In der sechsten Strophe wird der **Zufall personifiziert**. Indem er und „blind" (V. 22) und ohne Verstand erscheint, erhebt sich die Frage nach dem Sinn des Geschehens. Der Zufall hat den beiden Menschen eine **Chance geboten, die eigentlich keine war**, was metaphorisch dadurch ausgedrückt ist, dass er ihnen die Hand reichte und gleich wieder entzog. Der Vergleich „wie ein ängstliches Kind" lässt sich ohne Weiteres auf das lyrische Ich übertragen, auf dessen Verhältnis zur Wirklichkeit die siebte Strophe einiges Licht wirft. „Ich bin entschlossen, fest daran zu glauben,/ daß du die Richtige gewesen wärst" (V. 25/26): Hier fällt es in den Irrealis der Vergangenheit und **kultiviert eine „Illusion"** (V. 27), die es durchaus als solche erkennt. Die Verszeile 25 sticht als besonders lang heraus, was ihr einen gewissen Nachdruck verleiht. Das lyrische Ich will sich seine Illusion bewahren. Es ist sich bewusst, dass sie einer **Konfrontation mit der Realität wohl nicht standhalten würde**. Alles Wirkliche ist ein Raub (vgl. V. 27) am Reich der Möglichkeiten, und das lyrische Ich scheint die Unversehrtheit desselben vorzuziehen. Prinzipiell könnte es ja die Strecke des gelben Autobusses rekonstruieren, nochmals abfahren und einige infrage kommende Kleinstädte nach der Frau seiner Erinnerung absuchen – aber das steht nicht zur Debatte.

Leidfreies Gedankenspiel

Man kann sich fragen, ob eine solche **Wirklichkeitsscheu** ans Pathologische grenzt, als Flucht vor einem Leben mit Bindung und Verantwortung, aber der leichte Tonfall des Gedichts deutet nicht auf eine Störung des seelischen Gleichgewichts. Das einzige Wort von emotional starkem Ausdruck, „sehnlich" (V. 17), bezieht sich auf die Vergangenheit; es gibt **keinen Hinweis auf fortdauerndes Leid beziehungsweise Leidverdrängung**. Auch versucht das lyrische Ich nicht, wie bereits erwähnt, sich die Frau in der Gegenwart vorzustellen. Eigentlich hat es bereits mit ihr **abgeschlossen**. Es beschwört in der letzten Strophe noch einmal die Situation der drei ersten herauf – insofern ist der inhaltliche Rahmen etwas breiter angelegt als der formale, durch den umarmenden Reim vorgegebene – und das Bild, das sich ihm für einen Augenblick darbot. „Du lehntest lächelnd am grünen Staket" (V. 29): Die Momentaufnahme wirkt jetzt noch idyllischer, die Gartenatmosphäre betont, der ruhige und heitere Charakter durch die Alliteration von „lehntest lächelnd" hervorgehoben. Das Lächeln der Frau bedeutet dem lyrischen Ich sicher viel, und man fragt sich, warum es erst jetzt Erwähnung findet. Der Gedanke liegt nahe, dass die Erinnerung das

Zurückliegende **bereits verklärt** hat, dass also auch noch das Minimum an **Wirklichkeit von der Illusion überblendet** wird. In einer halben Verszeile setzt das lyrische Ich zu einer etwas konkreteren Ortsangabe an, dann kommt es gleich wieder auf die vagere zurück: „Es war im Taunus. Es war in Hessen." (V. 30) Die Zusammengehörigkeit der beiden Sätze wird durch die Anapher hervorgehoben. Das lyrische Ich entscheidet sich für die Variante, es „habe den Namen des Orts vergessen" (V. 31). All dies akzentuiert die **Belanglosigkeit der Realität** als solcher. Anders als der Ortsname ist das subjektive Bild der Frau nicht entglitten. „Die Liebe besteht" (V. 32): Der Satz wirkt in seiner lapidaren Feierlichkeit **ironisch**, das Wort „Liebe" unangemessen in Bezug auf die Erinnerung an eine Frau, die das lyrische Ich nie kennengelernt, an die es nicht einmal Wünsche hat. Die offensichtliche Übertreibung zeigt, dass auch die Illusion mehr **spielerisch** behandelt als schwergenommen wird.

Interpretation von „Nur nicht": Formanalyse

Das Gedicht *Nur nicht* von Erich Fried handelt von der Liebesbeziehung zweier Menschen, die häufig räumlich voneinander getrennt sind. Es weist eine freie Form ohne Reim und Metrum auf und ist in vier Strophen von fünf, sechs, zehn und sieben Versen gegliedert. Als besonderes Merkmal fällt auf, dass keinerlei Satzzeichen vorhanden sind; Sinneinheiten sind nur durch Vers- und Strophengrenzen markiert.

Inhalt der einzelnen Strophen

Die erste Strophe enthält eine sachliche Aussage: „Das Leben / wäre / vielleicht einfacher / wenn ich dich / gar nicht getroffen hätte". Die zweite und dritte Strophe führen diese Feststellung näher aus, die vierte greift sie mit leichter Abwandlung auf und fügt etwas Entscheidendes hinzu.

Trauer und Angst

Die zweite Strophe benennt in einem elliptischen, prägnant wirkenden Satz das Problem, von welchem offensichtlich das Leben des lyrischen Ich belastet ist: **häufige Trennungen** vom lyrischen Du. Sie verursachen „Trauer" (V. 6) und „Angst" (V. 9). Die Anapher innerhalb der irrealen Vorstellung „weniger Trauer … weniger Angst" markiert die Zusammengehörigkeit der beiden Gefühle, vielleicht auch eine Steigerung. Die Trauer bezieht sich auf den aktuellen Abschied, die Angst antizipiert mit der nächsten schon gleich die übernächste Trennung (sie folgen in zwei verschiedenen Zeilen aufeinander) und erscheint damit besonders intensiv.

Personifizierung der Sehnsucht

Die dritte Strophe thematisiert den Zeitraum des Getrenntseins. Er ist geprägt von einer „machtlosen Sehnsucht" (V. 13), die personifiziert wird, indem das **lyrische Ich seine Gefühle auf sie überträgt**. Die Sehnsucht ist es, „die nur das Unmögliche will" (V. 15). „Nur" zeigt ihre ausschließliche Konzentration auf das lyrische Du. Ihr Anspruch steigert sich durch den Zusatz „und das sofort" (V. 16) und noch einmal durch dessen Präzisierung „im nächsten Augenblick" (V. 17). Jede Wortgruppe erhält dadurch, dass sie eine eigene Zeile einnimmt, besondere Prägnanz. Auch hier vermittelt die Ellipse (ein Prädikat fehlt) **Spontaneität** der Aussage und **Authentizität** der Gefühle. Der personale Charakter der Sehnsucht findet seinen anschaulichsten Ausdruck darin, dass diese „schwer atmet" (V. 21), Ausdruck einer Problemlast, die offensichtlich immer wieder neu zu begreifen und zu akzeptieren ist.

Wiederholung und Variation

„Das Leben / wäre vielleicht / einfacher / wenn ich dich / nicht getroffen hätte": In der vierten Strophe ist der Eingangssatz um das Wort „gar" verkürzt und wirkt dadurch eine Spur sachlicher und objektiver. Ferner erhält das Wort „einfacher“ als nunmehr einziges in Vers 24 eine exponierte Stellung. Das kontrastierende letzte Verspaar – „Es wäre nur nicht / mein Leben“ – **greift den Titel des Gedichts auf**. „Nur nicht“, einprägsam durch die Alliteration, kennzeichnet hier eine Einschränkung, die offensichtlich von großer Bedeutung ist. Für sich genommen wie in der Überschrift wirken die Worte apotropäisch, das heißt abwehrend; man stellt sich ein Ausrufezeichen dahinter vor. Das lyrische Ich weist den Gedanken an ein Leben ohne das lyrische Du letztlich von sich. Trotz aller Nachteile empfindet es die Beziehung als das, was ihm ganz und gar entspricht. Die Liebe zum lyrischen Du ist **das Besondere in seinem Leben**, sie scheint ihm überhaupt erst einen Sinn zu verleihen. So wird alles Vorangegangene mit einem Schlag entkräftet, das persönliche Schicksal als Bestimmung **vorbehaltlos bejaht**.

Vergleich der Gedichte

In beiden Gedichten geht es um räumliche Trennung des lyrischen Ich von einem geliebten Du. In Erich Kästners Gedicht ist dieses dauerhaft, in Erich Frieds nur sporadisch abwesend. Über Gedanken und Gefühle der jeweils Angesprochenen erfährt man so gut wie nichts.
Wie eingangs festgehalten, gehen beide Gedichte von einem **Irrealis der Vergangenheit** aus: „daß du die Richtige gewesen wärst“ (Kästner, V. 26) und „wenn ich dich / gar nicht getroffen hätte“ (Fried, V. 4/5). In Erich Kästners Gedicht handelt es sich dabei tatsächlich um ein **unverbindliches Gedankenspiel**, der Irrealis wird bezeichnenderweise nicht in die Gegenwart geholt. („Dass du die Richtige wärst“ könnte ja unter Umständen Konsequenzen des Handelns nach sich ziehen.) In Erich Frieds Gedicht hingegen hat das Treffen von Ich und Du in der Vergangenheit nicht nur ideelle, sondern **reelle Auswirkungen auf die Gegenwart**. In der Negation wird eigentlich nichts als die Realität beschrieben: Trennungen mit ihren Begleiterscheinungen Trauer, Angst und Sehnsucht. Das lyrische Ich bekennt sich am Ende zu dieser Realität genauso entschieden wie Kästners lyrisches Ich zur Illusion. Der Aufenthalt in einer Scheinwirklichkeit wird bei Kästner aber nicht problematisiert (anders als bei Fried ist die Sehnsucht überwunden), sondern spielerisch gestaltet. Dazu passt die Ironie, die aus der **Mischung von Pathos und Umgangssprache** erwächst. Die **vielen Stilfiguren**, auch die **traditionelle Gedichtform** entsprechen der **Künstlichkeit** des Gedankengebäudes. Erich Frieds Gedicht zeigt angesichts der Herausforderung einer zu meisternden Wirklichkeit eine **schlichtere Sprache** und einen **ernsthaften Grundton**. Unter dem Gesichtspunkt der praktischen Lebenshilfe wäre wohl diesem Gedicht der Vorzug zu geben. *Ein Beispiel von ewiger Liebe* zeichnet sich eher durch Originalität aus.

Schriftliche Abiturprüfung Deutsch (Baden-Württemberg) 2012
Aufgabe III/2: Textinterpretation (Prosa)

Aufgabe:

Interpretieren Sie den Text.

Gabriele Wohmann (*1932): **Countdown**

… ist doch sonnenklar, daß er nicht kommt, es wäre doch glattweg schlechte Dramaturgie, wenn er wirklich käme, in jedem Film wärs die Pointe, daß er absagt oder sogar nicht mal absagt, einfach nicht kommt, nach so viel Glück muß der Schluß draufhauen, nur wenn vorher alles schiefging, gibts ein Happy ending … Trotzdem noch eine allerallerletzte Inspektionstour: jeder Anblick ein Genuß. Für Herma war Einrichtung überaus wichtig. Sogar was im Papierkorb obenauf liegt, bei mir spielt das eine Rolle, hatte sie vorhin zu ihrer Freundin Elli gesagt. Ja, bei mir wird sogar der Abfall arrangiert. Und zerknülltes grünes Seidenpapier und eine leere braune *Botschafter*-Zigarettenpackung lagen obenauf, und daß er keinen Blick für ihren Papierkorb hätte, mußte ihr keiner sagen … 16.05 Uhr. Alles war fix und fertig, tipptopp. Das Apartment in seine Höchstform zu bringen, das lag in Hermas Hand, es war machbar und kein Gnadenakt wie der Zufall, ja das Wunder: Obwohl Herma diesem zur Zeit wichtigsten Ereignis entgegensah, saß die Frisur ideal, stimmte alles mit den Hormonen, auf die sie es immer schob, wenn ihr Gesicht nicht mitspielte. Heute spielte es mit, und wie! Dauernd mußte sie sich dessen vor einem der fünf Spiegel im Apartment vergewissern (Spiegel vergrößern Räume), konnte sich kaum von ihrem eigenen Anblick trennen und es nicht fassen: Sie mußte gut aussehen, und sie sah gut aus. Sonst brauchte sie nur etwas vorzuhaben, und schon schwoll irgendwas an, meistens um die Augen herum. Das schreit ja alles nur so nach dem tiefen Fall. Er ruft an, hats in der Bibliothek rausgefunden, braucht mein Lexikon nicht mehr. Und wenn er doch kommt, muß sonst was passieren. Das dicke Ende könnte sein: Er hat eine Frau bei sich. Ehefrau? (Warum wußte sie nicht einmal, ob er verheiratet war? Freundin?) 16.35 Uhr. Noch ein Rundgang. Wundervoll: Wie zufällig liegengelassen der minimale schwarze Slip auf der Badewannenrampe. Rasierzeug auf der Ablage unterm Spiegelschränkchen deutet auf einen Mann hin, den, der auch seine Golfer-Ausrüstung in der Garderobe abstellen darf (oh, was für eine Menge Geld sie für das sperrige Ding geopfert hatte). Würde er aber überhaupt das Bad benutzen? Weder Happy-End noch Vernichtungsschlag am Schluß: Er kommt zwar, seine Information jedoch nimmt er nur zwei Schritte von der Türschwelle entfernt entgegen, dankt und geht. Selbst wenn er auf einen Schluck (einen *Drink* natürlich) reinkäme, ins Bad ginge er kaum, schade um den Slip, und das Päckchen mit den Präservativen (größte Überwindung beim Erwerb!) könnte sie nicht gut im Wohnzimmer rumliegen haben. Bei der eigens für seinen Besuch angeschafften Schachtel *Carefree light Extra* war sie nicht sicher, ob das wirklich Damenbinden waren – 16.48 Uhr –, es ging aus der Werbung nicht klar hervor, nur wars bestimmt was Intimes, und der sollte sich wundern: So was braucht sie also doch noch? Jung, wie sie aussieht, und von mädchenhaftem Wesen …? Herma, wieder glücklich vor einem ihrer Spiegel, murmelte: Wollen soll er schon, und wie er das soll, aufs Kniffligste in Versuchung (die Hitze draußen würde helfen, so was wußte sie noch über Männer), aber kommen dürfte es zu nichts. Und sie würde ihm bei der lächelnden Abwehr ihr Lebensmotto servieren (nicht verraten, von wem es ausgeliehen ist, als Archäologe hätte er Friedrich Schiller nicht gerade parat): Vieles geschieht, indem nichts geschieht. 16.53 Uhr, er kommt, bringt aber ein kleines Mädchen mit: Meine kleine Tochter. Meine kleine Nichte. Fast egal, was es war, es war sehr süß, Kinder können mit ihrer unerwarteten Ernsthaftigkeit jeden Erwachsenen an die Wand spielen. Dinge, die so perfekt klappen (ich sehe gut aus, und er kommt und bleibt und muß sogar ins Bad), passen einfach nicht zu mir. Nach all den Erfolgen im Apartment, dem genau richtigen Haarkringel rechts an der Schläfe und wirklich großen Augen und daß ich den Royal Lochnagar ergattern konnte und nicht nur irgendeinen gängigen Whisky. 17.03 Uhr. Es ist besser, mich von jetzt an ziemlich still zu verhalten, damit ich keinen roten Kopf kriege und ins Schwitzen komme. Das Schwitzen zöge Dahinwelken, Erschlaffen der Haare, allgemein: Schönheitsverfall nach sich. So ein Scheitern zeigen sie ja in Filmen nie, aber im Leben passierts. Hauptdarstellerinnen im Film machte kein Unglück häßlich. Herma aber war Hauptdarstellerin in ihrer Wirklichkeit, in die sie als Fälscherin eingegriffen hatte, und sie würde sogar beim Glück (wenn er käme und Zeit hätte und bliebe und auch ins Bad müßte) häßlich, einfach durchs Schwitzen. Sie stellte den Ventilator auf Stufe drei, aber sie merkte, daß sie trotzdem vor sich hin köchelte, weil von fünf Uhr an bis halb sechs – die von ihm angekündigte Zeit – der Countdown stattfand. Bei den Verabredungen bisher (Museum für Landeskunde, Irish Pub) war er pünktlich. Herma ging das Risiko ein, schaute in den ovalen Spiegel gleich neben der Apartmenttür, es war der liebenswürdigste von allen: O Mysterium dieses Nachmittags, sie sah immer noch wunderschön aus! Folglich muß zu guter Letzt das Schicksal zuschlagen. Das Telephon ließ Herma klingeln. Sie benutzte die Feuertreppe und sechs Stockwerke tiefer den Notausgang. Von der Hitze wie geknebelt und der Helligkeit gräßlich geblendet, lief sie, viel zu elegant für den gewöhnlichen Mittwoch, in den furchtbar gewöhnlichen glühenden Nachmittag, und daß ein Autofahrer suchend langsam fuhr und zweimal hupte, beachtete sie lieber nicht, wahrscheinlich die pure Schmeichelei, mein Schmuck blitzt in der Sonne, ich bin heute verdammt hübsch, schnell weiter. Ein Grüppchen Kinder im Parkeingang neben ihrer Ware kauernd interessierte sie, die Kinder boten ausrangierte Spielsachen an, und Herma hatte, alte Kundin, hier schon einmal ein Geduldsspiel und einen Kölner Dom als Briefbeschwerer erstanden, diesmal tat es ihr eine absolut göttliche winzige Liberty-Statue in einer Schneekugel an, sie mußte sie unbedingt haben. Einrichtung war überaus wichtig … sogar was obenauf lag im Papierkorb … Halb sechs vorbei. Wenn sie sich mit der Liberty nun sehr eilte … es wäre zu schaffen … aber sie wußte nicht, wie sie nach der heißen Jagd aussähe. Bei den Kindern war es friedlich, mit Schatten.

Aus: Gabriele Wohmann: Scherben hätten Glück gebracht. Berlin: Aufbau-Verlag 2006, S. 37ff.

Lösungsvorschlag in Grundzügen

Hinweise und Tipps

Die einfache Arbeitsanweisung („Interpretieren Sie den Text.“) scheint keine differenzierte Vorgehensweise zu verlangen. Dennoch empfiehlt sich bei einer gründlichen Textinterpretation ein klar strukturierter Aufbau, wobei die Deutung der Kurzgeschichte in inhaltlicher, formaler und sprachlicher Hinsicht im Mittelpunkt stehen sollte.

- Mit der **Einleitung** sollten Sie zu dem Thema des Prosatextes hinführen und gleichzeitig die wesentlichen Daten zur Autorin, zur Textsorte und zur Textquelle wiedergeben.
- Eine auf die wichtigsten Erzählschritte konzentrierte **Zusammenfassung** der Kurzgeschichte bildet die Grundlage für die anschließende Interpretation.
- Untersuchen Sie bei Ihrer Textarbeit zunächst die **formale und erzähltechnische Gestaltung** der Kurzgeschichte. Stellen Sie dabei besonders die modernen Erzählelemente der Autorin heraus.
- Bei der **inhaltlichen Deutung** konzentrieren Sie sich am besten auf den Charakter der Hauptfigur, indem Sie deren Überlegungen, Gefühle und Handlungen aufeinander beziehen und somit zu einem begründeten Urteil über die Persönlichkeitsstruktur der Protagonistin gelangen.
- Die abschließende **sprachliche Interpretation** umfasst eine genaue Analyse des Satzbaus sowie der verschiedensten rhetorischen Figuren, die jedoch nicht nur aufgezählt, sondern vor allem auf ihre Bedeutung für die inhaltliche Aussage hin untersucht werden sollten.
- Mit einem **Fazit**, das eine Bewertung der Hauptfigur in ihrer ganzen Widersprüchlichkeit vornimmt, können Sie Ihre Interpretation abschließen.

Wie können Sie **methodisch** vorgehen?

- Lesen Sie den Text zunächst einmal gründlich durch und versuchen Sie dabei, die Intention der Autorin zu erfassen.
- Bei der zweiten und dritten Lektüre sollten Sie die inhaltlichen, formalen und sprachlichen Besonderheiten kennzeichnen, indem Sie entsprechende Stichwörter herausschreiben oder markante Textstellen unterstreichen.
- Erstellen Sie nun eine allgemeine Gliederung für Ihre Interpretation, der Sie anschließend die von Ihnen erfassten Textstellen zuordnen.
- Verfassen Sie jetzt Ihren Aufsatz, wobei Sie Ihre Ausführungen (entsprechend Ihrem Aufbauschema) in sinnvolle Abschnitte unterteilen. Bei der sprachlichen Gestaltung sollten Sie auf verbindende Überleitungen achten und vor allem Abwechslung bei Ihren Formulierungen anstreben.

Einleitung

Paradoxe Situationen prägen unseren Alltag. Man freut sich auf etwas, das man am Ende doch nicht wirklich haben möchte, oder man bereitet sich auf etwas gründlich vor, das schließlich seine große Bedeutung verliert. Solche widersprüchlichen Verhaltensweisen beschreibt die 1932 geborene bekannte deutsche Schriftstellerin Gabriele Wohmann in ihrer **Kurzgeschichte** *Countdown*, die 2006 in ihrem Erzählband *Scherben hätten Glück gebracht* abgedruckt wurde.

Inhaltswiedergabe

Der Leser erfährt, wie die alleinstehende **Herma**, eine verunsicherte Frau mittleren Alters, an einem **heißen Mittwochnachmittag** in ihrer Wohnung auf einen Mann wartet, mit dem sie sich schon zweimal an anderen Orten getroffen hat.

- Kurz zuvor hat sie ihrer Freundin Elli erzählt, dass sie bei dieser Verabredung nichts dem Zufall überlassen und deshalb alles sorgfältig vorbereiten wolle.
- Überall in ihrer Wohnung hat sie verschiedene (erotisch wirkende) Gegenstände ausgelegt, die wie zufällig hingeworfen wirken, aber ihren erwarteten Besucher, einen Archäologen, verführen sollen. Sie hat ihm offenbar angeboten, etwas in einem Lexikon zu recherchieren, das sie besitzt. Um sich selbst zu kontrollieren, schaut die sehr auf ihr Äußeres bedachte Frau immer wieder in den Spiegel, wobei sie beruhigt feststellt, dass ihre Schönheit bisher weder durch ihre innere Anspannung noch durch die Tageshitze gelitten hat.
- Während Herma eine Stunde lang ihr „Apartment" bis in die letzte Einzelheit arrangiert, denkt sie ständig darüber nach, wie der Mann bei ihr wohl auftreten wird und wie sie ihn von einer zu großen Annäherung abhalten kann. Zugleich malt sie sich verschiedene Umstände aus, die das Date scheitern lassen könnten.
- Als der Zeitpunkt der Verabredung (zwischen 17.00 und 17.30 Uhr) gekommen ist, verlässt Herma, ohne auf das Klingeln des Telefons zu reagieren, fluchtartig ihre Wohnung, um über die Feuertreppe schließlich den sechs Etagen tiefer liegenden Notausgang zu erreichen und zu einem Parkeingang zu eilen. Dort kauft sie von einer Kindergruppe, die verschiedene ausgemusterte Spielsachen anbietet, eine Freiheitsstatue in einer Glaskugel. Ein langsam vorbeifahrendes Auto, dessen Fahrer zweimal hupt, beachtet sie nicht. Vielmehr bleibt sie im Schatten stehen, wobei sie bemerkt, dass die Zeitspanne der Verabredung inzwischen abgelaufen ist.

Interpretation Form

Gabriele Wohmanns Text beschreibt das frühe **Scheitern einer** gerade erst begonnenen **Beziehung** zwischen einer völlig orientierungslosen Frau, deren Schönheit allmählich vergeht, und einem an ihr interessierten Mann.

begründete Gattungszuordnung

- Die **Kurzgeschichte** setzt unvermittelt ein, was durch drei Auslassungspunkte am Anfang noch unterstrichen wird. So wirkt das Ganze wie ein Teil einer längeren Vorbereitung der **Protagonistin** Herma in ihrer Wohnung, von der der Leser nur den Schluss mitbekommt.
- Das **offene Ende** verstärkt die ungewisse Situation der Frau, die mit sich selbst kämpft, ob sie den erwarteten Mann doch noch sehen oder lieber auf eine Begegnung mit ihm verzichten soll.

Darbietungsform des Erzählens

- Die Handlung der Kurzgeschichte sowie das Innenleben der Hauptfigur werden in der Form der **erlebten Rede** geschildert. So erfährt der Leser alles aus der Sicht Hermas (Beispiel: „Für Herma war Einrichtung überaus wichtig.", Z. 5 f.), ohne dass die Ereignisse und Gedanken durch einen kritischen Erzähler kommentiert werden.
- Die zahlreichen **inneren Monologe** verdeutlichen die unsichere Haltung der Protagonistin, die bis zum Ende der Kurzgeschichte anhält. Beispiel: „Dinge, die so perfekt klappen […], passen einfach nicht zu mir." (Z. 43 ff.)

Bezüge zwischen Form und Inhalt

- Der Text ist nicht in Abschnitte gegliedert und stellt somit eine **äußerliche Einheit** dar, die auf die Geschlossenheit der inneren Vorgänge verweist. Selbst das abrupte Verlassen der Wohnung erfolgt ohne besondere formale oder sprachliche Kennzeichnung, weil dieser spontane Akt zu Hermas Wesen passt und somit eine konsequente Folge ihrer zwiespältigen Seelenlage darstellt.

- Adäquat zu dem **Titel** *Countdown* wird der Prosatext durch **genaue Zeitangaben** (16.05, 16.35, 16.48, 16.53, 17.03 Uhr, „Halb sechs vorbei.“) aufgeteilt. Allerdings steht der recht gemächlich verlaufende Anfang der Kurzgeschichte (trotz der großen Nervosität Hermas) in einem starken Kontrast zu dem hektischen Aufbruch am Ende des Geschehens. Sogar die letzten zwei Sätze nehmen diesen Gegensatz noch einmal auf, als sich die Protagonistin überlegt, ob sie schnell in ihre Wohnung zurückkehren soll („Wenn sie sich [...] nun sehr eilte ... es wäre zu schaffen“, Z. 71 f.) und gleichzeitig die Stille vor dem schattigen Parkeingang genießt („Bei den Kindern war es friedlich“, Z. 73). Die innere Unruhe der weiblichen Hauptfigur, die sich ihrer ganzen Sache zu keinem Zeitpunkt sicher ist, bildet das durchgehende Kompositionsprinzip von Gabriele Wohmanns Kurzgeschichte.

Zeitgestaltung, Deutung des Titels

Herma ist eine äußerst **pessimistische Frau**, die voller Selbstzweifel und innerer Widersprüche steckt. Auf der einen Seite versteht sie es, die Begegnung mit einem ersehnten Mann perfekt vorzubereiten, und auf der anderen Seite unterläuft sie ihre eigenen Bemühungen mit völlig irrationalen Handlungen.

Inhalt
Charakterisierung der Protagonistin

- Gleich zu Beginn zeigt sich die Protagonistin **skeptisch**, ob der Mann überhaupt kommen wird. Dabei hat sie ihn bereits zweimal getroffen, wobei er stets „pünktlich“ (Z. 57) war. Mit allerlei Fantasien und Gedankenspielereien stellt sich Herma vor, dass ihr Besucher vielleicht in Begleitung einer Frau oder eines Kindes eintreffen wird, sodass eine erotische Bewährungsprobe nicht zustande kommen wird.

Grundhaltung Hermas

- Die innerlich zerrissene Hauptfigur wird von tief sitzenden **Ängsten** verfolgt. Zum einen holt sie immer wieder ihre Versagensangst ein, zum anderen befürchtet sie, dass sie hässlich aussehen und es zu einem „Schönheitsverfall“ (Z. 50) kommen könnte. Deshalb betrachtet sie sich regelmäßig, ja sogar zwanghaft in einem der fünf Spiegel, die in ihrer Wohnung hängen. Obwohl sie bei jeder Selbstbetrachtung feststellt, dass sie noch gut aussieht, hat sie Angst, dass ihr zu heiß wird, dass irgendetwas in ihrem Gesicht anschwillt oder dass sie einen roten Kopf bekommen könnte.

psychische Zerrissenheit

- In ihrem ganzen Leben hat es die inzwischen in die Jahre gekommene (vgl. Z. 34) Herma nicht geschafft, einen Mann fest an sich zu binden. Dabei scheint sie sich eine solide Beziehung innig zu wünschen, auch sexuelle Erfüllung strebt sie an. In diesem Sinn lässt sich auch der Titel der Kurzgeschichte metaphorisch deuten: Herma erlebt einen Countdown, sie glaubt offenbar, dass sie aufgrund ihres Alters nicht mehr viele Chancen hat, eine Beziehung einzugehen. Deshalb arrangiert sie mit großer Unternehmungslust ihre Wohnung so, dass ihr Besucher auf jeden Fall die ausgelegten **intimen Gegenstände** bemerken muss. Die Protagonistin hat Zigaretten, Damenbinden, Rasierzeug und einen Slip sorgfältig in ihrer Wohnung verteilt, sie hat selbst ihren Papierkorb gut präpariert und einen teuren Whisky gekauft. Sie will jugendlich und begehrenswert wirken, Requisiten wie eine Golfausrüstung (vgl. Z. 24) sollen auf eine Beziehung zu einem Mann hindeuten und vermutlich ihren Bekannten eifersüchtig machen. Um alles unter Kontrolle zu haben, macht sie wiederholt eine „Inspektionstour“ (Z. 5). Doch sie durch-

Inszenierung des Ortes: Scheinhaftigkeit

schaut bald ihre **Scheininszenierung**, bei der sie zwar selbst die „Hauptdarstellerin“ (Z. 52) spielt, sich dabei aber auch als „Fälscherin“ (Z. 52) vorkommt. Schließlich will sie ja trotz allen Aufwandes verhindern, dass es zwischen dem Mann und ihr zu Intimitäten kommt. Einerseits will sie ihren möglichen Liebhaber „in Versuchung“ (Z. 37) führen, andererseits will sie ihn gleichzeitig mit einer „lächelnden Abwehr“ (Z. 38) auf Distanz halten. Diese **paradoxe Grundeinstellung** baut sich im Lauf des heißen Nachmittags zu einer solchen inneren Spannung auf, dass sich die verquere Situation nur in einem Fluchtreflex auflösen kann.

Hermas widersprüchliche Handlungen

- Herma schafft es nicht, ihre persönlichen **Wünsche** zu realisieren. Sie sehnt sich zwar nach privatem „Glück“ (Z. 53), will aber die Verwirklichung ihrer Träume dem „Schicksal“ (Z. 60) überlassen. Dabei greift sie selbst in den entscheidenden Momenten ein, jedoch nur um eine Wunscherfüllung zu verhindern. So überhört sie absichtlich das Klingeln des Telefons und übersieht auf der Straße den Autofahrer, der sehr langsam fährt und zweimal hupt. Mit **Scheinargumenten** („wahrscheinlich die pure Schmeichelei“, Z. 64 f.) wehrt sie sich gegen den Gedanken, dass diese Kontaktversuche von dem erwarteten Mann stammen könnten. So führt sie selbst ihr **Lebensmotto** („Vieles geschieht, indem nichts geschieht.“, Z. 40) ad absurdum, indem sie ihre passive Haltung durch überstürzte Aktivitäten konterkariert.

Spannung zwischen Freiheit und Bindung

- Wie bei einer **lebensbedrohlichen Situation** benutzt die Hauptfigur die Feuertreppe und verlässt das Haus durch einen Notausgang, als ob sie sich in äußerster Not befände. Bezeichnenderweise muss sie dabei einen „Abstieg“ über sechs Etagen bewältigen. Als ob sie bei ihrer gründlichen Vorbereitung etwas Wichtiges vergessen hätte, läuft sie zu einer Gruppe von Kindern, die an einem Parkeingang ausgemusterte Spielsachen verkaufen, um von ihnen eine „Liberty-Statue in einer Schneekugel“ (Z. 69 f.) zu erwerben, die sie „unbedingt haben“ (Z. 70) muss. **Symbolhaft** weist diese kleine Figur darauf hin, dass Herma ihre Freiheit nur in einer isolierten Form erfahren kann, wobei die **Gefühlskälte** gegenüber ihren Mitmenschen ihre **Bindungsangst** verstärkt. Obwohl der Kauf dieses Souvenirs spontan wirkt, offenbart sich Herma als Wiederholungstäterin, denn in einer ähnlichen Lage hat sie als „alte Kundin“ (Z. 68) schon einmal „ein Geduldsspiel und einen Kölner Dom als Briefbeschwerer“ (Z. 68 f.) erworben.

Symbol der Freiheitsstatue

keine Lösung des Konflikts

- Ihre panikartige Flucht empfindet die Protagonistin wie eine **Befreiung**. Deshalb bleibt sie bei den Kindern, wo sie die friedliche Stimmung genießt und vor allem den Schatten als wohltuend erlebt, während sie befürchten muss, dass sie „nach der heißen Jagd“ (Z. 72) bereits wieder hässlich aussieht und daher keine männlichen Besucher empfangen kann. Sorge, Unsicherheit und Angst sind die ständigen Lebensbegleiter von Wohmanns Hauptfigur, die sich nur gelegentlich von diesen inneren Spannungen lösen kann. Der am Ende der Kurzgeschichte beschriebene Moment der Ruhe kann deshalb nicht als Lösung von Hermas Problemen, sondern nur als eine weitere Zwischenstation vor der nächsten Panikattacke gesehen werden.

Sprache

Die sprachliche Gestaltung der Kurzgeschichte besteht aus einer Vielfalt unterschiedlichster Mittel, die das Verhalten und die Gefühle der Hauptfigur treffend wiedergeben.

Bei dem **Satzbau** dominiert die Parataxe, weil durch die kurzen Hauptsätze das hektische, nervöse Vorgehen Hermas am besten zum Ausdruck kommt. Verstärkt wird das Ganze noch durch Ellipsen, die den Text von Anfang bis Ende durchziehen. Dazu zählen insbesondere die Uhrzeiten, die den „Countdown" des Wartens verdeutlichen, aber auch knappe Feststellungen der Protagonistin („jeder Anblick ein Genuß.", Z. 5; „Ehefrau?", Z. 21; „Wundervoll", Z. 22), die damit ihr sorgfältiges Arrangement bzw. ihre Bedenken kurz kommentiert, bevor sie schnell zu etwas anderem übergeht.

Syntax
Deutung von Hermas Verhalten

Der **Erzählbericht (in erlebter Rede)**, der in der Sie-Form verfasst ist, gibt Hermas Handlungen, aber auch ihre Fantasien und Gedanken wieder.

Erzählform

- Mit Emphasen („überaus", Z. 5; „ja das Wunder", Z. 12; „und wie!", Z. 14) und Vergleichen („kein Gnadenakt wie der Zufall", Z. 11 f.) macht sie sich bei ihren Vorbereitungen selbst Mut.
- Superlative („Höchstform", Z. 10 f.; „diesem zur Zeit wichtigsten Ereignis", Z. 12; der „liebenswürdigste" Spiegel, Z. 58) zeigen, welche Bedeutung sie der Begegnung mit dem Mann beimisst.
- Aufzählungen („Er kommt zwar, [...] dankt und geht.", Z. 27 f.; „Dahinwelken, Erschlaffen der Haare [...] Schönheitsverfall", Z. 49 f.) und Konjunktive („wenn er käme und Zeit hätte und bliebe und auch ins Bad müßte", Z. 53 f.; „es wäre zu schaffen", Z. 72 usw.) vermitteln Hermas sorgenvolle Gedankenspiele bezüglich des bevorstehenden Besuchs.
- Parenthesen („Spiegel vergrößern Räume", Z. 15; „Museum für Landeskunde, Irish Pub", Z. 57 usw.) erläutern Hermas Motive für ihr Handeln oder sollen bei ihren Reflexionen für Gewissheit sorgen.

rhetorische Figuren (Beispiele; Deutung der Funktion)

Die **inneren Monologe**, die in der Ich-Form gehalten sind, geben Einblicke in Hermas unsichere Gefühlswelt und offenbaren somit ihre zwiespältige Persönlichkeit.

- Fragen („Würde er aber überhaupt das Bad benutzen?", Z. 26) und Parenthesen („ich sehe gut aus, und er kommt und bleibt und muß sogar ins Bad", Z. 44) machen dabei klar, dass Herma keine deutlichen Vorstellungen von ihrem Männerbesuch hat.
- Superlative („eine allerallerletzte Inspektionstour", Z. 4 f.; „aufs Kniffligste", Z. 36) veranschaulichen, mit welcher Gründlichkeit sich Herma auf ihren Besucher vorbereitet, lassen aber auch erkennen, welche Ängste sie dabei begleiten.
- Mit umgangssprachlichen Wendungen („sonnenklar", Z. 1; „glattweg", Z. 1; „draufhauen", Z. 3; „[d]as dicke Ende", Z. 20; „rumliegen", Z. 31; „verdammt hübsch", Z. 65 f.) und Emphasen („dem genau richtigen Haarkringel", Z. 45; „eine absolut göttliche winzige Liberty-Statue", Z. 69; „unbedingt", Z. 70) versucht die Protagonistin ihre Unsicherheit zu überspielen und sich zu mehr Entschlossenheit zu motivieren, was ihr jedoch nicht gelingt.
- Bezeichnungen für Markenartikel („*Botschafter*-Zigarettenpackung", Z. 8; „*Carefree light Extra*", Z. 32; „Royal Lochnagar", Z. 46) und Anglizismen („Apartment", Z. 10; „Happy ending", Z. 4; „Drink", Z. 29) verdeutlichen Hermas gehobenen Bildungsstand und ihren anspruchsvollen Lebensstandard, mit denen sie, neben ihrem hübschen Aussehen, Männer beeindrucken möchte.

Die Wiederholung des Satzes „Einrichtung [war] überaus wichtig." (Z. 5 f. und Z. 70), der am Anfang und am Ende der Kurzgeschichte steht, offenbart, dass es für Herma überwiegend auf perfekte Äußerlichkeiten ankommt, während ihr Innenleben zahlreiche Defizite und psychische Probleme preisgibt. Die labile, charakterschwache Protagonistin hält sich an ästhetischen Erscheinungen fest, um von ihrer Beziehungsschwäche abzulenken. So sorgfältig sich Herma auch ihrer Wohnungseinrichtung hingibt, so sehr vernachlässigt sie ihr Innenleben. Der Widerspruch zwischen einer äußeren Vollkommenheit, die jedoch ständig zu zerfallen droht, und innerem Chaos, das sich trotz aller Anstrengung nicht ordnen lässt, kennzeichnet ihre gesamte Persönlichkeit. Deshalb verweist der offene Schluss von Gabriele Wohmanns Kurzgeschichte auf einen Kreislauf, der sich bei jeder Männerbeziehung Hermas wiederholen wird. **Fazit**

Schriftliche Abiturprüfung Deutsch (Baden-Württemberg) 2012
Aufgabe IV: Texterörterung/Textanalyse (Schwerpunkt: Textanalyse)

Aufgabe:

- Fassen Sie die Aussagen des Textes zusammen.
- Erläutern Sie die Argumentationsstrategie des Autors, und untersuchen Sie in diesem Zusammenhang den Einsatz sprachlicher Mittel.
- Nehmen Sie kritisch Stellung zur Meinung des Autors.

Christian Kortmann

Fahr dahin

Die Deutschen verabschieden sich von ihrem Lieblingstraum: Vom Auto wollen immer mehr junge Menschen immer weniger wissen

Jung waren sie und sie fuhren auf staubigen Highways, auf der Suche nach einer Tankstelle, die bald leuchtend blau am Wüstenhorizont schwamm und mehr Energie, mehr Meilen und mehr Freiheit versprach. Sie cruisten mit schweren Blechschüsseln durch Kleinstädte, gerade volljährig geworden, aber schon im Besitz des Führerscheins, dieser auf den Namen eines jeden Bürgers ausgestellten Unabhängigkeitserklärung. Filippo Tommaso Marinetti hatte im Jahr 1909 den Startschuss gegeben, als er im „Manifest des Futurismus" die „Schönheit der Geschwindigkeit" feierte: „Ein Rennwagen, dessen Karosserie große Rohre schmücken, die Schlangen mit explosivem Atem gleichen […]."

Fortan erzählte die Jugendkultur die Geschichte der automobilen Aufrüstung. Im privaten Autoinnenraum, dem mobilen Freistaat im Staate, war der Fahrer das Gesetz. „Kippe aus, anschnallen, Fresse halten", formulierte einst ein Aufkleber die Beifahrer-Regeln. Wer sich schnell und unbehelligt von Ort zu Ort bewegte, dem wurde die Welt untertan. Der Blick durch die Windschutzscheibe strukturierte die Wahrnehmung, das Gaspedal steuerte die Bildgeschwindigkeit.

Als der Philosoph Roland Barthes in den 1950er Jahren „Mythen des Alltags" sammelte, erblickte er im Auto „das genaue Äquivalent der großen gotischen Kathedralen, eine Schöpfung […], die von einem ganzen Volk benutzt wird, das sich in ihr ein magisches Objekt zurüstet und aneignet". Wenn die Autos die Kathedralen des 20. Jahrhunderts waren, muss man für das 21. Jahrhundert feststellen, dass die Menschen die Lust an den Kathedralen wie an den Autos verloren haben. Das Auto hat an kulturellem Wert und ikonografischer[1] Kraft eingebüßt, immer weniger junge Menschen sehnen sich danach, isoliert in einer Blechkiste herumzubrausen. Vernetzung heißt der Großtrend der Gegenwart, ein Wandel von einer bevormundenden Kommunikationspraxis hin zu einer der Teilhabe und des Austauschs, ein Trend, der von der Kommentarfunktion bei Onlinemedien bis zu Protesten gegen Bahnhofsumbauten reicht.

Die individualisierte Gesellschaft braucht keine weiteren Rückzugsräume, sondern Plätze zum Zusammenkommen. Das Auto aber ist alles andere als ein soziales Medium – die Assoziationen, die es weckt, Umweltverschmutzung, Platzverbrauch, Lärm und hohe Kosten sind sogar regelrecht asozial. Angesichts der Klimaerwärmung und der weltweiten Verstädterung löst das Auto sein Freiheitsversprechen nicht mehr ein. Was nützt es dem Alleinherrscher, wenn sein Beschleunigungsreich die meiste Zeit im Stau steht und sein Unterhalt zudem immer teurer wird, von 2000 bis 2009 um 35 Prozent? Das Auto ist zur uncoolen Dreckschleuder geworden: ein Medium des Stillstands. Soziodemografische Untersuchungen[2] belegen den Bedeutungsverlust, die Jugendkultur rüstet ab. Laut einer Studie des Deutschen Jugendinstituts (DJI) haben die 18- bis 24-Jährigen im Jahr 2008 das Auto um zwölf Prozent weniger genutzt als 2002. Nur ein Drittel der Jugendlichen sei daran interessiert, den Führerschein schon mit 17 zu machen. [...]

Ob die ökonomischen Verhältnisse oder ein Wertewandel für die Entwicklung verantwortlich sind, ist eine müßige Frage, denn Struktur und Werte einer Gesellschaft bedingen einander: Wer bis 25 warten muss, bis er genug für ein eigenes Auto gespart hat, merkt eventuell, dass er es gar nicht braucht. Fast scheint es, als wollten die Autohersteller so etwas gar nicht herausfinden. Denn es würde bedeuten, dass sie eine Alternative zum Auto erfinden müssen. Und keiner weiß genau, was das für ein Gefährt sein soll, das individuelle Mobilität ermöglicht und dabei wieder ein so sexy Freiheitsversprechen und Kommunikationsangebot darstellt wie der Porsche von James Dean[3]. Bis es so weit sein wird, geben junge Erwachsene ihr Geld lieber für Dinge aus, die ihnen wichtiger sind. Hört man sich in der Automobilindustrie um, werden überraschend häufig die Gadgets der Computerfirma Apple als Konkurrenz um das knappe Budget potentieller Fahranfänger genannt. Mit iPhone und iPad kann man zwar weder fahren noch fliegen, sie werden aber auf eine Art vermarktet, als könnten sie ihren Besitzer jederzeit überallhin beamen.

[...] Wie kommt in verstädterten Regionen der Fahrspaß zurück? Wie soll sich der Fahrer auf verstopften Straßen wieder freier fühlen?

Man muss sich wohl ein Auto vorstellen, das mit elektronischen Hilfsmitteln die innere Emigration erleichtert, wie ja auch die schon bekannten Gadgets den Nutzer mitten in der Öffentlichkeit in private Kommunikations- und Unterhaltungswelten abtauchen lassen. Der Autofahrer der Zukunft fährt zwar, genießt aber nicht mehr die Bewegung und den realen Aufenthaltsort, sondern den Luxus, während der Fahrt ganz woanders sein zu können, weil ihm die automatisierte Kabine sogar die Last des Lenkens und der Aufmerksamkeit abnimmt. Nicht mehr das wilde gefährliche Leben *on the road* wird gesucht, sondern Komfort und Sicherheit. Heute schon nennen junge Erwachsene das Radio als ihr liebstes Ausstattungsmerkmal im Auto, gefolgt von ABS, Klimaanlage und Airbags. Dass die Kiste auch einen Motor hat, interessiert weniger.

Mit dem Auto als medialer Ich-Erweiterung wird die Zwiesprache mit dem Gefährt, das beim Umstieg vom Pferdegespann auf den Verbrennungsmotor verlorenging, wiederhergestellt. „Hü!" und „Brrr!" wird der Fahrer rufen, und die Spracherkennung seines Wagens wird ihn verstehen.

Aus: Süddeutsche Zeitung, 13. 11. 2010

Worterklärungen:

1 Ikonografie: hier: symbolischer Gehalt
2 soziodemografische Untersuchungen: Untersuchungen, die Merkmale einer Bevölkerungsgruppe beschreiben
3 James Dean: Filmschauspieler und Jugendidol der 1950er-Jahre

Lösungsvorschlag in Grundzügen

Hinweise und Tipps

Die Aufgabenstellung konzentriert sich auf eine genaue Untersuchung des Textes, wobei sowohl die inhaltlichen Aussagen als auch die sprachlichen Besonderheiten zu erarbeiten sind. Eine kritische Stellungnahme zu den Thesen des Autors schließt das Ganze ab.
Wie können Sie Ihre Textanalyse aufbauen?

- Die **Einleitung** führt zu dem Thema hin und gibt gleichzeitig die wesentlichen Daten zum Autor, zur Textsorte und zur Textquelle an.
- Eine kurze **Inhaltswiedergabe** fasst die Kernaussagen des Textes in eigenen Worten zusammen. Verdeutlichen Sie, dass es sich dabei um die Behauptungen des Autors und nicht um Ihre eigenen handelt.
- Anschließend erfolgt eine **inhaltliche Analyse**, die das Aufbauschema des Textes ermittelt. Dabei sollte aufgezeigt werden, wie der Autor bei seiner Argumentation vorgeht und zu welchem Ergebnis er bei seiner Betrachtung gelangt. In diesem Kontext sind auch die sprachlichen Mittel zu erläutern, die der Verfasser zur Veranschaulichung seiner Thesen verwendet.
- Am Ende Ihres Aufsatzes sollte eine **gründliche Auseinandersetzung** mit den Hauptaussagen des Autors stehen. Ob Sie den Argumenten eher zustimmen oder ihnen widersprechen, bleibt Ihre Entscheidung. Sie sollten jedoch Ihre Meinung mit eigenen Thesen und Beispielen klar begründen.

Für das **methodische Vorgehen** empfehlen sich die folgenden Schritte:

- Lesen Sie zunächst den Text gründlich durch und markieren Sie bei dem zweiten oder dritten Lesen auffallende Merkmale, insbesondere sprachliche Eigenheiten.
- Prüfen Sie, ob Sie die Argumentationsweise des Autors in drei oder vier Kapitel unterteilen können. Ordnen Sie dann diesen Kernthesen die entsprechenden sprachlichen Mittel zu, wobei Sie gleichzeitig deren Wirkung berücksichtigen.
- Überlegen Sie bei einer erneuten Lektüre des Textes, welche Argumente des Autors Ihnen einleuchten und welche Thesen Sie aus welchen Gründen ablehnen.
- Bevor Sie Ihren Aufsatz schreiben, wäre es sinnvoll, Ihre Notizen zu einer kurzen Stoffsammlung zusammenzustellen. Überprüfen Sie noch einmal, ob alles nachvollziehbar angeordnet ist, sodass sich eine zusammenhängende Darstellung ergibt.
- Verfassen Sie nun Ihren Aufsatz, indem Sie nach der Einleitung die einzelnen Aufgaben nacheinander gründlich erarbeiten. Gliedern Sie Ihre Ausführungen in sinnvolle Abschnitte. Es sollte äußerlich zu erkennen sein, wo man Ihre Lösungen zu den jeweiligen Aufgaben finden kann.
- Achten Sie auf eine sprachlich abwechslungsreiche Gestaltung sowie auf flüssige Übergänge und eine korrekte Rechtschreibung und Zeichensetzung.

Einleitung

Das Auto ist des Deutschen liebstes Kind. Dieses Motto traf seit dem Beginn des Wirtschaftswunders in den 1950er-Jahren uneingeschränkt auf unser Land zu. Die junge Generation von heute scheint jedoch dieses bisher so selbstverständliche Bedürfnis der Deutschen nach einem eigenen Auto grundsätzlich infrage zu stellen, wie Christian Kortmann in seinem am 13. November 2010 in der *Süddeutschen Zeitung* veröffentlichten Kommentar *Fahr dahin* verdeutlicht.

- Zunächst beschreibt der Verfasser den jahrzehntelang geltenden und stets auch gelebten Traum der Jugendlichen von der individuellen Mobilität mit dem eigenen Auto, das gleichzeitig ein Raum der Freiheit und Lebensfreude war. (Z. 1–31)
- Der Zauber des eigenen Fahrzeugs verblasst laut Christian Kortmann heutzutage aber immer mehr, da die Jugend statt auf Individualität eher auf Gemeinschaft und gegenseitigen Austausch setzt. (Z. 32–55)
- Weil das Auto äußerst umweltschädlich und zudem laut und teuer sei, habe es für die junge Generation von heute stark an Reiz verloren. Deshalb seien auch immer weniger Jugendliche daran interessiert, möglichst früh den Führerschein zu erwerben, wie der Autor anhand einer Studie des Deutschen Jugendinstituts belegt. (Z. 56–82)
- Individualität und Freiheit verbinden die jungen Menschen weniger mit dem Besitz eines eigenen Autos als vielmehr mit den Produkten der Computerfirma Apple, weil diese mit ihrer Vernetzung und ihrer vielfältigen Unterhaltung unbegrenzte Möglichkeiten versprechen. (Z. 83–112)
- Christian Kortmann zufolge wird ein Autofahrer in den nächsten Jahrzehnten nicht so sehr die Freude am Fahren auf zunehmend staugefährdeten Straßen suchen, sondern er wird sich eine bessere technische Ausstattung seines Autos wünschen, wobei die Unterhaltung und der Komfort im Wageninneren im Vordergrund stehen werden. (Z. 113–138)
- Durch diese Entwicklung schließt sich für den Verfasser der Kreis unserer Mobilitätsgeschichte: Ähnlich wie früher beim Umgang mit Pferden von Kutschen wird der Fahrer beim Auto der Zukunft wieder in Kontakt mit seinem Gefährt treten, da die Spracherkennung des modernen Wagens eine Kommunikation ermöglicht. (Z. 139–146)

Textwiedergabe
Kernaussagen des Textes

In seinem Kommentar stellt Christian Kortmann den **Bedeutungswandel des Autos** in den Augen der Jugend von 1900 bis heute dar. Dabei weist er auf einen Trend der jungen Generation hin, der bis vor Kurzem in Deutschland undenkbar war: Der Pkw wird zunehmend als negativ bewertet, gesucht wird eine neue Mobilität mit anspruchsvoller technischer Ausstattung und hohem Unterhaltungswert.

Argumentationsstrategie
These: Bedeutungsverlust des Autos bei Jugend

- Süffisant schildert der Autor, wie das Auto in der **Vergangenheit** zum Kultobjekt der Freiheitssehnsucht verklärt worden ist (vgl. Z. 1–6).
- Umso radikaler erfolgt in der **Gegenwart** die Abkehr der Jugendlichen von diesem Mythos, weil das Auto an seine Grenzen gelangt ist: Die jungen Fahrer bemängeln, dass die heutigen Fahrzeuge aufgrund der vielen Staus nicht mehr so mobil seien und außerdem soziale Beziehungen verhinderten (vgl. Z. 46 ff., 66 ff.).
- So gelangt der Verfasser zu der **Feststellung**, dass das Auto zu einem „Medium des Stillstands" (Z. 72 f.) geworden sei, weil die heutige Jugend mehr Wert auf soziale Belange und Kommunikation lege. Dieses neue Bedürfnis erfüllen die Apple-Produkte iPhone und iPad durch ihre attraktive Aufmachung und ihre vielfältigen Nutzungsmöglichkeiten. Mit der Studie des Deutschen Jugendinstituts aus dem Jahr 2008 belegt Christian Kortmann den Wertewandel der Jugendlichen, die heutzutage immer weniger Auto fahren und auch den Führerschein nicht mehr so sehr herbeisehnen wie frühere Generationen (vgl. Z. 73 ff.).

Argumente des Autors (mit Textbelegen)

- Am Ende seiner Argumentation stellt sich der Kommentator die **Frage**, ob ein modernisiertes Auto den einstigen Spaß am Fahren zurückbringen kann. Nur wenn das Auto mit mehr Komfort und Sicherheit ausgestattet werde, so sein **Ergebnis**, würden Jugendliche auch in Zukunft noch Auto fahren. Bereits heute zeichne sich dieser Trend ab, da die Motorleistung weniger interessiere und bequeme und die Sicherheit erhöhende Einrichtungen wie ABS, Airbag und Klimaanlage im Vordergrund stünden (vgl. Z. 132 ff.).
- Mit einer **ironischen Pointe** verweist Christian Kortmann darauf, dass die Entwicklung des Automobils zu ihren Ursprüngen zurückkehrte. Für die Jugendlichen sei bereits heute das Radio der wichtigste Einrichtungsgegenstand eines Autos, und demnächst könne der Fahrer über die Spracherkennung mit seinem Auto noch direkter kommunizieren – so wie einst der Kutscher mit seinem Pferd (vgl. Z. 139 ff.).

Deutung des Titels

Der **doppeldeutige Titel** „Fahr dahin" kennzeichnet die paradoxe Situation des Automobils. Das Auto, das einst als Fahrzeug mit fast unbegrenzten Möglichkeiten angesehen wurde, wird heute von den Jugendlichen mit zunehmender Missachtung gestraft. Mit dem langen **Untertitel** fasst der Autor außerdem den Wertewandel bei der jungen Generation kurz zusammen. Darin zeigt sich der Gegensatz zwischen den Älteren, die in dem Auto noch ein Freiheitssymbol („Lieblingstraum") gesehen haben, und den Jüngeren, die den Pkw zunehmend als weniger wichtiges Vehikel einstufen (Antithese: „immer mehr junge Menschen" – „immer weniger wissen").

sprachliche Mittel

Mit einer Fülle von sprachlichen Mitteln veranschaulicht Christian Kortmann die veränderte Einstellung der Jugendlichen gegenüber dem Auto.
Die **Nostalgie** des bereits zurückliegenden Automobilzeitalters (Z. 1–31) verdeutlicht der Verfasser mit

Beispiele; Deutung ihrer Funktion

- Metaphern (das Auto als Privatraum erscheint als „mobile[r] Freistaat im Staate", Z. 21 f.; „Geschichte der automobilen Aufrüstung", Z. 20; Führerschein als „Unabhängigkeitserklärung", Z. 11),
- Aufzählungen („mehr Energie, mehr Meilen und mehr Freiheit", Z. 4 f.; „Kippe aus, anschnallen, Fresse halten", Z. 23 f.),
- Anglizismen („Highways", Z. 2; sie „cruisten", Z. 6; „das wilde gefährliche Leben *on the road*", Z. 131 f.),
- Vergleichen (Autos als „Kathedralen des 20. Jahrhunderts", Z. 40; „wie der Porsche von James Dean", Z. 99 f.) und
- Zitaten (von Filippo Tommaso Marinetti in Z. 15 ff. und von Roland Barthes in Z. 34 ff.).

Um die **Skepsis** der Jugendlichen gegenüber dem Auto (Z. 32–82) zu betonen, verwendet der Autor die folgenden sprachlichen Mittel:
- abwertende und spöttische Metaphern wie „Blechkiste" (Z. 48), „sein Beschleunigungsreich" (Z. 67 f.), „uncoole Dreckschleuder" (Z. 71 f.), „Medium des Stillstands" (Z. 72 f.) und Autofahrer als „Alleinherrscher" (Z. 67),
- Aufzählungen der negativen Begleiterscheinungen des Autos: „Umweltverschmutzung, Platzverbrauch, Lärm und hohe Kosten" (Z. 61 f.),
- Negationen („keine weiteren Rückzugsräume", Z. 57; „das Auto [löst] sein Freiheitsversprechen nicht mehr ein", Z. 65 f.),
- Emphasen („regelrecht asozial", Z. 63).

Der **soziale Wandel** (Z. 56–112), vor allem was die stetig wachsende Abkehr der Jugendlichen von der bisher praktizierten Mobilität betrifft, wird mit verschiedenen Beispielen belegt, die auf eine wissenschaftlich fundierte Argumentation verweisen. Dazu gehören:

- genaue Zahlenangaben (2000–2009: Zunahme von Staus um 35 Prozent, vgl. Z. 70 f.; 2002–2008: Verringerung der Nutzung des Autos um 12 Prozent, vgl. Z. 77 ff.; sinkendes Interesse am Erwerb des Führerscheins: ein Drittel weniger, vgl. Z. 80 ff.),
- soziologische Fachbegriffe wie „[s]oziodemografische Untersuchungen" (Z. 73 f.), „Bedeutungsverlust" (Z. 74 f.), „Wertewandel" (Z. 84) und „Struktur und Werte einer Gesellschaft" (Z. 86 f.),
- der Vergleich zwischen Autos und den „Gadgets der Computerfirma Apple" (Z. 105 f.) wie iPhone und iPad,
- Anglizismen („Gadgets", Z. 105; „überallhin beamen", Z. 112),
- Alliterationen („Großtrend der Gegenwart", Z. 49 f.; „Last des Lenkens", Z. 129 f.).

Die **Zukunftsvision** einer veränderten Einstellung gegenüber dem Auto (Z. 113–138) wird auf verschiedene Weise veranschaulicht:

- Der Autor stellt Fragen nach der Weiterentwicklung: „Wie kommt in verstädterten Regionen der Fahrspaß zurück?" (Z. 113 f.)
- Auffällig sind Metaphern für das Auto der Zukunft (das Fahrzeug erscheint als „automatisierte Kabine" und „mediale Ich-Erweiterung", Z. 128 f., 139 f.) und das Verhalten des modernen Fahrers, der in die „innere Emigration" (Z. 119), „in private Kommunikations- und Unterhaltungswelten" abtauche (Z. 121 ff.).
- Gegensätze zwischen Vergangenheit und Zukunft („Nicht mehr das wilde gefährliche Leben" – „sondern Komfort und Sicherheit", Z. 131 ff.) zeigen, dass es den Jugendlichen nicht mehr nur ums Fahren, sondern auch ums Genießen geht.
- Aufzählungen, verbunden mit einem Superlativ („das Radio als ihr liebstes Ausstattungsmerkmal im Auto", Z. 134 f.), beschreiben ein bequemes Fahrzeug: „ABS, Klimaanlage und Airbags" (Z. 136 f.).

Untersuchung des Schlusses

Die **Schlusspointe** einer Rückkehr zum Urzustand des Straßenverkehrs (Z. 139–146) erhält durch mehrere sprachliche Mittel ihre verblüffende Wirkung. Ironie verrät die Vorstellung, dass die Zukunft zurück zur Vergangenheit führe. Mit plakativen Gegensätzen („Pferdegespann" – „Verbrennungsmotor", „verlorenging" – „wiederhergestellt", Z. 141 ff.) sowie einem Archaismus („Zwiesprache", Z. 140) schlägt der Autor den Bogen von der Vergangenheit in die Zukunft. Dabei soll die Lautmalerei „Hü!" und „Brrr!" an die Kommandos eines Reiters erinnern, während eine Personifikation („die Spracherkennung seines Wagens wird ihn verstehen", Z. 145 f.) das Auto zu einer Art Lebewesen macht.

Stellungnahme
Anknüpfen an den Artikel

Christian Kortmann beschreibt zwar einen Jugendtrend, der tatsächlich existiert, wie er anhand von soziologischen Untersuchungsergebnissen nachweist, aber das Ende des Autos ist damit noch nicht vorprogrammiert. Dies bestätigt auch der Schluss des Kommentars, der eine hoffnungsvolle Zukunft für das individuelle Fahren voraussagt.
Allerdings lässt sich auch feststellen, dass die heutige Jugend viele traditionelle Werte infrage stellt und eine eigene Lebenskultur entwickelt.

Eine Auseinandersetzung mit den Thesen des Autors kann somit zu völlig unterschiedlichen Ergebnissen führen.

- Junge Menschen verzichten oft aus **Kostengründen** auf die Anschaffung eines Autos, denn bereits der Kaufpreis sowie die Beiträge für Steuern und Versicherungen und nicht zuletzt die ständig steigenden Benzinpreise schrecken viele Interessenten ab, zumal sie ohnehin nur wenig Geld zur Verfügung haben, wenn sie noch in der Ausbildung oder auf Schulen und Universitäten sind.
- In den **Großstädten** ist ein Auto heutzutage eher ein Hindernis. Das gut ausgebaute Netz an **öffentlichen Verkehrsmitteln** ermöglicht eine rasche Mobilität ohne eigenes Fahrzeug.
- Die vielen **Staus** und der **zähflüssige Verkehr** lassen täglich erfahren, dass das Ausleben eines großen Freiheitsgefühls auf unseren Straßen kaum noch realisierbar ist. Der Traum einer jederzeit möglichen Mobilität hat sich inzwischen in einen Albtraum verwandelt, vor allem wenn man jeden Tag die Rushhour auf der Fahrt zum Arbeitsplatz und die Rückkehr nach Hause bewältigen muss.
- Auch das **Reiseverhalten** der Jugendlichen hat sich inzwischen stark verändert. Autofahrten zum Zielort sind nicht mehr in Mode, stattdessen sind Flüge oder Gruppenreisen im Zug oder Bus mit anschließenden Abenteuertouren (Mountainbike, Surfen, Klettern, Trekking usw.) gefragt.
- Ein **gestiegenes Umweltbewusstsein** hat dazu geführt, dass manche Jugendlichen die schädlichen Folgen des Individualverkehrs für unsere Luft und unser Klima nicht mehr verantworten wollen. So hat das Auto in ihren Augen aufgrund der Abgase an Attraktivität verloren.
- Anstatt eines Autos stehen heute **andere Konsumgüter** hoch im Kurs. Bereits Kinder wünschen sich möglichst früh ein eigenes Handy, wobei immer interessanter aufgemachte und multifunktionelle Modelle auf den Markt kommen. Im Trend liegen auch Markenartikel bei der Kleidung sowie der regelmäßige Besuch in Discos und Fastfood-Restaurants.
- Um ständig in **Kontakt mit anderen** zu bleiben, braucht man immer seltener ein Auto. Die technologisch hoch entwickelten und kostengünstigen **Kommunikationsmittel** (SMS, E-Mails, Facebook, Chatrooms, Skype usw.) ermöglichen einen gegenseitigen Austausch ohne großen Aufwand und ohne in der Realität mobil sein zu müssen.

Pro-Argumente:
Auto verliert an Bedeutung für die Jugendlichen

durch Beispiele gestützte Argumente

- Die ständigen **technischen Neuerungen** machen das Auto aber auch heute noch für Jugendliche attraktiv. Mit hohen Investitionen und permanenten Kostensenkungen sorgen die verschiedenen Automobilfirmen dafür, dass auch junge Menschen zu ihrem Kundenkreis gehören.
- Verschiedene **Veranstaltungen**, in denen das Auto im Mittelpunkt steht (Automobilmessen, Ausstellungen, Automuseen, Autorennen wie die Formel 1, die Rallye Dakar oder die DTM) locken nach wie vor ein junges Publikum an. Der Rausch der Geschwindigkeit und die hochtechnisierte Ausstattung sowie ein modernes Design haben nichts von ihrer Anziehungskraft verloren.
- Auch die ständig **steigenden Verkaufszahlen** der Automobilfirmen bestätigen, dass der Individualverkehr noch längst nicht an ein Ende gekommen ist. Unter den Käufern von neuen Autos, aber auch von Gebrauchtwagen, befinden sich viele junge Menschen. Vor allem die Be-

Contra-Argumente:
Auto bleibt für Jugendliche wichtig

durch Beispiele gestützte Argumente

wohner von ländlichen Regionen sind nach wie vor auf ein eigenes Fahrzeug angewiesen.

- Für die skeptischen, umweltbewussten Jugendlichen hält die Automobilindustrie **Alternativen** bereit, die in Zukunft noch interessanter werden dürften. Bereits heute gehören Elektroautos oder gasbetriebene Fahrzeuge zum täglichen Erscheinungsbild auf unseren Straßen. Da fossile Energieträger nicht unbegrenzt zur Verfügung stehen, wird an erneuerbaren Antriebsmitteln geforscht, die unsere Infrastruktur und unsere Fahrgewohnheiten grundlegend verändern werden. Für fortschrittliche Ideen haben sich junge Menschen schon immer interessiert.
- Vor einem schicken oder extravaganten Auto bleiben Jugendliche auch heutzutage voller Bewunderung stehen, um es eingehend zu betrachten und sich zu fragen, wann sie sich ein solches Fahrzeug leisten können. Viele junge Menschen haben eine jeweils eigene Vorstellung von einem **Traumauto**, das sie sich auch irgendwann einmal anschaffen wollen.
- Ist das **ökologische Verständnis** der jungen Generation wirklich so ausgeprägt? Es stellt sich die Frage, ob der Umweltschutz, wie der Autor behauptet, tatsächlich das bestimmende Argument für ein nachlassendes Interesse der Jugendlichen am Auto darstellt. Es ist zu bezweifeln, dass Jugendliche den Kauf eines Autos hauptsächlich deshalb ablehnen, weil es die Umwelt schädigt. In anderen Bereichen zeigt sich, dass ein sensibler Umgang mit der Natur bei vielen (auch älteren) Menschen noch nicht sehr hoch entwickelt ist.

Widerlegung eines Arguments des Autors

Fazit

Der Traum vom (ersten) eigenen Auto existiert zwar nach wie vor, aber bei vielen jungen Leuten spielt das **Auto als privater Rückzugsraum** nicht die große Rolle, die Christian Kortmann annimmt. Dafür gibt es geeignetere und begehrtere Orte, wie z. B. das eigene Zimmer bzw. die erste eigene Wohnung oder Jugendtreffpunkte und soziale Netzwerke. Deshalb könnte sich der Trend einer Abkehr vom Auto sogar noch verstärken, sodass es nicht zu dem von dem Verfasser beschriebenen (wenn auch ironisch gemeinten) Happy End eines für die Jugendlichen wieder attraktiven Kommunikationsmediums Auto kommt.

Schriftliche Abiturprüfung Deutsch (Baden-Württemberg) 2012
Aufgabe V: Essay

Bearbeiten Sie die folgenden Aufgaben auf der Grundlage des vorgelegten Dossiers:
- Verfassen Sie Abstracts zu allen Materialien.
- Schreiben Sie einen Essay mit dem Titel
Werkstatt Zukunft – „Hinterm Horizont geht's weiter“.

Material 1:

Ernst Bloch – Das Prinzip Hoffnung

Wer sind wir? Wo kommen wir her? Wohin gehen wir? Was erwarten wir? Was erwartet uns?

Viele fühlen sich nur als verwirrt. Der Boden wankt, sie wissen nicht warum und von was. Dieser ihr Zustand ist Angst, wird er bestimmter, so ist er Furcht.

[…] Hoffen, über dem Fürchten gelegen, ist weder passiv wie dieses, noch gar in ein Nichts gesperrt. Der Affekt des Hoffens geht aus sich heraus, macht die Menschen weit, statt sie zu verengen, kann gar nicht genug von dem wissen, was sie inwendig gezielt macht, was ihnen auswendig verbündet sein mag. Die Arbeit dieses Affekts verlangt Menschen, die sich ins Werdende tätig hineinwerfen, zu dem sie selber gehören. Sie erträgt kein Hundeleben, das sich ins Seiende nur passiv geworfen fühlt, in undurchschautes, gar jämmerlich anerkanntes. Die Arbeit gegen die Lebensangst und die Umtriebe der Furcht ist die gegen ihre Urheber, ihre großenteils sehr aufzeigbaren, und sie sucht in der Welt selber, was der Welt hilft; es ist findbar. Wie reich wurde allzeit davon geträumt, vom besseren Leben geträumt, das möglich wäre. Das Leben aller Menschen ist von Tagträumen durchzogen, darin ist ein Teil lediglich schale, auch entnervende Flucht, auch Beute für Betrüger, aber ein anderer Teil reizt auf, läßt mit dem schlecht Vorhandenen sich nicht abfinden, läßt eben nicht entsagen. Dieser andere Teil hat das Hoffen im Kern, und er ist lehrbar. Er kann aus dem ungeregelten Tagtraum wie aus dessen schlauem Mißbrauch herausgeholt werden, ist ohne Dunst aktivierbar. Kein Mensch lebte je ohne Tagträume, es kommt aber darauf an, sie immer weiter zu kennen und dadurch unbetrüglich, hilfreich, aufs Rechte gezielt zu halten.

Aus: Ernst Bloch: Das Prinzip Hoffnung, Bd. 1. Frankfurt/M.: Suhrkamp Verlag 1977, S. 1

Material 2:

Peter Rüegg – Mit moderner Informationstechnologie die Zukunft erkunden

Die Menschheit stand noch nie vor solch grossen Herausforderungen wie heute. Klimawandel, Umweltzerstörung, Konflikte sowie Krisen an den Finanzmärkten gehören dazu, und all diese Probleme sind mit menschlichem Verhalten verknüpft. Sie stehen auch nicht isoliert da, sondern sind miteinander vernetzt und voneinander auf komplizierte Weise abhängig. Kein Mensch kann diese Komplexität überschauen, geschweige denn absehen, welche Auswirkungen menschliches Handeln anderswo in der Welt hat.

Eine Gruppe von Wissenschaftlern unter der Leitung des Komplexitätsforschers Dirk Helbing von der ETH Zürich hat nun ein Projekt vorgeschlagen, mit dem sie diese grossen

Herausforderungen angehen möchten: „FuturICT“. Das Projekt sieht ein Modell vor, den „Living Earth Simulator“, der technisch-wirtschaftlich-gesellschaftlich-ökologische Systeme zu simulieren und zu analysieren erlaubt, beispielsweise wie sich politische oder ökonomische Entscheidungen auf unsere Welt auswirken.
Das Computermodell soll in der Lage sein, Systeme von globalem Massstab mit Wechselwirkungen von 10 Milliarden verschiedenen Individuen zu simulieren.
[...]
FuturICT könnte beispielsweise Aussagen treffen, welche Folgen das Erdbeben von Japan für das weltweite Liefer- und Produktionsnetzwerk hat oder für den Zusammenhalt der Gesellschaft. Soziale Umbrüche, Migration, Konflikte – auf eine bestimmte Art und Weise hängt alles miteinander zusammen. „Diese Zusammenhänge wollen wir mit FuturICT besser verstehen“, sagt Dirk Helbing, „um in Zukunft bessere und nachhaltigere Entscheidungen fällen zu können. Denn gerade die globalen Abhängigkeiten haben enorm zugenommen. Hätte man sie verstanden, wäre es wohl kaum zu einer Finanzkrise dieses Ausmasses gekommen.“

Quelle: Peter Rüegg, ETH Zürich

Die Rechtschreibung folgt den in der Schweiz üblichen Regeln.

Material 3:

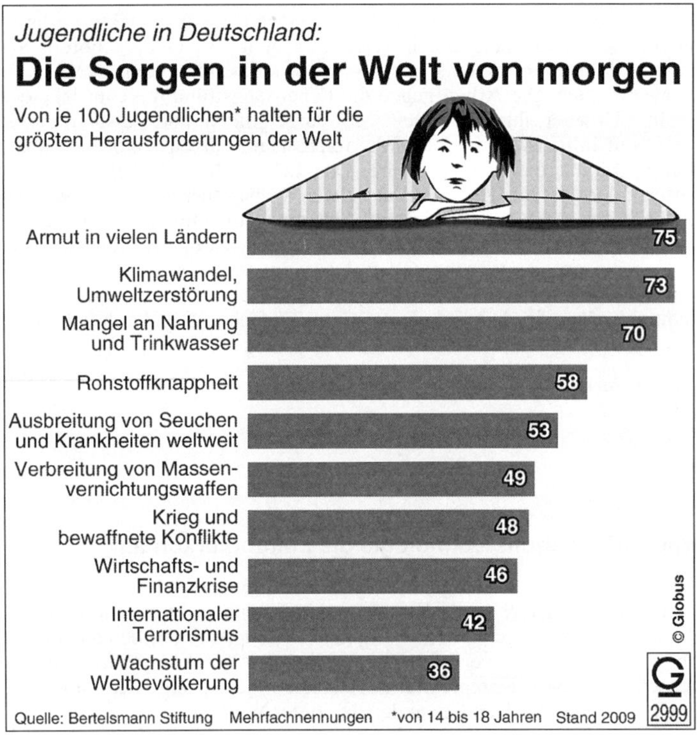

Globus Infografik vom 25. September 2009; picture-alliance / dpa-infografik

Material 4:

Jugendforscher Klaus Hurrelmann zur Shell Jugendstudie 2010

Die 16. Shell Jugendstudie macht auf die Probleme aufmerksam, die sich Politik und Pädagogik stellen. Das politische Interesse ist zwar seit 2006 leicht angewachsen, aber diese junge Generation steht insgesamt den Parteien und Parlamenten und der „organisierten“ Politik sehr distanziert gegenüber. Noch sind sie Befürworter des Modells „Demokratie“. Aber diejenigen Jugendlichen, die in Schule und Berufsbildung schlecht abschneiden und objektiv keine gute Zukunftsprognose für ihr Erwerbsleben haben, sind gegenüber 2006 und 2002 noch pessimistischer geworden. Diese etwa 15 Prozent der Befragten gehören zu denen, die ihre Hoffnung in die Politik fast schon ganz aufgegeben haben und auch beginnen, an der Demokratie zu zweifeln. Sie neigen extremen Weltbildern zu und kompensieren ihre Enttäuschungen mit Drogen, Gewalt und gesundheitlichen Problemen. In dieser Gruppe sind besonders viele junge Leute aus den niedrigen sozialen Herkunftsschichten und auffälligerweise auch besonders viele junge Männer vertreten. Auch der Anteil der Jugendlichen aus Familien, die in den letzten zwei Generationen nach Deutschland eingewandert sind, ist überproportional hoch. Für die Politik ist das ein Alarmsignal, denn die Unterschiede in den Einstellungen von Jugendlichen aus sozial besser und schlechter gestellten Schichten und Milieus mit höherer und geringer Bildung haben sich im Verlauf der letzten zehn Jahre immer weiter verstärkt. Eine Minderheit der Jugendlichen droht vom großen Mainstream der Durchhaltefähigen abgespalten und aus der Mehrheitsgesellschaft ausgeschlossen zu werden.

[...]

Insgesamt teilt die Studie viel von den Sorgen um die Zukunft, von Wünschen, Leistungsstreben, Familiensinn und Verantwortungsgefühl der 12- bis 25-Jährigen mit. Das für uns überraschende Ergebnis: Obwohl die Jugendlichen und jungen Erwachsenen in Deutschland von der Finanz- und Wirtschaftskrise tief betroffen sind, obwohl ihre Berufsperspektiven durchaus unsicher bleiben, haben sie mehrheitlich gegenüber der vorigen Studie von 2006 eine weitaus optimistischere Grundhaltung. Sie trauen sich zu, die von ihnen realistisch wahrgenommene schwierige Lage durch verstärkte eigene Investitionen in Bildung und Leistung zu bewältigen.

Die junge Generation behält ihre schon in den vorigen Untersuchungen auffällige konstruktive Grundhaltung und bewahrt sich auch unter hohem ökonomischem Druck ihre pragmatische Mentalität. Sie ist im historischen Vergleich strebsam und ehrgeizig, aber sie will zugleich auch die für die Jugendphase typischen Kennzeichen wie Unbekümmertheit, Unbeschwertheit und Lebensfreude spüren. Das gilt nicht für die Gruppe der etwa 15 Prozent, die aus den ärmsten Elternhäusern kommen und wegen der geringen Anregungen durch die Herkunftsfamilie keine oder nur schlechte Schulabschlüsse geschafft haben. Diese Minderheit der jungen Leute ist weitaus pessimistischer als das 2006 der Fall war, und das ist klar darauf zurückzuführen, dass sie erahnt, ohne Mindestqualifikation und Basiskompetenzen in der heutigen beruflichen Welt keine Aussicht auf Erfolg mehr zu haben.

Quelle: http://www.jugendforschung.de/index.php?option=com_content&view=article&id=307:die-aktuelle-shell-jugendstudie&catid=26:studie-der-woche&ltemid=32; 20. 3. 2010. Das Interview führte Christine Frisch.

Hinweise und Tipps

Die Prüfungsaufgabe „**Essay auf der Grundlage eines Dossiers**" trägt einigen der im Bildungsplan verankerten Zielen Rechnung: So sollen Sie über die analytische Auseinandersetzung mit fiktionalen sowie nichtfiktionalen Texten hinaus zu kreativ-gestalterischer Textproduktion befähigt werden. Darüber hinaus knüpft der Aufgabentyp an die Kompetenz an, Themen auf der Grundlage unterschiedlicher Texte (z. B. journalistische Formen, literarische Formen, Karikaturen und Schaubilder) selbstständig zu erschließen, diese mündlich bzw. schriftlich wirkungsvoll zu präsentieren und zu einem eigenen Urteil zu gelangen. Zudem eröffnet der Aufgabentyp die Möglichkeit, die eigene Kreativität zu entfalten und das Sprachbewusstsein sowie Ausdrucksvermögen unter Beweis zu stellen. Nicht zuletzt erweitert man durch den Schreibprozess seinen eigenen Horizont, indem man neue Erkenntnisse gewinnt und sich seiner eigenen Position zu bestimmten Sachverhalten klar(er) wird.

Die **erste Teilaufgabe** bezieht sich auf das vorliegende Dossier (Materialsammlung), das vier Materialien (drei Texte und eine Grafik) beinhaltet. Diese vermitteln Ihnen eine Wissensgrundlage für den Essay. Ihre Aufgabe besteht zunächst darin, die vorgelegten Materialien in **Abstracts** zusammenzufassen. Unter einem Abstract versteht man die **Kurzzusammenfassung** einer wissenschaftlichen Arbeit oder eines Artikels, die Antworten auf folgende Fragen gibt:
- Was ist der Gegenstand bzw. das Thema des Textes?
- Unter welcher Fragestellung wird der Gegenstand/das Thema untersucht?
- Welche Absicht verfolgt der Autor/die Autorin?
- Zu welchem Ergebnis bzw. zu welcher Schlussfolgerung kommt der Autor/die Autorin?

Der **Sinn und Zweck eines Abstracts** besteht darin, einer meist wissenschaftlich orientierten Leserschaft einen schnellen Überblick über Thema und Aussage einer Veröffentlichung zu geben. Zudem enthält er erste wichtige Informationen und Aspekte zu einem bestimmten Themengebiet.
Beim Verfassen Ihrer Abstracts sollten Sie die **sprachlichen Kriterien** berücksichtigen, die für eine **Inhaltsangabe** gelten: Der Text sollte sachlich, objektiv und im Präsens verfasst sein; Meinungen und Wertungen des Autors/der Autorin sind sprachlich zu kennzeichnen (Konjunktiv, andere Formen der Wiedergabe von Äußerungen). Formal unterscheidet sich ein Abstract von einer herkömmlichen Inhaltsangabe insofern, als dass **Titel**, **Erscheinungsjahr und Quelle nicht angegeben werden müssen**.

Die **zweite Teilaufgabe** – auf welcher der eindeutige Schwerpunkt liegt – besteht darin, auf Grundlage des Dossiers und eigener Erfahrungen, Gedanken und Gefühle einen **Essay** zu verfassen. Es müssen dabei nicht alle Materialien des Dossiers gleichwertig und gleichgewichtig verwendet werden. Das Dossier gibt in Verbindung mit dem Titel die **thematische Ausrichtung** des Essays vor (hier: Hoffnung und Optimismus als Grundeinstellung zum Leben, Sorgen und Ängste vor der Zukunft, Zukunftsträume, gesellschaftliche Herausforderungen und deren Lösungsansätze, Gestaltung einer besseren Welt). Der **Titel** Ihres Essays ist vorgegeben: „Werkstatt Zukunft – ‚Hinterm Horizont geht's weiter'". Wichtig ist, dass Sie den Titel zum Dossier in Bezug setzen und so sicherstellen, dass Sie das Thema richtig erfasst haben.

Bei einem Essay handelt es sich um eine **sachliche, kreative Textform**, die berichtende, erörternde, beschreibende sowie schildernde und erzählende Elemente miteinander verbindet und somit großen **Spielraum für eigene Ideen** lässt. Der Essay (engl.: *Versuch*) stellt ein „Gedankenexperiment" dar, bei dem Sie sich auf persönliche, subjektive Art und Weise mit einem Thema auseinandersetzen und dieses von verschiedenen Seiten geistreich und unterhaltsam „umkreisen" (Aspekthaftigkeit). Persönliche Beobachtungen, Eindrücke und Wertungen vermischen sich dabei mit Fakten und Wissen. Der Essay unterscheidet sich durch die **lockere, offene, oft sprunghafte Gedankenführung** von der viel strenger aufgebauten und stärker argumentierenden Erörterung. Auch wenn der Essay mit einem assoziativ-vernetzenden „Gedankenspaziergang" verglichen werden kann, so ist dennoch wichtig, dass Sie Ihren **roten Faden** nicht aus den Augen verlieren. Weitere Merkmale des Essays sind das **Spiel mit der Sprache** sowie die **hohe sprachliche Ästhetik**, die durch die **Verwendung rhetorischer Mittel** erreicht werden kann. Besondere Bedeutung kommt der **Einstiegssituation** (Prolog) in einem Essay zu, da sie das Interesse wecken, zum Thema hinführen und eine Fragestellung entwickeln sollte. Das **Ziel eines Essays** ist es, die eigene Grundhaltung zu einem Thema anschaulich darzulegen und den Leser/die Leserin zu einem eigenen Urteil zu bewegen.

Wie können Sie nun **sinnvoll vorgehen**?

- Erschließen Sie sich die Materialien, indem Sie die zentralen Aussagen und Schlüsselwörter hervorheben, und verfassen Sie auf dieser Grundlage Abstracts.
- Nähern Sie sich dem Thema, indem Sie assoziieren und Gedanken und Ideen zu dem Thema „Werkstatt Zukunft – ‚Hinterm Horizont geht's weiter'" festhalten (Cluster, Stichwortliste etc.). Dabei können Ihnen die Materialien als Ausgangspunkt für Ihre eigenen Reflexionen dienen.
- Strukturieren Sie Ihre Stichworte und finden Sie dazu passende Überbegriffe (Mindmap).
- Beziehen Sie die einzelnen Bestandteile des Titels in Ihre Überlegungen mit ein, indem Sie sich z. B. folgende Fragen stellen:
  - „Werkstatt Zukunft": Wodurch zeichnet sich eine Werkstatt aus? Was passiert dort? Welche Assoziationen haben Sie zum Begriff „Zukunft"? Welche Erwartungen bzw. Befürchtungen haben Sie in Bezug auf die Zukunft, Sie persönlich oder die ganze Gesellschaft betreffend? Wie passen die beiden Begriffe „Werkstatt" und „Zukunft" inhaltlich zusammen? Was bedeuten sie im übertragenen Sinne?
  - „Hinterm Horizont geht's weiter": Was verbinden Sie mit dem Begriff „Horizont"? Welche Einstellung zum Leben kommt hier zum Ausdruck?
  - Welche inhaltliche Verbindung besteht zwischen den beiden Teilen des Titels (1. „Werkstatt Zukunft", 2. „Hinterm Horizont geht's weiter")?
- Erstellen Sie ein Gliederungskonzept (Schreibplan), indem Sie überlegen, inwieweit und an welcher Stelle im Essay Sie die Informationen aus dem Dossier sowie Ihre eigenen Gedanken und Ideen einbringen.
- Verfassen Sie den Essay, indem Sie Ihr Konzept realisieren. Achten Sie darauf, Sinnabschnitte zu setzen (Leserfreundlichkeit) und Überleitungen da einzufügen, wo sie sinnvoll sind (Lesefluss).
- Nehmen Sie sich die Zeit, um Ihren Essay hinsichtlich des Inhalts, der Struktur und der sprachlichen Richtigkeit zu überprüfen.

Lösungsvorschlag für die Abstracts

Zu Material 1 (Ernst Bloch: Das Prinzip Hoffnung)

In dem Textauszug erläutert Bloch, dass die Hoffnung seiner Meinung nach einen hohen Stellenwert hat, da sie die Menschen dazu befähige und ermutige, ihr Leben selbst zu gestalten und dabei nach Lösungen für ihre Probleme zu suchen. Im Gegensatz dazu stünden Angst und Furcht, weil sie Menschen nur lähmten. Bloch weist zudem darauf hin, dass die Hoffnung eng verbunden sei mit der Fähigkeit, träumen zu können. Dabei unterscheidet er zwischen Tagträumen, die lediglich eine Flucht aus der Realität darstellten, und jenen, die Menschen dazu motivieren könnten, die Welt zum Besseren zu verändern.

Zu Material 2 (Peter Rüegg: Mit moderner Informationstechnologie die Zukunft erkunden)

Zu Beginn geht Rüegg auf die weltweit größten Herausforderungen ein, vor denen die Menschheit stehe. Im Anschluss daran beschreibt er ein Projekt, bei dem Wissenschaftler technische, wirtschaftliche, gesellschaftliche und ökologische Systeme simulieren und deren Verflechtungen untereinander mithilfe eines Computermodells analysieren wollen. Das Projekt mit dem Namen „FuturICT“ soll dazu dienen, die Probleme in Zeiten der Globalisierung bewältigen zu können.

Zu Material 3 (Grafik: Die Sorgen in der Welt von morgen)

Das Balkendiagramm aus dem Jahre 2009 stellt die Ergebnisse einer Befragung von deutschen Jugendlichen im Alter von 14 bis 18 Jahren zu den weltweit größten Herausforderungen dar. 75 Prozent der Befragten geben an, dass sie die Armut auf der Welt als das größte globale Problem ansehen, dicht gefolgt von der ökologischen Herausforderung in Form des Klimawandels und der Umweltzerstörung. Die Befriedigung der Grundbedürfnisse nach Nahrung und Trinkwasser wird fast ebenso häufig genannt. Etwa 50 Prozent der Befragten bereiten die Ausbreitung von Seuchen und Krankheiten sowie die Verbreitung von Massenvernichtungswaffen und damit verbunden Kriege und militärische Konflikte große Sorgen. Mehr als ein Drittel der Jugendlichen sieht im Terrorismus und in der wachsenden Weltbevölkerung eine große Herausforderung.

Zu Material 4 (Jugendforscher Klaus Hurrelmann zur Shell Jugendstudie 2010)

Die Shell Jugendstudie 2010 macht laut Hurrelmann deutlich, dass der Großteil der heute 12- bis 25-Jährigen trotz Finanz- und Wirtschaftskrise erheblich zuversichtlicher in die Zukunft blicke, als es die Vorgängerstudie 2006 festgestellt hatte. Gleichzeitig zeige die heutige junge Generation große Bereitschaft, ihr Schicksal selbst in die Hand zu nehmen. Ihr politisches Interesse sei leicht gestiegen, während sie den politischen Institutionen sehr kritisch gegenüberstehe. Bei etwa 15 Prozent der Befragten sei die Akzeptanz von Politik und Demokratie insgesamt fast nicht mehr vorhanden. Es handele sich dabei vor allem um junge Männer aus sozial schwachen und bildungsfernen Schichten mit fehlenden Berufsaussichten, die sich aus Enttäuschung heraus in Drogen und Gewalt flüchteten.

Lösungsvorschlag für den Essay

Werkstatt Zukunft – „Hinterm Horizont geht's weiter“

„Bitte hör' nicht auf zu träumen, von einer besseren Welt. Fangen wir an aufzuräumen, bau sie auf, wie sie dir gefällt“. „Bitte nicht aufhören“, wünscht sich jetzt vielleicht der eine oder andere Leser, so schön klingen Xavier Naidoos Zeilen in den Ohren, zum Träumen schön ... Ich sitze, den Kopf leicht auf die Hand gestützt, am Fenster und lasse mich langsam, aber sicher immer mehr einlullen von den Klängen Naidoos, bis ich dem tristen Montagmorgen vollständig entrückt bin. Den Blick gen Himmel gerichtet, lasse ich ein Bild nach dem anderen an mir vorbeiziehen: freudige Gesichter von Nordkoreanern, die ihre erste freie Wahl feiern, glückliche Palästinenser, die ihren eigenen Staat bejubeln, autofreie Innenstädte und kostenloser Nahverkehr in ganz Deutschland, die lang ersehnte Lehrstelle zum Bankkaufmann, das luxuriöse Chefbüro mit Blick auf den Hudson River, der Aufstieg meiner Fußballmannschaft in die Verbandsliga, großes Weihnachtsfest im Kreise meiner Kinder und Enkelkinder ... Plötzlich verschwimmen die Bilder, der innere Film reißt ab. Nichts als Träume, Illusionen und Visionen? Alles nur Hirngespinste? Sollte man seine Gedanken nicht lieber auf das Hier und Jetzt lenken, als sich in seinem Kopf die Zukunft zusammenzuträumen?

Prolog
Liedauszug

Tagtraum

Fragestellung

Was die Frage nach der Bedeutung von Träumen und Visionen anbelangt, so ist für den ehemaligen Bundeskanzler Helmut Schmidt die Antwort glasklar. Schmidt, der bekanntermaßen wenig Verständnis für visionäre Ideen und den Hang zur Weltverbesserung hat, würde sich zurücklehnen und in seiner nüchternen Art einen seiner bekanntesten Ratschläge zum Besten geben: „Wer Visionen hat, sollte zum Arzt gehen.“

Die Bedeutung von Träumen und Visionen

Zitat

Aber träumte er nicht auch von einer besseren Zukunft, als er nach der Kriegsgefangenschaft 1946 der SPD beitrat? Träumte er nicht auch von einer besseren Welt, als er 1974 im Amt des Bundeskanzlers vereidigt wurde? Und träumte er nicht auch von einem friedlichen Miteinander, als er zusammen mit dem französischen Staatspräsidenten Valéry Giscard d'Estaing die Beziehungen beider Länder verbesserte und die Idee eines gemeinsamen Europas vorantrieb?

rhetorische Fragen

Der große Vor- und Nachdenker Ernst Bloch würde die besondere Bedeutung der Schmidtschen Träume hervorheben, da sie den Menschen dazu befähigten, sein Leben selbst in die Hand zu nehmen und seine Zukunft aktiv zu gestalten. Aber was ist genau die Voraussetzung dafür, dass man seine Träume lebt und sich nicht ein Leben erträumt? Mut, Zielstrebigkeit und Willensstärke mit einem Quäntchen Glück – so würde das Rezept der Werbung lauten, die uns bekanntlich mit den schönsten Formulierungen das Blaue vom Himmel verspricht und unsere Bedenken in Bezug auf die Zukunft einfach wegwischt: „Wir geben Ihrer Zukunft ein Zuhause“, „Your vision. Our Future“, „Ihr Anschluss an die Zukunft“, „Die Zukunft ist grenzenlos – *just do it!*“ oder auf Deutsch: Überlege nicht lange, setze dich in Bewegung und packe es an. Dieser Pragmatismus, dem eine optimistische, lebensbejahende Einstellung zugrunde liegt, ist ein Wesensmerkmal der heutigen jungen Generation in Deutschland. Trotz aller Widrigkeiten – Stichwort: Finanz- und Wirtschaftskrise – blicken die meisten Jugendlichen laut der aktuellen Shell Jugendstudie zuversichtlich in die

Bezug zu Material 1

Werbeslogans

Bezug zu Material 4

Zukunft. Sie wissen, was der Schlüssel für den persönlichen Erfolg ist: Leistungsbereitschaft und Bildung.

Metapher

Was ist aber mit Kindern und Jugendlichen aus sogenannten bildungsfernen Schichten? Was kann man tun, damit sie sich als Teil der Gesellschaft sehen, auf den man nicht verzichten kann und will? Auch hier lautet die Antwort: Bildung. Und zwar nicht erst in der Schule, sondern viel früher, in guten Kitas und Kindergärten, wo Kindern vielleicht stärker als zu Hause gesunde Ernährung, Spielmöglichkeiten, Sprachförderung, Erziehung und Fürsorge zuteilwerden. Für Jugendliche mit geringen Perspektiven muss es vielfältige Angebote geben, die gemeinsam von Lehrkräften, Sozialarbeitern und Vertretern der Wirtschaft ins Leben gerufen werden, um ihnen Wege in eine bessere Zukunft aufzuzeigen – die Zukunft gehört nämlich allen. Die Gesellschaft muss diesen jungen Menschen Mut machen und Hoffnung geben. Sie müssen wieder an sich glauben können, dadurch dass man ihnen ihre Stärken vor Augen führt und mit ihnen an ihren Schwächen arbeitet.

Perspektiven für Kinder und Jugendliche

Aufzählung

Mut und Hoffnung

Der Glaube allein versetzt leider noch keine Berge. Nein, es muss noch etwas anderes hinzukommen: der Wille zur Veränderung bzw. zur Gestaltung. Zukunftsträume können noch so spannend und verheißungsvoll sein; wenn man nicht den durchaus beschwerlichen Versuch unternimmt, sie Wirklichkeit werden zu lassen, bleiben sie lediglich Fantasiegebilde oder zerplatzen früher oder später wie Seifenblasen. Anfänge brauchen nicht nur Blaupausen oder einen vagen Wunsch, sondern einen Impuls, ein Motiv, das so kraftvoll ist, dass wir aufbrechen, dass wir etwas wagen. *Just do it* oder wie es Naidoo ausdrücken würde: „Du bist die Zukunft, du bist dein Glück." Jeder ist seines Glückes Schmied – also worauf warten? Die Initiative „Jugend denkt Zukunft", ein Zukunfts- und Innovationsdialog zwischen Jugendlichen und Unternehmen, führt Jugendlichen vor Augen, dass sich mit Fantasie und Kreativität etwas bewegen lässt. Im Rahmen eines Innovationsspiels entwickeln Schülerinnen und Schüler zukunftsfähige Produkte und Dienstleistungen für ihr Partnerunternehmen. Dabei simulieren sie mit Unterstützung des Unternehmens Prozesse, die sich von der Analyse globaler Trends über die Beschäftigung mit branchenspezifischen Trends bis hin zur Entwicklung und Einführung eines Produktes oder einer Dienstleistung erstrecken. Es lohnt sich, heute schon an morgen zu denken!

Sprichwort

Vergleich

Rückbezug zum Lied (Prolog)

Fantasie und Kreativität

Aufbrüche sind lebensnotwendig, wir wachsen an ihnen, sie sind unser Lebenselixier. Wie sagte die Soziologin Annelie Keil so schön: „Leben ist Auftrag, Wandel und Herausforderung." Wem aber fällt es schon leicht aufzubrechen, wenn damit nicht ein Sonntagsausflug gemeint ist, sondern etwas, was unser zukünftiges Leben bestimmen wird? Wie verliefe mein Leben, wenn ich statt der Ausbildung zum Bankkaufmann doch ein Jurastudium aufnehmen würde? Wie, wenn ich vorerst bei meinen Eltern wohnen bliebe, anstatt mir eine eigene Bude zu nehmen? Wie, wenn ich zunächst ins Ausland ginge? Viele Wenns und Abers, hinter denen sich Bequemlichkeiten, Zweifel, Unsicherheiten und Angst verbergen. Gibt man sich diesen Gefühlen hin, so verengt man sich und verharrt im Status quo. Mit einer bequemen Einstellung geht man kein Risiko ein, man wird jedoch auch nicht erfahren, wie es hinterm Horizont weitergeht. Entwicklungen, egal ob sie persönlicher oder gesellschaftlicher Art sind, bringen auch immer Gefahren und Unwägbarkeiten mit sich. Den Kopf in den Sand ste-

Veränderungen im Leben

Zitat

Fragen

Bezug zum Titel: „Hinterm Horizont geht's weiter"

cken und abwarten, was passiert, kann jedoch nicht die richtige Einstellung sein. Aussagen wie „Nein, das kann ich nicht" oder „Nein, das traue ich mich nicht" sind Ausdruck dieser passiven Haltung. Natürlich stellt sich niemand mit uneingeschränkter Freude der Notwendigkeit zur Veränderung oder zum Aufbruch, da das Abschiednehmen vom Vertrauten, z. B. dem bisherigen Arbeitsplatz oder Wohnort, meist endgültig ist, wenngleich – um mit Hermann Hesse zu sprechen – „jedem Anfang [...] ein Zauber inne[wohnt]". Wer bereit ist, neue Wege zu beschreiten, wird das eine oder andere Hindernis überwinden müssen. Manchmal wird man vielleicht straucheln, manchmal vielleicht sogar fallen – wichtig ist, dass man sich nicht unterkriegen lässt. Wenn Udo Lindenberg singt: „Hinterm Horizont geht's weiter, ein neuer Tag, hinterm Horizont immer weiter, zusammen sind wir stark!", so betont er gerade dies und hebt zugleich hervor, dass man es als Einzelkämpfer schwer hat – erst recht bei der Gestaltung der Zukunft.

Abschiednehmen

Zitat

Bezug zum Titel „Hinterm Horizont geht's weiter"

Zukunft hier, Zukunft da – was ist eigentlich mit dem Begriff „Zukunft" gemeint? Was ist der Plural von „Zukunft"?
Für gut ausgebildete Schulabgänger steht er für „Hoffnung", für Jugendliche aus bildungsfernen Schichten für „Bedrohung" und für Werbestrategen bedeutet er „Verheißung". Zukunft ist nichts anderes als eine Projektionsfläche für unsere Wünsche, Träume, aber auch für unsere Ängste und Sorgen. So vielfältig der Begriff in seiner Auslegung ist, so klar ist seine zeitliche Ausrichtung: Die Zukunft umfasst eine Zeit, die der Gegenwart folgt, eine Zeit, die noch anbricht. Jede Aussage über die Zukunft erfolgt – ob wir es wollen oder nicht – vom gegenwärtigen Standpunkt aus. Dabei kann eine pragmatische Perspektive eingenommen werden, bei der der künftige Verlauf auf Grundlage von vorliegenden Daten und Erfahrungen wissenschaftlich vorausberechnet wird. Bestimmte Ereignisse wie zum Beispiel die Flugbahnen von Himmelskörpern lassen sich sehr genau berechnen, andere wie das Wetter und Aktienkurse dagegen weniger. Eine Gruppe von Wissenschaftlern der renommierten Technischen Hochschule in Zürich (ETH) widmet sich jenen Ereignissen, von denen man dachte, dass man sie eben nicht genau vorhersagen könnte. Es handelt sich dabei um die globalen Herausforderungen oder besser gesagt um die Probleme unserer Zeit: Klimawandel, Umweltzerstörung, militärische Konflikte und Wirtschaftskrisen. Mithilfe des computergestützten „Living Earth Simulators", einer Art Flugsimulator für unseren Planeten, sollen technisch-wirtschaftlich-gesellschaftlich-ökologische Systeme simuliert und analysiert werden. Ziel des Projektes ist es, zukünftig Schaden von der Menschheit abzuwenden, indem man vorausschauend und nachhaltig agiert. So ist jedenfalls der Plan.

Definition des Begriffs „Zukunft"

Antithese

Gegenwärtige Zukunft

Bezug zu Material 2

Neben dem Konzept der „gegenwärtigen Zukunft" gibt es das der „zukünftigen Gegenwart". Dabei geht es um einen utopischen Gegenentwurf zum realistischen, der Gegenwart angepassten Zukunftsbild. Durch die menschliche Kreativität und Vorstellungskraft sollen weitergehende „Zukünfte" erschaffen und somit gedanklich vorweggenommen werden. Bei diesem Prozess geht es darum, Visionen von einer besseren Welt zu entwerfen, in der Babys nicht an Unterernährung sterben, in der es keine Kindersoldaten gibt und in der keine Dschungelgebiete gerodet werden. Wo kann dies stattfinden? In einer Werkstatt für die Zukunft. Halt – gibt es da nicht einen kleinen Widerspruch? Was kann ein Ort, an dem es scheppert, quietscht

Zukünftige Gegenwart

Beispiele für eine bessere Welt

Bezug zum Titel: „Werkstatt"

und klackert, wo der beißende Geruch von Maschinenöl in der Luft liegt und wo Dreck verstreut auf dem Boden liegt, mit unserer Vorstellung von einer Zukunft der technischen und wissenschaftlichen Superlative gemeinsam haben? Gut, vielleicht nähern wir uns dem Begriff von der funktionalen Seite: Laut Definition ist eine Werkstatt eine Arbeitsstätte mit meist mehreren Arbeitern, die mit vorhandenen Werkzeugen und Maschinen Güter fertigen oder reparieren. Im übertragenen Sinn geht es um das Zusammentreffen von Leuten, die gemeinsam neue Ideen entwickeln und an der Lösung von gesellschaftlichen Problemen arbeiten – ganz nach dem Motto des französischen Schriftstellers Antoine de Saint-Exupéry: „Man kann nicht in die Zukunft schauen, aber man kann den Grund für etwas Zukünftiges legen – denn Zukunft kann man bauen." Der Zukunftsforscher und Vater der Projektmethode „Zukunftswerkstatt", Robert Jungk, hat ein Buch geschrieben, dessen Titel sich wie ein Manifest für dieses Projekt liest: *Zukunftswerkstätten. Mit Phantasie gegen Routine und Resignation.* Bisher haben sich bundesweit zahlreiche „Handwerker" in Zukunftswerkstätten zusammengeschlossen, um über Themen wie „Mobilität", „altersgerechtes Wohnen" oder „kinderfreundliche Städte" zu diskutieren und den politisch Verantwortlichen vor Ort Vorschläge zu unterbreiten. Bei diesem offenen Diskussionsforum sind Denkverbote, die sich in Killerphrasen wie „Das ist doch unmöglich!" oder „Das gab's noch nie!" manifestieren, tabu. Es geht den Beteiligten, die davor Betroffene waren, darum, Neues für den Einzelnen und die Gesellschaft auf den Weg zu bringen und Bewährtes beizubehalten. Nur so lassen sich Ängste und Befürchtungen aus dem Weg räumen.

Beschreibung einer Werkstatt

Definition des Begriffs „Werkstatt" (buchstäblich/ übertragen)

Zitat

Zukunftswerkstatt

Im Rahmen von Zukunftswerkstätten lassen sich Zukunftskonzepte auf lokaler Ebene bestens entwickeln: so zum Beispiel das Konzept für eine Stadtbahn, die zwei Städte besser miteinander verbindet, oder das Konzept für eine kinderfreundlichere Stadt, das den Ausbau von Kinderbetreuung, Spielstraßen und Spielplätzen vorsieht. Wie sieht es mit Konzepten für die globalen Herausforderungen unserer Zeit aus? Was kann man gegen die weltweite Armut tun, was gegen die Verbreitung von Massenvernichtungswaffen und was gegen kriegerische Auseinandersetzungen? Schnell machte sich Ernüchterung breit, wären da nicht die G8- und G20-Länder, die einflussreichsten Staaten der Erde, die versuchen, an der Lösung von Problemen zu arbeiten, wobei nicht selten unterschiedliche Interessen Fortschritte behindern. So bedrohlich Krisen sind, sie können auch etwas Positives bewirken. Das chinesische Schriftzeichen für „Krise" besteht aus zwei Teilen: Der eine Teil symbolisiert Gefahr, der andere Chance. Welche Chancen bieten uns Krisen? Krisen rütteln uns auf und reißen uns aus der Gleichgültigkeit heraus. Sie setzten Kräfte in uns frei, von denen wir nichts ahnten. Sie helfen uns bei der Erkenntnis, dass unsere Grenzen noch lange nicht erreicht sind – denn hinterm Horizont geht's weiter.

Bezug zu Material 3

Krise: Gefahr und Chance

Wenn wir die vielen hoffnungsvollen Beispiele weltweit betrachten, wie das der Philippinin Corazón Endonela, die mithilfe eines Mikrokredits eine Nähmaschine kaufte und später eine eigene Firma gründete, oder das des Aufforstungsprogrammes „Misión Árbol", bei dem 2010 fünf Millionen Bäume in Venezuela angepflanzt wurden, dann brauchen wir keine Angst vor der Zukunft zu haben. Wenn wir technischen und gesellschaftlichen Entwicklungen nicht blind hinterherlaufen und wenn wir nicht jeder Veränderung mit Argwohn oder gar Ablehnung begegnen, dann, ja dann brauchen wir keine Angst vor der Zukunft zu haben.

Weitere Beispiele für eine bessere Welt

Fazit/Appell

Emphase

(Bitte blättern Sie um)

Englisch (mit Lösungen)

Übersetzung .... Best.-Nr. 82454
Grammatikübungen .... Best.-Nr. 82452
Themenwortschatz .... Best.-Nr. 82451
Grundlagen, Arbeitstechniken, Methoden mit CD Best.-Nr. 944601
Sprachmittlung .... Best.-Nr. 94469
Sprechfertigkeit mit Audio-CD .... Best.-Nr. 94467
Klausuren Englisch Oberstufe .... Best.-Nr. 905113
Englisch Übertritt in die Oberstufe .... Best.-Nr. 82453
Abitur-Wissen Landeskunde Großbritannien .... Best.-Nr. 94461
Abitur-Wissen Landeskunde USA .... Best.-Nr. 94463
Abitur-Wissen Englische Literaturgeschichte ..... Best.-Nr. 94465
Kompakt-Wissen Kurzgrammatik .... Best.-Nr. 90461
Kompakt-Wissen Abitur Themenwortschatz ...... Best.-Nr. 90462
Kompakt-Wissen Abitur Landeskunde/Literatur Best.-Nr. 90463

Pädagogik/Psychologie

Pädagogik · Psychologie 1 .... Best.-Nr. 102482

Abitur-Prüfungsaufgaben (mit Lösungen) Berufliches Gymnasium Baden-Württemberg

Abiturprüfung Mathematik
Berufliches Gymnasium – TG Baden-Württemberg
Mit weiteren Übungsaufgaben auf CD .... Best.-Nr. 825011
Abiturprüfung Mathematik
Berufliches Gymnasium AG · BTG · EG · SG · WG
Baden-Württemberg
Mit weiteren Übungsaufgaben zu den zentralen
Themenbereichen auf CD .... Best.-Nr. 825001
Abiturprüfung Physik
Berufliches Gymnasium Baden-Württemberg ... Best.-Nr. 825301
Abiturprüfung Technik
Elektrotechnik und Maschinenbau Berufliches Gymnasium – TG
Baden-Württemberg .... Best.-Nr. 82520
Abiturprüfung Chemie und Ernährungslehre EG
Berufliches Gymnasium Baden-Württemberg ... Best.-Nr. 82574
Abiturprüfung Biologie EG, WG, SG, TG
Berufliches Gymnasium Baden-Württemberg ... Best.-Nr. 825701
Abiturprüfung Wirtschaft Berufliches Gymnasium (WG)
Baden-Württemberg .... Best.-Nr. 82585
Abiturprüfung Deutsch
Berufliches Gymnasium Baden-Württemberg ... Best.-Nr. 825411
Abiturprüfung Englisch
Berufliches Gymnasium Baden-Württemberg ... Best.-Nr. 825501

Prüfungsaufgaben (mit Lösungen) Fachhochschulreife · Berufskolleg Baden-Württemberg

Neue Reihe

Fachhochschulreife Mathematik · Berufskolleg .. Best.-Nr. 822500
Fachhochschulreife Deutsch · Berufskolleg .... Best.-Nr. 822540
Fachhochschulreife Englisch · Berufskolleg
mit MP3-CD .... Best.-Nr. 822550

Studi-Kompass

Die Reihe **Studi-Kompass** gibt Antworten auf Fragen zum Studium:

➜ Detaillierte Informationen zu jeder Hochschule – und Hochschulstadt – in Deutschland sowie alle wichtigen Adressen und Ansprechpartner

➜ Zahlreiche Berufsbilder, mögliche Tätigkeitsfelder und Arbeitsmarktprognosen für Absolventen

Wirtschaftswissenschaften und Wirtschafts-
ingenieurwesen, Ausgabe Nord .... Best.-Nr. 20088A
Wirtschaftswissenschaften und Wirtschafts-
ingenieurwesen, Ausgabe Süd .... Best.-Nr. 20088B
Ingenieurwissenschaften, Ausgabe Nord .... Best.-Nr. 20010A
Ingenieurwissenschaften, Ausgabe Süd .... Best.-Nr. 20010B
Psychologie und Pädagogik .... Best.-Nr. 20094
Biologie, Chemie, Pharmazie .... Best.-Nr. 20073
Mathematik und Physik, Ausgabe Nord .... Best.-Nr. 20030A
Mathematik und Physik, Ausgabe Süd .... Best.-Nr. 20030B
Rechtswissenschaften, Ausgabe Nord .... Best.-Nr. 20085A
Rechtswissenschaften, Ausgabe Süd .... Best.-Nr. 20085B
Sprach- und Literaturwissenschaften .... Best.-Nr. 20040
Kulturwissenschaften .... Best.-Nr. 20076
Politik- und Sozialwissenschaften .... Best.-Nr. 20020
Medien, Ethnologie und Journalistik .... Best.-Nr. 20080
„So finde ich das passende Studienfach!"
Leitfaden zum Online-SelfAssessment
inkl. Aktivierungs-Code .... Best.-Nr. 20000
Aktivierungs-Code zum Online-SelfAssessment ... Best.-Nr. 20000C

Bestellungen bitte direkt an:
STARK Verlagsgesellschaft mbH & Co. KG · Postfach 1852 · 85318 Freising
Tel. 0180 3 179000* · Fax 0180 3 179001* · www.stark-verlag.de · info@stark-verlag.de
*9 Cent pro Min. aus dem deutschen Festnetz, Mobilfunk bis 42 Cent pro Min.
Aus dem Mobilfunknetz wählen Sie die Festnetznummer: 08167 9573-0

Lernen · Wissen · Zukunft
STARK

22-VH8